XR 성경강해 시리즈

1

민수기

XR

크리스천
르네상스

민수기

A study
on the book of
Numbers

이광호 지음

크리스천
르네상스

저자 서문

민수기에는 이스라엘 백성이 출애굽한 후 약속의 땅 가나안에 들어가기 위한 총체적인 준비과정이 담겨 있다. 그들은 홍해바다를 건너면서 그동안 생활해 오던 애굽과 완전한 단절을 이루게 된다. 사도 바울은 이스라엘 자손이 출애굽한 사건을 두고 특별히 '세례'라 묘사하고 있다(고전 10:1-2). 그들이 모세에게 속하여 구름과 바다 가운데서 세례를 받았다는 것이다.

이는 과거 애굽에서의 모든 삶에 대해서는 죽은 것과 같으며 이제 새로운 삶을 시작하게 된 사실을 말해주고 있다. 애굽에서는 노예생활을 하며 인간의 노동력에 의존해 살았으나 시내 광야에서는 전적인 하나님의 은혜로 인해 살아가게 되었다. 하늘에는 날마다 구름기둥과 불기둥이 저들을 보호하며 인도했다.

이제 그들의 삶은 사람의 능력이 아니라 적극적인 하나님의 도우심에 기초하게 되었다. 모든 백성들은 날마다 하늘에서 내리는 만나와 메추라기를 통해 생명을 보존할 수 있었다. 이는 하나님 홀로 저들의 모든 삶을 책임지고 계신다는 사실을 말해주고 있다.

그러나 어리석은 자들은 하나님을 온전히 의지하지 않았다. 가나안 땅을 정복하기 위해 열두 명의 정탐꾼을 보냈을 때 그들 가운데 다수는 전능하신 하나님이 아니라 가나안 지역의 강력한 족속들을 보며 지레 겁을 먹게 되었다. 그 정탐꾼들이 하나님에 대한 불신앙을 드러냄으로써 이스라엘 자손은 광야에서 고된 기간을 보내야만 했다. 단지 여호수아와 갈렙만이 여호와 하나님을 의존하며 용기를 가졌다.

뿐만 아니라 이스라엘 백성은 이제 과거와 전혀 다른 가치에 근거한 삶을 살아가야 했다. 하나님의 사람 모세에 의해 거룩한 율법이 주어졌으므로 그 내용이 모든 삶을 위한 절대 기준이 되었다. 또한 하나님의 집인 거룩한 성막이 제작되어 제사장 아론과 그의 자손들에 의해 하나님을 섬겼으며 모든 언약의 백성들은 그에 속해 삶을 이어가게 되었다.

하지만 그와 같은 이스라엘 자손의 삶은 편안하고 안락하게 진행되지 않았다. 사십여 년의 광야 생활 가운데 수많은 불만을 쏟아냄으로써 하나님의 심판을 겪어야 했다. 황량한 광야에서 행했던 모세를 향한 원망은 곧 하나님을 향한 불평이 되었으며 그로부터 무서운 진노를 불러일으키게 되었다.

뿐만 아니라 이스라엘 백성은 사십여 년의 광야 생활 가운데 무려 마흔한 번이나 되는 진지 이동을 해야 했다. 그것은 백성들의 판단에 근거한 것이 아니라 전적인 하나님의 요구에 의한 것이었다. 이는 평균적으로 보면 일 년에 한 번 정도 이동한 것이 되며, 어떤 때는 몇 년에 한 번 혹은 일 년에 몇 번씩 이동하기도 했음을 말해주고 있다.

하나님께서는 그 사십 년 동안 백성들을 강하게 훈련하며 저들의 삶을 인도하셨다. 그리하여 사십 년이 마쳐갈 때 즈음 모압 평지에서는 가나안 땅에 들어가서 행해야 할 중요한 지침들을 주셨다. 이스라엘 자손이 가나안 땅에 들어가면 하나님의 규례에 따라 땅을 분배받아야 했다. 각 지파는 자기의 영역에 거주하는 가나안 일곱 족속을 쫓아내야 했으며 그들이 만든 우상과 산당들을 완전히 파괴해야만 했다.

그렇게 함으로써 이방 족속들에 의해 더러워진 그 땅이 정결하게 되었다. 하나님께서는 그 후에도 자신이 거하는 모든 영역이 정결을 유지하도록 요구하셨다. 이에 대해서는 오늘날 우리 시대 역시 동일하게 적용되어야 한다. 신약시대의 지상 교회는 하나님께서 거하시는 집이기 때문에 모든 성도들이 그에 대한 올바른 자세를 유지해야 하는 것이다.

우리는, 이스라엘 자손이 사십여 년 동안 시내 광야에 거하는 동안, 놀라운 은혜로 인도하신 여호와 하나님께서 때로 무섭게 진노하신 모습을 기억하고 있다. 그 하나님이 오늘날 우리가 섬기는 하나님과 동일한 여호와 하나님이라는 사실을 잊어서는 안 된다. 즉 당시의 하나님과 오늘날 우리가 믿는 하나님이 동일한 분이다.

따라서 현대를 살아가는 성도들 역시 민수기에 기록된 말씀과 하나님의 선한 손길을 그대로 받아들인다. 또한 그 하나님께서 계시된 율법과 더불어 약속의 땅에 세워진 성전을 통해 이 땅에 메시아를 보내신 사실을 기억한다. 그가 십자가를 지고 돌아가심으로써 우리에게 영원하고 참된 생명을 공급하셨던 것이다.

타락한 세상이 소용돌이에 휘말려 제멋대로 돌아가는 것을 보며 그 끝이 얼마 남지 않았다는 생각을 하게 된다. 또한 세상보다 전혀 낫지 않은 지상 교회를 보며 안타까운 마음을 가진다. 이제 주님 오실 날이 그리 멀지 않은 때 여호와 하나님께서 자기 자녀들을 온전히 지켜주시기를 바라는 마음 간절하다.

민수기 강해를 마치면서 기억나는 소중한 이웃이 많이 있다. 먼저 실로암교회의 여러 성도들과 한국개혁장로회신학교 학생들에게 감사의 마음을 남긴다. 또한 교정을 본 아내 정정희와 최은숙 선생, 김지분 선생에게 고마움을 전한다. 그리고 크리스천르네상스 대표 정영오 장로와 친구 송영찬 목사에게 진심으로 고마운 마음을 가지게 된다. 이제 목회자로서 퇴임할 날을 가까이 바라보며 주님의 은혜를 더욱 간절히 소망하게 된다. "아멘, 주 예수여 속히 오시옵소서"(계 22:20)

2024년 3월

실로암교회 서재에서

저자 이광호

A study on the book of
Numbers

민수기

목차

이스라엘 각 지파와
성막 건립

1장

출애굽한 이스라엘 용사들과 레위 지파

1 모세와 아론에게 명한 용사의 수 조사(민 1:1-4)

하나님께서는 자신의 언약에 따라 애굽에서 종살이하던 이스라엘 백성을 그 땅으로부터 인도해 내셨다. 그런데 문제는 그들을 이끌어 가시는 눈앞의 목적지가 약속의 땅 가나안이 아니었다는 사실이다. 그 백성은 하나님의 인도하심에 따라 전혀 상상하지 못했던 시내 광야로 가게 되었다. 그들은 모세의 총 지휘 아래 애굽의 사막 길을 지나 홍해 바닷가에 이르렀다. 하나님은 갈라진 바닷물 밑의 마른 땅바닥을 걸어서 건너도록 했다.

이스라엘 백성은 애굽 땅을 떠나면서 많은 보물을 비롯한 귀중품을 가지고 나오게 되었다. 또한 많은 동물들도 함께 끌고 나왔다(출 12:38). 그들은 양과 염소와 소를 비롯한 다양한 가축들을 몰고 나오게 되었던 것이다.[1] 장차

---

[1] 시내 광야에서도 가축들이 뜯어 먹을 정도의 풀들은 있었다. 풍부한 초목이 있었던 것은 아닐지라도 사막성 잡초들이 자라고 있었던 것이다. 모세의 장인 이드로의 집을 비롯한 주변의 거민들이 광야에서 목축한 사실을 통해 그 점을 알 수 있다. 우리는 모세도 과거 사십 년간

그 백성은 시내 광야에 머무는 동안 하늘에서 내려오는 만나와 메추라기를 주식으로 삼게 되지만, 하나님께 바치는 제물로서 그 동물들이 필요했던 것이다.

이스라엘 자손은 시내 광야에 이르러 하나님으로부터 율법을 받게 되었다. 그들은 그곳에서 성막을 건립하고 사십 년간 머무는 동안 규례에 따라 하나님을 향해 제사를 지내며 섬겼다. 또한 그 제사와 더불어 제사장들과 그에 참여하는 자들은 때에 따라 다른 동물의 고기도 먹었을 것이다. 그 일은 시내 광야에 머물면서 점차적으로 발전해 가지만 출애굽 초기 단계부터 체계를 갖추어갔다.

언약의 백성이 출애굽한 후 가장 먼저 해야 할 일 가운데 하나는 규례에 따라 하나님을 섬기기 위한 '성막'을 건립하는 것이었다. 그 성막은 적법한 규례와 새로운 달력에 따라2 출애굽 후 제 이년 일월 초하루에 완성되었다(출 40:17). 그리고 성막이 세워진 지 한 달이 지난 후 하나님께서 모세에게 말씀하셨다. 즉 그들이 출애굽한 후 제 이년 이월 초하루에 성막에서 모세를 불러 특별한 명령을 내리셨던 것이다.

하나님께서는 그 때 모세를 향해 이스라엘 자손의 모든 회중에서 각 남자의 수를 그들의 가족과 종족에 따라 계수할 것을 요구하셨다.3 그것은 남

양을 치며 목자 생활을 한 사실을 잘 알고 있다.

2 하나님께서는 이스라엘 백성을 향해 출애굽하는 그 날이 새로운 달력의 첫 달이 되게 하라는 명을 내리셨다(출 12:2). 그들이 애굽의 라암셋에서 출발한 날은 야곱의 가족이 가나안 땅에서 애굽 땅에 내려온 지 정확하게 430년이 끝나는 바로 그날이었다(출 12:40,41). 그들의 달력은 애굽의 것과는 전혀 달랐다. 이는 이스라엘 자손이 애굽의 달력을 버리고 하나님으로부터 허락된 새로운 달력을 사용함으로써 애굽과 완전한 단절을 이루게 되었다.

3 하나님께서 모세에게 이스라엘 열두 지파 가운데 건장한 용사들의 수를 조사하도록 명하셨다. 모세는 당연히 그에 순종해야만 했다. 그에 반해 성경에는 하나님께서 요구하지 않았음에도 불구하고 인구 조사를 한 경우가 있었다. 역대기 상 21:1-8에는 다윗 왕이 하나님의 의도와 무관하게 용사의 수를 조사한 내용이 나타난다. 그것은 하나님의 뜻에 따른 것이 아니라

녀노소(男女老少)할 것 없이 모든 사람을 대상으로 하는 일반 인구 조사가 아니었다. 군사적인 활동을 하거나 전투를 치를 만한 힘이 있는 용사들의 수를 계수하는 일이었다. 따라서 이십 세 이상 남성으로 적군에 맞서 싸울만한 능력을 갖춘 자들이 그에 해당되었다.

하나님께서 모세와 아론을 향해 내리신 명령은 열두 지파의 군대대로 숫자를 확인하는 일이었다. 그것은 족장이나 각 지파의 지도자들이 개인적인 판단에 따라 시도할 수 있는 일이 아니라 하나님으로부터 주어진 율법적 체계를 갖춘 질서 가운데 행해져야 했다. 그 일을 위해 각 지파의 종족 가운데 최고 지도자 한 사람씩 선택해 부여된 그 임무를 수행하도록 했다. 즉 하나님께서는 그 작업을 모세와 아론에게 모두 위임하여 감당하라고 말씀하시지 않고 이스라엘 여러 지파들의 대표들이 함께 실행하도록 명령하셨다.

2 각 지파의 지도자들(민 1:5-16)

하나님께서는 총지휘를 맡긴 모세를 향해 열두 지파의 지도자인 족장들과 함께 이스라엘 자손들 가운데 전쟁에 참여할 수 있는 용사들을 계수하는 그 직무를 완수하도록 명하셨다. 그 열두 지파 가운데는 장차 특별한 직무를 부여받게 될 레위 지파는 제외되었다. 그런 상황에서 요셉이 애굽에서 얻은 두 아들 에브라임과 므낫세 지파가 그에 포함되었다. 즉 당시 열두 지파에는 르우벤, 시므온, 유다, 잇사갈, 스불론, 에브라임, 므낫세, 베냐민, 단, 아셀, 갓, 납달리 등이 속했다.

이스라엘 자손의 모든 지파가 용사들을 계수하는 그 직무를 함께 감당

사탄의 충동질에 연관되어 있었다. 다윗 왕이 그렇게 행했던 것은 불신에 근거한 전략적 목적과 외부 세력에 대한 불안감 때문이었다. 이는 동일하게 보이는 인구 조사라 할지라도 하나님의 명령에 근거한 것인지 사탄의 충동에 의한 것인지 분별하는 것은 매우 중요하다는 사실을 말해주고 있다.

해야 한다는 것은 그 일이 소수 유력한 지도자들의 자발적 행위가 아니라 이스라엘 민족 전체에 내려진 하나님의 명령이란 사실을 말해주고 있다. 즉 모세와 아론이 이스라엘 각 지파의 지도자들을 지명해 선정한 것이 아니라 하나님께서 친히 그들을 지명하셨다. 모세는 하나님께서 지명한 그들을 세 워 총괄적인 지휘를 했던 것이다.

이처럼 하나님께서는 이스라엘 각 지파의 지도자들을 구체적으로 지명 하여 세우심으로써 자기에게 필요한 자들을 직접 세워 일하신다는 사실을 보여주고 있다. 즉 그 일에 관심 있는 자들이 개별적으로 자원하지 않았다. 그리고 다른 사람들에게 추천을 받아 그에 가담하게 한 것도 아니었다. 오 직 하나님께서 그 지도자들을 택하여 세우셨다.

하나님께서 지명하여 세우신 열두 지파의 지도자들은 다음과 같았다: 르 우벤 지파의 엘리술, 시므온 지파의 슬루미엘, 유다 지파의 나손, 잇사갈 지 파의 느다넬, 스불론 지파의 엘리압, 에브라임 지파의 엘리사마, 므낫세 지파 의 가말리엘, 베냐민 지파의 아비단, 단 지파의 아히에셀, 아셀 지파의 바기 엘, 갓 지파의 엘리아삽, 납달리 지파의 아히라가 각 지파의 족장이었다. 그 들은 각 지파를 대표하는 족장인 동시에 전체 이스라엘 민족의 지도자 역할 을 감당했던 것이다.

우리는 여기서 치밀하고도 구체적으로 일을 계획하시고 진행해 가시는 하나님의 사역을 엿볼 수 있다. 즉 이스라엘 자손의 용사의 수를 조사하면 서 하나님이 친히 관여하고 계셨던 것이다. 이는 각 지파가 자의적으로 그 일을 추진하는 것을 하나님께서 허락하지 않았으며 모세와 아론에게 인사(人事)에 해당되는 그 기본적인 결정을 맡기지 않으셨다.

이에 대해서는 오늘날 신약시대 교회 가운데서도 그에 연관된 일반적인 원리가 적용되어야 한다. 교회에서 직분을 감당하기 위해 각 개인의 판단에 따라 자유롭게 자원하는 것을 원칙으로 삼지 않는다. 우리 시대에는 하나님께서 각 사람의 이름을 일일이 직접 거명하여 일을 맡기시지 않는다고 할지라도 특별한 은사와 더불어 교회의 세움에 따라 하나님의 일에 참여하게 되는 것이다.

우리가 여기서 알 수 있는 사실은 하나님께서는 각 사람 하나하나를 구체적으로 알고 계신다는 점이다. 그가 이스라엘 열두 지파 가운데 누가 각 지파의 족장이 되어야 할지 정확하게 파악하고 계셨다. 각 개인의 능력과 형편까지 감안하여 어떤 인물이 지파의 지도자가 되어야 할지 지명하여 세우도록 하셨던 것이다.

인간들은 지극히 어리석어서 자기 자신조차 제대로 알지 못하여 스스로 오해하고 있는 것이 일반적이다. 나아가 바로 옆에 이웃하여 살아가는 자들에 대해서도 올바른 파악을 하기 어렵다. 이에 대해서는 모세가 활동하던 때를 비롯한 구약시대뿐 아니라 오늘날 우리 시대 역시 마찬가지다. 인간들은 자기와 이웃에 대하여 다 알고 있다고 생각하지만 주관적인 판단에 지나지 않는 경우가 많다.

우리는 이 원리를 특히 하나님의 몸된 교회 가운데서 적용할 수 있어야 한다. 타락한 인간으로서는 하나님처럼 모든 것을 정확하게 아는 것이 불가능할지라도 성경 말씀에 비추어 자기 자신의 부족함에 대해서는 깨달을 수 있다. 그래야만 모든 것을 하나님께 맡기고 겸손한 자세로 하나님의 일에 참여할 수 있게 된다. 이에 관한 문제는 특히 교회의 직분을 맡은 일꾼들에 연관되어 있다. 나아가 특정 직분을 맡은 성도들뿐 아니라 모든 성도들이 이를 통해 겸손한 자세를 가지고 있어야만 한다.

3 열두 지파에 대한 계수(민 1:17-46)

하나님께서는 자신이 친히 모세와 아론을 불러 이스라엘 민족을 인도하는 지도자로 삼으셨다. 그리고 하나님께서 직접 지명하여 세우신 열두 지파의 지도자들을 통해 자기가 명하신 직무를 감당하도록 하셨다. 모세와 아론은 하나님의 명에 따라 그가 지명하신 각 지파에 속한 열두 명의 지도자들을 앞세워 용사의 수를 확인하는 직무를 시작했다.

그들은 이월 초하루에 온 회중을 한 자리로 모았다. 여기서 회중이란 이스라엘 민족 전체가 아니라 백성을 대표하는 각 지파의 지도자들인 족장을 비롯한 중요한 지도 계층의 인물들을 일컫고 있는 것으로 보인다. 그들이 그때부터 각기 가족과 종족에 따라 이십 세 이상의 남자들을 계수했다. 숫자 파악의 대상이 되는 이들은 적군에 맞서 싸울 수 있는 능력을 갖춘 용사들이었다.

이스라엘 열두 지파의 족장인 모든 지도자들은 여호와 하나님께서 모세에게 명한 내용대로 복종했다. 그들은 지파 중에서 가문에 따라 이십 세 이상의 남성들을 계수하여 그 이름을 명부에 기록했다.4 모세와 아론을 중심으로 한 각 지파 족장들이 시내 광야에 머물면서 그 일을 감당했던 것이다. 하지만 레위 지파는 그 일을 위해 직접 참여하지 않았으며 그 숫자에 포함되지 않았다.5

---

4 이스라엘 각 지파에서 사람을 계수할 때 이십 세 이상 전쟁에 나갈만한 용사들이 그에 해당되었으며 나이에 미치지 못한 어린 사람들과 여성들은 그로부터 제외되었다. 우리는 이를 보며 신약시대 교회를 염두에 두고 생각해 볼 수 있다. 우리 시대 교회에서도 교인의 총수를 계산할 때는 당연히 어린 아이들과 여성들을 포함한다. 하지만 세례 교인들을 별도로 계수하는 것은 그들이 교회에 관해 책임을 져야 할 자들이기 때문이다. 특히 직분자를 선출할 때는 그 자격이 따로 정해져 있다. 다수의 개혁교회와 장로교에서는 세례 교인이라 할지라도 여성들에게 목사와 장로 직분이 허락되지 않는다. 출애굽 후 이스라엘 자손이 시내 광야에서 20세 이상 남성만 계수한 것은 이와 같은 맥락에서 생각해 볼 수 있다.

5 레위인들은 당시 각 지파별 계수에서 제외되었다. 이와 더불어 우리가 기억해야 할 바는 이스라엘 자손이 애굽에서 나올 때 혈통적 이스라엘 민족에 속하지 않은 '잡족'들이 저들과 함께 따라 나왔으나(출 12:38), 그들은 그 수에 포함되지 않았다는 사실이다. 이는 출애굽한 이스라엘 민족의 혈통적 의미와 더불어 아브라함과 이삭과 야곱에게 주신 언약을 분명히 하고자 하는 하나님의 의도와 연관된 것으로 보인다.

그리하여 전쟁에 나가 싸울 수 있는 이십 세 이상의 용사들의 수는 각 지파별로 다음과 같았다: 르우벤 지파 사만 육천오백 명, 시므온 지파 오만 구천삼백 명, 갓 지파 사만 오천육백오십 명, 유다 지파 칠만 사천육백 명, 잇사갈 지파 오만 사천사백 명, 스불론 지파 오만 칠천사백 명, 에브라임 지파 사만 오백 명, 므낫세 지파 삼만 이천이백 명, 베냐민 지파 삼만 오천사백 명, 단 지파 육만 이천칠백 명, 아셀 지파 사만 일천오백 명, 납달리 지파 오만 삼천사백 명이었다. 이 수는 모세와 아론과 이스라엘 각 지파를 대표한 열두 명의 지도자들이 계수한 것으로, 총수는 육십만 삼천오백오십 명이었다.[6]

이처럼 이스라엘 민족 가운데 이십 세 이상 용사들의 총수는 육십만 명이 넘는 수였다. 여기에는 여성들과 어린아이와 소년들, 그리고 전쟁에 참여할 수 없는 나이 많은 노인들의 수가 제외되었다. 따라서 출애굽한 이스라엘 백성의 전체 수는 이백만 명 정도 되는 것으로 추산할 수 있다.

4 특별히 구별된 레위 지파(민 1:47-54)

(1) 다른 지파들과 구별된 레위 지파(민 1:47-49)

이스라엘 민족의 여러 지파에 속한 백성들 가운데 레위인들은 특별히 구별되었다. 따라서 하나님께서는 용사의 수를 파악할 때 레위 지파는 다른 모든 지파들과 같이 계수하지 말도록 명하셨다. 이 말은 그들을 이스라엘 자

---

6   우리는 여기서, 계수된 사람들의 수를 보면서 생각해 보아야 할 거리를 만나게 된다. 그것은 각 지파에 속한 이십 세 이상 남성들의 숫자와 그들의 전체 수에 연관된 것이다. 즉 각 지파의 수는 전체적으로 백 명 단위로 끊겨 있다. 즉 갓 지파의 마지막 수는 오십 명 단위이지만 나머지 지파들은 백 명 단위이다. 그들의 총수 역시 마찬가지다. 우리가 조심스럽게 생각해 볼 수 있는 사실은 그들의 실제 수가 마지막 한 자리 수까지 구체화된 것은 아닐 수 있다는 점이다. 또한 그 마지막 백 명 혹은 오십 명 단위의 수가 완전히 짐작만으로 계수된 것은 아니란 사실을 기억해야 한다. 즉 각 지파의 그 마지막 수에서 약간씩 더하고 뺄 수 있는 숫자이지만 전체적으로 보아 그 총수가 되는 것으로 이해할 수 있다.

손의 수 가운데 넣어 함께 계수하지 말고 특별한 위치에 두라는 의미를 지니고 있다.

이는 또한 그들이 외부와 전쟁을 하기 위한 지파가 아니라는 사실을 말해주고 있다. 레위인들이 그와 같이 명확하게 구별되었던 것은 원래부터 그들 자체가 특별한 종족이었기 때문이 아니었다. 그것은 하나님께서 자기의 계획하신바 구속 사역을 위해 그들을 의도적으로 구별하여 세우신 것에 연관되어 있다.

(2) 레위 지파에 맡겨진 특별한 사명(민 1:50-54)

하나님께서는 레위인들을 다른 열두 지파 사람들과 달리 특별한 지위에 두고자 한다는 사실을 분명히 말씀하셨다. 즉 다른 지파에 속한 자들이 담당할 수 없는 특별한 임무를 그들에게 맡기시고자 했던 것이다. 이는 언약적인 관점에서 보아 절대 배타적인 성격을 지니고 있어서 레위인들에게 맡겨진 일에 대해서는 다른 지파 사람들이 접근하여 관여하거나 참여해서는 안 된다는 점을 말해주고 있다.

레위인들에게 특별히 구별하여 맡겨진 거룩한 직무는 성막에 관련된 일과 그에 연관된 각종 기구들과 모든 부속품들을 규례에 따라 관리하는 일이었다. 그들은 또한 하나님의 인도하심에 따라 백성들이 장소를 이동할 때, 성막과 그 모든 기구들을 다른 곳으로 운반하며 봉사하는 직무를 감당해야 했다. 레위인들은 성막이 한 곳에 정주(定住)하고 있을 때도 다른 지파 사람들보다 성막 사면의 가장 가까운 안쪽 위치에 진을 치게 되었다.

그리하여 거룩한 성막 내부 가까운 사면에 레위인들이 진지 장막을 치기 위한 자리를 마련했다. 그 외곽에 나머지 열두 지파에 속한 백성들이, 성막 주변에 진 친 레위인들을 사면으로 빙 둘러싸듯이 진을 쳤다. 레위 지파가 생활하는 장막이 하나님의 거룩한 성막과 이스라엘 열두 지파 사람들 사이에 경계선의 역할을 하게 되었던 것이다.

그렇게 함으로써 이스라엘 열두 지파에 속한 백성들에게 하나님의 진노가 임하지 않도록 했다. 이는 성막 가까이 진을 친 레위 지파가 그 외곽에 진을 치고 있는 여타의 열두 지파 족속들을 보호하는 의미를 지니고 있다. 그들이 거룩한 성막에 직접 몸이 닿게 되면 하나님의 무서운 진노가 임하게 될 것이었기 때문이다.

그러므로 하나님의 인도하심에 따라 성막을 다른 곳으로 옮겨야 할 경우에는 오직 레위인들이 그 모든 것을 거두어야 했으며 옮긴 성막의 자리를 확정해 세울 때도 레위인들이 그 일을 감당해야만 했다. 하나님께서는 다른 지파 사람들이나 레위인 이외의 외부인들이 그에 가까이하지 못하도록 명령하셨으며 만일 그렇게 하는 자가 있다면 반드시 죽이라는 명령을 내리셨다. 성막에 관련된 모든 일은 오직 레위인들에게 맡겨진 사역이었던 것이다.

우리가 또한 여기서 반드시 기억해야 할 바는 하나님의 거룩한 성막에 관련된 모든 직무는 개별적인 능력이나 재능에 따라 맡겨진 것이 아니라는 사실이다. 이를테면 다른 지파에 속한 자들 가운데 레위인들보다 힘이 세고 두뇌가 명석하여 다양한 성물들을 잘 구별하여 다룰 만한 손재주가 있다고 할지라도 그들이 그 일에 참여해서는 안 된다. 거기에는 인간의 일반적인 능력보다 더욱 중요한 하나님께서 요구하시는바 본질적인 질서가 존재하기 때문이다.

이에 대해서는 오늘날 신약시대 교회에도 그 원리가 그대로 적용되어야 한다. 교회 가운데 존재하는 직분은 세속적인 능력이나 재주에 의존하지 않는다. 교회 내부에 아무리 유능하고 인품이 좋은 인물이 있다고 할지라도 그것 자체가 직분을 맡을 수 있는 직접적인 근거가 되지 못한다. 계시된 성경 말씀에 따라 하나님을 진정으로 경외하며 그에 순종하고자 하는 기본 자세가 있어야만 하는 것이다.

우리는 이와 연관된 사도교회 시대의 특별한 한 사람을 기억하고 있다. 그는 빌레몬의 집에서 노예 생활을 하던 오네시모이다. 그 사람은 원래 노예 신분을 가지고 있던 천박한 자로 간주 되던 인물이었다. 즉 오네시모는 다른 집을 위한 노예였으므로 수준 높은 교육을 받을 수 없었던 것은 당연하다. 나아가 그는 부유한 형편에 처하는 것이 불가능한 형편이었다. 그럼에도 불구하고 그는 나중 하나님의 뜻에 따라 교회 가운데서 매우 중요한 직분을 맡게 된다(몬 1:8-17, 참조).

구약시대 이스라엘 자손이 출애굽한 후 시내 광야에 머물 동안 하나님께서 허락하신 율법에 따라 레위인들이 특별하게 세워져 거룩한 성막과 그에 관련된 봉사 직무를 감당하게 된 것도 그와 연관 지어 적용되어야 한다. 그것은 하나님의 고유한 뜻과 작정에 달려있는 것으로서 인간들의 합의에 의한 것이 아니었다. 그리하여 그들은 다른 열두 지파와 달리 특별히 구별되던 것이다.

그러므로 이스라엘 열두 지파는 저들의 장막을 칠 때 성막을 중심으로 하여 쳐진 레위인들의 장막으로부터 일정 거리 떨어진 외곽에 자리를 잡아야 했다. 그들은 전투를 위한 대열을 염두에 둔 채 각 지파를 상징하는 깃발을 세우고 질서에 따라 그 주변에 진을 쳤다. 이는 레위인들이 성막 가까운 사면에 진을 치고 그 외곽에 나머지 열두 지파가 진을 침으로써 전체적으로 조화를 이루고 있음을 보여준다.

그렇게 함으로써 레위인들은 거룩한 성막과 그에 속한 부속 시설들과 성물들을 전적인 책임을 지고 관리하게 되었다. 그것을 통해 전체 이스라엘 자손들에게 하나님의 진노가 임하지 않도록 해야만 했다. 이는 그 모든 것이 이스라엘 백성의 자체적인 판단이나 인간적인 지혜를 근거로 한 논의에 따른 것이 아니었음을 말해주고 있다. 이스라엘 자손들은 오직 하나님께서 모세에게 명하신 대로 순종하여 실행하게 되었을 따름이다.

2장

이스라엘 각 지파의
진 배치와 행진 대열

1 용사의 수를 조사한 목적

하나님께서 이스라엘 열두 지파의 이십 세 이상 모든 용사들을 계수하고 레위인들을 특별히 구별하여 관리하신 데는 분명한 목적이 있었다. 각 지파들은 외부로부터 임하게 되는 불순한 세력을 방어해야만 했다. 또한 용사들은 제각각 자기가 속한 지파들이 자리 잡은 위치에서 맡겨진 직무를 감당하는 가운데 서로 힘을 합쳐 언약의 백성들을 지켜 보호하는 일을 수행하게 되었다.

그런데 그들이 보호해야 할 대상은 언약의 백성들뿐만이 아니었다. 그 중심에는 보다 중요한 하나님의 성막이 존재하고 있었다. 성막 주변을 둘러싸고 레위 지파들이 자리 잡았으며 그 외곽에 나머지 열두 지파가 진을 치게 되었다. 그 성막은 지구 위에 존재하는 유일한 하나님의 거룩한 집이었다. 따라서 거기서는 규례에 따라 여호와 하나님께 제물을 바쳐 제사를 지내면서 하나님을 경배하는 일이 지속되었다.

그러므로 이스라엘 민족의 열두 지파는 외부로부터 닥치는 모든 불순한 세력을 방어함으로써 하나님의 성막을 지켜내야 했다. 그 가운데 특별히 구별된 레위인들은 하나님 앞에 바쳐드리는 희생 제사와 찬양을 위해 그 성막을 보호해야만 했다. 따라서 레위인들은 성막 내부와 외부의 모든 부속 시설물들과 기구들을 관리하며 하나님의 뜻에 순종하게 되었다.

이에 연관된 모든 일은 하나님께서 제시하신 규례에 따른 것으로서 원만하게 진행되어 가야 했다. 그것은 개인 혹은 각 지파의 종교적인 판단과 결의에 따라 생성된 내용이 아니었다. 레위 지파를 포함한 이스라엘 열두 지파는 하나님으로 말미암아 제시된 규례에 온전히 순종해야만 했다. 그에 연관된 모든 질서는 언약의 자손들이 반드시 지켜야 할 하나님의 절대적인 규례였기 때문이다.

여기에는 신약시대 지상교회가 받아야 할 중요한 교훈이 담겨 있다. 즉 우리 시대 교회 역시 하나님의 언약 가운데서 그와 동일한 정신을 보유하고 있어야 한다. 지상교회에 속한 모든 직분자들은 하나님께서 성경을 통해 계시하신 질서에 따라 맡겨진 직무를 감당해야 한다. 그들은 외부의 세속적인 것들로부터 교회를 지켜 보호해야 하는 중요한 임무를 지니고 있다. 특히 교회의 목사와 장로는 그에 대해 적극적인 자세를 견지하지 않으면 안 된다.

그와 더불어 직분자들을 비롯한 모든 성도들은 그리스도의 신부인 교회의 순결을 유지하기 위한 최선의 노력을 기울여야 한다. 그 가운데서 천상에 계시는 주님을 향해 경배와 찬송을 지속해야 하기 때문이다. 특히 목사와 장로, 집사 직분자들은 그것을 위해 각자에게 맡겨진 직무를 성실하게 수행하게 되는 것이다.

2 각 지파의 성막 주변 진지와 이동시 진행 순서(민 2:1-31)

(1) 성막 바깥 사면에 진을 치도록 명령(민 2:1,2)

하나님께서는 모세와 아론을 향해 이스라엘 자손으로 하여금 성막을 중심으로 하여 그 외곽에 진을 치게 하라는 명령을 내리셨다. 그런데 그 명은 저들로 하여금 스스로 알아서 최선을 다해 그리하도록 요구하신 것이 아니었다. 나아가 각 지파에 속한 백성들이 서로 간 논의하여 진을 치라고 명하시지도 않았다.

그에 대해서는 각 지파에 속한 모든 백성이 하나님께서 직접 내리신 명령과 규례에 따라 순종하여 행해야만 했다. 따라서 모세와 아론, 그리고 각 지파의 족장인 지도자들이 개인적인 경험과 판단을 기초로 하여 특별한 방안을 세울 수 없었다. 그에 대해서는 오직 하나님의 뜻에 순종해야만 했기 때문이다.

여호와 하나님께서 이스라엘 민족 앞에 내어놓으신 규정은 명확했다. 하나님께서는 우선 각 지파를 향해 규례에 따라 제각각 저들을 표시하는 기(旗)를 만들어 정해진 곳에 세우도록 명령하셨다. 그리고 각 지파는 종족에 따라 저들의 군대 깃발을 중심으로 하여 진을 치라는 말씀을 하셨다. 따라서 각 지파는 거룩한 성막 외곽의 동서남북 사면을 빙 둘러 정해진 위치에 진을 쳐야만 했다.

이를 위해서는 각 지파 사이에 분명한 경계가 있어야 했으며 그에 대한 확실한 규준이 존재해야 했다. 이와같이 하나님으로 말미암아 정해진 위치는 그들이 사십 년 동안 광야에 머물 동안 지켜야 할 규례가 되었다. 즉 장차 그들은 여러 차례 성막을 다른 장소로 옮겨가게 될 터인데 가는 곳마다 그렇게 해야만 했다. 그들은 하나님께서 지파별로 정해주신 성막 사방의 위치를 절대로 변경하거나 벗어나지 말아야 했던 것이다.

(2) 동쪽 해 돋는 편(민 2:3-9)

하나님께서는 먼저 성막의 앞부분에 해당되는 동쪽 해 돋는 편에 진을 칠 지파들에 관한 언급을 하셨다. 여기서 해 돋는 곳이란 당연히 성막이 설치되는 방향과 직접 연관되어 있다. 거룩한 하나님의 성막의 앞은 항상 동쪽을 바라보도록 해야만 했다.7 이는 시내 광야 여기저기를 옮겨 다녀야 했던 성막이 나중 예루살렘에 정착되어 돌로 된 성전으로 세워질 때도 그 규례는 그대로 지켜졌다.

그러므로 예루살렘 성전은 동쪽을 향해 감람산을 바라보도록 건축되었다. 그 성전의 성소 앞에 하나님께 거룩한 제물을 바치는 번제단이 놓여 있었다. 그 성전이 동쪽을 향하고 있는 데는 특별한 언약적 의미가 담겨 있었다. 시편을 비롯한 성경에는 그에 연관된 것으로 이해할만한 기록이 나타나고 있다.

> 전능하신 자 하나님 여호와께서 말씀하사 해 돋는 데서부터 지는 데까지 세상을 부르셨도다(시 50:1)
>
> 해 돋는 데서부터 해 지는 데까지 여호와의 이름이 찬양을 받으시리로다(시 113:3)
>
> 만군의 여호와가 이르노라 해 뜨는 곳에서부터 해지는 곳까지의 이방 민족 중에서 내 이름이 크게 될 것이라 각처에서 내 이름을 위하여 분향하며 깨끗한 제물을 드리리니 이는 내 이름이 이방 민족 중에서 크게 될 것임이니라(말

---

7 하나님께서 해 뜨는 동쪽으로 성막을 향하도록 하신 것은 창조질서와 연관된 의미를 지닌 것으로 이해할 수 있다. 나중 예루살렘에 돌로 된 성전이 건립될 때도 성전은 해가 뜨는 동쪽의 감람산을 향하고 있었다. 인간이 살아가는 우주 질서 가운데 태양은 절대적인 기능을 하고 있다. 일상적인 모든 생활뿐 아니라 생명을 유지하는 식량은 태양 빛에 근거를 두고 있기 때문이다. 따라서 성막이 동쪽 해 뜨는 곳을 향하도록 하신 것은 창조질서에 연관된 하나님의 선언적 의미가 내포된 것으로 받아들일 수 있다.

이스라엘 자손이 출애굽한 후 맨 처음 시내 광야에서 하나님의 성막이 세워질 때 처음부터 성막은 동쪽을 향하고 있었다. 그것은 하나님께서 그렇게 하도록 명령하셨기 때문이다. 따라서 성막이 세워질 때 그 앞쪽의 방향은 해가 뜨는 동쪽을 향해야만 했다. 하나님께서는 그와 같은 상황에서 이스라엘 열두 지파로 하여금 성막 사면의 외곽에 둘러 진을 치도록 하면서 앞쪽인 동편에 유다 지파를 앞세워 진을 치도록 명하셨다. 그리고 잇사갈 지파와 스불론 지파를 지명하여 그와 함께 하도록 하셨다.

성막 동편에 진을 칠 자들은 세 지파에 속한 백성들이었으나 유다 지파의 진지 깃발 아래 속하게 되었다. 그들 가운데 가장 중심부에서 전체적인 지휘를 감당해야 할 직무는 유다 지파에게 맡겨졌다. 각 지파들에는 제각기 족장인 지도자들이 있었으며 그들 세 지파에 속한 용사의 총계는 십팔만 육천사백 명이었다.

유다 지파와 잇사갈 지파와 스불론 지파는 성막의 동쪽인 전면부 지역에 진을 치게 되었던 것이다. 그 세 지파가 연합한 것이나 성막의 앞인 동쪽을 진지로 부여받은 것은 전적인 하나님의 뜻에 의한 것이었다. 즉 그 모든 것은 세 지파가 합의하여 그와 같은 결과를 도출해 낸 것이 아니었다.

그리고 성막이 한 곳에 있다가 다른 곳으로 옮겨가야 할 경우에는 유다 지파를 비롯한 그 두 지파가 맨 앞에서 선두가 되어 나아가야만 했다. 여기에는 유다 지파에 허락된 특별한 구속사적 의미가 내포된 것으로 보인다. 즉 장차 유다 지파를 통해 이 땅에 오시게 될 메시아에 대한 예언적 의미를 지닌 것으로 이해할 수 있다.

(3) 남쪽 편(민 2:10-16)

성막의 남쪽 곧 오른편 측면에는 르우벤 지파가 시므온 지파와 갓 지파와 더불어 진을 치게 되었다. 그들 가운데는 르우벤 지파에게 전체를 지휘하는 직무가 맡겨졌다. 따라서 그들은 모두 세 지파였으나 르우벤 지파의 진을 표시하는 깃발 아래 모여야 했다. 그들의 중앙부에는 총지휘 직책을 맡은 르우벤 지파 족장이 있었다.

물론 각 지파에는 제각기 지도자들인 족장들이 있어서 자기 지파에 속한 사람들을 관리하며 지도하게 되었다. 그 세 지파에 속한 용사들의 총수는 십오만 일천사백오십 명이었다. 그들이 한곳에 정착해 머물러 있을 동안에는 항상 성막 오른편 측면에 진을 치고 맡은 바 직무를 감당했던 것이다.

그러나 하나님께서 성막을 다른 장소로 이동하도록 명하여 장소를 옮겨가는 여정에는 전체적으로 보아 두 번째 그룹이 되어 앞으로 나아가야 했다. 성막의 앞 쪽 곧 동편에 진을 치고 있던 유다 지파를 비롯하여 잇사갈 지파와 스불론 지파가 성막 전면에서 맨 먼저 앞으로 나아갔다. 그리고 르우벤 지파가 지휘하는 시므온과 갓 지파가 바로 그 뒤를 따라 두 번째 행진하게 되었던 것이다.

(4) 성막 가까운 중앙 영역(민 2:17)

레위 지파는 다른 열두 지파와 달리 특별히 구별되었다. 그들은 성막과 그에 연관된 부속 시설들과 성물들을 관리하는 일을 담당했다. 이스라엘 열두 지파가 전체적으로 네 그룹으로 나누어 각기 지휘를 맡은 대표 지파의 깃발을 세우고 성막으로부터 일정 거리가 떨어진 외곽에 진을 치게 된 반면, 레위 지파 사람들은 열두 지파의 진 안쪽의 성막 바로 가까이 진을 쳐야만 했다. 이는 주변을 둘러싼 열두 지파가 레위인들과 그 안에 있는 성막을 동시에 보호하는 형국이었다.

또한 전체 백성이 다른 지역으로 이동해가는 여정에서도 레위 지파는 중간 지점에 위치하게 되었다. 즉 유다 지파가 인도하는 잇사갈 지파와 스불론 지파가 맨 앞 선두에서 첫 번째로 나아가고 그 뒤를 르우벤 지파가 인도하는 시므온 지파와 갓 지파가 두 번째로 따라갔다. 그리고 그 뒤를 레위 지파가 기를 앞세우고 나아갔으며 그들은 천막을 비롯한 그 부속 시설물과 성물들을 가지고 이동했다.

그리고 에브라임 지파와 단 지파가 이끄는 각 지파들이 세 번째와 네 번째 대열을 이루어 그 뒤를 따르게 되었다. 이는 레위 지파를 가운데 둠으로써 그들을 보호하는 형국을 유지하고 있었다. 물론 모든 지파가 레위인들과 함께 하는 하나님의 거룩한 성막을 지켜 호위하는 성격을 지니고 있었다. 그들에게 가장 중요한 것은 하나님께서 거하시는 집인 거룩한 성막이었기 때문이다.

(5) 서쪽 편(민 2:18-24)

성막의 뒤편 곧 서쪽 외곽에는 에브라임 군대의 진 깃발을 중심에 두고 므낫세 지파와 베냐민 지파가 에브라임 지파와 함께 진을 쳤다. 그들 각 지파에는 지도자인 족장들이 있었다. 그들이 자기가 속한 각 지파 백성들을 관리하며 율법에 따라 지도하게 되었다.

그들은 세 지파가 한 그룹을 이루고 있었으나 하나님으로부터 모든 권한을 위임받은 에브라임 지파의 관할 아래 놓여 있었다. 이는 세 지파의 총지휘권은 에브라임 지파가 가지고 있었음을 말해주고 있다. 그들은 성막의 뒤편인 서쪽 외곽에 진지를 두고 있으면서 맡은 바 직무를 수행하게 되었다. 그 세 지파에 속한 용사들의 총수는 십만 팔천일백 명이었다.

이스라엘 백성 전체가 하나님의 인도에 따라 다른 장소로 이동하기 위해 행군할 때는 지파의 그룹별 순서로 볼 때 레위 지파 뒤를 따라 세 번째로 나아갔다. 그런 중에 그들은 뒤에서 레위 지파를 보호하며 하나님의 성막을 호위하게 되었다. 다른 지역을 향해 행군하는 중에도 그들은 최선을 다해 저들에게 맡겨진 직무를 수행해야 했다.

(6) 북쪽 편(민 2:25-31)

성막의 북쪽 곧 왼편의 외곽에는 아셀 지파와 납달리 지파가 단 지파의 진 깃발에 속해 자리 잡게 되었다. 그 세 지파에 속한 백성들은 그 기를 중심으로 하여 진을 쳤다. 각 지파들 가운데는 족장의 지위를 가진 지도자들이 있어서 제각기 자기가 속한 지파를 지도하며 관리했다.

그런 중에 그들은 하나님의 거룩한 성막과 그 일을 맡은 레위인들을 지켜 보호하며 호위하는 직무를 감당했다. 그들에게 맡겨진 가장 중요한 사명은 그에 연관된 책무를 수행하는 것이었다. 단 지파를 포함해 그 지휘 아래 놓여 있던 아셀 지파와 납달리 지파의 전체 용사들의 수는 십오만 칠천육백 명이었다.

모든 백성들이 한곳에 정착해 있을 동안에는 그 세 지파 역시 성막으로부터 어느 정도 외곽에 떨어진 곳에 진을 쳤다. 그들의 거주지에서 성막 가까운 곳에는 레위인들이 진을 치고 있었다. 따라서 그들은 레위인들과 성막을 지켜 보호하게 되었다. 또한 이스라엘 백성이 다른 지역으로 이동할 경우 단 지파가 지휘하는 지파들은 맨 뒤의 대열에서 앞으로 나아갔다. 그들은 후미에서 진행하며 저들에게 맡겨진 직무를 감당했던 것이다.

이렇게 하여 이스라엘 민족의 모든 지파에 속한 백성들은 한 지역에 정착해 있을 때나 다른 곳으로 이동해 갈 때 항상 질서정연한 모습을 보였다. 하나님께서 구체적인 규례를 주셔서 그렇게 하도록 명하셨으므로 아무도 그에 저항하거나 대열에서 이탈하지 못했다. 뿐만 아니라 인간적인 판단이나 합의를 통해 그 상황을 바꿀 수도 없었다.

그와 같은 질서는 하나님의 절대적인 뜻에 의한 것이므로 모든 언약의 백성은 반드시 그에 순종해야만 했다. 그 후에 따라오는 전 구약시대에도 하나님으로부터 계시된 그 내용의 의미가 그대로 존속되었다. 나아가 예수 그리스도의 사역이 완성된 신약시대 교회 가운데도 그에 연관된 정신적 의미는 여전히 유효하게 적용되어야 한다.

3 진 배치 완성과 진행(민 2:32-34)

이스라엘 민족의 열두 지파가 하나님의 거룩한 성막을 중심으로 하여 동서남북 사면 외곽에 제각기 진을 치고 살아가야 할 위치는 분명히 정해져 있었다. 모든 지파들은 성막 주변 어느 쪽에 진을 치고 있든지 외부에서 임하는 모든 불순한 요소들에 대하여 확실한 대처를 해야만 했다. 또한 내부 방향으로는 하나님의 거룩한 성막과 그것을 위해 봉사하는 레위인들을 지켜 보호하는 직무를 감당해야 했다. 그것이 저들에게 맡겨진 중요한 직무였다.

또한 여호와 하나님의 인도하심에 따라 다른 지역으로 옮겨 가야 할 경우에도 그 중앙에는 항상 거룩한 성막이 존재하고 있었다. 레위인들에게는 그때도 성막에 관련된 특별한 직무가 맡겨졌다. 그와 달리 나머지 열두 지파에 속한 용사들에게 허락된 임무는 성막에 연관된 봉사와는 다른 일반적인 직무들이 부여되었다. 모든 백성들은 하나님께서 저들에게 맡기신 임무를 감당하기 위해 그에 적극적으로 참여해야만 했다.

이스라엘 자손의 열두 지파에 속한 전체 용사들의 총수는 육십만 삼천오백오십 명이었다. 하지만 레위 지파에 속한 백성은 그들과 함께 계수되지 않았다. 레위인들이 그 수에 포함되지 않았던 까닭은 하나님께서 저들을 전쟁과 방어의 직무를 담당하는 용사의 수에서 제외하여 따로 구별하여 세우도록 명하셨기 때문이다.

이처럼 출애굽한 이스라엘 자손은 여호와 하나님께서 모세에게 명령한 대로 다 실행하게 되었다. 그들은 한 지역에 정착해 있을 때와 다른 곳으로 이동해 갈 경우 항상 각기 대표 지파의 깃발을 중심에 두고 있어야 했다. 각 지파들 사이에 경계를 분명히 함으로써 불필요한 혼선을 방지하기 위해서였다. 그들은 각각의 지파와 종족과 가족에 속해 있으면서 그 기를 따라 진을 치기도 하고 다른 지역을 향해 행진하기도 했다. 이 일은 이스라엘 자손이 광야에서 보내는 사십 년 동안 지켜야 할 실제적인 엄격한 질서이자 규례가 되었다.

우리가 또한 여기서 반드시 기억해야 할 바는 거룩한 성막이 한 곳에 정착했다가 하나님의 인도하심에 따라 앞으로 나아가는 의미에 관한 문제이다. 성막이 구속사 가운데 지향하는 궁극적인 지점은, 이삭을 하나님 앞에 제물로 바친 믿음의 조상 아브라함과 연관된 언약의 도성 예루살렘이다. 그것은 또한 장차 이땅에 오실 예수 그리스도를 바라보고 있으며 천상의 예루살렘을 향하고 있다. 우리는 성막의 이동을 통해 이에 연관된 올바른 이해를 하지 않으면 안 된다.

3장

아론 자손 제사장과 레위인들

1 아론 자손의 제사장 직분(민 3:1-4)

모세와 아론은 레위 지파에 속한 자들이다. 모세의 아내 십보라는 미디안 제사장 이드로의 딸로서 이방 여인이었다. 모세는 그 여인을 아내로 맞아 둘 사이에 자녀를 얻었는데 그의 아들들인 게르솜과 엘리에셀은 이방인의 혈통을 지니고 있었으나 레위 지파 명단에 기록되었다(출 18:3,4; 대상 23:14,15).

또한 모세의 형 아론이 낳은 아들은 네 명이었다. 장남 나답을 비롯해 아비후, 엘르아살, 이다말이 있었다. 그들은 아론의 자식들이었으므로 규례 상 제사장이 될 수 있는 기본 자격을 갖춘 자들이었다. 그리하여 하나님 앞에서 기름 부음을 받아 거룩하게 구별됨으로써 제사장 직분을 위임받아 직무를 수행하게 되었다.

중요한 사실은 그들이 적법한 제사장이 되었다고 할지라도 자의적 판단에 따라 그 직무를 수행해서는 안 된다는 점이다. 오직 하나님께서 요구하시는 율법과 규례에 온전히 순종하는 자세로 직무수행을 해야만 했다. 이는 제사장들이 개인의 명예를 위해 특권을 부여받은 것이 아니라 하나님과 언약의 백성들을 위한 봉사자로서 직분을 수행해야 한다는 사실을 말해주고 있다.

그런데 처음부터 그들 가운데서 예기치 못한 심각한 문제가 발생하게 되었다. 아론 이후에 맨 처음 세워진 아론의 아들 제사장들 가운데 하나님의 규례를 어기는 자들이 생겨났기 때문이다. 그들 가운데 장남 나답과 차남 아비후가 시내 광야에 머무는 동안 규정에 벗어난 '다른 불'(unauthorized fire)을 여호와 하나님 앞에 드리게 되었다. 그러자 그 자리에서 아론의 아들들인 두 명의 제사장이 하나님에 의해 죽임을 당했다.

여기서 '다른 불'이란 하나님께서 명하시지 않는 불법적인 다른 불을 의미한다(레 10:1). 여호와 하나님 앞에서 불을 드리기 위해서는 임의로 아무 불이나 사용해서는 안 된다. 그 불은 반드시 성소 앞에 있는 번제단 위에 바친 제물을 태우기 위해 피운 불을 향로에 채우고, 곱게 간 향기로운 향을 두 손에 가득 떠서 휘장 안 지성소로 가지고 들어가 여호와 하나님 앞에 분향해야 한다(레 16:11-13, 참조).

이렇듯이 분명한 규정이 있었음에도 불구하고 나답과 아비후는 그 율례를 무시했다. 어쩌면 그들이 나쁜 마음으로 하나님 앞에 '다른 불'을 드린 것이 아니라 나름대로는 선의로 그렇게 했을지도 모른다. 즉 특별한 환경에서 그렇게 하는 것이 별 문제가 되지 않는 것으로 여겼을 수 있다. 하지만 그들의 판단과 행동의 근거가 어떠했을지라도 정해진 규례를 벗어나면 하나님께 저항하는 무서운 죄악이 된다. 그리하여 그들은 하나님의 손에 의해 죽임을 당할 수밖에 없었다.

나답과 아비후는 저들의 불순종으로 인해 즉석에서 죽었으나 자식이 없어서 제사장 직분을 후대에 물려주지 못했다. 그리하여 이미 제사장으로 세워진 셋째 아들 엘르아살과 막내 이다말이 아론 앞에서 제사장의 모든 직무를 감당하게 되었다(대상 24:2, 참조). 하나님의 규례를 어긴 형들의 죽음을 직접 목격한 그들은 제사장으로서 직무수행에 매우 신중하지 않을 수 없었을 것이다.

우리는 여기서 나답과 아비후의 죽음이 실제적인 많은 의미와 교훈을 내포하고 있었음을 기억해야 한다. 그 사건으로 인해 이스라엘 민족의 지도자들은 살아계신 하나님을 경외하는 가운데 정신을 바짝 차렸을 것이 분명하다. 따라서 앞으로 제사장이 될 자격을 갖춘 아론의 자손들은 더욱 긴장할 수밖에 없었다. 즉 그들이 제사장 직무를 온전히 감당하기 위해서는 하나님의 율법에 철저히 따라야 한다는 사실을 마음에 새기게 되었을 것이다.

그에 대해서는 일반 백성들 역시 마찬가지였을 것이 틀림없다. 하나님의 성막에서 제사를 지내는 제사장들이 모든 규례에 복종함으로써 성결해야 한다는 사실은 하나님이 거룩한 분이란 사실에 연관되어 있다. 따라서 모든 백성들은 제사장에 대하여 언약 가운데서 경외감을 가지게 되었다.

2 레위 지파의 직무(민 3:5-10)

하나님께서는 모세에게 특별히 레위 지파에 속한 백성들을 향해 저들의 직무에 연관된 지시를 내리도록 명하셨다. 저들로 하여금 제사장 아론 앞으로 나아와 시종 들게 하라는 것이었다. 이는 레위인들이 제사장 아론과 그 후 계승되는 제사장들에게 예속된 신분을 지니게 된다는 사실을 말해주고 있다.

레위 지파가 감당해야 할 중요한 사명은 아론을 비롯한 제사장들에게 맡겨진 신성한 직무에 대한 보조적인 역할을 감당하는 것이었다. 제사장들의 사역을 보조한다는 말은 제사장들이 자기에게 맡겨진 중요한 직무를 원활하게 수행할 수 있도록 성막과 관련된 외적인 일들을 감당해야 한다는 의미를 지니고 있다. 그렇게 함으로써 제사장들이 하나님 앞에 거룩한 제물을 바치며 온전한 제사를 지낼 수 있게 되는 것이다.

또한 레위인들은 일반 회중을 위해 저들에게 맡겨진 일을 감당해야 했다. 여러 지파에 속한 백성들이 규례에 따른 적법한 짐승을 하나님 앞에 제물로 가져오는 경우나 곡물을 비롯한 다양한 형태의 예물을 가져올 때 그들을 위해 직무를 대행해야 할 일들이 많이 있었다. 일반 백성은 레위인들의 도움을 받아야 할 경우가 많았던 것이다.

레위인들은 성막에서 봉사하는 자들로서 그곳에 있는 모든 기구들을 관리하며 일반 백성이 성막 뜰에서 행해야 할 일들을 돌봐주어야 한다. 따라서 그들은 성막 가까이서 규례에 따라 하나님께서 맡기신 직무를 신실하게 감당해야 했다. 이는 그들이 담당해야 할 일은 제사장들이 하는 일을 보조하며 지원하는 일이라는 사실을 말해주고 있다.

그러므로 하나님께서는 모세를 향해 레위 지파 사람들을 제사장 아론과 그의 아들들에게 '소유'로 주라는 말씀을 하셨다. 이렇듯이 레위인들은 이스라엘 자손들 가운데 제사장 아론에게 주어진 매우 특별한 의미를 지닌 지파가 되었다. 대제사장 아론의 집안을 계승하여 제사장 직분을 감당하는 자들은 레위인들의 봉사를 받으면서 하나님을 섬기며 제사를 드려야 했던 것이다.

제사장들이 거룩한 성막에서 하나님을 섬기며 제사 직분을 감당할 때 외부인들이 성소에 가까이 나아가게 되면 죽임을 면치 못한다. 우리는 여기서 하나님의 엄격한 모습을 보게 된다. 인간들이 개인의 열정으로 말미암아 규례를 벗어나는 종교적인 행위를 한다면 그것은 하나님을 욕되게 하는 것에 지나지 않는다.

3 레위인은 하나님의 특별한 소유(민 3:11-13)

하나님께서는 모세를 향해 자신이 레위 지파를 특별히 택하여 구별하신 사실에 관한 말씀을 하셨다. 이스라엘 자손들 가운데 레위인을 초태생 곧 첫 태에서 처음 난 자를 대신하도록 하셨다는 것이다. 하나님께서 애굽 땅에서 마지막 재앙을 내리실 때 어린 양의 피와 무관한 자들을 죽이신 것은 그에 대한 확증적 성격을 보여주고 있었다.

당시 하나님께서는 애굽의 모든 장자들을 죽이시면서 이스라엘 백성의 장자들의 생명을 박탈하지 않고 지켜주셨다. 어린 양이 죽고 그 피가 증거가 되어 이스라엘 민족 가운데 처음 난 자들을 죽음에서 건져냄으로써 그들이 자기를 위한 특별한 소유가 되었음을 말해주고 있다. 이제 레위인들을 따로 구별하여 언약의 백성 가운데 초태생 곧 모든 장자들을 대신케 했다는 것이었다.

이처럼 하나님께서는 애굽에서 처음 출생한 초태생을 죽이시면서 이스라엘 백성의 장자들에게는 죽음 대신 새로운 생명을 부여하셨다. 그들은 죽지 않고 어린 양의 피를 통해 죽음의 강을 안전하게 건너게 되었던 것이다. 그리고 그 때 짐승들의 초태생까지도 따로 구별해 그에 연관된 의미를 부여하셨음을 언급했다. 이는 하나님께 바쳐지는 거룩한 제물로서의 기능에 연관된 것으로 이해하는 것이 자연스럽다.

중요한 사실은 레위 지파 사람들이 그와 더불어 가지는 언약적 의미이다. 다른 열두 지파에 속한 모든 백성의 인구수를 조사하여 성막 외곽에 배치하여 성막과 그 주변의 레위인들을 보호하며 이스라엘 백성을 지키도록 하셨다. 그렇게 함으로써 거룩한 성막에서 하나님께 제물이 바쳐지게 하며 그를 향한 순전한 제사와 경배가 진행되도록 하셨던 것이다.

4 레위인들에 대한 계수(민 3:14-39)

(1) 레위 자손들(민 3:14-20)

여호와 하나님께서는 모세에게 레위 자손들의 수를 조사하도록 명하셨다. 그들의 종족과 가족을 따라 파악하되 일 개월 이상의 남자를 다 계수하도록 명하셨다. 거기에는 하나님으로부터 특별히 구별된 레위인들의 수를 정확하게 파악하고자 하는 하나님의 특별한 뜻이 담겨 있었던 것이 분명하다.

여기서 우리의 관심을 끌 만한 내용이 나타나고 있다. 그것은 계수의 대상이 되는 자들의 연령에 연관된 상이한 기준이다. 맨 처음 이스라엘 열두 지파의 수를 계수할 때는 이십 세 이상의 남자들을 계수하도록 했다. 그리고 성막에서 봉사할 자들을 계수할 때는 삼십 세에서 오십 세까지의 남자들을 대상으로 삼았다.

그런데 일반 레위인들을 계수할 때는 일 개월 이상의 남자를 다 계수하라고 말씀하셨다. 레위인들은 전투를 위해 부름을 받지 않았으며 그들의 외적인 능력에 상관없이 존재 자체가 의미 있었기 때문이다. 즉 그들이 비록 전투를 치를만한 능력이 없고 성막에서 직접 봉사할 수 없을지라도 그들은 거룩한 지파에 속한 인물로 인정되었던 것이다.

레위 지파 자손의 조상들은 게르손과 고핫과 므라리이다. 그들의 각 자손들은 적은 무리의 가족을 이루고 있었다. 그러할지라도 그들은 레위 자손으로서 하나님께서 허락하신 특별한 임무를 맡게 되었으며 그들로부터 태어날 자손들은 돌로 된 성전이 예루살렘에 세워지고 예수님께서 이 땅에 오실 때까지 거룩한 직무를 맡아 수행해야만 했다.

(2) 게르손 자손과 고핫 자손과 므라리 자손(민 3:21-37)

게르손 자손(민 3:21-26)

레위 지파에 속한 중요한 집안 가운데는 게르손의 자손들이 있다. 그들의 가족 중에 일 개월 이상 된 남자의 수는 칠천오백 명이었다. 그들은 성막의 서쪽 곧 뒤편에 진을 치게 되었다. 그 구체적인 위치는 에브라임, 므낫세,

베냐민 지파들이 진을 친 곳으로부터 성막 가까운 자리였다. 그들 종족 가운데 대표자로서 집안을 인도하는 자는 엘리아삽이었다.

게르손 자손에게 맡겨진 직무는 회막 설치에 관련된 일이었다. 즉 성막 덮개와 출입구 휘장과 회막과 제단을 두른 포장과 뜰 출입구의 막과 밧줄을 맡아 관리하는 일이었다. 그리고 그것들에 관련된 제반 업무를 돕는 직무를 담당해야 했다.

즉 게르손 자손들이 행해야 할 주된 직무는 성막에 사용된 외부의 천과 막 등에 연관되어 있었다. 그들은 성막 덮개와 출입구의 휘장을 관리하며 성막 주변과 제단을 두르고 있는 포장과 그것을 묶어 매는 밧줄을 관리하는 일을 감당했다. 이는 성막의 외부를 둘러싼 천들에 관련된 것들이었다. 또한 하나님께서 성막을 다른 곳으로 이동하게 하실 때 그들은 위에 언급된 것들을 옮기는 일을 감당했던 것이다.

고핫 자손(민 3:27-32)

그리고 고핫 자손 가운데도 그 자손들로 구성된 작은 규모의 여러 집안이 있었다. 그들 중에 일 개월 이상 된 모든 남자의 수는 팔천육백 명이었다.8 그들도 성소에 관련된 일을 맡아 감당해야 했다. 그들은 성막의 남쪽 곧 오른편에 진을 치게 되었다. 그들의 바깥쪽에는 르우벤, 시므온, 갓 지파가 자리 잡고 있었으며 안쪽에는 성막이 있었다. 그들 가운데 엘리사반이 하

---

8 여기서 '팔천육백'은 '팔천삼백'의 필사 오류로 보인다. 즉 필사하는 과정에서 '삼백'이라고 써야 할 것을 '육백'으로 착오를 일으켰을 가능성이 크다. 히브리어에서는 숫자를 알파벳으로 나타내는데 '삼백'은 שְׁלֹשׁ מֵאוֹת이며, '육백'은 שֵׁשׁ מֵאוֹת인데, שְׁלֹשׁ의 중간 철자인 ל를 빠트려 '팔천삼백'을 '팔천육백'으로 잘못 필사한 것으로 보이는 것이다. 우리는 이와 같은 필사 오류의 과정을 보며 성경의 권위를 더욱 분명히 깨닫게 된다. 즉 기록된 성경 내용 가운데 아무리 합리적인 문제가 있어 보일지라도 그 내용을 함부로 고치지 않음으로써 성경에 대한 절대적인 경외감을 드러내 보여주고 있기 때문이다.

나님으로부터 그 집안과 종족의 족장으로 임명받았다.

고핫 집안 사람들이 감당해야 할 직무는 성막 내부에 있는 성물들인 언약궤와 떡상과 등대와 제단들을 관리하는 일이었다. 그리고 성소에서 사용되는 다양한 보조 기구들과 휘장을 맡아 관리해야 했다. 또한 그와 더불어 그에 관련된 여러 업무를 돕는 일을 감당해야 했다. 그리고 아론의 아들 제사장 엘르아살은 성소의 전반적인 일을 감독하며 레위인의 모든 지도자를 지휘하는 총감독으로 임명되었다.

따라서 고핫 자손들이 감당해야 할 주된 직무는 성막 내부와 앞부분에 있는 성물들에 연관되어 있었다. 즉 그들은 성막 내부의 성소와 지성소, 진열된 떡 상과 등대 등 다양한 물품들을 관리해야만 했다. 그리고 언약궤가 있는 지성소와 성소 사이의 휘장을 관리하는 일도 그들의 몫이었다. 물론 그에 관한 성물들을 관리하는 일은 성막 내부에서 시행하는 것이 아니라 성막이 해체되고 이동하는 과정에서 행해야 할 직무였다.

므라리 자손(민 3:33-37)

그리고 므라리 자손 가운데 일 개월 이상 된 남자의 수효 총계는 육천이백 명이었다. 그들 가운데는 수리엘이 가족과 종족의 족장으로 임명받았다. 그들은 성막의 북쪽 곧 왼편에 진을 치게 되었다. 그들의 외곽에는 단, 아셀, 납달리 지파가 주둔하고 있었으며 안쪽으로는 성막이 있었다. 그들이 감당하게 될 직무는 성막의 널판과 그것을 매는 띠와 기둥과 그 받침들이었다. 그 외에 그와 관련된 모든 기구들과 그것을 위해 사용되는 물건들과 뜰 사면에 세우는 기둥과 그 받침 및 말뚝과 그것을 매는 줄들이었다.

즉 므라리 자손들이 감당해야 할 주된 직무는 성막을 세우는 기초로 사용되는 널판과 기둥과 말뚝과 받침과 같은 기구들을 관리하는 것이라 할 수 있다. 그것들은, 성막을 천으로 덮어 완성된 모습으로 구축하기 전에 세워야 할 성막의 골격과 기반 시설에 연관되어 있었다. 그들은 성막을 다른 장소로 이동해갈 때 그것들을 메고 옮기는 일을 담당했던 것이다.

모세와 아론과 아론의 아들들(민 3:38,39)

모세와 아론과 제사장 직분을 이어받은 아론의 아들들은 성막의 앞부분 곧 해가 돋는 동편에 진을 쳤다. 그들의 앞쪽 외곽에는 유다, 잇사갈, 스불론 지파가 주둔하고 있었으며 안쪽에는 성막의 전면 입구가 있었다. 그들은 전체 이스라엘 자손을 대신하여 성소에 관련된 모든 직무를 구체적으로 감당하는 사역을 했다. 그들은 일반 레위인들처럼 성막의 각종 기구를 관리하는 일이 아니라 하나님께 직접 제사 지내는 일을 수행하게 되었다.

모세와 아론 자손이 행하는 사역은 보통 사람들이 할 수 없는 일이었다. 레위 지파에 속한 사람이라 할지라도 저들에게 맡겨진 관리 직무를 수행할 뿐 성소와 제사에 관련된 일은 하지 말아야 했다. 만일 그에 관한 일을 아론 집안 제사장이 아닌 다른 외부인이 가까이 나아가려고 하면 생명을 부지할 수 없게 된다. 하나님께서는 그런 자들이 있다면 반드시 죽이라는 명령을 내리셨다.

모세와 아론이 하나님께서 내리신 명령에 따라 레위인들을 각 가족대로 계수했을 때 일 개월 이상 되는 남자의 전체 수가 이만 이천 명이 되었다. 이는 레위 지파에 속한 게르손과 고핫과 므라리 집안 자손들을 계수한 결과이다. 모세와 아론의 자손들은 그와 별도로 계산된 것이 아니라 그들의 수 가운데 포함된 것으로 이해해야 한다. 모세와 아론은 고핫의 후손으로(출 6:18-20) 제사장 직무와 더불어 그에 관련된 직무를 감당했다. 나아가 그들은 성막과 레위 지파 전체와 모든 이스라엘 백성을 지도하는 총지휘의 책무를 맡아 수행하게 되었다.

5 이스라엘 민족의 장자 계수(민 3:40-51)

(1) 이스라엘의 장자와 레위인(민 3:40-43)

하나님께서는 또한 모세에게 이스라엘 자손 중 모든 처음 난 일 개월 이상 되는 남자들을 계수하라고 하셨다. 그리고 그들의 명단을 정확하게 확인하여 명부에 기록하도록 하셨다. 그렇게 하여 이스라엘의 장자들을 파악하고 그들 대신에 레위인들을 자기에게 돌리시고자 한다는 것이었다.

하나님께서는 애굽에서 어린 양의 피와 상관없는 모든 인간들의 장자와 동물의 초태생을 죽이셨다. 그러나 어린 양의 피와 관련된 언약의 자손들에 대해서는 그 생명을 건드리지 않고 저들의 생명을 보존해 주셨다. 이는 실상 이스라엘 민족의 장자들은 죽었다가 하나님의 은혜로 말미암아 다시 살아난 것과 동일한 의미를 지니고 있었다. 따라서 그들은 전적으로 하나님께 속한 자들이 되었다.

그리고 동물의 초태생을 죽이신 것도 하나님께 드리는 제물과 밀접하게 연관되어 있다. 즉 하나님께서 정결한 짐승을 제물로 받으실 때 애굽에서 있었던 초태생을 죽인 사건을 기초로 하고 계셨다. 이는 그 짐승들이 의미상 이스라엘의 장자들과 관련하여 하나님께서 친히 그에 대한 구별을 해두셨음을 의미하고 있다.

그리하여 모든 생명 있는 것들의 장자와 동물의 초태생을 자기의 소유라고 말씀하시면서 자기가 곧 생명의 주인이자 주관자라는 사실을 선포하셨다. 그러니 그에 연관된 중요한 징표로서 이스라엘 민족의 장자들 대신에 레위 지파 사람들을 따로 구별하여 자기를 위해 돌리라는 말씀을 하셨다. 그와 더불어 이스라엘 자손의 모든 가축들 가운데 특히 레위인들의 가축을 자

기에게 돌리라고 요구하셨던 것이다.9

그렇게 함으로써 하나님의 소유가 된 레위인들을 다른 지파 자손들에게는 금한 거룩한 성막을 위한 봉사를 맡기시겠다는 것이었다. 하나님께 드리는 제물도 동물의 초태생에 연관된 자기의 것으로 정해진 것을 받으리라고 말씀하셨다. 그리하여 모세가 하나님의 명에 따라 그에 연관된 의미와 더불어 전체 이스라엘 자손들 가운데 처음 난 장자들을 계수하니 총 이만 이천 이백칠십삼 명이었다.

(2) 레위인들의 특별한 존재 의미(민 3:44-51)

하나님께서는 이스라엘 자손의 모든 처음 난 자들 대신 레위인들을 따로 구별하여 세우도록 요구하셨다. 그리고 열두 지파에 속한 가축 대신 레위 지파의 가축을 취하라고 하셨다. 그렇게 함으로써 이스라엘의 장자(長子)들을 대신해 레위 지파를 자기의 소유로 삼으시겠다는 것이었다. 그리고 이스라엘의 모든 가축의 초태생 대신 레위인들의 가축을 자기의 것으로 삼겠다고 하셨다.

그런데 이스라엘 모든 지파의 장자 수가 레위인들의 수보다 훨씬 더 많다는 사실을 언급하셨다. 즉 레위인들의 수보다 일반 이스라엘 자손 장자의 수가 이백칠십삼 명 더 많다는 것이었다. 그들은 하나님의 것이지만 레위인들이 아니어서 성막에 연관된 거룩한 사역을 감당할 수 없었다. 그러니 양쪽의 수를 동등하게 하려면 다른 방안을 강구해야만 했다.

그러므로 하나님께서는 이스라엘 여러 지파들을 향해, 레위인들의 수를 초과하는 일반 백성의 장자 이백칠십삼 명에 대한 속전(贖錢)을 내도록 하셨

---

9 하나님께 제물로 바쳐질 짐승은 거룩한 성격을 지닌 레위인들의 가축이어야 했다. 나중 가나안 땅에 들어간 레위인들이 약속의 땅 전역에 흩어진 모든 지파 가운데 살아가며 회당 예배를 인도한 것은 그와 연관된 중요한 의미를 지니고 있다.

다. 그것을 거두어 아론과 그 아들들에게 주라는 명을 내리시게 되었다. 즉 한 사람당 오 세겔씩을 취하되 '성소의 세겔'10대로 취하도록 하셨다.

그리하여 모세는 레위인의 수를 초과하는 열두 지파의 장자들에 대하여 속전을 받았다. 즉 이스라엘 백성의 모든 장자의 수 가운데 레위인들의 수를 넘는 이백칠십삼 명에 대한 속전으로 일천삼백육십오 세겔을 그들로부터 받게 되었다. 모세는 그 돈을 하나님께서 말씀하신 대로 아론과 그의 아들들에게 주었다. 그렇게 함으로써 초과한 수인 이백칠십삼 명의 이스라엘 장자들은 속전을 내고 언약적 관계상 그로부터 자유롭게 되었다.

우리는 그것이 매우 중요한 교훈을 지니고 있다는 사실을 기억해야 한다. 레위 자손의 수보다 초과하는 이스라엘 열두 지파 자손의 장남 이백칠십삼 명에 대한 언약적 의무를 레위 지파가 담당하게 되는 의미를 내포하고 있기 때문이다. 즉 레위인들이 그 초과하는 장자의 수를 흡수하게 됨으로써 이스라엘 민족 생명 전체를 책임지게 된 것이었다.

하나님께서는 이를 통해 정확하고 치밀하게 구속사를 진행시켜 가시는 과정을 보여주고 계신다. 이에 대해서는 오늘날 우리 역시 그와 연관된 하나님의 뜻을 소중한 교훈으로 받아들여야 한다. 구약시대 레위 지파에 관련된 모든 실상과 하나님을 섬긴 언약적 과정과 더불어 이 땅에 오신 예수 그리스도로 말미암아 구원을 받게 된 성도들에게 그 의미가 그대로 계승된 것이다.

---

10 학자들은 '성소의 세겔'(the sanctuary shekel)을 일반적으로 사용되는 세겔(11.4g)의 무게와 다소 차이가 나는 것으로 이해한다. '성소의 세겔' 무게를 정확하게는 알 수 없으나 일반적인 무게인 세겔보다는 다소 무거운 것으로 추정하고 있다.

4장

레위 지파 고핫, 게르손, 므라리 자손의
직무와 총수

1 고핫, 게르손, 므라리 자손의 직무(민 4:1-33)

(1) 고핫 자손의 직무(민 4:1-20)

하나님께서는 모세와 아론에게 중요한 명령을 내리셨다. 레위 지파에 속한 특정한 연령대의 인구수를 확인하도록 요구하면서 가장 먼저 레위 지파에 속한 고핫 자손의 가족과 종족을 구체적으로 파악하라고 하셨다. 우리는 여기서 하나님께서 고핫 자손의 족장이나 지도자들에게 직접 명령한 것이 아니라 모세와 아론에게 그에 대한 명을 내리신 사실을 눈여겨보아야 한다.

앞에서 이스라엘 열두 지파 전체를 계수의 대상으로 할 때는 그들에게 이십 세 이상 전쟁에 나갈만한 남성들의 수를 파악하도록 하셨다(민 1:3). 그리고 그 후 레위인들의 총수를 계수할 때는 일 개월 이상 모든 백성의 수를 확인하게 하셨다(민 3:15). 그런데 이번에는 삼십 세 이상 오십 세까지 연령대의 남성들을 그 대상으로 삼으셨다.

우리는 여기서 왜 레위 지파 자손들 가운데 삼십 세에서 오십 세까지 연령을 제한하여 인구 조사를 요구하셨는지 그 이유를 생각해 볼 필요가 있다. 그것은 아마도 하나님의 거룩한 성막을 옮기는 직무에 직접 참여하는 중요한 일에 연관되어 있으므로 판단력이 분명한 자들이어야 했기 때문이었을 것으로 보인다. 즉 이십 세가 넘었을지라도 삼십 세 미만의 청년들과 오십 세 이상의 연령층은 여러 측면에서 안정되지 못하거나 기본적인 판단력이 흐릴 수 있다고 본 것 같다.

성막과 그 안에 진열되어 있는 거룩한 성물들을 다루고 성막을 세우는 기초 시설물들을 옮기는 것은 매우 깊은 주의를 기울여야 할 사안들이다. 그에 관한 직무는 일반적인 관점에서 성실하고 유능한 사적(私的)인 판단을 요구하는 것이 아니라 전적인 하나님의 규례에 따라야만 했다. 그런데 우리가 깊은 주의를 기울여 생각해 보아야 할 점은 성막을 옮기는 모든 일은 레위인들의 여러 집안이 분담해 감당해야 할 일이었지만 전체적인 총지휘 감독은 모세와 아론, 그리고 아론의 자손 제사장들에게 맡겨진 직무라는 사실이다.

레위 지파의 고핫 집안이 맡아서 행해야 할 직무는 성막을 이동할 때 그 안의 거룩한 성물들을 규례에 따라 옮기는 일이었다. 정착되어 있는 성막을 다른 곳으로 이동해야 할 경우에는 포괄적으로 엄격한 율례와 절차대로 일을 진행시켜 나가야 한다. 먼저 제사장 아론과 제사장 직분을 가진 그의 아들들이 아직 해체되지 않은 거룩한 성막 안으로 들어가게 된다. 그들은 성소와 지성소 사이의 휘장을 걷어내고 그것으로써 증거궤 곧 언약궤를 덮는 일을 해야 하는 것이다.

그리고 휘장으로 덮인 언약궤 위를 해달(海獺) 곧 바다 수달의 가죽으로 덮고 그 위에 순청색 보자기를 덮어야 한다. 그 후에 다른 곳으로 옮길 수 있도록 손잡이가 되는 채를 꿰어야 했다. 그리고 진설병(陳設餠)이 놓이는 상 곧 떡상 위에 청색 보자기를 펴고 대접들과 숟가락들과 주발들과 붓는 잔들을 올려 두어야 한다. 뿐만 아니라 항상 진설하는 떡을 그 위에 두어야 한다.

이는 성막이 다른 지역으로 이동하는 과정에도 그 떡이 제자리에 놓여 있게 된다는 중요한 사실을 말해주고 있다. 즉 하나님의 성소에 진열된 생명의 떡은 성막을 옮기는 중에도 항상 있어야만 했던 것이다(민 4:7, 참조). 또한 홍색 보자기를 그 위에 펴고 그것을 해달의 가죽 덮개로 덮은 후에 손잡이를 위해 그것을 옮기는 채에 꿰어야 한다.

그리고 청색 보자기를 취하여 등대와 그 등잔들과 그 불집게들과 불똥 그릇들과 그것을 위해 사용하는 모든 기름 그릇을 덮어야 한다. 또한 금으로 만들어진 향단 위에 청색 보자기를 펼치고 그 위에 해달의 가죽 덮개로 덮어둔 채 그들이 어깨에 메고 가게 될 운반 도구 위에 올려 두어야 한다.

그와 더불어 성소에서 봉사하는데 사용하는 모든 기구들을 취하여 청색 보자기에 싸서 해달의 덮개로 덮어 책임을 맡은 자들이 메고 갈 운반 도구 위에 두어야 한다. 또 향단의 불을 피우고 남은 재를 내다 버린 후 자색 보자기를 펴고 그 위에 향단을 올려 두어야 한다. 또한 보조 역할을 하는 모든 기구 곧 불을 옮기는 그릇들과 고기를 집는 갈고리들과 부삽들과 대야들과 단의 모든 기구들을 올려 두고 해달의 가죽 덮개로 그 위를 덮고 손잡이가 되도록 그 채를 꿰어야 한다.

그리하여 백성들이 성막 내부의 성물들과 더불어 다른 곳을 향해 행진하고자 할 때 아론과 그 아들 제사장들이 성소와 성소의 모든 성물들을 덮는 일을 완료하면 고핫 자손 담당자들이 와서 그것을 메고 가야 한다. 그러나 그들은 손으로 성물을 만지거나 몸에 직접 닿게 해서는 안 된다. 그렇게 하다가는 죽음을 면치 못하게 될 것이기 때문이다.

성막 안에 놓여 있던 모든 성물들은 고핫 자손들이 운반해야 했다. 그 직무는 다른 어떤 것과도 비교되지 않는 가장 중요한 일이라 할 수 있다. 한편 제사장 아론의 아들 엘르아살은 등유와 분향할 향품과 항상 드리는 소제물과 관유와 함께 성막 내부에 진열된 모든 것들과 그중에 있는 물품들과 성물들을 책임지고 맡아 관리했다. 그는 고핫 자손을 감독하는 일뿐 아니라 장막 전체의 일을 총괄 지도했던 것이다.

나아가 여호와 하나님께서는 모세와 아론에게 고핫 족속의 자손들을 레위 지파 가운데 끊어지지 않도록 하라는 특별한 요구를 하셨다. 그 말씀의 의미는 저들로 하여금 일반 레위인들이 아니라 제사장들의 고유한 직무 영역에 해당되는 성막과 성물들에 가까이 나아가 몸이 닿게 되어 죽는 일이 발생하지 않도록 하라는 뜻을 지니고 있다. 만일 그들의 신체 일부가 거룩한 성물에 접촉하게 되면 하나님의 진노를 불러일으켜 죽게 될 수밖에 없다.

즉 그와 같은 불법적인 행동을 하게 되면 그들의 생명이 온전히 보존되지 못한다. 따라서 그들을 지켜 죽지 않도록 생명을 보호하기 위하여 제사장 아론과 그 아들들이 성막으로 들어가 각 사람이 감당해야 할 일과 그들이 메고 가야 할 모든 직무에 연관된 일을 지휘해야만 했다. 그리하여 레위인들로 하여금 하나님의 거룩한 성물에 접근하여 죽게 되는 예가 발생하지 않도록 방지할 수 있었다. 만일 그들이 잠시라도 성막이 해체되기 전 그 내부로 들어가 성소 안을 직접 들여다보기만 해도 죽게 될 것이었기 때문이다(민 4:20).

우리는 여기서 하나님께서 정하신 철저한 규례와 명령을 보게 된다. 그 모든 일은 사람들의 판단이나 형편에 따라 적당히 대충대충 행할 수 있는 성질의 것이 아니었다. 성막 내부에 있는 지성소의 언약궤와 성소에 놓인 향단과 떡상과 촛대 등은 제사장 아론 자손이 아닌 일반 레위인들은 손을 대거나 접촉하지 말아야 했다. 나아가 성소 안에 진열되어 있는 그 성물들을 직접 눈으로 들여다보는 것조차 금지되었다. 그것들은 오직 제사장들에 의해 관리되고 정리되어야 했기 때문이다.

그리고 그 성물들을 다른 지역으로 이동하기 전 제사장들은 성소 내부에서 해달의 가죽과 규례로 정해진 다양한 색상의 천으로 덮어야 했다. 그런데 그 보자기의 색상은 아무 색이나 임의로 골라 사용할 수 있는 것이 아니었다. 그 모든 것은 오직 하나님께서 정하신 규례와 명령에 의해 각각의 성물에 따라 달리 정해지게 되었다. 즉 순청색 보자기가 사용되어야 할 경우가 있는가 하면 청색이나 홍색, 자색 보자기가 사용해야 할 경우도 있었던 것이다.

즉 사람들의 눈에 보이는 화려하고 고운 색깔을 선택하여 임의로 고를 수 있는 것이 아니라 하나님께서 정하신 규례에 의한 각 성물에 따라 다양한 색상의 천으로 덮었던 것이다. 그것은 제사장 아론과 그 직임을 계승한 그의 자손들이 하나님의 율례를 근거로 분별하여 감당해야 할 중요한 직무였다. 이는 제사장들 이외에는 그 성막 안으로 들어갈 수 있도록 허용된 사람이 아무도 없었기 때문이다. 따라서 누구든지 아론 자손의 제사장이 아니면서 개별적인 의도를 가지고 성막의 내부로 들어가게 되면 반드시 죽임을 당할 수밖에 없었다.

그러므로 성막을 해체하기 전 하나님의 제사장들이 거룩한 성소 안으로 들어가 휘장으로 언약궤를 덮었다(민 4:5). 그리고 해달의 가죽과 함께 순청색 천으로 그 위를 덮었으며 진설병 떡상과 그것을 위해 필요한 성물들은 홍색 보자기로 덮게 되었다. 또한 등대와 등잔을 비롯한 그에 관련된 물건들은 청색 보자기로 덮고 그 위에 해달의 가죽 덮개로 덮어야 했다.

또한 성막 안에서 보조 기구로 사용된 모든 물품들 곧 불을 옮기는 그릇들과 고기를 집는 갈고리들과 부삽들과 대야들과 단의 모든 물품들을 싸기 위해서는 자색 보자기가 사용되었으며 그 위에 해달의 가죽 덮개로 덮었다. 제사장들은 성막이 해체되기 전 그 내부에서 규례에 따라 모든 정리를 마쳐야만 했다. 그리고 나서는 그 모든 것들을 성막 밖으로 가지고 나오게 되었다.

물론 고핫 자손들은 성막 안에 진열되었던 성물들에 몸이 닿아서는 안 되며 손으로 직접 만지지 말아야 했다. 그것들은 오직 제사장들만 만질 수 있었을 따름이다. 따라서 고핫 자손들은 제사장들이 각양 색상의 천과 보자기로 덮은 모든 성물들을 규례에 따라 정해진 다른 장소로 옮겨가게 되었던 것이다.

(2) 게르손 자손의 직무(민 4:21-28)

여호와 하나님께서는 또한 모세를 향해 게르손 자손들이 감당해야 할 모든 직무에 관한 말씀을 하셨다. 게르손 자손 역시 종족과 가족을 따라 성막 봉사를 위해 참여할 수 있는 삼십 세부터 오십 세까지 남성들을 계수하도록 요구하셨다. 하나님께서 그들의 연령에 제한을 둔 것은 그 직무의 신중함에 대한 의미를 보여주고 있다.

하나님의 성막을 다른 지역으로 운반해 갈 때 그들이 감당해야 할 일과 물품들을 메고 갈 모든 것은 규례로 정해져 있었다. 즉, 각 사람들이 원하는 대로 아무것이나 마음대로 메고 옮겨가려 하지 말아야 했다. 그들은 성막 위에 치게 될 여러 가지 천들과 막과 그 덮개와 그 위의 해달의 가죽 덮개 및 상징적인 표지를 나타내는 성막 어귀에 치는 휘장을 메고 가야 했다. 게르손 집안에 속한 책임 있는 자들이 그에 관련된 모든 것들을 맡아 정해진 규례에 따라 처리해야만 했던 것이다.

게르손 자손이 여호와 하나님께서 요구하신 모든 일들 곧 메고 옮겨 가야 할 물품들을 정리할 때 임의로 행하거나 판단해서는 안 된다. 그들은 반드시 제사장 아론과 그 자손 제사장들의 지시에 따라 순종하며 행동해야만 했다. 즉 하나님께서는 게르손 자손이 어깨에 메고 다른 곳으로 이동하게 될 모든 물품들에 관한 지휘권을 제사장들에게 맡기셨으며 게르손 자손은 그에 온전히 순종해야 했던 것이다.

이처럼 게르손 자손들이 거룩한 성막의 이동을 위해 감당해야 할 일은 규례로 정해져 있었다. 그것을 위해 그들은 제사장 아론의 아들 이다말의 감독 아래 모든 직무를 수행해야만 했다. 이는 만일 그들이 규례에 어긋난 일을 하거나 그로 인해 무슨 잘못이 발생한다면 제사장 이다말에게 모든 책임이 돌아간다는 의미를 지니고 있다.

(3) 므라리 자손의 직무(민 4:29-33)

하나님께서는 뒤이어 모세를 향해 므라리 자손을 고핫, 게르손 자손과 마찬가지로 삼십 세 이상 오십 세까지 동일한 연령대의 남성들을 계수하라는 명령을 내리셨다. 그 연령대에 속하여 성막에 연관된 봉사에 참여할 수 있는 모든 남자들을 파악하라는 것이었다. 그들에게 맡겨질 일은 규례로 정해져 있었다.

므라리 자손들이 맡게 될 직무는 성막을 다른 곳으로 이동해 갈 때 정해진 물품들을 옮기는 것이었다. 그들은 하나님의 성막을 세우는데 필요한 널판들과 그것을 매는 띠를 옮기는 일을 담당하게 되었다. 그리고 성막의 기둥들을 비롯해 그것을 고정시키는 받침들을 옮겨야 했다. 또한 뜰 사면의 기둥들과 그 받침들과 말뚝들과 그것을 연결하여 매는 줄들과 그에 관련된 모든 기구들을 옮기는 것이 저들이 감당해야 할 직무였다.

모세는 하나님의 명령에 따라 그들이 책임을 지고 이동지를 향해 메고 옮겨가야 할 모든 기구와 물품들을 구체적으로 지정해 주었던 것이다. 즉, 각 개인이 자신의 취향에 따라 메고 갈 기구들을 스스로 선택할 수 있는 것이 아니라 하나님께서 지정해주신 것들을 그의 뜻에 따라 합당하게 메고 가야만 했다. 만일 그에 관한 규정을 어긴다면 하나님을 향한 저항행위가 되어 심판을 면할 수 없게 되었다.

그 모든 일에 관련된 실무적인 감독을 하게 될 지휘자는 아론의 아들 제사장 이다말이었다. 하나님의 뜻에 따라 각 종족과 가족이 나름대로 감당해야 할 전체적인 감독의 업무가 그에게 맡겨지게 되었다. 따라서 므라리 집안에 속한 모든 가족은 아론의 자손 제사장의 감독과 지휘에 온전히 순종함으로써 저들에게 맡겨진 성막에 관련된 모든 직무를 신실하게 감당해야만 했던 것이다.

2 고핫, 게르손, 므라리 자손 레위인의 총수(민 4:34-49)

모세와 아론과 회중의 족장들이 고핫 자손들을 가족과 종족대로 계수한 결과 성막 봉사에 참여할 수 있는 삼십 세 이상 오십 세까지의 수는 이천칠백오십 명이었다. 우리가 기억해야 할 바는, 하나님의 명령에 따라 모세와 아론이 고핫 자손의 수를 계수했다는 것은 그들이 모세와 아론의 총지휘 아래 놓여 있음을 의미한다는 점이다. 게르손 자손에 속한 가족과 종족대로 유자격자들을 계수한 결과 성막 봉사에 참여할 수 있는 삼십 세 이상 오십 세까지의 수는 이천육백삼십 명이었다. 그 사람들이 하나님의 명령에 따라 모세와 아론에 의해 계수된 것 또한 그들이 모세와 아론의 지휘 아래 놓여 있음을 말해주고 있다. 또한 므라리 자손 중에 가족과 종족대로 계수되어 성막 봉사와 성막 이동을 위해 그 일에 참여할 수 있는 삼십 세 이상 오십 세까지의 수는 삼천이백 명이었다. 그들은 하나님의 명령에 근거하여 모세와 아론이 주도하여 계수한 결과이다. 이는 그들이 모세와 아론의 감독과 지도 아래 놓여 있다는 사실을 의미하고 있다.

모세와 아론이 정착해 있는 하나님의 거룩한 성막을 다른 지역으로 옮기는 일을 책임지게 될 자들을 각 가족과 종족대로 계수하는 일을 마쳤다. 각 종족에 속한 그 사람들은 레위 지파에 속한 자들로서 삼십 세 이상 오십 세까지의 남성들이었다. 그들은 성막에 연관된 봉사를 하며 성막을 다른 곳으로 이동하게 될 때 각자 자기가 속한 집안에 맡겨진 규례와 더불어 다양한 물품들을 메고 옮기는 일을 감당해야 했다.

레위 지파에 속한 고핫, 게르손, 므라리의 자손들 가운데 성막 이동을 위한 직무에 참여하도록 계수된 사람들의 전체 수는 팔천오백팔십 명이었다. 그들이 하나님의 성막을 기존의 정착지로부터 다른 지역으로 옮겨가기 위해 감당해야 할 일은 하나님께서 모세를 통해 제시한 구체적인 규례에 따른 지시에 근거했다. 그 모든 것은 전적인 하나님의 뜻으로 말미암아 모세에게 내린 명령에 의한 것이었다.

5장

부정한 자들과 '의심의 법'

1 부정한 자들을 분리(민 5:1-4)

하나님께서는 모든 것을 조건 없이 용납하시는 분이 아니다. 선하고 거룩한 것은 용인하시지만 악하고 부정한 것에 대해서는 단호한 입장을 보이신다. 따라서 언약의 백성들 가운데는 항상 정결함이 유지되어야 한다. 따라서 모세를 향해 부정한 자들을 처리하는 문제에 관한 언급을 하셨다.

언약의 백성인 이스라엘 자손 가운데 부정한 자가 있다면 그를 공동체로부터 분리시켜야 한다. 따라서 하나님은 모세에게 부정한 자들을 진 밖으로 내보내 격리시키라고 요구하셨다. 문둥병 환자와 유출병이 있는 자, 그리고 죽은 시체를 만지게 되어 부정하게 된 자들이 그 대표적인 경우이다. 이스라엘 백성들 가운데 그런 부정한 자들을 아무런 문제가 없는 듯이 여겨 용납해서는 안 된다는 것이다.

거룩한 성막을 중심으로 하여 주변에 진을 친 백성들 중에서 부정한 자를 분별하여 진 밖으로 내보내 격리시키는 것은 모두에게 해당되는 규례였다. 즉 그 대상이 되는 자들의 성별이나 신분과 관계없이 누구에게나 해당되고 적용되어야 한다. 그런 부정한 자들을 사람들이 생활하는 진의 바깥으로 쫓아내 진을 더럽히지 않도록 하는 것은 매우 중요하다. 이는 여호와 하나님께서 거룩한 성막에 거하시며 이스라엘 백성의 진 가운데 계시기 때문이다.

이는 하나님의 영역과 그의 백성이 거하는 곳은 항상 정결해야 하며 어떤 부정한 것도 용납하지 말아야 한다는 점을 말해주고 있다. 하나님께 속한 백성들은 언약공동체 가운데 그 거룩함을 소유해 드러내야 한다. 그것은 타협할 수 있는 성질의 것이 아니라 절대적인 의미를 지니고 있다.

그러므로 하나님의 명령을 듣게 된 언약의 자손들은 그 말씀에 전적으로 순종하지 않으면 안 된다. 그들은 문둥병이나 유출병이 있는 부정한 자들과 죽은 사람의 시체에 접촉함으로써 부정하게 된 자들을 찾아내 진 밖으로 내보내야 했다. 그렇게 함으로써 거룩한 영역의 오염을 방지할 수 있었다. 따라서 제사장들을 비롯한 책임 있는 위치에 있는 자들은 항상 그에 순종할 자세를 유지해야만 했다.

이스라엘 자손은 여호와 하나님께서 모세에게 명령한 모든 내용을 그대로 순종하여 실행했다. 우리가 여기서 생각해 보아야 할 점은 언약의 백성들이 그와 같이 한 것은 자발적인 판단에 의한 것이 아니란 사실이다. 즉 인간들이 스스로 판단하여 저들의 기준에 따른 정결하고 부정한 것을 확정 지을 수 없었다. 그들은 오직 하나님의 뜻과 명령에 온전히 순종해야만 했던 것이다.

우리는 여기서 당시 백성들의 하나님에 대한 진정한 경외심을 보게 된다. 문둥병에 걸려 고통에 빠진 가족을 진 밖으로 보내고, 죽은 사람의 시신에 불가피하게 접촉한 가족을 진 밖으로 내보내는 것은 쉬운 일이 아니다. 나아가 여성이 하혈(下血)하는 유출병은 본인이나 가족 이외의 외부인들은 그에 대하여 알기 어렵다. 그럼에도 불구하고 율법에 따라 정결한 자들은 부정한 것으로 간주된 가족을 진 밖으로 내보냈다.

한 가정에 속한 사랑하는 가족을 진 밖으로 보내는 것은 하나님에 대한 경외심과 율법에 순종하는 자세 때문이었다. 나아가 부정하게 된 그 당사자들이 강하게 저항하지 않고 오히려 그에 순종하는 자세를 보인 것 또한 눈여겨보아야 할 대목이다. 그들은 가정과 소속된 지파를 떠나 강제로 진 밖으로 쫓겨났으나 그에 대하여 저항하지 않았다. 그런 자들은 일정 기간이 지나면 규례에 따른 정결례를 통해 원래의 자리로 되돌아올 수 있었으며 그것이 저들의 유일한 소망이 되었던 것이다.

2 범죄에 대한 죄값과 대속代贖(민 5:5-10)

여호와 하나님께서는 모세를 향해 이스라엘 자손에게 죄에 연관된 근본적인 입장과 태도에 관한 하나님의 뜻을 전하라고 말씀하셨다. 그것은 남자나 여자나 예외 없이 모든 사람들에게 공히 적용되어야 할 중요한 사안이다. 인간들이 저지르는 모든 범죄행위는 예외 없이 하나님께 저항하는 행위이기 때문이다.

즉 죄 가운데 하나님을 욕되게 하지 않는 것은 없다. 설령 언약의 백성이 아니라 일반적인 주변 이웃에 대한 범죄행위도 하나님의 진노를 담고 있다. 나아가 자기 자신에 대한 나태함과 불성실함이라 할지라도 그것은 하나님을 진노케 하는 원인이 되는 것이다.

따라서 누구든지 잘못을 저질러 남을 해치거나 저에게 손해를 끼치는 것은 죄악이 된다. 우리가 기억해야 할 바는 그것이 특정인 혹은 특정 사회를 대상으로 하게 될지라도 단순히 인간들에게만 범죄하는 것이 아니라는 사실이다. 그것은 일반적으로 전개되는 상황 이상의 의미를 지니고 있으며 주님을 버리고 그의 뜻을 거스르는 성격을 지니고 있다. 따라서 그는 하나님으로부터 임하는 형벌을 면할 수 없다.

그러므로 어떤 죄악을 저지르는 자는 먼저 죄의 본질과 더불어 하나님 앞에서 행하는 자신의 잘못을 분명히 깨달아야 한다. 그것은 하나님 앞에서 통회하고 자복하는 자세를 요구하며 그것을 통해 원상태를 복원하게 된다. 그것을 위해 범죄한 자들은 그 죗값을 온전히 치르고 갚아야 한다.

모세는 그것을 위해 반드시 행해야 할 규례에 대해 언급을 하고 있다. 상대에게 부당한 손해를 끼쳤을 경우 원래의 것에다가 자기가 범죄한 분량의 오 분의 일을 더 하여 범죄의 대상이 된 그 주인에게 되돌려 주어야 한다. 남의 물건을 훔치거나 빼앗았을 때도 그러하거니와 정신적인 범죄를 저질렀을 경우에도 그와 같은 원칙이 적용되어야 한다. 그것은 인간에 대한 책임을 넘어 하나님을 거스른 죄를 동시에 지는 의미를 지니고 있다.

그런데 그 죗값을 온전히 치르기 위해 피해자에게 되갚고자 할 때 그것을 받을 가족이나 친족이 없을 경우에는 다른 방법을 강구해야만 한다. 이는 어떤 경우라 할지라도 그에 대한 책임을 져야 한다는 사실을 말해주고 있다. 따라서 그런 경우에는 여호와 하나님 앞에서 직접적인 책임을 짐으로써 해결을 해야 한다. 그리고 그가 하나님 앞에서 자신의 죄로 인해 바쳐진 예물은 제사장에게 돌아가게 된다. 또한 그와 같은 상황에서는 죗값으로 되갚는 것 외에 속죄의 수양을 별도로 바쳐야만 한다.

나아가 이스라엘 자손이 제물을 높이 올려드리는 거제(擧祭)와 흔들어 바치는 요제(搖祭)로 제사장 앞으로 가져오는 모든 성물은 제사장의 것이 된다. 즉 백성들 각 사람이 거룩한 제물로 구별하여 제사장에게 주어 하나님께 바치는 것은 제사장의 소유가 되는 것이다. 이렇게 하여 하나님을 섬기며 그에게 제사 드리는 제사장이 이스라엘 백성의 중심에 존재한다는 사실을 실제로 확증 짓게 되었다.

그러므로 제사장에 대한 일반 백성들의 신뢰는 절대적으로 중요한 성격을 지니고 있었다. 만일 제사장을 불신하게 된다면 자신의 죄악에 관한 문제를 여호와 하나님 앞으로 가져갈 수 없게 된다. 따라서 이스라엘 모든 백성들은 속죄를 위해, 하나님을 경외하는 제사장과의 사이에 잘못된 관계가 형성되지 않도록 최선의 노력을 기울여야 했다. 물론 제사장이 하나님을 진정으로 경외하는 직분자일 것을 전제로 하고 있다.

이에 대해서는 오늘날 우리 시대 역시 그 교훈을 신중하게 받아들여야 한다. 지상 교회에 속한 모든 성도들은 하나님의 말씀을 맡은 교사인 목사와 원만한 관계를 유지해야 한다. 만일 매 주일 공예배를 인도하는 목사와 관계가 엉클어지면, 하나님을 경배하며 찬양하는 예배에 온전히 참여하기 어려운 지경으로 발전하기 쉽다. 이 점을 올바르게 깨달아 실천하며 살아가는 것이 성도들이 소유해야 할 참된 지혜가 된다. 이 또한 말씀을 맡은 교사가 하나님을 진정으로 경외하는 직분자일 것을 전제로 한다.

3 부도덕한 여인으로 의심받는 아내(민 5:11-15)

여호와 하나님께서는 모세에게 남편을 둔 아내의 부도덕한 성적인 부정에 연관된 특별한 경우를 말씀하셨다. 어떤 사람의 아내가 성적으로 탈선하여 남편에게 신의를 저버린 경우가 그에 해당된다. 그리고 한 여성이 어떤 외간 남자와 동침했으나 그 남편의 눈을 속여 발각되지 않고 그 여성의 더러운 간음 행위에 대한 증인이 없어 현장에서 잡히지 않았다고 할지라도 그로 인한 문제는 여전히 남아있게 된다.

그 남편이 자기 아내에 대한 어떤 의심이 생겨 아내가 성적으로 더럽혀졌으리라는 판단을 하게 될 경우 남편은 그에 관한 적절한 조처를 할 수 있다. 설령 아내가 부정한 행위를 저지르지 않았을지라도 남편에게 아내에 대한 어떤 의심이 생겨 문제를 삼는다면 그것은 정황상의 적법한 의미를 지니게 된다.

이 말은 아내가 그동안 자기 남편으로부터 의심받을만한 행동을 한 것으로 간주된 것과 연관되어 있다. 그때는 아내를 의심하는 남편이 스스로 그 문제를 해결하려 해서는 안 된다. 남편은 개인적인 결심으로 그 의심의 실상을 결정할 수 없는 것이다. 그와 같은 상황이 발생하게 될 경우 남편은 반드시 자기 아내를 제사장 앞으로 데리고 가야 한다.

그 사람은 먼저 제사장을 위해 보릿가루 십 분의 일 에바를 헌물로 바쳐야만 한다. 이 말은 그것이 단순히 개인적인 문제에 머무는 것이 아닌 공적인 성격을 담고 있음을 보여주고 있다. 그럴 경우에는 보릿가루에 기름을 붓지 않은 채 그 책무를 감당해야 하며 유향도 그에 섞거나 함께 두어서는 안 되었다.

이는 그것이 '의심의 소제'(the jealousy offering, 시샘의 소제)로서 죄악을 기억하게 하는 '기억의 소제'(a reminder offering to draw attention to guilt)라는 사실을 말해주고 있다. 그것은 또한 그 소제가 죄악을 떠오르도록 하는 제사라는 사실을 말해주기도 한다. 그 특별한 소제는 죄에 대한 실상을 밝혀야만 할 성격을 지니고 있었다. 따라서 그와 같은 일이 있을 때는 반드시 적법한 규례와 절차에 순종해야 한다.

우리는 여기서, 남편과 아내 사이의 관계 가운데 마땅히 존재해야 할 신뢰에 연관된 문제를 생각하지 않을 수 없다. 즉 간음 행위의 실제 여부를 떠나 아내가 남편의 신뢰를 저버린다면 그를 엄히 다스려야 한다.[11] 그 신뢰가 허물어지게 되면 온전한 가정을 세워나갈 수 없게 된다. 또한 남편의 판단에 아내에게 의심할만한 요소가 존재하는 것 자체만으로 사회적 문제가 될 수 있다.

구약의 율법에 제시된 이 원리를 통해 우리는 남편이 되시는 예수 그리스

---

11 이 문제에 관해서 남녀 즉 남편과 아내에게 차별적으로 적용되는 것은 언약의 백성 가운데 남성이 차지하는 중대한 비중을 말해주고 있다. 즉 여성들은 남성들과 달리 보조적인 역할을 하게 된다. 이를 남녀 차별적인 관점에서만 볼 사안은 아니다. 같은 남성이라 할지라도 레위인들과 다른 지파에 속한 사람들의 역할이 크게 달랐으며 같은 지파에 속했다고 할지라도 연령에 따라 차이 나는 예들을 많이 볼 수 있기 때문이다.

도와 그의 아내가 되는 지상 교회와 연관 지어 생각해 볼 수 있어야 한다. 만일 신부인 지상 교회가 신랑인 예수 그리스도의 신뢰를 저버리고 외간 남자와 같은 타락한 세상에 존재하는 것들을 탐하여 더러운 영적 간음을 저지르게 된다면 엄하게 다스려야 한다. 그와 같은 일을 결코 있어서는 안 될 일이기 때문이다.

그리고 교회 가운데 그에 연관하여 의심을 살만한 어떤 내용이 발생한다고 해도 그냥 넘어가서는 안 된다. 이는 순결한 신부인 교회에 연관된 세속화의 작은 문제라 할지라도 오히려 의심하는 마음을 가짐으로써 지상 교회의 순결을 유지할 수 있어야 한다. 물론 여기서 언급된 그 의심은 하나님의 말씀과 더불어 그의 은혜 가운데 드러나게 되는 건전한 성찰로 받아들여야 한다.

4 하나님의 심판과 '의심의 법'(민 5:16-31)

(1) '거룩한 물'holy water과 '저주의 쓴 물'the bitter water that brings a curse(민 5:16-22)

제사장은 남편을 버리고 성적으로 사악한 행위를 했거나 그에 대해 의심을 받는 그 여인을 자기 앞으로 가까이 나아오게 해야 한다. 그는 앞으로 나온 여인을 여호와 하나님 앞에 세워야 한다. 즉 제사장이 불러 세우게 되지만 실상은 여호와 앞에 서는 것과 같은 성격을 지니고 있었다. 따라서 제사장은 토기에 거룩한 물을 담고 성막 바닥의 티끌을 취하여 물에 넣고 그 여인을 여호와 앞에서 머리카락을 풀게 해야 한다.

그와 더불어 '생각하게 하는 소제물'(the reminder offering) 곧 '의심의 소제물'(the grain offering for jealousy)을 그의 두 손에 올려 두어야 한다. 제사장은 저주가 임하게 할 쓴 물을 자신이 들고 저로 맹세하도록 해야 했다. 그 여인이 자기 남편을 두고 탈선하여 다른 남자와 동침하여 몸을 더럽힌 일이 없으면 저주를 내리는 그 쓴 물의 독성으로부터 심판을 벗어나게 된다는 것이었다.

그러나 그 여인이 만일 자기 남편을 두고 탈선하여 다른 남자와 동침하여 몸을 더럽혔으면 그 사실을 밝히고 저주의 맹세를 하도록 명령해야 한다. 만일 그와 같은 행위를 한 것이 사실일 경우에는 그 여인의 허벅지가 말라비틀어지며 배가 부어오르게 되리라고 했다. 그와 더불어 그 여인은 자기 백성 중에서 하나님의 저주를 받는 대상이 되고 맹세로 인한 속담 거리가 되도록 하시리라는 것이었다.

따라서 무서운 저주를 불러일으키는 그 쓴 물이 저의 창자 속으로 들어가면 그 배를 부어오르게 하리라는 사실을 분명히 전하도록 했다. 그리고 그의 허벅지가 말라서 비틀어지게 되리라는 사실을 선포하게 했다. 그 선언적 말을 듣게 되는 여인은 하나님 앞에서 그 선포를 받아들여 '아멘, 아멘'으로 반응하며 확정적인 화답을 해야만 했다.

(2) '저주의 쓴 물을 마시는 여인'과 '의심의 소제물'(민 5:23-27)

제사장은 그 여인에게 그에 연관된 내용을 선언한 후 하나님께서 말씀하신 '저주의 말'을 두루마리에 글로 적어야 했다. 그리고 그 두루마리를 쓰디 쓴 물속에 넣은 채 빨아 저주의 말이 물속에 풀어지도록 하라는 요구를 했다. 그리고는 그 여인으로 하여금 두루마리에 기록된 저주의 말이 풀어진 쓴 물을 마시도록 명령했다. 그러면 저주가 되게 하는 그 물이 저의 몸속으로 들어가 저주의 쓴 역할을 하게 된다.

그렇게 하기 위해 제사장은 먼저 그 여인의 손에서 '의심의 소제물'을 취하여 그 소제물을 여호와 하나님 앞에서 흔들어 요제로 드려야 한다. 그리고는 하나님의 제단 앞으로 나아가게 된다. 그리고 그 소제물 가운데서 한 움큼을 취하여 기념으로 삼아 단 위에 불사르고 그 후에 여인으로 하여금 그 물을 마시도록 해야 한다.

만일 여인이 자기의 몸을 더럽혀서 자기 남편에게 범죄했다면 그 여인이 물을 마신 후 저주가 되게 하는 그 물이 저의 몸속으로 들어가 저주의 쓴 역할을 하게 된다. 그리하여 그 배가 부어오르며 허벅지는 말라비틀어지게 되리라는 것이었다. 그로 말미암아 그 여인은 백성들 가운데서 저주를 나타내는 속담 거리가 될 수밖에 없다는 것이다.

(3) '의심의 법'으로 인한 결과(민 5:28-31)

만일 의심을 받고 있는 그 여인이 남편 이외의 다른 남성에 의해 더럽혀진 일이 없고 순결하면 아무런 해를 받지 않으며 남편으로부터 자녀를 잉태하리라고 했다. 이는 그 여인이 원래대로 남편의 신뢰를 회복한다는 사실을 의미하고 있다. 그것은 '의심의 법'으로서, 아내가 자기 남편을 두고 외간 남자와 악한 간음을 행하여 몸을 더럽힌 때에는 반드시 그 법이 엄하게 적용되어야만 한다. 그 규정은 이스라엘 민족 가운데 시행해야 할 절대적인 법규였기 때문이다.

한편 아내가 실제로 다른 남성과 간음을 행하지 않았을지라도 남편이 아내에 대한 의심을 품게 되면 그 법규를 적용하여 확인해야 한다. 그럴 경우에는 자기 아내인 여인을 여호와 하나님 앞에 서게 하고 제사장이 그 법과 절차대로 시행하는 것은 그에게 맡겨진 중요한 사명이자 의무이다. 남편이 아내의 어떤 행실을 보고 의심해서 그렇게 하는 것은 아무런 잘못이 아니었기 때문이다.

이것은 남편으로부터 의심받을 만한 요소가 그 아내에게 존재한다는 사실에 연관되어 있다. 따라서 의심할만한 것이 있음에도 불구하고 아무런 문제가 없는 듯이 속으로 삭이고 그냥 지나치는 것은 도리어 율례를 벗어나는 것이 된다. '의심의 법'을 통해 확인하여 아무런 잘못이 없다면 무죄한 것으로 선포해야 하며, 그 아내에게 부정한 죄가 있는 것이 드러난다면 마땅히 그에 대한 엄중한 책임을 져야만 한다.

이는 여성은 아내로서 항상 남편을 위해 신중하고 신실한 자세와 행실을 보여야 한다는 점을 말해주고 있다. 앞에서도 언급한 것처럼, 이에 관한 구속사적인 의미는 영원한 남편이신 하나님 곧 예수 그리스도와 그의 거룩한 신부인 지상 교회와의 관계 가운데 적용되어야 할 문제이다. 신부인 교회는 신랑인 예수 그리스도 앞에서 항상 순결한 모습을 유지해야만 하는 것이다.

6장

나실인과 하나님의 축복

1 나실인 서원(민 6:1-2)

나실인(Nazirite)이라는 용어는 '헌신, 맹세, 서원, 성별' 등에 연관된 의미를 지닌 '나자르'(nazar)에서 나온 말이다. 이는 어떤 특별한 신앙 신분으로 봉사하고자 할 경우, 일반 백성들과 구별되어 하나님 앞에서 철저한 규례에 따라 살기로 작정하여 스스로 금욕(禁慾)을 서원하는 헌신자를 의미한다. 따라서 나실인이 되기 위해 서원한 자는 하나님의 특별한 규례에 따라 생활하며 살아가야 할 의무를 지니게 된다.

그러므로 나실인은 술을 입에 대지 말아야 했으며 사람들의 일반적인 활동으로부터 자신을 분리시켜야 한다. 또한 나실인이 되면 머리털을 자르기 위한 목적으로 몸에 삭도를 대는 것이 금지되었다. 나아가 죽은 사람의 시체를 만지는 행위도 하지 말아야 했다. 자기 부모나 가족 등 특별한 관계에 있는 사람들의 시체도 만져서는 안 된다.

하지만 어쩔 수 없는 상황에서 시체 가까이 나아가게 되었을 경우 규례에 따라 정결례를 행해야만 한다. 이처럼 나실인은 공적인 서원을 통해 자신을 하나님 앞에 거룩하게 구별하여 드린 자로서 자신의 몸을 철저히 관리해야 할 의무를 지니게 된다. 그것은 자기 자신을 위한 것이기도 하지만 언약의 백성을 위한 공적인 성격을 내포하고 있다.

나실인이 되는 기간은 크게 둘로 나누어져 있다. 그것은 그 기간이 정해진 일시적인 경우와 기한이 없이 종신토록 나실인으로 살아가야 할 경우가 있다. 하나님의 율법에 어긋나지 않는 언약의 자손이라면 누구든지 하나님 앞에서 서원하여 일정기간 동안 나실인이 되어 살아갈 수 있다. 약정된 기간이 완료되면 규례에 따른 절차를 거쳐 그의 헌신이 종료되었음을 백성들 앞에 선포하게 된다. 그렇게 되면 삭도로써 머리털을 깎거나 포도주를 마시는 등 원래의 생활로 되돌아갈 수 있다.

한편 평생동안 나실인으로 살아가는 경우도 있었다(삿 13:1-7, 참조). 일평생 나실인으로 서원했던 사람들로는 삼손(삿 13:5), 사무엘(삼상 1:11), 레갑 자손들(렘 35:6) 등이 있다. 그들은 태어나면서부터 하나님 앞에 특별히 구별된 자들로서 평생 나실인으로 헌신된 삶을 살아야만 했던 것이다.

우리는 여기서 '나실인'을 배경으로 한 예수님과 연관된 매우 중요한 사실을 생각해 보아야 한다. 신약의 복음서에는 예수님께서 '나사렛 사람'이라 칭하심을 받게 되리라는 구약의 선지자로부터 예언된 내용이 기록되어 있기 때문이다. 마태복음에는 구약성경에 그와 같이 예언된 사실과 예수님으로 말미암아 그것이 성취되었음을 말해주고 있다.

> 나사렛이란 동네에 가서 사니 이는 선지자로 하신 말씀에 나사렛 사람이라 칭하리라(He shall be called a Nazarene) 하심을 이루려 함이러라(마 2:23)

여기서 예수님이 '나사렛 사람'(Nazarene)이라 불린 것은 그가 어린 시절을 보내며 성장하셨던 나사렛(Nazareth) 동네 출신이라는 사실을 말해주고 있다.

그것은 물론 장소적인 의미를 지닌다. 그런데 '나사렛'이라는 동네 이름이 '나실인'(Nazirite)이라는 말의 기본 형태 곧 '나자르'(nazar)에서 생성된 동일한 언어적 배경을 가지고 있다. 그 둘 곧 '나사렛 사람'과 '나실인'이 어의적(語義的)으로 동일한 것으로 보아 '나실인'을 예수님의 신분에 연관된 의미로 받아들일 수 있게 되는 것이다.

그러므로 예수님이 '나사렛인'(Nazarene)으로 칭해진 것은 구속사적 의미상 단순히 그의 출신 지역에만 국한된 것이 아니었다. 그것은 나실인(Nazirite)이라는 신분적 의미를 동시에 내포하고 있는 것으로 이해할 수 있기 때문이다. 이는 하나님께서 섭리와 경륜에 따라 예수님으로 하여금 나사렛에 살게 함으로써 그가 나사렛인으로 불리게 되었으며 그것은 곧 나실인인 그의 특별한 신분을 드러내 보여주고 있다.

하나님께서는 처음부터 예수 그리스도를 다윗의 동네로 일컬어지는 베들레헴에서 태어나게 하셨다. 이는 그의 왕적인 신분을 선언하는 의미를 지니고 있었다. 그리고 어릴 때 그를 나사렛 동네로 인도하여 성장하게 하심으로써 '나실인'에 연관된 그의 신분을 드러내 보이셨다. 종국에는 그가 메시아 사역을 감당하게 되어 예루살렘에서 승리를 선포하며 만왕의 왕이 되셨던 것이다.

2 나실인과 자기 관리를 위한 법(민 6:1-7)

구약시대 '나실인'은 언약의 백성들 가운데 매우 특별한 신분을 소유한 인물로 간주되었다. 나실인이 되는 것은 본인의 결심과 다짐에 따라 취하게 되는 신분이기도 하지만, 태어날 때 그 부모의 특별한 결심에 의해 그렇게 되기도 한다. 삼손은 모태에서부터 삭도로 머리털을 깎지 않고 나실인이 된 대표적인 인물이다(삿 16:17).

하나님께서는 나실인이 되기로 작정하여 서원한 사람에게는 보통 백성들과 다른 경건한 삶을 살도록 요구하셨다. 그는 율례에 따라 자신의 몸을 엄격하게 관리해야만 했다. 따라서 정신을 혼미하게 하는 포도주와 독주를 멀리하고 포도주나 독한 술로 만든 초도 마시지 말아야 했다. 나아가 포도주의 재료가 되는 생포도나 건포도도 먹어서는 안 되었다. 자기의 몸이 나실인으로 구별되는 기간 동안에는 포도나무에서 난 씨나 껍질조차도 먹는 것이 금지되었던 것이다.

또한 나실인으로 서원한 그 당사자는 약정된 기간 동안 신체에 삭도를 대어 머리털을 깎지 말아야 했다. 따라서 자기의 몸을 거룩하게 구별하여 하나님께 바쳐야 하는 그날이 차기까지는 정해진 율례에 따라 거룩함을 유지해야 했다. 그에 대한 표지로서 삭도로 머리를 깎지 말고 머리카락을 길게 자라게 해야만 했던 것이다.

그리고 나실인은 그 서원한 기간 동안 죽은 사람의 시체를 가까이하거나 그것에 손을 대지 말아야 한다. 설령 그 부모나 형제자매가 죽은 경우라 할지라도 그로 인해 몸을 더럽혀서는 안 된다. 그는 하나님 앞에서 자기 몸을 구별하여 바쳤으므로 그 거룩한 상태를 유지해야 하며, 그에 관한 증거의 방편으로서 외부로 드러나는 표가 그의 긴 머리카락에 있었다. 이는 그의 긴 머리털이 나실인 신분을 드러냄으로써 많은 사람들을 향한 선언적 의미를 지니게 된다는 사실을 말해주고 있다.

3 거룩한 자로서 나실인(민 6:8-12)

신앙적인 건전한 판단 능력을 갖춘 상태에서 나실인 된 사람은 스스로 자기의 몸을 거룩하게 구별할 수 있어야 한다. 태어나면서부터 규례에 따라 나실인이 되는 이들은 나이가 어린 시절 동안 부모의 특별한 보호를 받아야 겠지만, 성인이 되어 나실인의 서원을 한 자들은 처음부터 그에 대한 자발적인 책무를 다해야 한다. 그들은 여호와 하나님 앞에서 거룩한 자로 구별되었기 때문이다.

그러므로 어떤 사람이 그의 옆에 있다가 갑작스럽게 죽게 될 경우 설령 의도적이지 않다고 할지라도 시체 가까이 있던 그 나실인은 부정하게 된다. 갑자기 발생한 그 사건에 대해서는 달리 피할 방법이 없다. 따라서 시체로 말미암아 부정하게 된 그 당사자는 자신의 몸을 다시금 규례에 따라 정결하게 해야만 한다.

예기치 않게 부정하게 된 그 나실인은 자신의 더러워진 몸을 정결케 하기 위해 요구되는 의례를 행하기로 정해진 날 그동안 머리에 삭도를 대지 않아 길게 자란 머리털을 삭도로 밀어야 한다. 그것을 실행하게 되는 날은 임의로 정하는 것이 아니라 그가 더럽혀진 날로부터 일곱째 되는 날이어야 한다. 그리고 그다음 날 산비둘기 두 마리나 집비둘기 새끼 두 마리를 가지고 회막문 앞에 와서 제사장에게 주어야 한다.

산비둘기 두 마리 혹은 집비둘기 새끼 두 마리를 그 사람으로부터 받은 제사장은 그 가운데 한 마리를 속죄제물로 바치고 다른 한 마리는 번제물로 하나님께 바쳐야 한다. 그렇게 함으로써 죽은 시체로 인해 부정하게 된 그 죄를 속할 수 있게 된다. 그리고 하나님 앞에 제물을 바침으로써 그 당일날 머리털이 깎인 것과 더불어 하나님 앞에서 성결하게 된다.

그리하여 시체로 말미암아 부정하게 된 당사자인 그 나실인은 다시금 자기 몸을 구별하여 여호와 하나님께 드려야 한다. 그것을 위해서는 규례에 따라 그 날을 새로 정해야 한다. 그날 일 년 된 수양을 가져다가 하나님께 속건제로 바쳐야 하는 것이다. 그것을 통해 그는 그동안 자기를 더럽게 만든 모든 부정한 요소를 하나님 앞에서 용서받게 된다.

그리하여 그 사람은 자기 몸을 구별하여 하나님께 바치는 그때부터 다시금 나실인의 자격을 회복하게 된다. 즉 그가 작정된 기간 중에 몸을 더럽혀 부정하게 되었으므로 지나간 기간 나실인으로 살았던 것은 전적으로 무효가 된다. 이는 나실인의 서원은 하나님 앞에서 이루어진 것이란 사실과 그 서원한 기간은 반드시 지켜야 한다는 점을 말해주고 있다. 이를 통해 우리는 나실인의 신분이 단순히 개인적인 문제가 아니라 언약의 백성 전체에 미치게 되는 중요한 공적인 것이라는 사실을 알게 된다.

4 나실인의 서원과 신분 종료(민 6:13-21)

나실인이 되는 것과 더불어 그 기간이 만료되어 나실인의 신분을 끝내는 것도 하나님께서 정하신 규례에 따라야 한다. 그가 자기 몸을 구별하여 하나님 앞에서 거룩하게 살기로 서원한 날수가 차면 제사장은 그를 회막문 앞으로 데리고 가야한다. 그 모든 것에 대해서는 당사자가 아니라 제사장의 직무가 더욱 중요했던 것이다.

나실인의 신분을 끝내게 되는 그 사람은 제사장을 통해 여호와 하나님께 거룩한 제물을 바쳐야 한다. 번제물로 드려야 할 제물은 흠 없는 일 년 된 수양 한 마리이다. 그리고 속죄 제물로서 흠 없는 일 년 된 암양 한 마리를 드려야 한다. 또한 화목제물로서는 흠 없는 수양 한 마리와, 무교병 한 광주리 및 고운 가루에 기름을 섞은 과자(cake)와 기름을 바른 무교전병(wafer) 곧 얇은 과자와 곡물로 드리는 소제물(grain offering)과, 포도주처럼 부어 드리는 전제물(drink offering)을 드려야 한다.

제사장은 그 사람으로부터 받은 각종 제물들을 여호와 하나님 앞으로 가져가 속죄제와 번제를 드려야 한다. 또한 나실인의 서원을 완수하고 모든 임무를 종료하는 자로부터 받은 수양과 무교병 한 광주리를 여호와 하나님께 화목제물로 바쳐야 한다. 그와 더불어 소제와 전제를 드려야 하는 것이다.

하나님 앞에서 자기의 몸을 구별하여 드림으로써 거룩한 삶을 살았던 나실인은 이제 회막문 앞에서 머리털을 삭도로 밀어 깎고 그것을 화목제물 아래 타고 있는 불 위에 던져 태워야 한다. 그 사람이 머리털을 민 후 제사장은 삶은 수양의 어깨 부위와 광주리 가운데 담겨 있는 무교병 하나와 무교전병 하나를 취하여 그 나실인의 손에 올려 두었다가 여호와 앞에 요제로 흔들어 바쳐야 한다. 그것들과 흔든 가슴과 손에 든 넓적다리는 성물(聖物)이므로 제사장들에게 돌려지게 된다.

그 모든 규례를 지켜 완료하게 됨으로써 나실인의 모든 임무를 마친 그 사람은 이제 자유로운 생활을 할 수 있게 된다. 이는 물론 이제부터 마음대로 살아도 된다는 말이 아니다. 그는 나실인의 삶을 살았던 소중한 기간이 있었으므로 그에 대한 의미와 신앙의 흔적은 삶 가운데 여전히 드러나게 되었을 것이 분명하다. 하지만 이제 그는 포도주를 마실 수 있었으며 다른 사람들처럼 삭도로 머리를 깎을 수 있게 되었다.

이 모든 것은 하나님 앞에서 나실인 서원을 한 자가 자기의 몸을 거룩하게 구별한 것으로 말미암아 여호와 하나님께 예물을 바치고 행해야 할 율례였다. 그것은 당사자가 마땅히 행해야 할 중요한 규례였으며 그 외에도 힘이 미치는 대로 관련된 모든 일에 최선을 다해야 했다. 그가 하나님 앞에서 서원한 대로 자기의 몸을 거룩히 구별하여 나실인이 되는 과정과 그 신분을 종료하는 모든 일은 자의적인 판단이 아니라 전적으로 하나님의 율법에 따라 행해져야 할 일이었다.

이와 더불어 우리는 구약시대 전반에 걸쳐 지속적으로 나실인이 존재한 사실을 기억해야 한다. 즉 전체 율법 시대에 걸쳐 나실인이 없었던 때는 없었을 것이 분명하다. 그들이 항상 언약의 백성을 위한 삶의 표준을 제시했을 것이기 때문이다. 물론 나실인의 삶이 표준이 된다고 할지라도 그에 따라 온전히 사는 사람은 존재하지 않았다.

그럼에도 불구하고 언약의 백성들은 나실인을 보며 자신의 삶을 되돌아보았을 것이 틀림없다. 따라서 우리 시대에도 상징적인 관점에서 나실인과 같은 성도의 존재가 요구된다.[12] 실제로 그런 율법적 관행을 받아들이지 않을지라도 성도들의 그와 같은 삶과 헌신에 대한 상징적인 표준이 필요하다. 모든 성도들은 그에 연관된 표준을 통해 세상의 것들을 포기하는 삶을 이어갈 수 있게 되는 것이다.

5 나실인과 장차 오실 메시아 예언(민 6:22-27)

하나님께서 또다시 모세에게 말씀하셨다. 제사장 아론과 그 직분을 이어받게 되는 그의 자식들을 향해 이스라엘 자손 곧 언약의 백성들 위에 축복하라는 것이었다. 그 축복은 일반적으로 생각하는 단순한 복을 빌어주는 차원이 아니었으며, 저들이 종교적으로 창안해 낸 그럴듯한 좋은 말로써 백성들에게 복을 빌어주어서도 안 된다. 하나님께서는 모세를 통해 장차 제사장들로 하여금 규정된 복을 언약의 백성들을 향해 선포하도록 요구하셨다.

> 여호와는 네게 복을 주시고 너를 지키시기를 원하며 여호와는 그 얼굴로 네게 비취사 은혜 베푸시기를 원하며 여호와는 그 얼굴을 네게로 향하여 드사 평강 주시기를 원하노라(민 6:24-26)

하나님께서 언약의 백성들에게 특별히 허락하신 복은 타락한 이 세상에는 아예 존재하지 않는 절대적인 성격을 지니고 있다. 그 복은 결코 이 땅과 인간들로부터 생성될 수 없었다. 제사장 아론과 그 자손 제사장들은 하나님으로 말미암는 그 놀라운 축복을 이스라엘 자손을 향해 선포해야만 했다.

또한 여기서 드러난 복은 제사장들에게 직접 근거한 것이 아니라 전적으

---

12 우리는 구약시대의 율법적인 금식을 기억한다. 강제성을 띠는 것은 아니지만 신약시대 교회 역시 금식의 중요성을 받아들인다. 〈웨스트민스터신앙고백서〉 제21장 예배와 안식일, 5항에 기록된 맹세, 서약, 금식에 관한 내용에서 그에 관한 중요성을 보게 된다.

로 하나님으로 말미암아 허락된 것이다. 하나님께서 제사장들을 통해 자기 백성들에게 영원하고 참된 복을 내려 주시게 된다. 그리고 그 하나님이 언약의 자손들을 사탄의 세력과 악한 세상으로부터 지켜 보호해 주신다. 하나님께서 저들에게 복을 주시지 않고 지켜주시지 않으면 모든 것이 허물어질 수밖에 없다.

모세는 그와 더불어 거룩한 하나님께서 그의 얼굴을 언약의 자손들을 향해 비춰주심으로써 저들에게 그의 놀라운 은혜가 베풀어지기를 원한다는 사실을 전하도록 했다. 거룩하고 인자하신 하나님께서 그의 얼굴을 들어 자기 백성들에게 평강을 주시게 된다는 것이다. 그 평강은 영원한 성격을 지니며 세상에 잠시 있다가 사라지는 일시적인 성질의 것이 아니다.

이 축복의 말씀은 장차 오실 하나님의 아들 메시아에 관한 예언적 성격을 지니고 있다. 그로 말미암아 하나님께서 작정하신 모든 일들이 이루어지게 된다. 따라서 하나님의 성전에서 여호와를 향해 거룩한 제사를 지내는 제사장들을 향해 '여호와의 이름'으로 이스라엘 자손에게 축복하라는 요구를 하셨다. 그로 말미암아 하나님께서 자기 자녀들에게 영원한 복을 내려 주시리라는 것이었다.

7장

성막 건립 완성과 봉헌 예물

1 족장들의 예물과 분배(민 7:1-9)

(1) 각 지파 족장들이 드리는 예물(민 7:1-3)

모세는 시내 광야의 황량한 땅에서 하나님께서 요구하신 규례에 따라 성막 건립을 완성했다. 그리고는 기름을 발라 거룩하게 구별했다. 그는 성막에 관련된 여러 기구와 단과 모든 성물들 위에 기름을 발랐다. 여기서 기름을 발라 거룩하게 했다는 말은 일반적인 정결 행위를 넘어 신성한 의미를 지니고 있다.

모세가 제단에 기름을 발랐다는 말은 하나님으로부터 세워진 특별한 종에 의해 그 일이 진행되었음을 보여준다. 구속사 가운데 특별한 사명을 부여받은 그는 하나님의 계시를 통해 성막에 기름을 바름으로써 타락한 세상에 존재하는 다른 모든 영역으로부터 완전히 구별되게 했다. 하나님의 절대적인 거룩성에 연관된 신령한 속성을 지닌 영역은 이 세상 어디에도 존재하지 않는다. 이는 성막이 거룩한 하나님의 성품과 완벽하게 조화되는 속성을 지니고 있음을 말해준다.

언약의 자손들이 하나님의 규례를 근거로 한 모세의 지휘에 따라, 거룩한 성막을 건립하고 각종 성물들을 제작하여 그 위에 기름을 바름으로써 거룩하게 성별한 그 날은 매우 특별한 의미를 지니게 되었다. 타락한 이 세상 가운데 하나님께서 거하실 거룩한 성소가 완성되었기 때문이다. 즉 그 날은 구속사뿐 아니라 인간 역사 가운데 매우 특별한 날로 기억되어야 할 날이었음이 틀림없다.

그러므로 이스라엘 민족 열두 지파의 족장들은 최고 지도자로서 저들에게 맡겨진 고유한 직무를 감당하며 여호와 하나님께 신령한 예물을 바쳐야만 했다. 그들은 각 지파를 대표하는 족장인 동시에 언약의 백성 전체를 대표하는 공동 지도자로서 규례에 따라 하나님께 예물을 바쳤다. 그렇게 함으로써 그 성막의 주인이신 여호와 하나님과 그의 백성 사이에 확립된 분명한 관계가 확인되었다.

그런데 그 족장들이 하나님께 바친 예물은 일반적인 제물이 아니었다. 즉 동물이나 곡물 제사에 필요한 제물이 일반적인 것으로 보이는 물품과 연관되어 있었기 때문이다. 그들은 덮개 있는 수레 여섯 대와 황소 열두 마리를 바쳐야 했다.

이는 열두 지파 가운데 두 지파 족장들이 서로 힘을 모아 수레 하나씩을 바쳤음을 말해주고 있다. 즉 정해진 두 지파의 족장들이 수레 하나씩을 바치면 모두 여섯 대가 된다. 그리고 각 지파에서 황소 한 마리씩을 바쳤다. 그리하여 황소가 열두 마리가 되었다. 열두 지파 족장들이 각각 규례에 따라 바쳤으나 하나님께 예물로 바쳐진 후에는 이스라엘 민족의 공동 소유가 되었다.

그 수레들과 황소들은 나중 성막을 다른 곳으로 이동할 때 사용하기 위해 특별히 바쳐진 것들이었다. 하나님께서는 이를 통해 처음부터 하나님의 성막이 시내 광야에 머무는 동안 한 자리에 계속 머무는 것이 아니란 사실을 말씀해 주셨다. 백성들의 장소 이동과 성막의 이동은 처음부터 알려진 바였으며 그 성막은 결국 아브라함이 독자 이삭을 바쳤던 모리아산이 있는 예루살렘을 향하고 있었으며 그곳이 성막의 마지막 정착지였다.

그리고 하나님께 예물로 바쳐진 것들은 특별히 구별된 의미를 지니게 되었다. 수레들도 그렇지만 특히 황소들 역시 구별된 성격을 지니고 있었다. 따라서 백성들은 성막을 이동하려 할 때 예물로 바쳐진 것 외에 다른 수레를 만들어 사용할 수 없었다. 그리고 하나님 앞에 예물로 바쳐진 그 황소들 외에 다른 황소들을 끌고 와 성막을 이동하는 일에 사용해서는 안 되었던 것이다.

우리가 또한 기억해야 할 바는 이스라엘 열두 지파에 속한 각 지파 자손들이 수레를 바치는 분량과 소를 바치는 수에 있어서 모두가 동등하게 분담해 참여했다는 사실이다. 즉 인구수가 가장 많은 지파와 그 수가 가장 적은 지파 사이에는 엄청난 차이가 났음에도 불구하고 그것을 차등의 근거로 삼지 않았다. 그들은 각 지파에 속한 백성의 수를 계산하여 그에 의존한 것이 아니라 모두가 동등하게 그 일에 참여하게 되었던 것이다.

이스라엘 열두 지파가 하나님의 성막 건립을 완성한 후 예물을 바치는 일에 모든 지파가 동등하게 참여한 것은 아무도 그로 말미암아 더 큰소리를 치거나 기득권을 주장하지 못 하게 하는 의미가 담겨 있는 것으로 볼 수 있다. 세력의 강약이나 백성의 수와 상관없이 어느 지파에 속해 있을지라도 그것 자체가 의미 있었던 것이 아니다. 이는 하나님의 섭리에 따른 언약적 질서가 중요하다는 사실을 말해주고 있다.

이처럼 하나님께서는 자신의 고유한 뜻을 따라 이행하는 일에 모두가 온전한 자세로 참여하도록 요구하셨다. 이 모든 것은 하나님의 성막을 이동하는 일에 연관 지어 구체화되어야 할 중요한 성격을 지니고 있다. 그와 동시에 그 중요한 일을 이스라엘 자손 전체가 공동으로 실행해야 한다는 사실을 명백히 말해주고 있다.

(2) 필요에 따라 차등 지급(민 7:4-9)

여호와 하나님께서는 모세에게 이스라엘 열두 지파가 하나님을 위해 구별하여 바친 그 예물을 취해 레위인들에게 주라고 말씀하셨다. 그것들을 레위인의 각 집안에 따라 맡겨진 바 직임대로 회막 봉사를 위해 사용하라는 것이었다. 그 모든 과정은 하나님께서 허락하신 규례에 따라 행해져야만 했다. 따라서 그 예물들은 이스라엘 각 지파 족장들에 의해 레위인들의 특정 집안에 주어진 것이 아니라 반드시 모세의 손을 거쳐야 했다.

그런데 여기서는 그 예물들이 레위 지파 가운데 있는 각 집안에 균등하게 지급되는 것이 아니라 각 집안에 따라 상당한 차이가 났다. 어떤 집안 자손들에게는 더 많이 주고 다른 어떤 집안 자손들에게는 아예 주지 않기도 했다. 모세는 그 예물을 받아 하나님의 명에 따라 레위 집안에 속한 세 집안인 게르손 자손과 므라리 자손과 고핫 자손을 기억하는 가운데 차등적으로 분배해 주었다.

게르손 자손에게는 그 직임대로 수레 두 대와 황소 네 마리를 주었다. 그리고 므라리 자손에게는 그 직임에 따라 수레 네 대와 황소 여덟 마리를 주었다. 그들에 대해서는 아론의 아들 제사장 이다말에게 감독하도록 명했다. 또한 고핫 자손에게는 수레와 황소를 아예 주지 않았다. 그들이 성막을 이동할 때 맡은 직임은 수레를 사용하지 않고 어깨로 성물을 메어 옮겨야 했기 때문이다.

게르손 자손은 성막을 다른 곳으로 이동할 때 막, 덮개, 휘장, 줄 등을 비롯한 천으로 된 것들을 옮기는 일을 맡아 행해야 했으므로 수레와 황소가 필요했다. 그리고 므라리 자손은 성막의 골격을 세우는 데 사용된 널판, 기둥, 받침, 말뚝, 덮개, 휘장, 띠 등을 옮겨야 했으므로 수레와 황소들이 더 많이 필요했다. 그러나 고핫 자손들은 성막의 내부 성물들을 어깨에 메고 옮겨야 했으므로 수레와 황소가 필요하지 않았다.

레위 지파에 속한 세 집안에 차등적으로 수레와 황소들이 지급되었으나 그것은 불공평한 것이 아니라 오히려 공평한 성격을 지니고 있었다. 따라서 수레들과 황소들은 차등 지급되었지만, 그에 대해 불만을 가지거나 불평하는 자들은 아무도 없었다. 수레와 황소를 하나도 지급받지 못한 고핫 자손들 역시 아무런 불만을 가지지 않았다. 이는 각 자손들이 제각각 맡아 봉사해야 할 일의 성격을 잘 알고 있었음을 말해주고 있다. 그들은 하나님께서 저들에게 맡겨 요구하시는 직무와 그 성격을 잘 알고 있었던 것이다.

그러므로 그들은 수레와 황소를 차등적으로 지급받았지만 그와 연관해서는 아무런 문제가 발생하지 않았다. 그들 가운데 그로 말미암아 불만을 가지거나 불평하는 자가 아무도 없었던 것이다. 이처럼 하나님의 성막이 건립될 초기부터 당시 이스라엘 열두 지파와 레위 지파에 속한 각 집안 자손들은 저들이 감당해야 할 임무를 수행하기 위한 기본적인 자세와 더불어 충분한 준비를 갖추고 있었다.

2 제단의 봉헌을 위한 각 지파에게 분배된 예물(민 7:10-83)

(1) 족장들의 제단을 위한 예물과 순번에 따른 봉헌 실행 지시(민 7:10,11)

각 지파를 대표하는 족장들은 제단에 기름을 발라 성물로 구별하는 날 하나님 앞에 예물을 바쳤다. 그것은 제단을 봉헌하기 위해 바치는 특별한 예물이었으므로 제단 앞에서 그것을 바쳐야만 했다. 그 과정과 절차는 하나님의 규례에 따라 실행해야 했으며 인간들의 작정에 따른 것이 아니었다.

또한 이스라엘 열두 지파 족장들이 한자리에 모여 의논한 결과에 따라 그렇게 하지도 않았다. 그에 연관된 모든 것은 하나님께서 모세에게 내리신 명령에 근거하고 있었다. 그들은 하나님께서 요구하시는 예물을 규례대로 바쳐야 했다. 그 분량에 있어서도 마찬가지였다. 따라서 인간들의 눈에 더 좋은 것을 바친다든지 더 많은 양을 바칠 수도 없었다. 만일 그렇게 한다면 그것은 하나님의 율례에 벗어난 악행이 된다.

그리고 하나님께서는 모든 지파의 족장들이 일시에 한꺼번에 예물을 바치도록 하시지 않았다. 그래서 열두 지파의 각 지파 족장이 한 사람씩 순차에 따라 그렇게 하도록 명하셨다. 열두 지파의 대표인 족장들이 각각 십이 일 동안 하루씩 나누어서 날마다 봉헌 예물을 바쳐야 했다. 이는 하나님의 제단에 예물을 바치는 행위가 자발적인 것이 아니라 하나님의 명령에 대한 순종이라는 점을 말해주고 있다.

이처럼 하나님께 봉헌 예물을 바치는 날짜와 그에 연관된 순서 또한 각 지파 족장들이 서로 간 의논해서 결정한 것이 아니었다. 하나님께서는 맨 첫날 거룩한 제단에 예물을 바쳐야 할 지파 족장과 그 이후 날마다 예물을 바칠 지파 족장들과 맨 마지막에 그 일을 감당해야 할 족장을 구체적으로 정해주셨다. 그 날짜와 순서에 대해서도 불만을 가진 족장이 아무도 없었다. 서로 먼저 예물을 바치겠다거나 나중에 그렇게 하겠다는 식으로 순번을 바꾸어 줄 것을 요구하지 않았던 것이다.

우리는 이를 통해 모세가 전하는 하나님의 명령에 온전히 순종하고자 하는 당시 열두 지파에 속한 족장들의 성숙한 신앙인의 모습을 엿보게 된다. 눈에 보이지 않는 여호와 하나님께서 은밀한 중에 모세에게 명령을 내리셨으므로 불만을 가지고 개인적인 주장을 하고자 한다면 모세를 향해 불만스러운 문제를 제기할 수도 있었다. 하지만 그와 같은 일은 전혀 발생하지 않았다.

(2) 지파별 실행(민 7:12-83)

우리가 알고 있는 것처럼 이스라엘 열두 지파는 각 지파에 따라 그 종족의 수가 제각각 달랐다. 어떤 지파의 수는 상대적으로 매우 많았던데 반해 다른 어떤 지파의 수는 그보다 훨씬 적었다. 가장 많은 인구수를 가진 유다 지파는 칠만 사천육백 명인 데 비해 가장 적은 수를 가진 므낫세 지파는 삼만 이천이백 명으로서 절반에도 훨씬 미치지 못했다. 그럼에도 불구하고 각각의 모든 지파에게 요구되는 제물의 수량은 같았다.

만일 어느 지파가 지나친 종교적인 열정과 성의를 드러내 자기는 더 많은 분량의 예물을 바치겠다고 한다면 그것은 하나님의 율례를 어기는 것이 된다. 그와 같은 판단과 행동은 하나님의 율법이 아니라 자기의 종교적인 욕망을 드러내고자 하는 악한 의도에 의한 것에 지나지 않기 때문이다. 설령 그렇게 하는 것이 수가 적고 약해 보이는 다른 지파를 배려하는 마음 때문이라 할지라도 결코 용납될 수 없는 문제였다. 중요한 사실은 그와 같이 정해진 예물을 바치는 것이 인간들의 의도에 따른 것이 아니라 하나님의 율례였다는 점이다.

또한 각 지파들이 하나님 앞에 예물을 바치는 순번을 바꿀 수 없었다. 만일 각 지파 사이에 서로 간 좋은 마음으로 편의에 따른 합의를 이루었다고 해도 그것은 잘못된 범죄행위에 지나지 않았다. 즉 자기가 속한 지파의 순서를 앞에 두기를 원하거나 뒤에 두고자 하는 지파가 있어서 그와 같은 시도를 한다면 그것은 하나님에 대한 저항행위가 될 따름이었다.

이처럼 모든 것은 하나님께서 정해주신 규례에 온전히 따라야만 했다. 따라서 어느 누구도 그것을 바꾸어 그에 저항할 수 없었다. 열두 지파의 각 족장들은 정해진 규례와 순서에 따라 날마다 한 지파씩 하나님 앞에 예물을 바치게 되어 십이일 만에 모든 것을 완성하게 되어 있었다. 그 모든 절차와 내용을 통해 질서의 하나님이신 여호와의 절대적인 의도를 드러내 보여주고 있다.

이스라엘 열두 지파의 지도자인 족장들은 각기 자기에게 맡겨진 정해진 날짜에 여호와 하나님 앞에 예물을 바치게 되었다. 각 지파들은 하나님께서 정해주신 순번대로 그 일을 감당하게 되었다. 그들의 순서는 유다 지파, 잇사갈 지파, 스불론 지파, 르우벤 지파, 시므온 지파, 갓 지파, 에브라임 지파, 므낫세 지파, 베냐민 지파, 단 지파, 아셀 지파, 납달리 지파 순으로 행하도록 확정되었다. 이는 앞에서 보여준 각 지파가 성막 주변 사방 즉 해 돋는 동편으로부터 남편, 서편, 북편에 진을 친 것과 동일한 순서였다(민 2:1-31, 참조).

각 지파의 지도자들이 하나님 앞에 예물을 드린 날과 그 담당자 이름은 다음과 같다. 제일 일에는 유다 지파에서 암미나답의 아들 나손이 드렸으며, 제이 일에는 잇사갈 지파에서 수알의 아들 느다넬이, 제삼 일에는 스불론 지파에서 헬론의 아들 엘리압이, 제사 일에는 르우벤 지파에서 스데울의 아들 엘리술이, 제오 일에는 시므온 지파에서 수리삿대의 아들 슬루미엘이 예물을 바쳤다.

그리고 제육 일에는 갓 지파에서 드우엘의 아들 엘리아삽이, 제칠 일에는 에브라임 지파에서 암미훗의 아들 엘리사마가, 제팔 일에는 므낫세 지파에서 브다술의 아들 가말리엘이, 제구 일에는 베냐민 지파에서 기드오니의 아들 아비단이, 제십 일에는 단 지파에서 암미삿대의 아들 아히에셀이, 제십일 일에는 아셀 지파에서 오그란의 아들 바기엘이, 제십이 일에는 납달리 지파에서 에난의 아들 아히라가 예물을 드리게 되었다.

3 성막 봉헌을 위한 예물의 총계(민 7:84-89)

언약의 자손들이 제단에 기름을 바르고 하나님 앞에서 거룩하게 구별하던 날부터 십이일에 걸쳐 이스라엘 열두 지파 족장들이 봉헌 예물을 바쳤다. 그 예물 내용과 양은 지파별로 동일했다. 예물의 총합은 소제물과 기름 섞은 고운 가루를 담는 130 성소 세겔 무게(약 1.5kg)의 은 쟁반(silver plate) 열두 개, 70 성소 세겔 무게(약 798g)의 은접시(silver dish)가 열두 개였다. 그리고 향을 채우는 10세겔 무게(약 114g)의 금 접시(gold dish)가 열두 개였다. 모든 기명의 은이 도합 2,400세겔(27.4kg)이었으며 금의 도합은 120세겔(약 1.4kg)이었다.13

그리고 번제물로 수송아지 열두 마리, 수양 열두 마리, 일 년 된 어린 수양 열두 마리, 이것들과 함께 드린 소제물, 속죄제물로 숫염소 열두 마리였다. 또한 화목제물로 수소 스물네 마리가 되었다. 그와 더불어 수양 육십 마리, 숫염소 육십 마리, 일 년 된 어린 수양 육십 마리였다. 그것들은 모두 제단을 위한 봉헌물이었다.

그 모든 일을 완수한 후 모세는 여호와 하나님 앞에 그 사실을 고하기 위해 성막 안으로 들어갔다. 그때 하나님께서는 언약궤 덮개인 거룩한 속죄소 위의 두 그룹 천사들(cherubim) 사이에 계셨다. 모세는 거기서 자기에게 말씀하시는 하나님의 음성을 듣게 되었다. 이는 하나님과 모세 사이에는 성막 안에서 대화와 교제가 이루어졌음을 말해주고 있다. 이 사실은 모세뿐 아니라 모든 언약의 자손들이 제사장을 통해 성막 안에서 교제하게 된다는 상징적인 의미를 지니고 있다.

---

13 여기서 현대 일반적으로 사용하는 도량형 무게로 환산된 내용은, 한글 "현대인의 성경"에 기록된 것을 그대로 인용한 것이다.

8장

성막 봉사를 위한 레위인들의 규례

1 등대의 양식과 일곱 등불(민 8:1-4)

하나님께서는 모세를 향해 성소 내부에 연관된 특별한 지시를 내리셨다. 제사장 아론에게 등불을 켤 때 지켜야 할 규례에 관하여 말해주라는 것이었다. 이는 성막 안 성소에서 제사장들에 의해 진행되어야 할 기본적인 일이었다.

모세는 아론을 비롯한 제사장들이 성소 안에서 일곱 등불을 켤 때 그 빛이 등대 앞 맞은편을 비추도록 놓으라고 했다. 이는 등대의 전면을 비추어 성소 안을 환하게 밝히라는 의미를 지니고 있다. 처음 그 일을 시행하는 아론뿐 아니라 장차 그 직무를 담당하게 될 모든 제사장들은 당연히 하나님께서 요구하시는 대로 순종해야만 했다.

그 등대는 하나님의 규례에 따라 보배로운 금을 쳐서 만들어야 했다. 그 외에 다른 어떤 금속 재질로도 성소 안의 등대를 만들어서는 안 된다. 또한 등대를 지탱하는 대와 꽃잎 모양의 장식을 제작할 때 망치로 금을 쳐서 만들어야 했다. 그 모든 것은 하나님께서 모세에게 내린 명령대로 제작되었다.

그런데 하나님께서는 등대의 장식을 만들면서 왜 하필이면 꽃잎 모양을 내도록 명하셨는지 생각해 보게 된다. 그냥 아름다움을 드러내기 위한 것으로 이해하기는 좀 아쉬운 마음이 든다. 아무런 의미 없이 단순한 장식만을 위해 그렇게 하신 것으로 보이지는 않기 때문이다. 아마도 그것은 식물의 꽃잎 모양의 장식을 통해 생명에 관한 메시지를 뿜어내고자 하는 뜻이 담겨 있지 않을까 생각해 보게 된다.

우리는 또한 여기서 거룩한 성소의 본질에 연관된 중요한 내용을 생각해 보아야 한다. 성막의 성소는 천상에 계시는 여호와 하나님을 향한 유일한 길이다. 성소를 통한 그 특별한 길 외에는 하나님께 나아가는 방편이 달리 존재하지 않는다. 생명의 길이 되는 그 거룩한 성소를 하나님께서 명하신 일곱 개의 등불이 환하게 비추게 되는 것이다.

그러므로 우리가 반드시 기억해야 할 바는 그 등불이 언약의 백성들이 천상의 하나님을 향해 나아가는 길을 밝히 비추는 역할을 하게 된다는 사실이다. 그 안의 불빛은 외견상 다른 빛과 비슷하게 보일지라도 그 내용상 다른 것과 비교할 수 없는 절대적인 성격을 지니고 있다. 따라서 이 세상과 우주 공간 어디에도 그와 동질의 빛은 존재하지 않는다. 즉 그 빛은 사람들이 날마다 보고 경험하는 일반적인 빛과는 그 성격이 본질적으로 다르다.

이처럼 그 특별한 빛이 하나님께서 좌정해 계시는 영원한 천국을 향한 길목인 성소를 환하게 비추고 있다. 그 길은 제사장들이 번제단에서 바치는 거룩한 희생제물과 함께 나아가야 하는 필수적인 중요한 과정이다. 그것은 나중 십자가 위에서 희생제물로 바쳐진 예수 그리스도의 사역과 밀접하게 연결되어 있다. 따라서 예수님께서는 복음서 가운데서 그에 대한 증거의 말씀을 주셨다.

내가 세상에 있는 동안에는 세상의 빛(the light)이로라(요 9:5)

내가 곧 길(the way)이요 진리(the truth)요 생명(the life)이니 나로 말미암지 않고는 아버지께로 올 자가 없느니라(요 14:6)

예수님께서는 자기가 이 땅에 계시는 동안 '세상의 빛(the light)'이라고 말씀하셨다. 이는 세상이 흑암에 갇혀 참된 빛이 아예 존재하지 않는다는 사실을 말해주고 있다. 구약시대 성소 안을 비춘 그 빛이 이 세상에는 없는 절대적인 성격을 지니고 있듯이 예수님이 빛이라고 하신 말씀도 그와 같이 이해되어야 한다.

그리고 그는 자기가 곧 천상에 계시는 하나님 아버지께로 나아가는 유일한 길(the way)이란 사실을 말씀하셨다. 이 또한 구약시대 성막과 성전이 하나님을 향한 유일한 길이라는 것과 동일한 의미를 지니고 있다. 예수님께서는 이 말씀을 통해 구약시대의 성막 및 성전과 마찬가지로 자기가 하나님 앞으로 나아가는 유일한 길이자 신령한 참 빛이 된다는 사실을 말씀하셨던 것이다.

우리는 또한 성소 안의 '일곱 등잔'에 관한 생각을 해보아야 한다. 사도 요한은 계시록에서 일곱 촛대를 언급하며 그 촛대 사이를 인자 같은 이, 곧 그리스도께서 다니시는 것을 보았다고 했다(계 1:12,13). 그리고 그 일곱 촛대는 곧 지상의 일곱 교회란 사실에 관한 기록이 나타난다(계 1:20). 이 말은 일곱 촛대로 묘사되는 일곱 교회 곧 주님의 몸된 보편적 교회가 흑암 가운데 존재하는 이 세상의 참된 빛이며(마 5:14), 그 교회가 천상의 하나님을 향해 나아가는 유일한 길이란 사실을 말해주고 있다.

2 성막 봉사 레위인들의 정결례와 이스라엘 자손(민 8:5-13)

하나님께서는 그와 더불어 또다시 모세를 향해 말씀하셨다. 이스라엘 자손들 가운데 레위인들을 특별히 취하여 정결케 하라는 것이었다. 여기서 레위인들이란 레위 지파에 속한 모든 사람들을 지칭하는 것이 아니라 성막에서 봉사를 담당하기 위해 따로 구별된 자들에 연관되어 있다.

모세는 그 레위인들을 정결케 할 때 하나님께서 요구하는 규례에 따라 그렇게 해야만 했다. 우선 속죄의 물을 그들에게 뿌려야 한다. 여기서 속죄의 물이란 성소 앞에 놓인 물두멍에 담긴 거룩한 물을 일컫고 있다. 번제단 넘어 성소 사이에 놓여 있는 그 물두멍은 제사장 이외에 다른 사람들이 함부로 접근할 수 없는 영역이었다.

모세는 그 거룩한 물을 성막에서 봉사하게 될 레위인들에게 뿌려야만 했다. 그리고 나서 그들의 온몸을 삭도로 밀어 털을 제거하는 절차를 거쳐야 했다. 이는 머리털뿐만 아니라 머리에서부터 발끝까지 전신(全身)을 그렇게 해야만 했다. 그와 더불어 모세는 그들이 입는 의복을 깨끗이 빨아 몸을 정결하게 유지하도록 해야 했다. 가장 중요한 것은 세상과 분리된 하나님 앞에서 정결한 그들의 몸이었기 때문이다.

그런 후에 모세는 그들로 하여금 수송아지 한 마리를 번제물로 취하고, 기름 섞은 고운 가루를 소제물로 취하도록 지시해야 했다. 그리고 모세 자신은 그와 별도로 수송아지 한 마리를 속죄제물로 취해야 했다. 그리고 그 레위인들을 성막 앞으로 나오게 하고 이스라엘 자손의 온 회중을 그 자리에 집결시켜야 했다. 여기서 온 회중이란 이스라엘 모든 백성들이 아니라 저들의 대표자들을 일컫고 있다.

모든 준비가 갖추어지면 모세는 그 레위인들로 하여금 여호와 하나님 앞으로 나오도록 해야 하는데 이는 그들이 하나님께서 좌정하고 계시는 성막 앞으로 나아오는 것을 의미한다. 모세는 이스라엘 온 자손으로 하여금 하나님 앞에 나온 레위인들에게 안수하도록 명해야 한다. 즉 레위인들이 이스라엘 여러 자손들에게 안수하는 것이 아니라 도리어 이스라엘 자손들이 레위인에게 안수해야 함을 말해주고 있다.

이는 그 의례를 통해 이스라엘 백성이 성전 봉사에 연관된 모든 직무를 저들에게 위임하는 성격을 지니고 있다. 이 말은 백성들로부터 성막 봉사를 위임받은 레위인들이 백성들 전체의 직무를 대행하게 됨을 의미하고 있다. 따라서 성막 봉사에 참여하는 직무를 맡은 레위인들은 온 이스라엘 족속을 위한 대표성을 지니게 되는 것이다.

그 후 대제사장 아론이 이스라엘 자손을 위해, 레위인들을 요제(搖祭, wave offering)로 하나님 앞에 드려야 했다. 그 절차를 통해 제사장이 레위 지파에 속한 자들 가운데 특히 성막 봉사 직무를 맡게 될 레위인들을 하나님께 바치게 된다. 그렇게 함으로써 레위인들이 성막에서 여호와 하나님을 섬길 수 있는 절차를 진행시켜 가게 되는 것이다.

그리고 앞의 경우와 달리 모세가 그 레위인들로 하여금 수송아지들의 머리에 안수하도록 해야 했다. 이는 성막 봉사를 위임받은 레위인들이 하나님의 제물에 안수함으로써 저들의 죄를 전가시키는 의미를 지니고 있다. 그런 후 한 마리는 속죄제물로 하나님께 바치고 다른 한 마리는 번제물로 여호와께 드리게 하여 그들의 모든 죄를 속죄해야 했다.

그 후 아론과 그 아들 제사장들 앞에 레위인들을 세우고 여호와 하나님 앞에 요제로 바쳐드려야만 했다. 하지만 우리는 제사장 모세와 아론이 당시 어떤 방식으로 레위인들을 들어 흔드는 요제로 하나님께 바쳤는지 그에 관한 구체적인 행위를 알기 어렵다.14 이는 그들이 동물이 아니기 때문에 아마도 상징적 의미를 내포한 것으로 이해하는 것이 자연스럽다.

즉 모세와 아론은 성막 봉사를 담당하게 될 레위인들을 하나님 앞에 번제나 희생 제물로 바친 것이 아니었다. 하지만 그들은 한자리에 모인 많은

---

14 제사장들이 제물을 바치면서 요제(搖祭)로 드릴 때 짐승의 여러 부위를 구별해 여호와 앞에 흔들어 요제로 삼았다(출 29:26-27; 레 7:30, 8:27; 9:21; 14:24 참조).

백성들이 목격하는 가운데 레위인들 대신 제물의 한 부위를 흔드는 가시적인 의례를 통해 그들을 하나님 앞에 바쳤을 가능성이 크다. 그와 같은 방식으로 하나님 앞에 바치는 것을 레위인들에 대한 요제로 표현한 것으로 보인다.

3 하나님의 소유로서 제사장들에게 속한 레위인들(민 8:14-19)

하나님께서는 모세에게 규례에 따라 모든 것을 실행함으로써 이스라엘 백성들 가운데 성막 봉사를 위한 레위인들을 특별히 구별하도록 요구하셨다. 그렇게 하면 그 레위인들이 자기에게 속하게 되리라는 것이었다. 모세가 저들을 정결케 하여 하나님 앞에 요제로 바치면 성막 봉사를 하기 위한 모든 요건이 완성된다.

그리하여 그들은 이제 거룩한 성막에서 봉사할 수 있는 기본적인 자격 요건을 갖추게 된다. 이스라엘 자손들 가운데 그들이 특별히 하나님께 온전히 바쳐진 바 되었기 때문이다. 하나님께서 모든 초태생을 심판하여 죽이실 때 이스라엘의 처음 난 장자를 살려두셨는데 그들 대신에 레위인들을 취하게 되셨던 것이다.

그것은 곧 과거 이스라엘 자손이 출애굽을 앞둔 긴박한 상황에서 발생했던 하나님의 특별한 심판에 연관되어 있었다. 하나님께서는 애굽 땅에 재앙을 내리면서 처음 태어난 모든 초태생을 죽이셨다. 사람은 물론 짐승의 초태생까지도 그 심판의 대상이 되었다. 하지만 모든 초태생과 인간의 처음 난 자들을 심판하여 죽이실 때 이스라엘 자손들에게는 특별한 길을 열어 주셨다.

모든 장자들을 치시던 그 날 하나님께서는 언약의 백성에 속한 자들은 '양의 피'로 말미암아 죽지 않고 자기에게 속한 자들로 특별히 구별하셨다. 그 의미는 나중에까지 이르는 매우 중요한 구속사적 의미를 지니고 있었다. 이는 이스라엘 가운데서 출생한 모든 백성들의 처음 난 장자들이나 짐승들 가운데 초태생들은 모두 하나님의 소유가 된다는 사실을 말해주고 있다.

그러므로 세월이 흘러 이스라엘 자손이 시내 광야에 머물고 있는 동안 하나님의 율법과 그에 관한 새로운 언약이 확증되었다. 그 상황은 변했으나 본래적 의미는 그대로 존속되었던 것이다. 그것은 이스라엘 자손 가운데 처음 출생한 장자들 대신 레위인들을 세워 자기의 고유한 직무를 맡기신 것과 연관되어 있다.

여기서 우리는 애굽 땅에서 장자를 죽이는 사건이 발생했을 때 하나님께서 이스라엘 백성의 장자들을 살려둔 것은 저들에게 맡겨지게 될 특별한 직무와 연관되어 있었다는 사실을 알게 된다. 이제 다른 열두 지파와 구별된 레위인들이, 하나님의 특별한 섭리와 은혜로 말미암아 구출된 언약의 장자들 대신에 그 신령한 직무를 감당해야 했다.

따라서 하나님께서는 이스라엘 자손들 가운데 레위인들을 특별히 취하여 아론과 그의 자손 제사장들에게 선물로 주신다고 했다. 따라서 그들로 하여금 전체 이스라엘 자손들을 대신하여 봉사하도록 하셨다. 또한 이스라엘 모든 백성들을 위하여 속죄를 이루어 가도록 해야 했다. 그렇게 하여 이스라엘 자손이 성소에 관련된 의무를 감당해야 할 경우가 발생할 때 저들 가운데 재앙이 내리지 않도록 해야 했던 것이다.

4 성막 봉사를 위해 바쳐진 정결한 레위인들(민 8:20-22)

하나님께서 레위인들에 관하여 모세에게 명한 내용은 모든 언약의 자손들이 반드시 지켜야만 할 규례였다. 그 말씀을 직접 듣게 된 모세는 물론 아론을 비롯한 제사장들도 그에 온전히 복종해야 했다. 뿐만 아니라 이스라엘 자손의 온 회중이 그 규례에 따라 순종하지 않으면 안 되었다.

물론 모세와 아론과 이스라엘 백성들은 하나님의 규례에 따라 레위인들에게 그 모든 일을 행해야만 했다. 그리하여 레위인들은 죄로부터 정결한 상태를 유지해야 했다. 그리고 그들이 입는 옷을 깨끗하게 빨아야 했다. 이는 저들의 몸을 보호하는 옷을 깨끗이 빨아서 몸이 더럽혀지지 않게 해야 했기 때문이다.

그 후 모세는 그 레위인들을 여호와 하나님 앞에서 요제로 바쳐드리고 그가 또 그들을 위하여 속죄함으로써 정결케 해야만 했다. 그다음에 정결하게 된 레위인들이 성막으로 들어가 아론과 그 아들 제사장들의 앞에서 맡겨진 직무를 감당하게 되었다. 그들이 그와 같이 할 수 있었던 것은 하나님께서 성막 봉사를 위해 레위인에게 특별히 요구하신 모든 절차적 규례를 모세가 저들 가운데서 행했기 때문이었다.

5 성막 봉사자의 연령 제한(민 8:23-26)

레위 지파가 감당해야 할 직무는 다른 열두 지파와는 확연히 달랐다. 그리고 레위 자손들 가운데서도 성막에서 봉사할 사람들을 또다시 구별해야 했다. 그들은 특별히 성별 되는 의례를 거쳐 그 일을 감당할 수 있게 되었다.

중요한 점은 그들에게 연령 제한이 있었다는 사실이다. 성막 봉사를 감당하기 위해서는 이십오 세에서부터 오십 세 사이에 속하는 레위인들 가운데 결함이 없는 자들이어야 했다. 그런 자들이 규례에 따른 모든 절차를 거치면서 하나님 앞에 바쳐지게 되어 성막 봉사의 일을 감당하게 되었다.

우리는 여기서 모세가 명한 규례가 각 경우와 목적에 따라 연령에 대한 기준을 달리하고 있다는 사실을 알게 된다. 열두 지파의 용사들을 계수할 때는 이십 세 이상이 그 대상이 되었다(민 1:3). 그리고 레위인들의 자손을 계수할 때는 일 개월 이상을 그 대상으로 삼았다(민 3:15). 또한 성막을 이동하는 등 일반적인 성막에 연관된 봉사를 위해서는 삼십 세 이상 오십 세까지로 한정하여 계수했다(민 4:3,23,30).

그런데 본문 가운데는 성막 봉사를 위한 직접적인 직무에 연관될 경우 그 연령이 이십오 세에서 오십 세까지로 엄격히 제한되어 있다. 따라서 성막에서 봉사하던 레위인이 오십 세가 되면 그동안 해오던 모든 봉사를 그만두어야 한다. 연령 제한으로 인해 성막 봉사에 대한 직무를 그만두었다고 할지라도 성전 봉사 영역에 접근하지 말아야 했던 것은 아니다.

　　연령과 자격을 적합하게 갖춘 성막 직무를 맡은 레위인들이 임무를 수행할 때 오십 세가 넘은 자들은 그 옆에서 도와줄 수 있다. 하지만 그것은 어디까지나 보조적인 역할을 하게 되는 것에 제한되어 있었다. 즉 오십 세가 넘은 경험이 풍부한 자들로서 아무리 능숙하게 일을 처리할 수 있다고 할지라도 직접 그 직무를 맡아 행하는 것은 허용되지 않았다.

　　이처럼 하나님께서는 모세를 향해 거룩한 성막에서 봉사하는 일은 자의적인 판단에 따라 행할 수 있는 직무가 아님을 분명히 말씀하셨다. 따라서 모세는 성막 봉사를 감당하는 특별한 직책을 맡은 레위인들에게 하나님의 규례에 따라 직무를 수행하도록 해야 했다. 이는 성막 봉사를 위한 하나님의 엄격한 뜻을 보여주고 있다.

9장

시내 광야의 유월절과
특별 규례

1 유월절과 부정한 자들에 관한 규례(민 9:1-8)

(1) 출애굽 후 유월절(민 9:1-5)

이스라엘 자손이 홍해 바다를 건너 애굽 땅에서 탈출해 나온 후 그 이듬
해 정월에 여호와 하나님께서 모세에게 말씀하셨다. 언약의 백성들로 하여
금 율례에 따라 정해진 기간에 유월절을 준수해 지키도록 하라는 것이었다.
유월절은 이스라엘 백성의 생명에 연관된 매우 중요한 절기였다.

하나님께서는 그 백성들이 애굽 땅에 거하던 기간의 맨 마지막 때 그곳
의 모든 장자들과 짐승의 초태생을 죽이면서 이스라엘 자손들의 생명은 지
켜 보호해 주셨다. 양을 잡아 그 피를 집의 문설주와 인방(引枋)에 바르도록
명령하시고 자기의 사자(使者)로 하여금 저들에게는 죽음의 심판을 행하지 않
게 하셨던 것이다. 그것이 곧 언약의 자손들을 위한 첫 번째 유월절이 되었
다(출 12:1-14, 참조).

그 놀라운 사건을 경험한 하나님의 자녀들은 그 후부터 자신의 생명이 여호와 하나님께 달려 있다는 사실을 깨닫는 가운데 살아가게 되었다. 그것을 위해 하나님께서는 자기 백성들을 위해 유월절을 허락하시고 매년 정해진 기간에 그 절기를 지키도록 명하셨다. 하나님의 영원한 어린양이신 예수 그리스도가 오시기까지 구약시대의 성도들은 유월절을 지키며 그 의미를 받아들여 마음속 깊이 새겨야만 했던 것이다.

그리하여 하나님께서는 매년 정월 십사일 해 질 녘부터 유월절 절기를 지키도록 명하셨다. 이스라엘 백성은 애굽 땅에서 첫 번째 유월절을 지켰으며 그로 인해 그들이 출애굽한 다음 이제 처음으로 유월절을 기념하여 지키게 되었다. 그것은 막연한 종교적인 축제가 아니라 하나님의 명령을 수행하며 그 의미를 되새기는 중요한 기회를 제공했다. 따라서 모든 언약의 백성들은 당연히 하나님의 율례와 규례대로 그 절기를 지켜야만 했다.

하나님께서는 이스라엘 자손이 애굽을 탈출한 후 한 해 정도가 지나고 나서 다시 정월이 되었을 때 모세에게 명하여 유월절을 지키도록 명하셨다. 모든 백성들은 정월 곧 니산월 십 일부터 일 년 된 어린 수양을 하나님께 바칠 제물로 골라 유월절 절기를 위한 준비를 갖추어갔다. 그리고 십사일 해 질 녘이 되어 시내 광야에서 처음으로 유월절을 지키게 되었다. 그들은 하나님께서 모세에게 명하신 대로 순종하며 그 절기를 지켰던 것이다.

(2) 부정하게 된 자와 유월절(민 9:6-8)

모든 언약의 백성들은 예외 없이 생명과 연관된 유월절을 기념하여 지켜야만 했다. 하나님의 율법에 직접 저촉되지 않는 일반 백성들뿐 아니라 어떤 일로 말미암아 부정하게 되었거나 특별한 형편에 놓인 자들이라 할지라도 유월절을 지키는데 예외로 인정될 수 없었다. 물론 부정하게 된 자들은 그에 대한 문제를 해결하는 것과 더불어 그 신령한 절기에 참여할 수 있었다.

당시 죽은 사람의 시체를 가까이하게 되어 부정하게 된 자들은 유월절을 지키는 것이 금지되었다. 하지만 의도적인 악행을 저지르지 않은 그 당사자들은 자기가 부정하게 된 것이 불가피한 형편 때문이라 여기고 있었던 것으로 보인다. 자기의 부모나 남편이나 아내 혹은 친형제가 죽었을 때 그 시체를 가까이하는 것을 피할 수 없었을 것이기 때문이다.

하나님의 율법은, 설령 그렇다고 할지라도 죽은 사람의 시체를 만진 자는 부정하게 될 수밖에 없음을 말하고 있다. 따라서 그런 자들은 거룩한 절기인 유월절을 지키지 못했다. 그러자 그들은 모세와 아론에게 저들이 처한 형편을 전하며 그에 대하여 하소연하기에 이르렀다. 저들이 비록 죽은 사람의 시체에 가까이하여 부정하게 되었으나, 모든 백성들이 하나님께 예물을 바치며 지키는 유월절 절기에 참여하는 것을 금지당하는 것을 받아들이기 어렵다는 주장을 펼쳤던 것이다.

그런데 모세와 아론은 그들의 주장을 듣고 어느 정도 이해하는 마음을 가지게 되었다. 따라서 그들의 요구를 받아들여 여호와 하나님께 물어보겠다고 답변했다. 하나님께서 저들에 대하여 어떻게 하기를 원하시며 명하시는지 들어본 후 그 말씀을 전해주겠다는 것이었다. 이는 그들도 언약의 자손으로서 유월절을 지키는 것이 바람직하다는 의미를 어느 정도 드러내 보여주고 있다.

2 특별히 배려된 유월절(민 9:9-14)

하나님께서는 죽은 사람의 시체를 가까이함으로 말미암아 유월절을 지킬 수 없는 자들의 입장을 듣고 그 실상을 하나님 앞에 말씀드렸다. 그에 관한 모든 실상을 들은 하나님께서 모세에게 답변하셨다. 이제 자기가 말하는 것을 온 이스라엘 자손에게 전하라는 것이었다. 그것은 당시 부정하게 되어 유월절 절기를 지키는 것이 금지된 자들뿐 아니라 모든 언약의 백성들이 받아들여야 할 내용이었다.

즉 하나님의 그 말씀 가운데는 시체로 말미암아 부정하게 된 자들뿐 아니라 다른 어떤 일로 말미암아 유월절을 지키지 못하게 된 자들에 대해서도 함께 언급되었다. 즉 오랜 여행 중에 있어서 유월절을 지키지 못했을 경우에도, 죽은 사람의 시체 때문에 부정하게 된 자들과 동일한 대안적 배려가 허락되었다.

여기서 오랜 여행 중이란 말은 우리가 일반적으로 생각하는 그런 여행을 두고 하는 말이 아니다. 그것은 주변의 이방인들이 침략해오는 경우 그것을 방어하기 위해 불가피하게 밖으로 나간 것 등에 연관된 것으로 이해하는 것이 자연스럽다.[15] 우리는 이를 통해 유월절의 중요한 의미를 깨달아야 한다.

본문에서 보여주는 교훈은 언약의 백성이라면 누구든지 예외 없이 유월절을 철저히 지키고 그에 온전히 참여해야 한다는 것이다. 만일 유월절을 지키지 않는 자가 있다면 그는 하나님의 언약과 상관이 없는 불신자에 지나지 않는다. 따라서 이는 언약의 자손이라면 반드시 유월절을 지켜야만 한다는 사실을 말해주고 있다.

그러므로 하나님께서는 원래의 유월절 절기에 참여하지 못한 자들을 위해 '특별히 배려한 유월절'(Second Passover)에 관한 언급을 하셨다. 시체로 인해 부정하게 된 자들이나 먼 여행길을 떠나게 되어 정해진 원래의 유월절 절기를 놓친 자들은 그보다 한 달 후에 유월절을 지킬 수 있도록 특별한 기회가 주어졌던 것이다.

하나님께서는 그 기회를 허락하기 위해 원래의 유월절 절기 기간으로부터 정확하게 한 달이 지난 후인 이월 십사일 해가 질 무렵부터 그 절기를 지

---

15 시내 광야에서는 그와 같았을지라도, 나중 이스라엘 자손이 가나안 땅으로 들어간 후에는 다른 다양한 목적으로 먼 길을 떠난 경우가 포함되었을 것이 분명하다.

1부. 이스라엘 각 지파와 성막 건립

키기 시작하도록 명하셨다. 그 배려된 유월절을 지켜야 하는 자들은 그날 저녁때 즈음 어린 양을 잡아 누룩을 섞지 않은 떡인 무교병과 함께, 사람들이 맛나게 먹는 향내 나는 나물이 아니라 쓴 나물을 먹어야 했다. 그리고 그들이 먹고 남은 음식을 그 이튿날 아침까지 조금도 남겨두어서는 안 된다. 그것은 하나님 앞에서 거룩한 음식이기 때문이었다.

그리고 어린 양을 잡으면서 그 뼈를 하나도 꺾지 말아야 했다. 특별히 배려된 유월절을 지키는 자들은 원래의 첫 번째 경우와 마찬가지로 유월절 절기에 연관된 모든 율례를 따라 순종해야만 했다. 만일 형식적으로 유사하게 보일지라도 하나님의 율법과 계명을 벗어난다면 그것은 아무런 의미가 없을 뿐더러 도리어 하나님을 욕되게 할 따름이었기 때문이다.

그러나 이스라엘 자손 가운데 의도적으로 유월절을 지키지 않는 자가 있다면 그들은 언약의 백성으로부터 끊어지게 된다. 시체로 인해 부정하게 되지 않고 여행 중에 있지 않으면서 유월절을 지키지 않는 자는 하나님과 그의 율례를 멸시하는 것과 같다. 그런 자들은 유월절을 무시하고 여호와 하나님 앞에 거룩한 예물을 드리지 않음으로써 스스로 범한 자신의 죄로 말미암아 무서운 심판을 받게 된다.

또한 아브라함의 혈통을 이어받지 않은 이방인 출신으로서 언약의 백성들 가운데 거하는 자들도 하나님 앞에서 유월절을 지킬 수 있었다. 그들 역시 하나님의 율례에 따라 그 절기가 허락하는 감사의 기간에 기쁨으로 참여할 수 있었던 것이다. 언약의 공동체 안으로 들어오게 되면 본토인 곧 혈통적 유대인들이나 이방인 출신이나 아무런 차별 없이 동일한 대우를 받았기 때문이다. 이는 구약시대뿐 아니라 나중 예수 그리스도로 말미암아 복음이 이방인에게 완전히 개방될 것에 대한 예언적 성격을 지니고 있다.

이와 같은 유월절 전통은 그 후에도 구속사 가운데 계속해서 이어졌던 것이 분명하다. 부정하게 된 자들과 먼 여행 중에 있던 자들에게는 특별히 배려된 유월절 절기가 허락되었다. 그에 반해 별다른 문제가 없음에도 불구하고 절기에 태만한 자들에게는 엄한 징벌이 내려졌다. 이는 언약의 백성들에게 새 생명을 선포하는 유월절의 의미가 얼마나 중요한가 하는 점을 드러내 보여주고 있다.

3 성막 위에 있는 구름과 불(민 9:15-23)

시내 광야에서 거룩한 성막이 완성되어 건립되었을 때 하늘에는 구름기둥이 증거막인 성막을 뒤덮었다. 또한 저녁이 되면 성막 위에 불기둥이 나타나서 성막을 덮었다가 아침까지 그 상황이 지속되었다. 이는 낮에는 구름기둥 밤에는 불기둥이 성막 위로부터 이스라엘 자손들의 진지 전체를 뒤덮게 되었음을 말해주고 있다.

이스라엘 자손이 시내 광야에 머물던 시기에는, 성막과 더불어 여러 곳으로 이동해야 했던 저들에게 성막 위에 떠 오른 구름기둥과 불기둥이 매우 중요한 역할을 했다. 시편 기자는 그에 관한 실상을 노래불렀다: "여호와께서 구름을 펴사 덮개를 삼으시고 밤에 불로 밝히셨으며"(시 105:39), 이는 당시의 구체적인 형편을 드러내 보여주고 있다.

이스라엘 민족에게 장기간 실제로 나타난 기적이자 특별한 은혜의 표징이었던 구름기둥과 불기둥의 역할은 크게 보아 둘로 나누어 생각해 볼 수 있다. 하나는 이스라엘 백성을 안전하게 지켜 보호하는 성격이다. 즉 낮에는 구름기둥으로 따가운 햇볕을 막아주었으며 밤에는 불기둥으로 추위를 막아주었다.

그리고 또 다른 매우 중요한 역할은 언약의 백성들이 다른 곳으로 나아가야 할 시간과 방향을 제시하는 일이었다. 그와 더불어 하나님께서는 그들을 자기가 정하신 장소로 정확하게 인도하셨다. 즉 백성들은 스스로 출발 시간을 정할 수 없었으며 이동해야 할 장소를 정할 수도 없었다. 모든 것은 오직 여호와 하나님의 뜻에 달려 있었던 것이다.

그러므로 성막 위에 구름이 떠 올라 특별한 표징을 보이면 이스라엘 자손들은 그것을 보고 다른 곳으로 진행했으며 구름이 머무는 곳에 이르러 다시금 진을 치게 되었다. 이스라엘 백성은 전적으로 하나님의 명령에 따라 앞으로 나아갔으며 그의 명에 따라 진을 쳤다. 구름이 성막 위에 머무는 동안에는 그곳에 머물러 생활했던 것이다.

그리고 구름이 성막 위에 머무는 기간이 오래면 백성들은 여호와 하나님의 뜻에 따라 다른 곳으로 나아갈 생각을 하지 않고 그곳에 머물러 있어야 했다. 또한 구름이 성막 위에 머무는 기간이 짧다고 해도 그들은 하나님의 뜻에 의해 그곳에 머물다가 또다시 그의 인도하심을 좇아 다른 곳을 향해 나아가야만 했다.

만일 구름(불)이 저녁부터 아침까지 성막 위에 머물러 있다가 아침에 그 구름이 떠오르게 되면 그들은 즉시 움직일 채비를 갖추어야 했다. 이는 구름이 밤낮 성막을 덮고 있다가 그 위로 치솟으면 그에 따라 하나님께서 정하신 목적지를 향해 진행해야만 한다는 사실을 말해주고 있다. 따라서 성막 위를 덮은 그 구름이 하늘 위로 솟구쳐 오르면 언제든지 앞으로 나아가야 했다.

그러므로 이스라엘 자손들은 구름이 성막 위에 머무는 날이 이틀이든지 한 달이든지 일 년이든지 정해진 그 자리에 머물렀다. 이는 모든 백성들이 항상 성막 위의 구름기둥과 불기둥을 관심 있게 주시한 채 살아가야 한다는 의미를 지니고 있다. 더구나 제사장들을 비롯한 지도 계층에 속한 사람들은 더욱 깊은 주의를 기울이고 있어야 했다.

이처럼 이스라엘 자손은 사십 년 동안 광야에 머물면서 구름기둥과 불기둥을 통한 하나님의 지시에 따라 한 곳에 진을 치고 머물기도 했으며 앞으로 진행하기도 했다. 그것은 이스라엘 자손들 가운데 특정한 개인이나 집단적인 의사에 따라 그 모든 것을 결정할 수 없었다는 사실을 말해주고 있다. 그것은 전적으로 하나님의 뜻에 달려 있었으므로 그에 대해서는 하나님께서 모세를 통해 전하신 명령에 순종하며 그 직임을 지켰을 따름이었다.

중요한 점은 이스라엘 자손이 시내 광야에서 사십 년 동안의 유랑생활을 마친 후에도 그 정신은 그대로 이어졌다는 사실이다. 따라서 그 후의 구약시대를 거쳐 오늘날 신약 교회 시대에도 그 상징적인 의미가 존속하고 있다. 즉 참된 지상 교회 위에도 상징적인 구름기둥과 불기둥이 보호막이 되어 뒤덮고 있으며 견디기 어려운 더위와 추위로부터 우리를 지켜 보호해 주고 있다. 또한 그 구름기둥과 불기둥이 역사 가운데 앞으로 나아갈 방향을 제시하며 인도하고 있다. 하나님께서 눈동자같이 우리를 지켜 보호하고 계시는 것이다.

민 10:1-36

10장

은 나팔과 시내 광야에서
바란 광야로 이동

1 두 개의 은 나팔 제작 명령과 용도에 관한 규례(민 10:1-10)

(1) 은 나팔과 회중 소집 및 진행(민 10:1-2, 8)

여호와 하나님께서 모세를 불러 중요한 명령을 내리셨다. 그것은 은을 쳐서 나팔 두 개를 만들라는 것이었다. 그것들은 다양한 목적에 따라 이스라엘 백성을 성막 앞으로 모으거나 특별한 지시를 하게 될 경우 소리로 신호를 삼아 선포하기 위해서였다. 특히 성막을 비롯한 이스라엘 열두 지파 전체가 다른 곳으로 이동해가야 할 경우 신호로 사용하기 위한 목적을 가지고 있었다.

제사장들은 성막에서 불게 되는 그 두 개의 은 나팔을 통해 백성들을 정해진 자리로 소집하게 된다. 이는 백성들을 모으고자 할 때 개별적인 통보를 하지 않고 집단적 선포를 하게 된다는 의미를 지니고 있다. 따라서 모든 언약의 자손들은 제사장이 언제 무슨 나팔을 불게 될지 모르기 때문에 성막에서 부는 나팔 소리를 듣지 못하는 경우가 생기지 않도록 항상 성막을 향해 귀를 기울이고 있어야 한다.

이는 앞 장에서 언급한 것처럼 이스라엘 백성들이 성막을 덮은 구름기둥과 불기둥이 하늘 위로 솟구쳐 오르는지 그 움직임을 두 눈으로 주시해야 하는 것과 더불어 이해되어야 한다. 즉 눈으로는 항상 성막 위의 구름과 불기둥을 바라보는 동시에, 그들의 귀는 제사장들이 성막에서 부는 은 나팔 소리에 기울이고 있어야 했다. 즉 그들의 눈과 귀는 항상 하나님께서 거하시는 거룩한 성막을 향하고 있어야만 했다.

그러므로 언약의 자손들은 제사장들의 은 나팔 소리에 민감하게 반응하지 않으면 안 되었다. 그것을 위해서는 모든 백성들이 나팔의 다양한 형태의 소리와 의미를 분별하는 능력을 갖추어야 했다. 그들은 제사장이 하나의 나팔을 부는지 두 개의 나팔을 부는지 분간할 수 있어야 한다. 또한 한 번만 부는지 그 이상 더 많이 부는지 알아야 한다.

그와 더불어 은 나팔을 짧게 울리는 소리인지 그렇지 않고 길게 부는 소리인지 정확하게 파악하여 그에 대응할 수 있어야 한다. 그것을 위해 모든 백성들은 하나님의 율례에 따라 약속된 그 '소리 언어'를 명확하게 분별하여 이해해야 한다. 그래야만 하나님께서 제시하신 공동의 약속 체계 속으로 들어갈 수 있게 된다.

그러므로 제사장들은 필요와 목적에 따라 그 은 나팔을 불어 백성들에게 신호를 알려야 할 중요한 의무를 지니고 있었다. 그것은 다양한 이유로 백성들을 성막 앞으로 회집시키고자 할 때와, 성막 및 이스라엘 백성이 다른 곳으로 이동해야 할 경우에 사용되었다. 또한 주변의 이방인들로 말미암은 침략의 위기 상황이 발생하게 될 때 나팔을 불어야 한다. 나아가 이스라엘 백성의 각종 절기와 연관되어 그 은 나팔이 사용되었다.

(2) 백성을 성막 앞에 집합시키기 위한 목적(민 10:3, 4, 7)

나팔을 부는 중요한 목적 가운데 하나는 백성들을 성막 앞으로 불러 모으고자 하는 것이다. 제사장들이 두 개의 은 나팔을 한꺼번에 불 때는 온 회중이 성막 문 앞에 모여 모세 앞으로 나아가야 한다. 그리고 나팔 하나만 불 때는 이스라엘 백성의 천부장 직책을 맡은 족장들이 모여서 모세에게 나아와야 했다. 따라서 백성들은 언제 나팔 소리가 날지 모르는 상황에서 항상 성막 쪽으로 귀를 기울이고 있어야만 했다.

또한 제사장이 성막에서 부는 나팔 소리를 들으면서 그에 대한 분별력을 가지는 것은 매우 중요하다. 제사장은 회중의 총회를 모으는 나팔을 불 때 길게 불어야 하며, 울리는 소리로 짧게 불어서는 안 된다. 만일 소리를 짧게 분다면 그것은 회중의 총회를 모으기 위한 나팔 소리와 다르기 때문이다.

그러므로 모든 백성들은 나팔 소리를 정확하게 들어 분별할 수 있는 능력을 갖추어야 한다. 하나의 나팔을 부는 것인지 두 개의 나팔을 부는지 제대로 구별해야 하는 것이다. 즉 하나의 나팔을 부는 소리를 듣는다면 온 회중이 성막 문 앞에 모여 모세에게 나아갈 필요가 없다. 즉 두 개의 나팔을 동시에 불 때 온 회중은 성막 앞으로 나아가 회집해야 한다.

또한 두 개의 나팔을 동시에 부는데 천부장인 족장들이 모세 앞으로 나아가서도 안 된다. 제사장이 하나의 나팔을 짧게 분다면 온 회중이 아니라 족장들이 성막 앞으로 회집해야 한다. 문제는 제사장들이 필요에 따라 나팔을 불되 언제든지 끊임없이 부는 것이 아닌 사실이다.

아주 가끔 특별한 경우에 부는 제사장의 다양한 나팔 소리를 듣고 백성들이 올바른 분별을 해야 한다는 것은 그에 관한 규례를 명확하게 이해하고 있어야 한다는 사실을 말해주고 있다. 더욱이 그 나팔 소리는 해당 사항에 관련된 자들 뿐 아니라 모든 백성이 함께 듣게 된다는 사실은 매우 중요한 의미를 지니고 있다.

(3) 성막과 백성의 다른 곳을 향한 진행 선포(민 10:5-6)

제사장들이 온 회중이 듣도록 나팔을 부는 중요한 목적 가운데 하나는 백성들이 다른 장소로 진지를 이동하도록 알리는 것이었다. 백성들은 자의적인 판단이나 임의로 성막을 가지고 다른 곳으로 이동할 수 없었다. 제사장이 나팔을 짧게 울리는 소리로 급하게 불면 백성들이 장소를 이동하기 위한 채비를 갖추어야 한다.

그리고 제사장이 제1차로 나팔을 짧은 소리로 불게 되면 성막 동편에 진을 친 부대와 백성부터 그곳을 떠나 앞으로 진행해야 한다. 그리고 제2차로 나팔을 울리게 불 때는 남편의 진들이 앞으로 나아가야 한다. 이처럼 백성들이 성막과 더불어 이동하려고 할 때는 나팔을 짧게 불어야 한다. 그리하여 나팔 소리와 더불어 규례에 의한 순서에 따라 앞으로 나아가게 되는 것이다.

우리가 여기서 생각해야 할 중요한 점은 그 나팔 소리가 구름기둥이나 불기둥이 성막 위에 치솟는 것과 직접 연계되어 있다는 사실이다. 굳이 순서를 두고 언급하자면 성막 위의 구름기둥이 먼저 솟아오르고 그것을 보게 되는 제사장들이 백성들을 향해 나팔을 불어 선포하게 된다. 즉 성막 위의 구름기둥은 일종의 신호탄 역할을 하게 되고 제사장의 나팔 소리는 백성들에게 구체적인 지시를 하게 되는 것이다.

(4) 외침外侵이 발생할 경우 대처 목적(민 10:9)

제사장들이 은 나팔을 불어야 하는 중요한 용도 가운데 하나는 적대 세력의 침략에 대응하기 위해서이다. 언약의 백성들은 자신의 욕망을 충족하기 위해 하나님의 말씀에서 벗어난 일방적인 공격을 하지 않는다. 그들은 더 넓은 땅을 소유할 목적으로 침략 전쟁을 일으키지도 않는다.

출애굽한 이스라엘 자손이 하나님께서 아브라함에게 약속하신 땅을 회복하기 위한 과정에서 정복 운동에 나선 것은 하나님의 말씀에 대한 순종행위였다. 한편 주변 이방 종족이나 왕국 가운데 이스라엘 민족을 위협하거나 공격하는 일들이 숱하게 많이 발생하기도 했다. 그때는 그 원수들의 침략에 대해 방어를 하지 않을 수 없었다.

그럴 경우에는 언약의 자손들이 자기를 위협하고 압박하는 대적자들을 치러 나가게 되었다. 이스라엘 병사들이 원수들과 싸우기 위해 나갈 때 제사장은 비상 나팔을 짧게 울리는 소리로 불어야 했다. 그리하여 언약에 속한 온 백성이 그에 관한 모든 상황을 알고 그에 올바른 대처를 할 수 있게 되었던 것이다.

그리하여 하나님께서는 자기의 말씀에 순종하는 백성을 기억하고 적극적인 도움을 주시게 된다. 하나님께서는 자신의 율례에 순종하는 자들에게 긍휼을 베풀어 주신다. 그와 더불어 악을 자행하는 대적자들로부터 이스라엘 자손을 구원해 주시게 된다. 이는 백성들이 원수들의 침략을 물리치고 승리를 거두게 되는 것이 저들의 세력 때문이 아니라 전적인 하나님의 능력에 달려 있음을 보여주고 있다.

(5) 절기를 선포하는 목적(민 10:10)

은 나팔의 중요한 용도 가운데 또 다른 하나는 각종 절기를 알리고 선포하는 것이었다. 이미 백성들이 그 날짜를 알고 그에 대한 이해가 있을지라도 제사장이 성막에서 나팔을 불어 공적으로 알리는 것은 매우 중요한 일이다. 그것을 통해 온 언약의 백성이 하나의 공동체로서 거룩한 성막을 중심으로 결집하는 자세를 가지게 되기 때문이다.

따라서 하나님께서는 천상의 나라로부터 참된 기쁨이 허락되는 날과 백성들이 지켜야 할 정한 절기와 기한이 이르면 나팔을 불라는 명령을 내리셨다. 그리고 월삭 곧 매월 초하루에 하나님 앞에 번제물과 화목 제물을 드릴 때도 나팔을 불라고 하셨다. 그것은 임의적인 약속이 아니라 정해진 규례였다.

이는 또한 각종 절기와 매월 초하루에 지키는 월삭의 제물을 바칠 때 제사장이 나팔을 불어야 한다는 것은 그 일이 공적이며 공개적인 행사라는 사실을 말해주고 있다. 절기를 통한 모든 제사와 정해진 때 하나님을 섬기며 기뻐하는 것은 제사장을 비롯해 모든 백성이 함께 참여해야 한다는 것을 의미한다. 따라서 언약의 자손들 가운데 어느 누구도 그것을 가볍게 여기거나 피하지 못하는 것이다.

그러므로 하나님께서는 제사장의 나팔 소리와 더불어 온 백성이 지키는 언약의 제사를 받으시고 저들을 기억하겠다고 말씀하셨다. 이는 그 제물을 받으시는 분이 여호와 하나님이시라는 사실을 분명히 드러내 보여준다. 이스라엘 자손은 하나님 앞에서 정한 절기를 지키고 제물을 바칠 때 자신의 종교성을 드러내는 것이 목적이 아니라 항상 그 대상이 여호와 하나님이라는 사실을 기억해야만 한다.

우리는 여기서 그 가운데 내포된 메시아와 연관되는 그 의미를 깨닫게 된다. 하나님께서는 반드시 백성들이 하나님의 뜻에 따라 지키는 절기와 제사를 통해 그들을 받으신다는 사실을 말씀하셨다. 즉 하나님께서는 아무런 순종의 과정 없이 모든 것을 용납하거나 행하시는 분이 아니다. 이는 또한 장차 언약의 백성들을 위해 이 땅에 오실 메시아가 하나님 앞에서 행하시는 모든 순종행위를 통해 총체적인 화해가 이루어지게 된다는 사실을 말해주고 있다.

2 시내 광야에서의 출발 바란 광야에 도착(민 10:11-28)

(1) 성막 위의 구름기둥(민 10:11-12)

이스라엘 자손이 출애굽하고 나서 제 이년 이월 이십 일에 증거막 곧 성막 위를 덮고 있던 구름기둥이 위로 치솟아 올랐다. 당시는 그해 정월 십 사일 첫 번째 유월절이 있은 후 이월 십사일 하나님의 특별한 배려로 시작된 두 번째 유월절이 끝나간 시점이었다. 그리하여 이월 이십일 구름기둥이 떠오르게 되자 다른 장소로 가야만 했다.

그리하여 이스라엘 자손은 하나님께서 정해주신 절차에 따라 이동할 준비를 서둘러야 했다. 레위인들은 규례에 맞게 성막을 해체하고 앞서 정해진 대로 각 집안에 맡겨진 직무대로 그에 속한 모든 것을 옮겨야만 했다. 물론 제사장들은 구름기둥이 향하는 곳을 올바르게 파악하여 그에 따라가야만 했다.

당시 열두 지파에 속한 모든 일반 백성들도 하나님께서 정해주신 규례에 따른 절차와 순서대로 움직여야 했다. 그것을 위해 모든 백성들은 각기 자기가 살고 있던 천막을 해체하여 각자가 그것을 옮기게 되었다. 그들은 하나님의 성막과 더불어 다른 곳으로 장소를 이동해가야만 했던 것이다.

시내산 아래 부근 지역에서 약 일 년간 규례에 따라 머물던 백성들은 그 광야에서 출발하여 하나님께서 지시하시는 다른 곳을 향해 떠났다. 그런데 시내산 아래 광야에서 출발한 백성들은 아직 가야 할 목적지를 정확하게 알 수 없었다. 그들은 단지 하나님의 인도하심과 제사장들의 지도 아래 계속 나아가다가 구름기둥이 바란 광야에서 멈추게 되자 그들도 그곳에 멈추게 되었다.

우리는 여기서 이스라엘 자손들이 그전에 다른 곳으로 가기 위한 날짜를 정하지 않았을뿐더러 그 장소도 정하지 않았다는 사실을 기억해야 한다. 일반 백성들뿐 아니라 모세와 아론을 비롯한 제사장들 역시 마찬가지였다. 오직 여호와 하나님께서 전적으로 모든 판단과 결정을 했을 따름이다. 이에 대해서는 우리 시대 교회에 속한 성도들 역시 원리적으로 보아 그와 동일한 자세를 유지해야 한다는 사실을 기억해야만 한다.

(2) 이스라엘 백성과 성막의 이동 진행(민 10:13-28)

구름기둥이 성막 위에 치솟아 오르게 되면 백성들은 하나님의 명령에 따라 다른 곳으로 이동해야 한다. 제사장은 규례에 따라 나팔을 불어 그 사실을 온 백성에게 선포하게 된다. 그리고 레위 지파에 속한 사람들은 성막을 해체하여 옮길 준비를 갖추어야 한다.

그들이 다른 곳으로 이동할 때는 정해진 순서대로 엄격한 질서 가운데 움직여야 한다. 가장 앞선 제1진으로 유다 자손의 진기(陣旗)에 속한 자들이 앞으로 나아가게 된다. 그리고 그 뒤를 레위 지파에 속한 게르손 자손과 므라리 자손이 성막의 물건들을 가지고 이동하게 된다. 그다음은 제2진으로 르우벤 진기에 속한 자들이 그 뒤를 따라가야 한다. 또한 그 뒤는 레위 지파의 고핫 자손들이 여러 성물들을 메고 가야 한다. 그리고 제3진으로 에브라임 자손 진기에 속한 자들이 뒤따라가게 된다. 그리고 맨 마지막으로 제4진으로 단 자손 진기에 속한 자들이 나아가게 된다.

이스라엘 자손은 구름기둥의 인도에 따라 급하지 않게 순차대로 다른 장소로 이동했다. 레위 지파에 속한 자손들은 먼저 성막을 해체한 후 하나님께서 인도하시는 다른 곳으로 가지고 갔으며 하나님께서 정하신 목적지에 도착하여 성막을 다시 세웠다. 그다음 성막 안의 성물들을 새로운 장소에 세워진 성막 안에 진열하게 되었다(민 10:17,21. 참조).

우리는 여기서 이스라엘 열두 지파와 레위 자손이 진행하는 대열의 구체적인 의미와 그 역할을 생각해 볼 수 있어야 한다. 제1진인 유다 진기에 속한 자들은 성막과 백성들이 나아갈 길을 열고 선도하는 역할을 했다. 그 뒤에는 레위 지파의 게르손 자손과 므라리 자손은 해체된 성막의 천과 기둥 등을 가지고 따라갔다. 성물들이 도착하기 전에 먼저 새로운 장소에 성막을 세워야 했기 때문이다.

르우벤 진기에 속한 제2진은 그 뒤를 따라가며, 앞서가는 레위 지파의 두 자손들을 호위하는 역할을 하게 되었다. 그리고 레위 지파의 고핫 자손들이 성막 안의 거룩한 성물들을 가지고 뒤따라 이동했다. 그다음 제3진인 에브라임 진기에 속한 자들이 고핫 자손과 성물들을 뒤에서 보호하는 일을 감당했다. 맨 뒤에는 단 진기에 속한 제4진이 따라가며 뒤를 살피는 가운데 마무리하는 역할을 하게 되었다. 그 구체적인 순서와 내용은 다음과 같다:

제1진 유다 자손의 진기陣旗에 속한 자들(민 10:13-16)

다른 새로운 장소로 떠날 모든 준비가 완료된 후 이스라엘 백성들은 하나님께서 모세에게 명하신 대로 대열을 이루어 앞으로 나아가게 되었다. 그 맨 앞에는 유다 자손 진기에 속한 자들이 그 군대대로 진행했다. 잇사갈과 스불론 등 세 지파가 하나의 편대를 형성하고 있었으나 각 지파의 인솔자는 따로 있었다. 그들은 하나님께서 모세를 통해 특별히 지명한 인물들이었다.

당시 유다 자손의 군대는 암미나답의 아들 나손이 인솔했으며 잇사갈 자손 지파의 군대는 수알의 아들 느다넬이 인솔했다. 또한 스불론 자손 지파의 군대는 헬론의 아들 엘리압이 인솔하게 되었다. 그 후부터 되풀이하여 성막과 백성들이 진지를 옮겨야 할 때는 그 지도자들이 바뀌게 되었다. 하지만 그들은 스스로 자원하는 것이 아니라 하나님의 뜻 가운데 모세와 아론에 의해 세워졌다.

게르손 자손과 므라리 자손(민 10:17)

유다 진기에 속한 세 지파가 제1진으로 맨 앞에서 나아간 후에 그 뒤를 따른 자들은 레위 지파의 게르손 자손과 므라리 자손들이었다. 그들은 그동안 세워져 있던 성막을 해체하여 새로운 곳으로 옮기는 일을 담당했다. 게르손 자손은 주로 성막과 휘장과 여러 천 등을 옮기는 직무를 감당했다. 그리고 므라리 자손은 기둥과 말뚝과 그 받침 등을 옮기게 되었다.

그들은 무거운 물건들을 수레에 실은 채 이미 하나님께 바쳐진 황소가 끌고 가도록 했다. 그리고 사람들이 어깨에 멜 만한 물건들은 직접 메고 가기도 했을 것이 분명하다. 그리하여 가장 앞에 나아가는 유다 진기에 속한 자들의 뒤를 게르손 자손과 므라리 자손들이 성막을 세우는 데 필요한 물건들을 가지고 나아가게 되었던 것이다.

그들은 유다 진지에 속한 자들의 뒤를 따라가서 먼저 도착하여 성막을 세워야 했다. 그래야만 나중 고핫 자손들이 성막 안에 진열될 성물들을 가져오면 곧장 진열해야 했던 것이다. 그리하여 질서와 순서에 맞게 그 직무를 수행할 수 있었다.

제2진 르우벤 진기陣旗에 속한 자들(민 10:18-20)

레위 지파에 속한 게르손 자손과 므라리 자손이 성막을 지탱하는 여러 물품들을 가지고 앞으로 나아가면 르우벤 진기에 속한 군대가 그 뒤를 따랐다. 이는 그들이 앞서가는 레위 지파 자손들이 황소가 끄는 수레 위에 싣고 가거나 어깨에 메고 가는, 성막 건립을 위해 필요한 물건들을 보호하는 역할을 하게 되었다.

르우벤 진기에 속한 군대 가운데는 시므온 자손 지파와 갓 자손 지파가 함께 했다. 그들은 하나의 편대를 이루고 있었으나 각 지파를 인솔하는 인도자는 따로 있었다. 르우벤의 군대는 스데울의 아들 엘리술이 인솔했으며 시므온 자손 지파의 군대는 수리삿대의 아들 슬루미엘이 인솔했다. 그리고 갓 자손 지파의 군대는 드우엘의 아들 엘리아삽이 인솔하게 되었다.

그들은 하나님의 규례와 그 뜻에 따라 질서정연하게 움직였다. 각 지파의 인솔자들은 스스로 자원한 것이 아니라 하나님께서 저들에게 그 중요한 직무를 맡기셨다. 따라서 모든 백성들은 하나님으로부터 특별한 직책을 위임받은 지도자들의 뜻에 복종해야만 했다.

고핫 자손(민 10:21)

르우벤 진기에 속한 자들이 제2진으로 나아가는 그 뒤에는 레위 지파 고핫 자손들이 따라갔다. 그들은 성막의 가장 중요한 성물들을 메고 앞으로 나아갔다. 그 사람들은 전체 대열 가운데 가장 중앙에 위치하여 앞뒤로 보호를 받고 있었다.

그 성물들은 수레에 싣고 황소로 하여금 끌고 가게 한 것이 아니라 자격을 갖춘 레위 지파의 족속들이 직접 어깨에 메거나 손으로 들고 가야만 했다. 그들이 멘 성물들 가운데는 법궤와 향단이 있었으며 금 촛대와 떡 상이 포함되어 있었다. 그것들은 여호와 하나님 앞에서 가장 소중한 거룩한 물건들이었다.

중요한 사실은 고핫 자손이 성막 안의 성물들을 가지고 목적지에 도착하기 전에, 게르손 자손과 므라리 자손들이 반드시 먼저 완수해야 할 일이 있었다. 그것은 고핫 자손이 성물을 가지고 이르기 전에 다시금 성막을 세워야 하는 일이었다. 그리하여 성물이 도착하는 즉시 곧바로 성막 안으로 가져가 안치해야만 했던 것이다.

제3진 에브라임 자손 진기(陣旗)에 속한 자들(민 10:22-24)

고핫 족속이 성물을 메고 가는 그 뒤에는 에브라임 자손 진기에 속한 군대가 나아갔다. 그 진기에 속한 세 지파 역시 각각의 인솔자들이 있었다. 에브라임 군대는 암미훗의 아들 엘리사마가 인솔했으며 므낫세 자손 지파의 군대는 브다술의 아들 가말리엘이 인솔했다. 그리고 베냐민 자손 지파의 군대는 기드오니의 아들 아비단이 인솔을 담당했다.

에브라임 자손의 기에 속한 세 지파는 앞서 행하는 고핫 자손들을 지켜 보호하는 역할을 했다. 그것은 동시에 성막 안에 진열되어 있던 성물들을 보호하는 성격을 지니고 있었다. 따라서 각 지파에 속한 군대를 인솔하는 자들은 매우 중요한 임무를 띠고 있었던 것이다.

앞서가는 고핫 자손들이 목적지에 도착하면 가지고 간 성물들을 이미 세워진 성막 안에 규례에 따라 진열해야만 했다. 따라서 뒤따라가는 에브라임 자손의 진 기에 속한 자들이 목적지에 도착하는 시점에 맞추어 성막 건립이 완성되어 있었다. 그리하여 이동한 성막에 관련된 모든 것이 완성되어 하나님을 경배할 수 있게 되는 것이다.

제4진 단 자손 진기(陣旗)에 속한 자들(민 10:25-28)

이스라엘 자손이 하나님의 명령에 의해 다른 곳으로 이동해 갈 때 맨 뒤에는 제4진인 단 자손의 진기에 속한 군대가 따라갔다. 그들은 단 지파를 비롯해 아셀 지파와 납달리 지파가 하나의 편대를 형성하고 있었다. 단 군대는 암미삿대의 아들 아히에셀이 인솔했으며 아셀 자손 지파의 군대는 오그란의 아들 바기엘이 인솔했다. 그리고 납달리 자손 지파의 군대는 에난의 아들 아히라가 인솔했다.

그 인솔자들 또한 스스로 자원한 것이 아니라 하나님의 뜻에 의해 세워진 인물들이다. 이는 그들이 하나님께서 원하시는 모든 규례에 따르게 된 사실을 말해주고 있다. 그들은 한곳에 정착해 있을 때나 다른 곳으로 이동해 갈 때 인간들의 판단과 의도에 의존하는 대신 먼저 하나님의 명령에 순종해야만 했던 것이다.

이처럼 이스라엘 열두 지파가 하나님께서 정해주신 새로운 장소로 이동할 때는 규례와 질서에 따라야만 했다. 나아가 레위 지파에 속한 사람들은 그 가운데서 성막에 연관된 가장 중요한 직무를 감당하게 되었다. 그 모든 것에 온전히 순종하는 가운데 하나님의 특별한 구속사가 진행되어 갔던 것이다.

3 모세의 처남 호밥16(민 10:29-32)

본문에는 모세가 자기 장인 미디안 사람 르우엘의 아들 호밥을 향해 말한 내용이 나타난다. 여호와 하나님께서 주시기로 약속하신 땅으로 나아가고 있으니 함께 동행하자는 것이었다. 그렇게 하면 그를 선대 하리라고 말했다. 여호와께서 이스라엘 자손에게 복을 주시기로 약속하셨으니 호밥이 저들과 함께 하면 동일한 복을 받게 되리라는 것이었다.

모세로부터 그 말을 들은 호밥은 그에 대해 답변을 했다. 자기는 모세와 함께 가지 않고 자기의 고향에 있는 친족에게 가리라고 말했다. 이는 이방인 출신인 그가 자기와 다른 종족인 히브리인들과 함께 가기를 원치 않는 모습을 보여주고 있다.

그 말을 들은 모세는 다시금 그를 향해 당부했다. 지금까지 이스라엘 민족과 함께 지내 왔으니 떠나지 말아 달라고 했다. 이스라엘 자손이 광야에서 진을 칠 때 호밥이 주변 환경을 잘 알고 있으므로 적절한 도움을 주기 바란다는 것이었다. 그러니 호밥이 저들의 안내자가 되어 달라고 당부했던 것이다.

따라서 모세는 자기의 처남인 호밥이 이스라엘 백성과 동행하면 복을 받게 되리라는 점을 언급했다. 여호와 하나님께서 언약의 자손들에게 복을 내리시기로 약속하신 사실을 전했던 것이다. 그렇게 하면 이스라엘 자손 역시 호밥에게 그와 같이 행할 것이며 호밥은 하나님의 복을 받게 되리라는 것이었다.

---

16 모세의 장인은 성경에서 여러 가지 이름으로 불리고 있다. 이드로(Jethro)와 르우엘(Reuel)과 호밥(Hobab)이 그것들이다. 그에 대한 분명한 해석은 쉽지 않은 것이 사실이다. 하지만 가장 근접한 일반적인 해석은 '이드로'는 제사장 직책을 말하는 것으로 보이며, '르우엘'은 아마도 그의 실제 이름일 것으로 보인다. 그리고 '호밥'은 처갓집 사람들의 남자들 즉 장인이나 처남들을 일컫는 용어로 보인다. (이광호, 사사기·룻기, 서울: 교회와 성경, CNB524, 2014, p.72. 각주, 참조).

4 사흘 길의 여정과 하나님의 인도하심(민 10:33-36)

이스라엘 자손은 하나님의 지시에 따라 여호와의 산인 시내산 아래 광야를 떠나 사흘 길을 걸어 행하게 되었다. 그때 하나님의 언약궤 역시 사흘 길을 이동해 가며 장차 성막이 정착되고 백성들이 머물 수 있는 새로운 곳으로 나아갔다. 그들이 행진할 때 낮에는 구름기둥이 앞서가고 거대한 구름이 백성들 위를 덮었다. 그리고 밤이 되면 불기둥이 앞서가고 따뜻한 불이 백성들 위에 펼쳐져 있게 되었다.

원래 머물던 자리에서 언약궤가 떠나갈 때 모세는 여호와 하나님께 간구했다. 하나님께서 일어나 주변에서 이스라엘 자손을 위협하는 대적자들을 물리쳐 흩어달라는 것이었다. 그리고 하나님을 미워하고 멸시하는 자들로 하여금 그 앞에서 도망치게 해 달라는 간구를 했다. 또한 언약궤가 머무를 때마다 여호와를 향해, 하나님의 발등상인 언약궤로 돌아와 이스라엘에게 복을 내려 달라는 간구를 했다.

우리가 여기서 알 수 있는 사실은 이스라엘 열두 지파와 레위 지파가 다른 곳으로 이동할 때 모세는 언약궤와 함께 나아갔다는 점이다. 그가 언약궤 옆에서 새로운 장소로 나아가게 된 것은 매우 중요한 의미를 지니고 있다. 그것은 언약궤가 이스라엘 민족 가운데 가장 중요한 성물이라는 사실을 말해주고 있기 때문이다.

이스라엘 백성 가운데는 군대를 구성하고 있는 강인한 사람들뿐 아니라 어린아이들과 노인들도 포함되어 있었다. 여러 형편을 감안할 때 모든 백성이 먼 길을 한꺼번에 급히 행진하지 않았을 것으로 보인다. 그들은 각 지파와 레위인들 등에게 각기 맡겨진 직무에 따라 규례와 질서 가운데 순차적으로 이동했던 것이다.

약속의 땅에 대한
기대와 불신

11장

백성들의 불만과 진노 가운데 공급하시는 하나님

1 원망에 빠진 이스라엘 자손에게 임한 재앙(민 11:1-3)

광야에서 생활하던 백성들이 정제되지 않은 악한 말로 여호와 하나님을 원망했다. 그들은 하나님이 들으라는 듯 불평하는 말을 끊임없이 뱉어내고 있었다. 애굽에서 고기 가마 곁에 앉아 배부르게 먹으며 욕구를 채운 때를 떠올리며 황량한 광야 생활에 대하여 불평하는 마음을 드러냈던 것이다(출 16:1-3, 참조).

실상은 그 백성이 하나님의 은혜에 감사하는 마음을 가져야 했다. 하나님께서 이스라엘 백성을 애굽의 노예 생활로부터 해방시킨 것은 하나님의 섭리적 인도하심에 따른 것이었다. 생활에 다소 불편함이 따를지라도 그들은 하나님의 섭리와 경륜을 기억하며 그에게 경배하며 찬양해야만 했다.

그럼에도 불구하고 그들은 언약의 백성을 홍해 바다를 가르고 시내 광야로 인도하신 여호와 하나님을 원망하기에 이르렀다. 그러자 저들의 불평하는 소리를 들으신 하나님께서 크게 진노하시게 되었다. 감사와 은혜를 모르는 백성들에게 큰 화를 내셨던 것이다.

그리하여 하나님께서는 저들에게 불을 내려 진지 끝부분을 사르게 하셨다. 하나님께서는 저들의 불평을 듣고 진지의 끝으로부터 전체를 태워 그들을 멸망시키고자 하셨던 것이다. 그제서야 어리석은 백성들은 그 상황을 지켜보며 자신의 생각을 돌리고자 했다. 아무런 소득이 없는 불평은 더욱 심한 고통의 자리로 몰아가게 된다는 사실을 깨닫게 되었기 때문이다.

그러므로 백성은 모세를 향해 부르짖었다. 감히 하나님 앞에 직접 아뢸 수 없었으므로 모세의 도움을 요청했던 것이다. 그들은 하나님을 원망할 때는 직접 했으나 그의 진노를 잠재우는 일은 직접 할 수 없었다. 따라서 모세가 여호와 하나님께 용서를 빌며 간구하자 불이 꺼지게 되었다.

그 사건은 이스라엘 자손에게 중요한 거울이 되었다. 하나님을 향한 원망이 파멸을 가져오게 된다는 사실을 그들이 실제로 목격했기 때문이다. 그리하여 그들은 그 지명(地名)을 다베라(Taberah)로 칭하게 되었다. 그들이 붙인 그 땅의 명칭을 통해 당시의 사건을 기억하며 저들의 교훈으로 삼아야 했다. 하나님을 원망함으로써 그를 격노케 하는 것이 얼마나 두려운 일인가 하는 점을 그 사건과 지명을 통해 깨닫게 되었던 것이다.

2 이스라엘 자손의 탐욕(민 11:4-9)

백성들은 하나님을 원망함으로써 무서운 심판을 받을 뻔했으나 저들의 근본적인 사고가 금방 바뀌지는 않았다. 그들은 오히려 점차 더욱 교묘한 방법으로 자신의 불만을 표현했다. 그 사람들은 하나님을 향해 직접 원망하는 대신 스스로 자신의 불만스러운 심경을 드러내며 불평했던 것이다.

그리하여 특히 언약의 백성들 가운데 섞여 살아가던 자들이 탐욕을 노출시키게 되었다. 그들은 대개 이방인 출신으로 애굽 땅으로부터 이스라엘 자손과 함께 따라 나온 자들이었을 것으로 보인다. 그 사람들은 불평을 쏟아

2부. 약속의 땅에 대한 기대와 불신

내면서도 그것이 여호와 하나님을 직접 원망하는 것은 아니라 여기고 있었다. 그리하여 그들은 울면서 누가 저들에게 고기를 먹도록 해줄 것인지 자조 섞인 불만을 드러내며 소리 질렀던 것이다.

그들은 과거 애굽 땅에 살 때가 삭막한 광야 생활보다 좋았다는 생각을 하고 있었다. 하나님의 언약을 기억하지 않은 상태에서는 세속적인 일상 현상이 모든 것의 판단 기준이 되어 있었다. 그들은 애굽에서 돈을 들이지 않고 물고기를 잡아 생선을 먹을 수 있었으며 참외와 수박 등 과일과 부추와 파와 마늘 등을 요리해 먹던 때가 그립다고 했다.

그런데 이제는 더 이상 그와 같은 맛난 음식을 먹을 수 없어 불평하는 마음으로 가득 차 있었다. 그들은 또한 고기가 없는 부실한 식생활로 인해 영양을 충분히 공급받지 못해 기력이 쇠약하게 되었다고 주장했다. 날마다 되풀이되는 만나 외에 먹을 만한 음식이 아무것도 없다는 것이었다.

그들이 날마다 먹는 만나는 하나님께서 특별히 공급하시는 양식으로 깟씨(Coriander)와 같이 생겼으며 그 색깔은 마치 진주와 같이 보였다고 했다. 백성들은 날마다 그 만나를 거두어 맷돌에 갈기도 하고 절구에 찧기도 했으며 가마솥에 삶기도 하여 마치 과자처럼 음식을 만들어 먹었다. 그 맛은 꿀과 기름 섞은 것과 같은 좋은 맛이 났다. 밤중에 이슬이 진에 내릴 때 만나도 같이 내려 사람들이 날마다 그 음식을 공급받았던 것이다.

3 모세의 난처한 입장과 진노하신 하나님(민 11:10-15)

백성의 모든 가족들이 각기 자신의 장막 앞에서 통곡하듯 눈물을 흘리며 울었다. 먹고 싶은 고기를 먹지 못하여 구차한 울음을 터뜨리고 있었던 것이다. 이는 마치 어린아이들처럼 유치한 행위가 아닐 수 없었다. 그럼에도 불구하고 저들에게는 그 상태가 매우 심각했던 것이 분명하다.

하나님께서는 그와 같은 저들의 행위로 말미암아 크게 진노하셨다. 그들이 하나님께서 날마다 내리시는 만나를 감사하게 여기지 않고 도리어 불만을 품고 있었기 때문이다. 모세 역시 그로 인해 마음이 심히 불편하지 않을 수 없었다. 백성들의 직접적인 원성이 저에게 돌아왔으므로 매우 괴로웠던 것이다.

그래서 모세는 여호와 하나님 앞에 자신의 심경을 그대로 털어놓았다. 어찌하여 하나님이 그런 문제로 인해 자기를 괴롭게 만드시느냐는 것이었다. 하나님께서 자기에게 큰 은혜를 베풀어 주시지 않고 오히려 불평불만으로 가득 찬 백성을 자기에게 맡겨 그 부담스러운 짐을 홀로 지게 하시느냐고 물었다.

모세는 이처럼 자기가 당하고 있는 어렵고 힘든 형편을 하나님 앞에서 그대로 드러냈다. 자기가 직접 그 백성을 잉태하여 낳은 것이 아니라 하나님께서 그들을 애굽의 태중에서 키우지 않으셨느냐고 말했다. 그런데 자식에 대한 양육 의무가 있는 아비가 젖 먹는 자기 자식을 품어 키워야 하듯이 왜 자기로 하여금 그들을 품고 하나님께서 저들의 조상에게 맹세하신 땅으로 데려가도록 짐을 지우시냐는 것이었다.

바로 그 백성이 자기에게 먹을 고기를 달라고 졸라대는데 그것을 어디서 구할 수 있겠느냐고 했다. 그들이 자신을 향해 울며 다그치면서 저들에게 고기를 주어 먹도록 해 달라는 간청을 하고 있다는 것이다. 자기로서는 저들의 요구를 들으며 중한 책임감을 느끼지 않을 수 없다고 했다.

하지만 모세는 자기 혼자서 그 모든 백성을 책임질 수 없다는 사실을 언급했다. 그런 분위기 가운데서 자기가 할 수 있는 일이 아무것도 없다고 했다. 그러니 하나님께서 자기에게 은혜를 베풀어 주시도록 간청했다. 그 은혜란 자기가 그 곤고함으로 인해 더 이상 힘든 일을 당하지 않도록 즉시 자기를 죽여 달라는 것이었다. 이는 백성들의 요구를 들어줄 만한 아무런 방편이 없음을 고하는 극단적 성격을 지니고 있다.

4 칠십인 장로들과 여호와 하나님의 응답(민 11:16-29)

(1) 모세와 칠십 인의 장로들(민 11:16,17)

하나님께서는 고기를 먹고 싶어 안달이 나서 억지 부리는 백성들의 불만으로 인해 심한 고통을 당하는 모세의 마음을 받아주셨다. 백성들로 말미암아 무거운 짐을 진 모세의 부담감을 줄여주고자 했던 것이다. 그것은 이기적이지 않고 순수한 자세를 가진 모세의 마음을 하나님께서 받아주셨음을 의미하고 있다.

그러므로 하나님께서는 모세를 향해 특별한 지시를 내리셨다. 그것은 이스라엘 백성을 지도해온 존경받을 만한 장로 칠십 명을 거룩한 성막 앞으로 데리고 오라는 것이었다. 그리하여 거기서 모세와 함께 서도록 하라는 명을 내리셨다.

그러면 하나님께서 친히 강림하셔서 칠십 명의 장로들이 모인 성막 앞에서 모세에게 말씀하시리라고 하셨다. 그리고 그에게 임한 신을 장로들에게도 임하게 하겠다는 말씀을 하셨다. 그리하여 백성들로 인해 모세가 진 짐을 그 칠십 명의 장로들이 함께 지도록 하여 모세 혼자 무거운 짐을 지지 않게 하리라고 하셨다. 우리는 이 말씀을 통해 그에 관한 하나님의 뜻을 엿볼 수 있다.

그리고 우리는 특히 17절에서 언급된, '하나님이 친히 강림하신다'라는 말씀이 '그로 말미암아 하나님의 성령(the Spirit)이 저들에게 임하신다'라는 것과 동일한 성격을 지니고 있음을 눈여겨보게 된다. 그 말씀 가운데 삼위일체 하나님에 관한 계시적 성격이 드러나고 있기 때문이다. 하나님께서는 성령 하나님을 저들에게 보내 이스라엘 백성 가운데 존재하는 문제를 해결하시고자 했던 것이다. 이는 구약시대에도 줄곧 성부 성자 성령 하나님께서 일해 오신 사실을 보여주고 있다.

(2) 모세를 원망하는 백성들에게 고기를 주고자 하시는 하나님(민 11:18-20)

하나님께서는 또한 이스라엘 모든 백성들을 향해 자신의 뜻을 전달하셨다. 이제 저들의 몸을 거룩히 구별하여 고기를 먹게 될 그다음 날을 기다리라는 것이었다(민 11:18). 그 백성이 고기를 먹고 싶어 울면서 내뱉은 말을 하나님께서 들으셨노라고 했다. 그들이 애굽 땅에서 고기를 먹으며 즐겁게 보낸 시간을 그리워하는 말을 들었다는 것이다.

그러니 이제 하나님께서 저들에게 고기를 주어 먹게 하시리라는 말씀을 하셨다. 그것도 하루나 이틀, 혹은 닷새나 열흘, 혹은 이십 일만 먹게 할 것이 아니라 코에서 고기 냄새가 나서 보기조차 싫어하기까지 일 개월간을 먹이시겠다고 하셨다. 여기에는 입에 질릴 만큼 고기를 실컷 먹게 해주리라는 의미가 담겨 있다.

하나님께서 그렇게 하시는 것은 하나님의 특별한 은혜를 입은 그 백성이 저들 가운데 살아계시는 여호와 하나님을 멸시하고 그 앞에서 울며 불만을 토로했기 때문이라고 했다. 그들은 저들을 애굽의 노예 상태에서 구출해주신 여호와 하나님께 감사하기는커녕 오히려 그 앞에서 애굽으로부터 나온 사실을 후회하고 있었다. 고기가 풍족하고 살기 좋은 애굽 땅에서 무엇 때문에 나왔는지 모르겠다며 불평을 늘어놓고 있었던 것이다.

그런데 하나님께서는 그다음 날 고기를 주실 것에 관한 언급을 하시면서 먼저 저들의 몸을 거룩히 하라고 명령하셨는데 그 내용은 매우 중요한 의미를 담고 있다. 이는 그동안 저들이 하나님을 원망하고 모세 앞에서 불평을 늘어놓았던 모든 것들을 청산하라는 성격을 지니고 있다. 그렇게 함으로써 거룩하신 하나님께서 제공하실 그 고기를 일 개월간 받아먹어야 한다는 것이다.

(3) 모세의 이해 부족(민 11:21-23)

2부. 약속의 땅에 대한 기대와 불신

백성들에게 고기를 넘치게 제공하시겠다는 하나님의 말씀을 처음 듣게 된 모세는 장차 일어날 그 실상을 제대로 이해하기 어려웠다. 하나님께서 말씀하셨으므로 그 자체에 대한 의심은 없었으나 그 방법에 대해서는 의구심을 가지지 않을 수 없었다. 즉 하나님께서 어떻게 그 많은 사람들에게 고기를 지속적으로 먹이실지 상상이 되지 않았던 것이다.

그리하여 하나님께 질문을 하기에 이르렀다. 당시 이스라엘 백성의 장정이 육십만 명으로 전체 인구수가 이백만 명 정도나 되는 많은 사람들에게 하나님께서 일 개월간 고기를 주어서 먹이시겠다고 하신 말씀을 이해하기 어렵다는 것이었다. 즉 그들을 위해 양 떼와 소 떼를 잡는다고 해도 그것을 감당하지 못할 것이며 바다에 사는 모든 물고기를 잡는다고 해도 충분하지 않을 것이라고 했다.

당시 낮과 밤에 하늘을 뒤덮고 있던 구름기둥과 불기둥, 날마다 주어지는 만나 등 놀라운 기적 가운데 살아가는 일반 백성들뿐 아니라, 모세조차도 하나님께서 행하시는 일을 인간의 상식으로 해석하고자 했다. 하물며 불만으로 가득 찬 일반 백성들은 두말할 나위 없었을 것이 분명하다. 그러나 하나님께서는 인간들이 상상조차 할 수 없는 초월적인 방법을 염두에 두고 계셨다.

그러므로 하나님께서 모세를 향해 여호와의 손으로 행하지 못 할 일이 무엇이 있겠느냐고 말씀하셨다. 이제 곧 하나님의 말씀이 저들 가운데 구체적으로 응하는 여부를 보게 될 것이라고 하셨다. 전지전능하신 하나님의 놀라운 역사를 모세를 비롯한 모든 백성이 보고 경험하게 되리라는 것이었다.

(4) 칠십인 장로들에게 임하신 성령 하나님, 그리고 엘닷과 메닷(민 11:24-29)

모세는 백성들을 향해 하나님께서 저들에게 고기를 허락하시되 입에 질리도록 먹여주신다고 하신 말씀을 전했다. 그것은 하나님의 기쁜 마음으로 인한 것이 아니라 하나님을 불신하는 자들의 불만에 대한 응대의 성격을 지니고 있었다. 그런 가운데서도 하나님께서는 원래의 신실하심을 버리지 않으셨다.

백성들에게 하나님의 말씀을 전한 모세는 그의 명령에 순종하여 먼저 칠십 명의 장로들을 불러 성막에 둘러서도록 했다. 그러자 성막 위에 떠 있던 구름 가운데서 하나님의 신이 저에게 강림하셨다. 그리고는 모세에게 임한 성령을 칠십 명의 장로들에게도 임하도록 하셨다. 그리하여 성령을 받은 장로들이 하나님으로부터 허락된 예언을 하게 되었다.

우리는 그 예언의 구체적인 내용을 알 수 없으나 하나님의 뜻을 전달하는 일을 한 것이 분명하다. 하지만 그 예언은 어느 정도의 기간 동안 일시적으로 이루어졌을 뿐 지속적으로 행해진 것은 아니었다. 이는 그 장로들이 하나님의 선지자로 부름받은 것이 아니라 일시 동안 백성들에게 하나님의 특별한 메시지를 전하게 되었음을 말해주고 있다.

그런데 장로들의 명부에는 이름이 기록되어 있었으나 성막으로 나아가지 않고 진중에 남아있던 장로들이 있었다. 그들은 엘닷과 메닷 두 사람이었다.[17] 성경은 그들이 어떤 사유로 성막으로 나아가지 않았는지에 대하여 말하지 않았다. 아마도 그럴만한 충분한 이유가 있었을 것이 분명하다.

하나님께서는 그 두 사람의 장로들을 불순종하는 자로 간주한 것이 아니라 저들이 성막으로 나아가지 않은 사유를 받아들이셨다. 이는 그들이 의도적으로 하나님의 말씀에 불순종하고자 한 것이 아니었음을 말해주고 있다. 따라서 하나님께서 분노하여 그들을 징계하거나 심판하지 않으셨던 것이다.

---

[17] 칼빈은 이 두 사람을 염두에 두고 하나님의 부르심을 받은 장로의 총수가 72명이라는 주장을 했다(칼빈주석, 민수기 11:24-29, 참조).

그러므로 하나님께서 모세에게 성령을 임하게 하신 후 칠십 명의 명단에 기록된 장로들에게 성령이 임하게 하셨듯이 성막으로 나아가지 않는 그 두 사람에게도 동일한 성령을 허락하셨다. 따라서 그들은 성막 앞이 아니라 진지 가운데서 하나님의 말씀을 예언하게 되었다.

하지만 그 두 사람이 성령을 받아 예언하는 모습을 보고 정당하지 않은 것으로 판단한 자들이 있었다. 그들 가운데 한 젊은이가 모세 앞으로 나아가 그 사실을 고했다. 진중에서 엘닷과 메닷이 예언을 하고 있다는 것이었다. 그것은 저들을 불법을 행하는 자로 보고 고발한 성격을 지니고 있었다.

그 젊은이가 고발하는 말을 듣는 자리에는 모세와 더불어 여호수아가 함께 있었다. 그 모든 실상을 듣게 된 여호수아가 먼저 모세를 향해 저들이 진중에서 예언하지 못하도록 중단시킬 것을 요청했다. 하지만 모세의 생각은 그와 달랐다. 따라서 모세가 여호수아를 향해, 과연 그가 자기 곧 모세 자신을 위해 그들을 질투하는 것이냐고 반문했다.

그러므로 모세는 여호수아에게 자기는 여호와 하나님께 속한 모든 백성이 다 하나님의 뜻을 전하며 예언하기를 바란다고 말했다. 이는 그가 모든 사람들에게 하나님의 뜻이 올바르게 전달되기를 원한다는 의미를 지니고 있다. 그와 더불어 하나님께서 저들에게 성령을 주시기를 원한다는 사실을 언급했다. 모든 백성이 하나님의 뜻을 알고 그에 순종하는 자세를 가지는 것이 중요했기 때문이다. 이와 같은 일은 나중 예수 그리스도의 십자가 사역이 완성된 후 오순절 성령이 강림하심으로 완전한 성취가 이루어졌다.

5 진노의 메추라기와 이스라엘 백성(민 11:30-35)

모세와 이스라엘 장로들이 하나님께서 말씀하신 모든 용무를 마치고 난 후 진중으로 돌아가게 되었다. 그런 중에 하나님께서 일으키신 바람이 불었다. 그와 더불어 홍해 바다로부터 메추라기 떼가 몰려와 백성들이 진을 친 주변 여기저기에 내리도록 하셨다. 즉 백성들의 진지로부터 사방 하룻길 정도 떨어진 지역까지 메추라기가 지상에서 약 1미터 높이로 날아다니게 되었다.[18]

그러므로 백성들이 일어나 메추라기를 잡았으며 그 이튿날도 그 일을 계속했다. 그리하여 메추라기를 가장 적게 잡은 사람도 약 열 호멜 곧 2,300리터 정도가 되는 양을 잡았다.[19] 그들은 그것을 말리기 위해 진영 주변의 사방에 널어두었다. 하나님께서 고기를 먹기 원하는 백성들에게 그와 같이하여 풍족한 고기를 제공하셨던 것이다.

하지만 하나님께서는 결코 기쁜 마음으로 그렇게 하신 것이 아니었다. 오히려 하나님은 그 백성들에 대하여 크게 진노하고 계셨다. 그리하여 그들이 먹는 고기가 이 사이에서 제대로 씹히기도 전에 심한 재앙으로 그 백성들을 치시게 되었다. 그 일로 말미암아 많은 백성이 심판을 받아 죽게 되었으므로 그 땅을 '기브롯 핫다아와'(Kibroth-hattaavah)로 칭했다.

그 단어의 의미는 애굽에서 먹은 고기를 그리워하며 그것을 먹고 싶어 하는 백성들을 그곳에 장사했다는 의미를 내포하고 있다. 이는 이스라엘 자손이 먹은 메추라기는 하나님의 진노로 인해 주어진 것이란 사실을 말해준다. 그 아픈 경험을 한 백성들은 기브롯 핫다아와에서 떠나 하세롯에 이르러 거기서 거하게 되었다.

---

18 현대인의 성경, 민수기 11:31에는 '메추라기가 지상에서 약 1미터 높이로 날아다녔다'라고 번역되어 있다. 그와 달리 일부 한글 성경은 이를 '지면 위 두 규빗쯤에 내리게 한지라'(개역한글, 개역개정)고 번역하고 있으며, '땅 위에 두 자 가량 쌓이게 되었다'(새번역, 공동번역)라고 번역한 성경도 있다. 이는 죽은 메추라기가 높이 쌓이게 되었다는 말로 우리가 쉽게 받아들이기 어렵다. 따라서 메추라기가 땅 위에 낮게 내려와 날아다녔으므로 쉽게 잡을 수 있는 것으로 이해하는 것이 자연스럽다. 또한 영어성경 KJV에는 'it were two cubits high upon the face of the earth'로 번역되어 있으며, NASB에는 'about two cubits deep on the surface of the ground'로 번역되어 있다.

19 현대인의 성경, 민수기 11:32.

우리가 여기서 주의 깊게 생각해 보아야 할 점은, 이스라엘 백성이 광야 생활을 한 사십 년 동안 만나를 먹는 데 반해 메추라기는 일 개월의 짧은 기간 동안만 먹었을 것으로 보이는 기록에 연관된 문제이다(출 16:35; 민 11:19, 20). 이는 백성들의 일상적인 식량이 만나였다는 사실을 말해주고 있다. 특별한 절기에 하나님께 바친 양이나 소 등의 동물의 고기를 먹을 기회가 있었으나 그것은 일상적인 식량이 아니었다.

우리는 하나님께서 이스라엘 자손에게 한 달간 고기를 입에 질리도록 주겠다고 말씀하셨으나[20] 그 후에도 지속적으로 메추라기를 보내주셨을 것이란 생각을 해보게 된다. 그것을 통해 이스라엘 백성은 메추라기를 통해 하나님께 저항했던 역사적 사실과 더불어 그의 놀라운 은혜를 기억하며 교훈으로 삼았으리란 추론을 해볼 수 있다. 민수기와 더불어 출애굽기에도 그에 연관된 기록이 나타난다.

> 모세가 또 가로되 여호와께서 저녁에는 너희에게 고기를 주어 먹이시고 아침에는 떡으로 배불리시리니 이는 여호와께서 자기를 향하여 너희의 원망하는 그 말을 들으셨음이라 우리가 누구냐 너희의 원망은 우리를 향하여 함이 아니요 여호와를 향하여 함이로다 … 저녁에는 메추라기가 와서 진에 덮이고 아침에는 이슬이 진 사면에 있더니(출 16:8, 13)

하나님께서 처음 백성들에게 메추라기를 보내주실 때 기쁜 마음으로 그렇게 하신 것이 아니었음은 분명하다. 도리어 저들의 불신앙으로 인한 불만과 원망이 그 원인이 되었다. 따라서 하나님은 저들에게 고기를 주시되 하루

---

20 하나님께서 백성들에게 입에 질릴 만큼 주겠다고 말씀하셨으나, 백성들의 입장에서는 만일 그와 같이 된다면 메추라기를 먹지 않고 만나만 먹을 수도 있다. 따라서 그 말씀을 문자적이 아니라 전체적인 교훈에 연관된 의미로 받아들이는 것이 자연스럽다.

이틀이 아니라 한 달간 질리도록 주시겠다는 말씀을 하셨다.

백성들에게 전달된 한 달간 메추라기를 주시겠다고 한 그 말씀은 하나님의 진노를 보여주는 교훈적 의미로 이해할 수 있다. 따라서 아침에는 이슬처럼 만나가 내리고 저녁에는 메추라기가 몰려오는 것이 일시적이 아닌 지속적으로 진행된 것으로 보인다. 시편 기자가 부른 그에 연관된 특별한 노래들을 통해 그 점을 엿보게 된다.

> 여호와께서 구름을 펴사 덮개를 삼으시고 밤에 불로 밝히셨으며 그들이 구한즉 메추라기로 오게 하시며 또 하늘 양식으로 그들을 만족케 하셨도다 반석을 가르신즉 물이 흘러나서 마른 땅에 강 같이 흘렀으니 이는 그 거룩한 말씀과 그 종 아브라함을 기억하셨음이로다(시 105:39-42)
> 그러나 저가 오히려 위의 궁창을 명하시며 하늘 문을 여시고 저희에게 만나를 비같이 내려 먹이시며 하늘 양식으로 주셨나니 사람이 권세 있는 자의 떡을 먹음이여 하나님이 식물을 충족히 주셨도다 저가 동풍으로 하늘에서 일게 하시며 그 권능으로 남풍을 인도하시고 저희에게 고기를 티끌 같이 내리시니 곧 바다 모래 같은 나는 새라 그 진 중에 떨어지게 하사 그 거처에 둘리셨도다 저희가 먹고 배불렀나니 하나님이 저희 소욕대로 주셨도다(시 78:23-29)

시편에는 이처럼 이스라엘 자손이 광야 생활을 하던 때에 관한 노래를 부르며 구름기둥과 불기둥, 만나, 반석의 물과 함께 메추라기가 언급되어 있다. 본문의 노래 가운데는 메추라기가 상시적으로 허락된 것으로 이해할만한 근거가 제시되고 있다. 즉 메추라기는 만나와 함께 일시적으로 잠시 보낸 것이 아니라 그 후부터 지속된 것으로 보이기 때문이다.

우리는 시편 기자가 하나님께서 자신의 거룩한 말씀과 아브라함에게 허락하신 언약을 기억하고 계신다고 언급한 내용을 눈여겨볼 필요가 있다. 그 모든 것이 이스라엘 자손에게 하나님의 은혜로 공급된 사실을 노래하고 있기 때문이다. 이 시편은 그 후 모든 언약 자손의 입술을 통해 항상 감사의 노래로 불리게 되었다.

만일 하나님께서 한 달 후에 메추라기 공급을 중단하셨다면 저들은 더 큰 불만을 쏟아냈을 것이다. 그리고 그들이 한 달 동안 메추라기 고기를 먹으면서 질려 싫어한 것이 아니라 오히려 더 즐겼을지도 모른다. 죄에 물든 악한 인간들은 하나님의 말씀을 떠나 반대로 사고하고 행동하는 경우가 일반적이기 때문이다. 또한 백성들의 입에 메추라기가 질린다면 그것을 먹지 않고 만나만 먹는다고 해도 별문제가 되지 않았을 것이다. 따라서 필자는 메추라기를 일시적이 아니라 상시적으로 제공된 식량으로 이해하는 것이 타당한 것으로 받아들인다.

12장

모세를 비방한 미리암과
아론에 대한 하나님의 진노

1 모세의 재혼을 비방한 아론과 미리암(민 12:1-3)

이스라엘 백성은 탐욕으로 인해 하나님의 진노를 받았던 기브롯 핫다아와를 떠나 하세롯에 머물고 있었다. 그때 미리암과 아론이 모세를 크게 비방하는 일이 발생했다. 모세가 에디오피아 여성을 아내로 취한 것으로 인해 문제가 제기되었기 때문이다. 이는 모세가 또다시 이방 여인과 재혼한 사실에 연관되어 있었다.[21] 아마도 그의 첫 번째 아내 십보라는 수명을 다하고 세상을 떠났을 것이다. 당시 모세가 장수한 데 반해 백성들 가운데 그처럼 오래

---

[21] 학자들 가운데는 모세가 취한 그 에디오피아 여인을 '십보라'라고 주장하는 자들이 상당수 있다. 하지만 그것은 그다지 타당성이 있어 보이지 않는다. 모세는 그보다 거의 사십 년 전에 이방인 제사장 이드로의 딸 십보라와 결혼했으며 그동안 그것을 문제 삼은 경우가 없었다. 또한 그의 자식들인 게르손과 엘리에셀은 나이가 마흔 살이 넘었다(출 18:3, 4, 참조). 그와 같은 상황에서 아론과 미리암이 갑자기 모세와 십보라의 혼인을 문제로 삼았다는 것은 받아들이기 어렵다. 아마도 모세가 이스라엘 민족을 이끌고 출애굽한 후 그리 오래지 않은 시점에서 십보라가 사망했을 것으로 보인다.

산 사람들이 많지 않았다.

그와 같은 전반적인 상황에서 모세가 재혼하게 되었다. 그런데 그의 두 번째 아내 역시 히브리인의 혈통을 가진 여성이 아니라 에디오피아 여인이었다. 그것을 본 많은 백성들이 그 현실을 쉽게 받아들이지 못한 것 같다. 이스라엘 민족을 위한 최고 지도자인 모세가 히브리 여성이 아니라 이방인과 결혼한 것은 자연스럽지 않았기 때문이다.

아론과 미리암이 이방 여인과 재혼한 모세를 구태여 비난하게 된 것은 일반 백성들의 여론도 상당 부분 영향을 끼쳤을 것이 분명하다. 더구나 첫 번째 결혼을 이방 여인과 한 모세가 두 번째도 그렇게 한 것이 납득하기 어려웠을지도 모른다. 즉 첫 번째의 경우는 형편상 그랬다고 치더라도 두 번째의 경우 광야에 이스라엘 민족에 속한 여인들이 많이 있었다. 그런데 모세는 구태여 이방 여인을 두 번째 아내로 맞아들였다.

그리고 80세가 넘은 노인인 모세가 재혼하는 것을 보며 사람들이 못마땅하게 여겼을 수도 있다. 우리 시대의 말로 하자면 나이 많은 늙은이가 주책이라 생각했을지도 모른다. 이스라엘 민족의 영도자로서 살 만큼 살았으면 그냥 독신으로 지내도 무방하리라 여길 수 있었던 것이다.

그러므로 모세의 형제자매 관계이자 중요한 지도자인 아론과 미리암이 모세가 이방 여인과 재혼하는 것을 문제 삼았다. 저들의 입장에서는 굳이 일반 백성의 여론이 아니라 할지라도 히브리 여성이 아닌 에디오피아 여인과 재혼하는 것을 보며 문제가 있는 것으로 여기게 되었다. 어쩌면 그들은 모세에 대하여 임의적 판단과 행동을 하면서 스스로 왜곡된 정의감에 사로잡혀 있었을지도 모를 일이다.

그리하여 그들은 그와 같이 모세를 비방하는 것이 마치 여호와 하나님의 뜻인 양 여겼다. 하나님께서 모세와만 말하는 것이 아니라 자신들과도 대화한다고 주장했던 것이다. 이는 그들이 이스라엘 백성 가운데서 모세가 홀로

2부. 약속의 땅에 대한 기대와 불신

차지하는 절대적인 권위를 인정하지 않으려 했음을 말해주고 있다.

여호와 하나님께서 아론과 미리암의 속내를 정확하게 아셨을 뿐 아니라 저들이 하는 모든 말을 들으시게 되었다. 그와 같은 저들의 일방적인 태도는 여호와 하나님의 심한 진노를 불러일으켰다. 하나님께서는 자기가 특별히 세우신 종인 모세를 그의 주변에서 무책임하게 비방하는 것을 허락지 않으셨기 때문이다.

하나님께서는 모세를 이스라엘 모든 백성들보다 크게 온유한 인물이라고 말씀하셨다. 이는 그가 세상의 누구보다 하나님 앞에서 겸손한 자세를 가지고 있었음에 대한 하나님의 보증이었다. 여기서 겸손하다는 말은 일반적인 의미가 아니라 그가 하나님에 대한 진정한 경외감을 가지고 있었다는 사실에 연관되어 있다.

또한 우리가 여기서 기억해야 할 바는 모세가 이방 여인과 결혼한 것이 하나님의 섭리와 경륜에 연관되어 있다는 사실이다. 우리는 그에 대하여 명확한 답을 알지 못한다고 할지라도 하나님의 뜻이 그 가운데 존재했음은 분명하다. 그것을 통해 혈통적 이스라엘 자손이 이방인 출신으로서 언약 안으로 온 자들을 함부로 멸시하지 못하도록 하는 중요한 메시지를 주셨던 것이다.

2 모세를 특별히 보호하시는 하나님(민 12:4-6)

백성의 여론을 등에 업고 스스로 정의로운 듯 내세우면서 모세를 비방하는 아론과 미리암을 하나님께서는 칭찬하지 않으셨다. 그는 오히려 저들에게 강한 경고의 메시지를 주시고자 했다. 그리하여 모세, 아론, 미리암 세 사람을 자기의 거룩한 성막으로 나아오라는 명령을 내리셨다.

그들이 성막 앞으로 나아갈 때까지는 하나님께서 누구를 칭찬하실지 책망하실지 잘 몰랐을 것으로 보인다. 특히 아론과 미리암은 하나님으로부터 잘했다고 인정받기를 기대했을지도 모른다. 그런 중에 그 세 사람이 성막 앞에 서자 하나님께서 저들에게 말씀하셨다.

여호와 하나님께서 성막 위의 구름기둥으로부터 강림하여 성막 문 앞에서 자신의 뜻을 전하고자 하셨다. 그는 세 사람 가운데 아론과 미리암을 부르셨다. 그들이 여호와 앞으로 나아갔을 때 하나님께서 저들을 향해 자기의 말을 들으라고 명하셨다.

하나님께서는 이스라엘 민족 가운데 선지자가 있으면 이상이나 환상으로 자신을 저들에게 알리신다는 말씀을 하셨다. 그리고 그들에게 꿈으로 자신의 뜻을 알려주시기도 한다고 했다. 하나님께서 그와 같은 말씀을 하시는 까닭은 언약의 자손들 가운데서 모세를 특별히 예우하고 계신다는 사실을 알리기 위해서였다.

즉 모세는 이스라엘 백성들 가운데 매우 특별한 지위에 있는 인물이었다. 그것은 모세 자신이 스스로 그 자리를 차지한 것이 아니라 하나님께서 저를 불러 자신의 모든 일을 맡기신 사실에 연관되어 있다. 따라서 모세는 어떤 경우에도 절대로 무시되어서는 안 될 인물이었다. 만일 그가 백성들에 의해 무시를 당하게 되면 그의 입술을 통해 선포되는 하나님의 말씀도 무시될 수 있기 때문이다.

3 모세를 비방하는 자들에 대한 경고(민 12:7-8)

하나님께서는 모세를 다른 모든 사람들과 구별된 특별한 직무를 맡은 자라는 사실을 다시금 선포하셨다. 그는 일반 백성들뿐 아니라 제사장들과 장로들, 그리고 예언하는 자들과도 달랐다. 그들 역시 성실하고 하나님의 말씀을 맡은 자들이라 할지라도 모세와 같지 않았다. 그는 '하나님의 거룩한 온 집'을 위해 충성을 다하는 인물이었던 것이다.

그러므로 모세는 하나님과 직접 대면하여 교제를 나누는 자라는 사실을 밝히셨다. 하나님께서 그와 직접 대면하여 명백히 말씀하시며 은밀하게 대화하시지 않는다고 했다. 하나님께서는 오래전 호렙산에서 그를 불렀을 때도 직접 대면하셨다. 또한 시내산 위로 불러올려 십계명을 주실 때도 그는 모세와 직접 대면하여 대화를 나누었다고 하셨다.

이 말씀을 통해 하나님께서는 모세는 자기의 특별한 종이란 사실을 강조하셨다. 따라서 다른 어느 누구도 하나님의 사람인 모세를 아무렇게나 대해서는 안 된다. 그것은 하나님의 뜻을 멸시하는 것과 동일한 성격을 지니고 있었기 때문이다.

뿐만 아니라 모세는 '하나님의 형상'을 보는 자라는 사실을 말씀하셨다. 우리로서는 그 의미를 명확하게 알 수 없으나 모세가 만난 하나님은 구체적이었던 것으로 보인다. 즉 다양한 직분을 가진 다른 모든 백성들은 하나님을 직접 보는 것이 아니라 그의 음성을 통해 그의 뜻을 알게 된다.

그러므로 하나님의 형상을 직접 눈으로 보는 모세를 비방하는 것은 절대로 있을 수 없는 일이라고 하셨다. 따라서 자기의 특별한 종인 모세를 비방하는 자들을 강하게 책망하셨다. 그것은 매우 두려운 일이어서 아론과 미리암마저도 취하지 말아야 할 행동이었다.

그리고 우리는 여기서 그와 연관된 매우 중요한 사실을 마음에 새겨야 한다. 오늘날 하나님을 믿는다고 주장하는 자들 가운데 감히 모세를 무책임하게 비방하는 자들이 엄청나게 많다. 그들은 모세가 하나님으로부터 받은 계시를 언약의 백성에게 전했으나 그것을 받아들이기를 거부할 뿐 아니라 다른 사람들을 미혹하기까지 한다.

예를 들어 창세기 1장에 기록된 모든 내용은 하나님과 대면하여 대화하는 모세가 계시받은 진리의 내용이다. 하나님께서 엿새 동안 우주 만물을 비롯한 아담과 하와를 창조하신 사실은 어느 누구도 거부할 수 없다. 그리고 모세가 받은 십계명은 불변의 절대적인 의미를 지니고 있다. 만일 모세의 그 말을 거부하고 비방한다는 것은 하나님을 거역함으로써 그의 심판을 자초하는 것과 마찬가지다.

모세가 기록한 모든 말씀은 하나님으로부터 허락된 절대 진리이다. 따라서 모세 율법을 비방하는 것은 곧 모세를 비방하는 것이며, 모세를 비방하는 것은 곧 여호와 하나님을 비방하는 행위가 된다. 또한 창세기 1장으로부터 시작되어 요한계시록 마지막 부분까지 이르는 모든 말씀은 하나님으로부터 계시된 절대적인 진리이다. 누구든지 그 말씀을 거부하거나 비방하는 것은 하나님을 거역하며 그를 향해 악행을 저지르는 것과 같다.

4 모세를 비방하는 자들에 대한 심판(민 12:9-10)

하나님께서는 모세와 아론과 미리암이 성막 앞에 모인 자리에서 아론과 미리암을 따로 불러 크게 책망하며 꾸짖으셨다. 그렇게 하신 후 진노하신 하나님께서 그곳에서 떠나가셨다. 성막 위에 특별히 자리 잡고 있던 구름이 떠나가게 된 것이다.

그리고 미리암은 그 자리에서 하나님의 심판을 받아 즉시 문둥병에 걸렸다. 그로 말미암아 그의 피부는 마치 눈과 같이 하얀색으로 변했다. 그 자리에 함께 있던 모세와 아론도 그 상황을 그대로 지켜보며 놀라지 않을 수 없었다. 미리암이 문둥병이 걸린 것은 하나님의 심판이 단순히 언어적인 것이 아니라 실제적 상황이라는 사실을 말해주고 있다.

나아가 문둥병은 모든 사람이 알아볼 수 있는 공개적 성격을 지닌 질병이었다. 이는 여성의 혈루증과 같은 비공개성을 지닌 질환과 비교되는 성격을 지니고 있었다. 따라서 이스라엘의 모든 백성은 미리암이 하나님에 의해 저주의 질병인 문둥병에 걸린 사실을 알게 되었다.

그런데 우리는 여기서 하나의 의문을 가지게 된다. 그것은 아론과 미리암이 함께 모세를 비방했는데 왜 미리암만 저주의 문둥병에 걸렸는가 하는 점

때문이다. 즉 아론은 모세를 비방했음에도 불구하고 미리암과 달리 문둥병에 걸리지 않았다.

그렇다면 직접 문둥병에 걸리지 않은 아론은 하나님의 진노 대상이 아니었다는 말인가? 그것은 그렇지 않아 보인다. 분명한 사실은 하나님의 진노가 아론과 미리암에게 동일한 대상이 되었으나 미리암만 직접 심판을 받아 문둥병에 걸리게 되었다는 점이다.

우리가 여기서 생각해 볼 수 있는 점은 문둥병에 걸린 미리암보다 어쩌면 아론이 더 고통스러웠을 것이란 사실이다. 하나님으로부터 더 큰 진노를 받을까 불안하고 두려운 마음이 있었을 것이 틀림없다. 나아가 미리암이 문둥병에 걸린 것을 보고 차라리 자기가 걸렸으면 좋았을 것으로 생각했을지도 모른다.

그럼에도 불구하고 하나님께서 미리암에게는 문둥병이 걸리게 하시고 아론에게는 그 벌을 면하게 해주신 것은 아마도 그의 제사장 직분 때문이 아니었을까 생각해 볼 수 있다. 제사장 아론이 만일 문둥병에 걸리게 되면 그는 그 직무를 중단해야만 한다. 당시는 아직 제사장들의 수가 많지 않을 때여서 그가 담당해야할 직무는 매우 크고 많았다.

즉 아론이 없는 상태에서는 성막에서 제사장 직무가 진행되는 데 상당한 어려움이 따랐을 것이 분명하다. 그가 잘못을 저질렀을지라도 저주의 문둥병이 걸리지 않은 상태에서는 그 직무를 감당할 수 있었다. 하나님께서 아론에게 문둥병 심판을 내리지 않은 이유는 그에 연관된 것으로 짐작해 보게 된다.

5 모세 앞에서 뉘우치는 아론(민 12:11-13)

미리암이 저주의 문둥병에 걸리고, 아론은 그 심판을 면했으나 극도의 고통에 빠지지 않을 수 없었다. 그런 상태에서 아론이 모세를 향해 자신의 잘못을 뉘우치며 용서를 구했다. 그를 주님이라 칭하며 자기와 미리암이 우매한 행동을 해서 죄를 지었으나 그 허물을 저들에게 돌리지 말아 달라고 했다.

이는 아론이 자신의 무죄를 주장하려는 것이 아니었다. 도리어 모세뿐 아니라 하나님께 무서운 범죄를 저질렀기 때문에 살아남기 어렵다는 사실을 알고 있음을 드러내 보였다. 그러니 그 죄로 말미암아, 미리암이 살이 썩어 뭉그러진 상태로 출생한 불쌍한 아기처럼 된 것을 도와 달라고 했다. 저주의 문둥병에 걸린 미리암을 그냥 두지 말고 고쳐달라는 간청을 했던 것이다.

그것은 물론 모세가 할 수 있는 일이 아니라 전적으로 여호와 하나님께 달려 있는 문제였다. 따라서 아론은 모세를 향해 진노하신 여호와 하나님께 간구해 달라는 간청을 했다. 아론의 말을 들은 모세는 여호와 하나님께 미리암을 불쌍히 여겨 저의 문둥병을 고쳐달라고 간절히 부르짖게 되었다.

6 하나님의 심판과 백성들에게 주어진 교훈(민 12:14-16)

문둥병에 걸린 미리암을 고쳐달라는 모세의 간청을 들은 하나님께서 그를 향해 말씀하셨다. 하나님께서는 매우 특별한 예를 들며 미리암이 감당해야 할 징벌에 관한 언급을 하셨다. 만일 미리암의 아버지가 저의 얼굴에 침을 뱉었다고 해도 그가 이레 동안은 부끄러워 밖으로 나오지 못할 것이 아니냐는 것이었다.

이처럼 하나님께서는 어떤 아버지도 아무런 잘못이 없는 자녀의 얼굴에 침을 뱉지는 않는다는 점을 언급하셨다. 만일 아버지가 자기 자식의 얼굴에 침을 뱉는다면 그 자식이 가문을 더럽히는 악한 행동을 했다는 사실을 말해 준다. 따라서 자신의 잘못으로 인해 아버지로부터 얼굴에 침 뱉음을 당했다면 당연히 일정 기간 부끄러워해야만 한다.

그런데 우리가 여기서 생각해 보아야 할 점은 미리암의 아버지란 곧 아론의 아버지이며 모세의 아버지라는 사실이다. 하나님께서는 저들의 아버지가 떠오르도록 간접적인 언급을 하며 세상의 아버지조차도 자기 가문을 더럽히는 자녀들을 결코 그냥 두지 않는다는 사실을 언급하셨다. 자식의 얼굴에 침을 뱉어 창피를 줌으로써 다시는 그런 짓을 하지 않도록 공개적인 징계를 하는 것은 중요한 일이다.

하나님께서는 이 말씀을 통해 미리암이 하나님의 집을 더럽힌 사실을 지적하셨다. 그에 대해서는 아론 역시 마찬가지였다. 그들은 하나님의 뜻을 묻지 않은 채 자의적인 판단에 따라 믿음의 영도자 모세를 비방함으로써 하나님의 거룩한 집을 모독했다. 따라서 문둥병에 걸린 미리암을 진 밖으로 쫓아냈다가 이레 후에 다시 들어오게 하라고 하셨다.

하나님의 그 말씀에 따라 미리암은 본진으로부터 쫓겨나 이레 동안 진 밖에서 갇혀있게 되었다. 그 기간 동안 이스라엘 자손은 앞으로 행진하여 나아가지 않았다. 이는 미리암이 하나님의 징벌을 받은 것이 민족적인 일이며 온 백성이 그 사실에 대하여 알고 있었다는 사실을 말해준다.

이 사건은 이스라엘 자손이 하세롯에서 바란을 향한 진의 이동을 앞두고 일어난 특별한 일이다. 또한 모세와 아론과 미리암에 연관된 그 사건은 하나님의 거룩한 성막에 연관되어 있었음을 말해준다. 백성들이 이동하는 과정에서 성막이 도중에 서게 되었으므로 모든 지파가 행진을 중단할 수밖에 없었다. 모세를 비방한 미리암이 진 밖으로 쫓겨났다가 이레 후에 돌아온 후 백성들은 다시금 하세롯에서 진행하여 바란 광야에 도착해 진을 치게 되었다.

우리는 여기서 모세, 아론, 미리암 세 사람의 행위와 하나님의 입장에 관한 전체적인 내용을 올바르게 정리하여 이해할 필요가 있다. 먼저 모세가 이방인인 에디오피아 여성과 결혼한 것은 하나님의 뜻 가운데 행해졌으므로 별다른 잘못이 없었다. 즉 모세가 잘못을 저질렀으나 최고 영도자인 그를 비방하지 말라는 의미와 다르다.

하지만 아론은 주관적인 판단에 따라 모세를 비방함으로써 악을 저질렀다. 그것은 모세뿐 아니라 하나님에 대한 범죄이기도 했다. 그의 악행에도 불구하고 하나님께서는 그를 직접 징벌하지 않으셨다. 그것은 미리암과 동일한 편에서 잘못된 행위를 했으나 그는 하나님으로부터 언어적 질책을 받았을 뿐 현실적 상황에서 구체적인 징벌을 받지 않았다. 그것은 그의 제사장 직분과 연관되어 있었던 것으로 보인다. 이는 제사장 직분의 이행에 대한 중요성을 말해주고 있다.

그에 반해 미리암은 아론과 함께 주관적인 판단에 따라 모세를 부당하게 비방한 결과 무서운 저주의 문둥병 징벌을 받았다. 그는 아론과 동일한 범죄를 저질렀으나 아론은 면책을 받은 데 반해 미리암 자신은 공개적인 무서운 징계를 받았던 것이다.

그럼에도 불구하고 미리암은 하나님을 원망하지 않았으며 아론에 대한 어떤 질시의 마음도 가지지 않았다. 그는 도리어 모세에게 저지른 자신의 비방 행위를 뉘우치면서 원래의 자리를 회복하게 되었다. 이 모든 것은 이스라엘 백성 전체에게 중요한 교훈을 주고 있다.

이에 연관된 모든 교훈은 시대와 장소를 초월하여 언약의 자손들이 대대로 받아들여 신앙에 적용해야 한다. 아론과 미리암이 모세를 비방한 사건은 당시 모든 이스라엘 자손이 알게 되었다. 그리고 진노하신 하나님께서 미리암에게 저주의 문둥병이 걸리게 한 사실과 그로 인해 미리암이 진 밖으로 쫓겨나 칠 일간 갇혀있다가 돌아온 사실에 대해서도 모두 알았다.

그래서 하나님의 백성들은 인간적인 판단에 따라 모세를 비방의 대상으로 삼아서는 절대로 안 된다는 사실을 깨달았다. 또한 미리암과 아론이 동시에 하나님의 뜻을 거슬렀으나 아론은 그 책벌에서 면한 것을 통해 백성들은 제사장의 직무와 성막 제사의 중요성을 깨닫게 되었다. 하나님께서 무엇을 가장 중시하고 계시는지에 관한 중요한 메시지를 주셨던 것이다.

우리 또한 신약시대 교회 가운데서 이에 관한 정신적 교훈을 그대로 적용해야 한다. 어느 누구도 모세와 그가 전하는 말씀을 함부로 비판해서는 안 된다. 만일 기독교 언저리에 맴돌면서 모세를 비방하는 자가 있다면 그는 하나님의 집을 모독하는 것과 마찬가지다. 그와 더불어 하나님께서 직분적 질서를 소중히 여기신다는 사실을 이를 통해 깨달아야 한다. 하나님의 일하심이 그 가운데 분명히 나타나고 있기 때문이다.

13장

가나안 땅과 열두 명의 정탐꾼

1 가나안 땅 정탐 작전(민 13:1-3)

하나님의 중요한 관심은 이스라엘 자손을 약속의 땅 가나안으로 인도해 들이는 것이었다. 그에 대해서는 백성들 역시 그와 동일한 기대를 하고 있었다. 하지만 그것은 그리 쉬운 일이 아니었다. 그 땅에는 이미 수백 년이 넘는 오랜 기간 동안 다양한 종족들이 터를 잡고 살아가고 있었기 때문이다.

이스라엘 백성이 그 땅을 소유하고자 한다면, 원래 그곳에 살아가고 있던 사람들이 강하게 저항할 것은 불을 보듯 뻔한 일이다. 언약의 자손들은 하나님께서 오래전 저들의 조상 아브라함에게 그 땅을 주시기로 약속하셨으니 자기의 땅이라 주장할 수밖에 없었다. 하지만 그곳에 정착해 살아가던 여러 종족에 속한 자들은 그 땅을 저들의 조상들로부터 물려받아 살아가고 있었다.

그러므로 이스라엘 자손의 입장에서는 하나님께서 저들에게 주시기로 약속한 땅을 이방인들이 불법 점거하고 있는 것에 지나지 않았다. 그래서 그들은 정당한 관점에서 그 땅을 회복하고자 했다. 그와 달리 그곳에 정착해 살아가던 이방 족속들의 입장에서는 이스라엘 자손이 부당한 불법 침입자에 지나지 않았다. 동일한 땅을 두고 서로 간 정반대의 시각을 가지고 있었던 것이다.

그런 상황에서 모세는 장차 정복해야 할 약속의 땅 가나안의 형편을 알아보고자 했다. 하나님께서 그 땅을 언약의 자손들에게 주시기로 약속하셨으므로 당연히 정복해야 했기 때문이다. 하지만 그곳을 지배하고 살아가던 자들이 순순히 땅을 내어주지 않을 것이기 때문에 그에 대한 정확한 상황을 파악할 필요가 있었다.

그리하여 모세는 하나님께서 이스라엘 자손에게 주시기로 약속하신 가나안 땅에 대한 정탐을 실행하고자 했다.[22] 그것을 위해 그는 이스라엘 열두 지파 가운데서 지도자 한 사람씩을 차출하도록 명령을 내렸다. 여기에는 매우 중요한 의미가 담겨 있다. 거기에는 가나안 땅을 탐지하고 주변 환경과 여건을 살피는 일이 이스라엘 열두 지파 전체에 주어진 공적인 직무라는 의미가 내포되어 있기 때문이다.

즉 어느 지파에서는 더 많이 보내고 어느 지파에서는 보내지 않아도 되는 것이 아니라 모두가 함께 그 일을 감당해야만 했다. 그것은 모세 개인의 판단이나 각 지파가 합의를 통해 결의한 것이 아니었다. 그 모든 과정은 하나님의 작정에 근거하고 있었으며 그것을 모세가 백성들 가운데 명을 내리

---

22 우리가 여기서 반드시 기억해야 할 바는 당시 이스라엘 자손들이 가나안 땅에 관한 실제적인 정보를 거의 가지고 있지 않았다는 사실이다. 즉 그들은 가나안 땅의 지형과 특성에 대해 아는 것이 별로 없었다. 그곳에 있는 높고 낮은 산들의 위치와 갈릴리 호수 및 사해 바다, 그리고 요단강에 관한 구체적인 세밀한 정보도 없었다. 어느 종족이 어디에 살아가고 있는지도 몰랐으며 사람들의 일반적인 생활환경에 대해서도 잘 알지 못했다. 그런 형편 가운데 모세는 가나안 땅에 정탐꾼들을 보내 그곳을 탐지하기를 원했다. 한편 다수의 사람들은 하나님의 언약과 상관없이 애굽 땅의 좋았던 형편을 배경으로 하여 가나안 땅을 기대하고 짐작하고 있었다. 즉 가나안 땅은 애굽 땅과 전혀 다른 본질적 성격을 지니고 있었음에도 불구하고 백성들은 그 연장선상에서 그에 관한 모든 것을 판단하기를 좋아했던 것이다.

2부. 약속의 땅에 대한 기대와 불신

며 총 지휘를 했던 것이다.

그리하여 모세는 각 지파를 향해 조건을 갖춘 지도자 열두 명을 뽑아 자기 앞으로 나아오게 하라는 명령을 내렸다. 모세는 그들에게 하나님의 뜻을 전하고 가나안 땅에 들어가 정탐하여 그 자료를 정리해 보고하도록 지시를 내려야 했다. 특별한 임무 수행을 위해 보냄을 받을 열두 명의 정탐꾼은 모든 준비를 갖추어 여호와의 명령을 좇아 바란 광야로부터 출발해 북쪽에 위치한 가나안 땅으로 올라가도록 계획을 세워야 했다.

2 열두 명의 정탐꾼과 '여호수아'(민 13:4-16)

모세는 하나님의 명에 따라 열두 지파로부터 각기 한 명씩 파견된 지도자들을 뽑아 한 자리에 집결시켰다. 그들은 르우벤 지파 삼무아, 시므온 지파 사밧, 유다 지파 갈렙, 잇사갈 지파 이갈, 에브라임 지파 호세아, 베냐민 지파 발디, 스불론 지파 갓디엘, 므낫세 지파 갓디, 단 지파 암미엘, 아셀 지파 스둘, 납달리 지파 나비, 갓 지파 그우엘이 곧 그들이다.

열두 명의 그 사람들은 가나안 땅 정탐을 실행하는 특수 임무를 감당해야 할 인물들이었다. 그들은 전체적으로 '하나의 부대'를 구성하게 되었다. 즉 그 사람들이 각 지파를 대표하여 보냄을 받은 자들이기는 하나 이제부터 자기가 속한 지파의 성격을 버리고 단일한 언약의 백성을 위한 공동 책임 속에 진입해야 했던 것이다.

그리고 성경 본문 가운데는 에브라임 지파의 호세아의 이름이 특별히 언급되고 있다. 모세가 눈의 아들 호세아를 '여호수아'로 칭했기 때문이다. 주변의 다른 사람이나 그의 가족이 별칭을 붙여준 것이 아니라 하나님의 사람 모세가 그렇게 불렀다. 물론 그 후부터 함께 정탐을 가는 동료들은 그를 여호수아로 불렀을 것이다.

우리는 여기서 모세가 왜 유독 호세아의 이름을 '여호수아'로 불렀는지 생각해 보게 된다. 이는 아마도 그를 열두 명 가운데 대표로 지명한 성격이 들어 있었을 것으로 보인다. 열두 명의 정탐꾼이 움직일 때 총지휘자가 없으면 각기 개별적인 판단대로 움직이며 대열을 흐트릴 우려가 있다. 그래서 모세가 그를 특별히 지휘자로 삼아 여호수아란 이름을 주어 호칭했던 것으로 보인다.

우리는 '호세아'와 '여호수아'가 언어적으로 보아 '여호와는 구원이시다'라는 뜻의 동일한 의미를 지니는 것으로 이해하고 있다. 그럼에도 불구하고 그렇게 부르게 된 또 다른 중요한 이유 가운데 하나는 여호와 하나님이 이스라엘을 구원하는 분이라는 점을 더욱 크게 보여주기 위한 것이 아닌가 싶다. 그 가운데는 나중 이 땅에 메시아로 오셔서 자기 백성을 구원하시게 될 '예수아' 곧 '예수'에 대한 예언적 성격이 들어있는 것으로 볼 수 있다.

우리가 비록 그 구체적인 이유에 관하여 완벽한 이해를 하기 어려울지라도 그 실상을 어느 정도 짐작해 보게 된다. 이는 모세가 아무런 이유 없이 '호세아'를 '여호수아'로 칭하지는 않았을 것이기 때문이다. 우리는 이를 통해 하나님의 광대하심과 그의 구체적인 뜻을 어렴풋이나마 생각해 보게 된다.

3 구체적인 방편 지시(민 13:17-20)

약속의 땅 가나안을 정복하기 전에 먼저 탐지를 위해 적진으로 들어가게 된 특수 임무를 맡은 자들은 개인적인 판단에 따라 그렇게 할 수 있는 것이 아니었다. 모세는 그들을 보내면서 중요한 지침들을 주었다. 그들은 당연히 그에 순종해야 했으며 가나안 땅에 들어가서는 아마도 여호수아가 총괄 지휘했을 것이다.

모세는 정탐꾼들을 향해 먼저 남방길로 행하여 산지로 올라가라고 했다. 특별한 명령이 없다면 서쪽의 해안 길을 향해 나아갈 수도 있었을 것이며 동쪽의 골짜기를 타고 올라가 사해 쪽으로 올라갈 수도 있었다. 만일 아무런 지시가 없었다면 정탐꾼들이 제각각 자기 주장을 펼쳤을지도 모를 일이다.

하지만 모세는 그들이 올라가야 할 길을 사전에 제시하며 지시를 내렸다. 그리하여 순차적으로 전반적인 땅의 모든 지형과 사정들을 탐지하라는 것이었다. 그들은 장차 언약의 자손들이 들어가 취하게 될 그 땅에 대한 전체적인 상황을 정확하게 파악하기를 원했던 것이 분명하다.

또한 모세는 그들이 관심을 기울여 파악해야 할 구체적인 내용들을 알려 주었다. 우선 그 땅 여러 지역에 거하는 각 족속들의 강약을 살피라고 했다. 즉 어느 지역의 어느 종족이 강력한 군대를 보유하고 있는지 혹 아닌지 정확하게 파악하도록 했다. 그리고 각각 종족이나 거민들의 수가 어느 정도 되는지 알아보라는 명령을 내렸다.

나아가 그들은 각 지역이 산악 지대인지 평지인지, 혹은 삼림으로 인해 나무와 식물이 무성한지 아니면 나무가 별로 없는 사막성 지역인지도 알아보아야 했다. 또한 토지가 양호한 옥토인지 척박한 땅인지도 살펴보도록 했다. 사람들의 기본적인 거주 환경이 되는 땅을 정확하게 조사하는 것은 매우 중요한 일이었다.

뿐만 아니라 각 종족의 백성들이 살아가는 지역의 환경을 구체적으로 살펴보라고 했다. 즉 그들의 성읍이 평범한 시골 마을이거나 혹은 천막과 같은 데 살며 이동하는 종족인지도 살펴보아야 했다. 물론 어떤 종족이 막강한 산성으로 둘러싸인 강한 성읍에 거주하고 있는지도 조사해야만 했다.

그들이 가나안 땅 여러 지역을 정탐하며 조사하다가 보면 어떤 종족의 강력한 세력을 보고 크게 주눅이 들 수도 있다. 일반적인 관점에서 본다면 당시 이스라엘 백성은 황량한 광야에서 살아가는 데 비해 가나안 땅에 정착해 살아가는 여러 종족들의 강인한 형편을 보면 마음이 약해질 수밖에 없었을 것이다. 따라서 모세는 저들을 향해 담대하라는 요구를 했다.

하나님의 백성들은 자신이 처한 형편이나 능력이 아니라 하나님의 권능에 전적으로 의존해야만 한다. 모세는 그에 연관된 철저한 당부를 하면서 가나안 땅 정탐을 마치고 돌아올 때 그곳의 과일을 가져오도록 명했다. 그때는 포도나무가 한창 익어갈 무렵이었으므로 과일이 풍부한 시기였다.

모세는 그들이 돌아오면서 가져오는 과일을 보며 가나안 땅의 형편을 더욱 면밀하게 파악하고자 하는 생각을 했다. 과일이 가나안 땅에 살아가는 이방 종족들의 형편을 알아볼 수 있는 일종의 창문 역할을 할 수 있었다. 그것을 통해 저들의 땅과 살아가는 형편을 어느 정도 짐작할 수 있었기 때문이다.

정탐꾼들이 부여받은 임무를 보며 오늘날 우리 시대 교회와 성도들의 자세를 돌아보게 된다. 이 세상에 살아가는 모든 성도들은 자기가 처한 시대의 다양한 형편을 정확하게 파악할 수 있어야 한다. 그래야만 하나님의 자녀로서 정당하게 '의로운 전쟁'에 참여할 수 있다. 사탄의 세력과 맞서 싸워 이기고 타락한 세상에 살아가는 자들에게 하나님의 복음을 선포하기 위해서는 그것이 필수적이다.

4 정탐꾼들의 직무수행(민 13:21-24)

모세로부터 모든 지시를 받은 정탐꾼들은 가나안 땅을 향해 올라갔다. 그들은 사십일 동안 저들에게는 아직 낯선 땅인 그 지역을 정확하게 탐지해야만 했다. 그들은 온 땅을 돌아다니면서도 자유롭게 행동할 수 없었다. 그곳 사람들이 볼 때는 그들이 일종의 간첩행위를 하는 것과 같았으므로 매우 조심스럽게 처신해야 했다.

열두 명의 정탐꾼들은 때로 함께 모여 각 지역에 관한 정보를 교환했을 것이며 때로는 몇 명씩 조를 나누어 다니기도 했을 것이다. 사람들이 많이 몰린 곳에서는 눈에 띄지 않기 위해 조심했을 것이 분명하다. 또한 음식을 먹을 때나 밤에 잠을 잘 때도 신경을 곤두세워 주변을 살피며 주의를 기울였을 것이다.

정탐꾼들은 신 광야에서부터 가나안 땅 최북단에 위치한 하맛 어귀의 르홉(Rehob)에 도착해 그 지역을 탐지했다. 그들은 그 후 여러 지역을 살피며 땅과 사람들에 관한 다양한 정보들을 취합하게 되었다. 그들은 또한 예루살렘 바로 아래 위치해 있는 헤브론에 이르기까지 여러 지역을 살피며 맡겨진 직무를 감당했다. 성경은 헤브론이 애굽의 소안보다 칠 년 먼저 세워진 역사적인 도시라는 사실을 기술하고 있다.

우리는 여기서 정탐꾼들이 헤브론에 도착한 사실에 연관된 의미를 각별히 생각해 보아야 한다. 헤브론은 그들이 정탐 대상으로 삼은 가장 중요한 도시 가운데 하나였음이 분명하다. 그곳은 아브라함과 사라, 이삭과 리브가, 야곱과 레아 등 그들의 조상이 묻힌 막벨라 굴의 무덤이 있는 땅이었다.

또한 이스라엘 자손들에게는 그곳이 아브라함의 고향인 갈대아 우르와 이삭이 살았던 옛 가나안 땅의 정서, 그리고 야곱이 말년에 살았던 애굽의 모든 정서들이 녹아 있는 곳이기도 했다. 나아가 나중 그곳은 다윗 왕이 즉위하여 예루살렘을 공격하여 정복하게 되는 중요한 교두보 역할을 하게 되는 지역이기도 하다. 따라서 정탐꾼들은 그곳에서 하나님의 언약을 더욱 깊이 마음에 새길 수 있었을 것이다.

그런데 그들이 예루살렘의 문턱이라 할 수 있는 헤브론에 도착했을 때 아낙 자손 아히만과 세새와 달매가 그곳을 다스리고 있었다. 아낙 자손은 키와 덩치가 커서 힘이 매우 센 종족이었다. 정탐꾼들은 그들을 보며 주눅이 들 수도 있었을 것이며 정신을 바짝 차려야겠다고 다짐한 자들도 있었을 것이다.

그들은 또한 헤브론으로부터 북쪽으로 5km 정도 떨어진 위치에 있으며 예루살렘에 더욱 가까운 땅인 비옥한 에스골 골짜기로 나아갔다. 그 땅의 지명인 '에스골'은 '포도송이'라는 뜻을 지닌 곳으로 과일이 풍부한 지역이었다. 거기서 그들은 모세의 명에 따르기 위해 포도송이가 달린 가지를 베어 막대기에 꿰어 메었으며 석류와 무화과 열매를 취하기도 했다.

이제 그들은 모세가 지시한 대로 그 열매를 어깨에 메고 이스라엘 민족들이 머물고 있는 사막의 본진으로 돌아올 준비를 했다. 그때 그들은 저들이 모든 정탐한 내용들을 기초로 하여 보고서를 작성했을 것이다. 앞에서 말한 것처럼 여러 지역, 여러 사람들의 형편과 지형 및 거주 형태를 파악한 대로 기록했을 것으로 보인다. 그것을 가지고 모세에게 정확한 보고를 해야 했기 때문이다.

5 임무를 마치고 돌아온 정탐꾼들(민 13:25-29)

열두 명의 정탐꾼은 사십일 간의 가나안 땅에 대한 탐지를 마치고 무사히 돌아왔다. 그들은 짧지 않은 기간 동안 정탐 활동을 했으나 적들에게 발각되지 않고 맡겨진 임무를 잘 수행했다. 이는 그동안 하나님의 인도하심과 보호하심이 있었음을 말해주고 있다. 젊은 청년 열두 명이 당시 적진에 들어가 다양한 정보를 캐내면서도 무사했던 것은 하나님의 돌보심이 있었기 때문이었다.

그들은 이스라엘 백성들이 머물고 있던 바란 광야의 가데스에 이르러 모세와 아론과 이스라엘 회중의 대표에게 모든 것을 보고하며 가나안 땅의 실상을 전했다. 그리고 그들이 에스골 골짜기에서 메고 온 과일들을 보여주었다. 잘 익은 과일을 내어놓으며 모세를 향해 그들이 가서 정탐한 땅은 과연 젖과 꿀이 흐르는 아름다운 땅이었다고 말했다.

그런데 그 땅이 풍성한 과일을 맺는 좋은 땅인 만큼 그곳의 거민들은 강한 족속이라는 사실을 전했다. 그리고 저들이 살아가는 성읍은 매우 크고 견고했다고 했다. 또한 그곳에서 키가 크고 힘이 센 아낙 자손을 보았다는

2부. 약속의 땅에 대한 기대와 불신

말을 했다. 뿐만 아니라 남방 지역의 땅에는 아말렉 사람들이 거하고 있으며 헷 사람들과 여부스인과 아모리 족속은 산악 지대에 거한다는 사실을 말했다. 그와 달리 가나안 족속은 주로 지중해 쪽 해변과 요단강 가에 주로 살아가고 있음을 보고했다.

6 정탐꾼들의 귀환 후 보인 반응(민 13:30-33)

가나안 땅을 정탐한 자들이 돌아와서 보이는 반응은 서로 달랐다. 다수의 정탐꾼들은 가나안 땅을 정복하는 것이 어려운 일이라고 주장한 반면, 소수의 정탐꾼들은 이제 올라가서 그 땅을 정복하면 될 것이라고 했다. 즉 여호수아와 갈렙만 가나안 정복에 긍정적인 입장을 가지고 있었을 뿐 나머지는 그에 대해 부정적인 생각을 하고 있었다.

유다 지파에 속한 갈렙이 모세 앞에서 백성들의 대표를 조용히 진정시켰다. 그리고는 이제 북쪽으로 올라가 약속의 땅 가나안을 정복하여 취하자는 제안을 했다. 그들이 능히 그렇게 할 수 있다는 것이었다. 이는 이스라엘 백성의 전투력이 강했기 때문이 아니라 전능하신 하나님이 저들과 함께 계시기 때문에 그와 같은 생각을 할 수 있었다.

그런데 갈렙과 함께 가나안 땅을 살피고 온 나머지 다수의 정탐꾼들은 그에 대해 부정적이었다. 그 땅에 거하는 자들이 이스라엘 자손들보다 훨씬 강력한 힘을 가지고 있기 때문에 그곳으로 가서 저들을 물리칠 수 없다는 것이었다. 그들은 여호와 하나님의 권능에 의존한 것이 아니라 자신의 능력에 의존했으므로 그와 같은 생각을 하게 되었다.

그런 부정적인 주장을 펼치는 자들은 나름대로 합리적인 판단을 내린 것으로 여기고 있었을지도 모른다. 전투를 위한 군사력이 절대적으로 빈약한 상태에서 무모하게 행동하면 그 땅도 얻지 못할 뿐더러 많은 백성들이 죽게되는 어려움이 따를 수도 있다는 것이다. 그러니 힘을 더 키워 나중에 정복을 시도하자고 했을지도 모른다.

따라서 하나님의 능력과 그의 뜻을 염두에 두지 않은 부정적인 견해를 가진 정탐꾼들은, 무지한 백성들이 자신의 주장을 따르도록 설득하고자 했다. 그들은 백성들 앞에서 부정적인 말로써 그 땅을 악평하며 갈렙과 여호수아와는 정반대의 주장을 펼쳤다. 그들이 두루 다니며 탐지한 땅은 그 거민을 삼키는 좋지 않은 땅이라는 것이었다(민 13:32). 이는 앞서 모세에게 보고한 내용과 상이한 주장이었다(민 13:27, 참조).

정탐꾼들은 또한 그곳에는 키가 매우 큰 족속들이 많이 살고 있다고 했다. 거기서 네피림(Nephilim)의 후손으로 힘이 장사인 아낙 자손 거인들을 보았음을 말했다. 그들은 워낙 건장하게 보여서 이스라엘 자손인 저들은 스스로 보기에도 자신이 마치 메뚜기같이 왜소하게 느껴졌으며, 그들도 이스라엘 백성을 그렇게 볼 것이라고 언급했다.

이는 그들이 하나님의 놀라운 권능을 믿지 않고 자신의 능력을 의지하고 있었음을 말해주고 있다. 그들은 가나안 땅을 정탐하고 난 후 하나님께서 그 땅을 탐지하게 하신 원래의 의도를 무시하기에 이르렀다. 그 정탐꾼들은 주관적인 불신앙에 따른 자기의 주장을 내세우며 어리석은 백성들을 두려움에 빠뜨리는 나쁜 여론을 조성하게 되었던 것이다.

2부. 약속의 땅에 대한 기대와 불신

14장

사악한 자들과 공의로운 하나님

1 하나님과 모세와 아론을 향한 백성들의 원망과 통곡(민 14:1-3)

정탐꾼들에 의해 가나안 땅에 관한 모든 내용을 전해 들은 백성들은 소리를 높여 부르짖었다. 그리고 밤새도록 울며 통곡했다. 그들이 그와 같은 행동을 했던 것은 저들의 모든 소망이 사라져 버렸기 때문이었다. 그들은 고된 광야 생활을 하면서도 장차 가나안 땅으로 들어가 복락을 누리며 살아갈 것을 기대하고 있었던 것이다.

그런데 백성들은 그 땅에 들어가 모든 것을 직접 목격하고 확인한 정탐꾼들의 말을 들으면서 그곳에 들어가 땅을 정복하는 것이 불가능하다는 판단을 내리게 되었다. 이는 저들이 진퇴양난(進退兩難)의 궁지에 몰리게 되었음을 의미하고 있다. 즉 그들은 가나안 땅을 향해 앞으로 나아갈 수도 없었으며 애굽으로 되돌아갈 수도 없는 형편이었다. 그들은 스스로 거대한 사막의 감옥에 갇힌 듯 여기며 심한 절망에 빠지게 되었다.

그러므로 백성들은 모세와 아론을 원망하기에 이르렀다. 그들이 이스라엘 자손을 애굽 땅으로부터 황량한 시내 반도의 사막으로 데려왔기 때문이다. 그들의 입장에서는 굳이 광야에 와서 불필요한 고생을 할 필요가 없다고 여겼던 것이다. 결국 모세와 아론을 따라 나온 모든 백성들이 큰 낭패를 만나게 된 것으로 판단하게 되었다.

그러므로 백성들은 지도자들인 모세와 아론을 향해 왜 애굽 땅으로부터 사막으로 끌고 나왔느냐며 불평을 쏟아냈다. 차라리 애굽 땅에서 죽는 것이 나았을 것이라고 말했다. 나아가 가나안 땅에 들어가지 못하리라는 정탐꾼들의 말을 듣기 전에 광야에서 죽었더라면 그것이 더 좋았을 뻔했다는 푸념을 늘어놓았다.

일반적인 관점에서 본다면 당시 가나안 땅에 거하는 여러 족속들이 막강한 세력을 가지고 있는데 반해 이스라엘 자손은 힘없이 사막을 헤매는 유랑 민족에 지나지 않았다. 따라서 떠돌이 신세인 백성이 강력한 세력을 가진 자들이 자리 잡고 살아가는 가나안 땅으로 침공해 들어간다면 패망할 것이 분명하다는 생각을 하게 되었다.

그런데 어찌하여 모세와 아론이 믿는 여호와 하나님이 이스라엘 백성을 가나안 땅으로 인도하여 원수들의 칼에 의해 망하게 하려느냐고 했다. 그들이 그 땅으로 쳐들어가게 되면 그곳 사람들이 자기의 아내와 자식들을 사로잡게 되리라는 것이었다. 그렇게 될 바에는 차라리 애굽 땅으로 되돌아가는 것이 더 낫지 않느냐며 부르짖었던 것이다.

2 회중의 분노와 '애굽으로 돌아가자'는 함성(민 14:4-10)

심한 분노와 더불어 불안에 빠진 백성들은 결국 모세와 아론에게 강하게 항의했을 뿐 아니라 애굽으로 되돌아가고자 하는 마음을 먹었다. 그리하여 저들 가운데 능력을 갖춘 용맹한 자를 최고 지도자로 세우고 애굽 땅으로 돌아가려고 했던 것이다. 거기에는 더 이상 모세와 아론을 믿지 못하겠다는 의미가 내포되어 있었다.

그렇게 되자 모세와 아론이 온 백성들 앞에서 무릎을 꿇고 엎드리게 되었다. 백성들이 잘못을 저지르고 있었으나 그들을 가나안 땅으로 인도해야 한다는 의무를 지닌 모세와 아론은 어떤 경우라 할지라도 저들로 하여금 애굽으로 되돌아가게 할 수는 없었다. 그러니 무슨 한이 있어도 언약의 자손들은 애굽으로 돌아가지 말아야 했으며 약속의 땅 가나안으로 들어가야만 했던 것이다.

가나안 땅을 정탐하는 일에 참여했던 여호수아와 갈렙은 그 처참한 광경을 지켜보며 큰 충격을 받아 슬픔에 잠기지 않을 수 없었다. 그래서 그들은 입고 있던 옷을 찢으며 저들의 심경을 드러내 보이게 되었다. 그 두 명의 믿음의 용사들은 앞선 열 명의 정탐꾼들과는 전혀 다른 주장을 펼치고 있었다.

그러므로 그들은 이스라엘 온 회중을 향해 선포했다. 정탐꾼들이 가서 살펴본 그 땅은 매우 아름다운 땅이라는 사실을 다시금 전했다. 그곳은 젖과 꿀이 흐르는 땅이라는 것이었다. 여호와 하나님께서 기쁘게 허락하신다면 이스라엘 자손을 그곳으로 인도하여 들일 것이며 그 모든 땅을 저들에게 주실 것이라고 말했다.

그런데 실상은 그렇게 하는 것이 여호와 하나님께서 정하신 원래의 뜻이란 사실을 그들이 잘 알고 있었다. 따라서 백성들을 향해 여호와의 말씀에 순종하고 그의 뜻을 거역하지 말라고 했다. 또한 이스라엘 자손들을 향해 가나안 땅에 살아가는 이방인들을 두려워할 필요가 없다는 사실을 말했다. 외형상 강력한 세력을 지닌 듯이 보이는 자들이지만 실상은 하나님의 백성들에게 먹히는 '밥'과 같다는 것이었다.

나아가 가나안 땅을 점령하여 살아가는 족속들에게는 저들을 보호해 줄 만한 신적인 보호자가 존재하지 않는다고 했다. 그에 반해 언약의 자손들에게는 저들을 지켜주시는 여호와 하나님이 함께 계신다고 말했다. 그 족속들이 오랫동안 그곳에 살아가며 지형을 잘 알고 모든 것에 익숙할지라도 결코 그들을 두려워할 필요가 없다는 것이었다.

그런데 앞서 엉뚱한 주장을 펼친 정탐꾼들의 잘못된 주장을 듣고 모세와 아론을 원망하던 자들은 여호수아와 갈렙의 말을 받아들이려 하지 않았다. 그들은 그 말을 듣고 기쁘고 감사하게 생각한 것이 아니라 도리어 그들을 돌로 쳐 죽이려 했다. 어리석은 백성들은 주관적인 판단을 하며 하나님의 뜻을 멀리했던 것이다.

그런 중에 성막에서 여호와 하나님의 영광이 나타났다. 그 영광이 거기 모인 모든 백성들에게 드러나 보이게 되었다. 이는 모세와 아론에 대한 하나님의 신뢰를 드러내 보이는 것이었으며 여호수아와 갈렙의 증언을 보증하는 역할을 하게 되었다. 하나님께서는 이를 통해 온 백성들 앞에 자신의 뜻을 드러내 보이셨다.

3 백성들을 향한 하나님의 진노(민 14:11-12)

여호와 하나님께서는 백성들의 어리석은 행태를 보시고 크게 진노한 모습을 보이셨다. 그는 그 모든 사실을 두고 모세를 향해 말씀하셨다. 하나님께서는 그에 연관된 실상을 구체적으로 알고 계시면서 모세를 향해 다시금 말씀하신 까닭은 한 번 더 그에 관한 확인을 하며 백성들에게 자신의 뜻을 알려주시기 위해서였다.

하나님께서는 이스라엘 백성이 자기를 멸시하고 있다는 사실을 언급하셨다. 그와 같은 사악한 태도는 배은망덕(背恩忘德)한 행위였을 뿐 아니라 결코 있을 수 없는 일이었다. 애굽에서 노예 생활을 하던 백성들을 해방시켜 홍해 바다를 건너게 하신 것은 놀라운 은혜가 아닐 수 없었다.

그럼에도 불구하고 배도에 빠진 그 악한 자들은 하나님께서 저들을 위해 행하신 수많은 기적들을 생각하지 않았다. 그 기적들의 본질을 조금이라도 염두에 둔다면 하나님께서 언약의 백성들을 기적적인 방법으로 가나안 땅에

2부. 약속의 땅에 대한 기대와 불신

인도해 들이게 될 것을 믿을 수 있었을 것이다. 하지만 그들은 하나님의 놀라운 권능을 의지하고자 했던 것이 아니라 도리어 부정적인 주장을 펼치며 저들에게 잘못된 영향을 끼치는 열 명의 정탐꾼의 말과 가나안 땅의 여러 족속들을 더 두려워했다.

그러므로 하나님께서는 이스라엘 자손이 언제까지 자기를 신뢰하지 않은 채 제멋대로 행동하겠느냐고 지적하셨다. 그들은 인간의 능력이 아니라 여호와 하나님의 크신 권능을 더 믿고 의지해야만 했다. 모세는 하나님의 말씀을 마음속 깊이 새겨 이스라엘 자손들에게 그 모든 것을 전해야 했던 것이다.

그리하여 하나님께서 자신을 멸시하는 백성들을 멸망시키고자 한다는 뜻을 모세에게 전하셨다. 조만간 무서운 전염병을 보내 그들을 쳐서 멸망시켜 버리시겠다는 것이었다. 그리고 '모세'를 통해 그들보다 더 크고 강한 나라를 이루게 하시겠다는 약속을 하셨다(민14:12). 이 내용은 매우 중요한 의미를 지니고 있다.

본문의 내용 가운데는 이백만 명 정도 되는 거대한 이스라엘 민족과 모세 한 사람이 대비되고 있다. 하나님께서 모든 언약의 자손들을 전염병을 통해 멸망시키고 '모세' 한 사람을 그들 전체에 대한 대응 방안으로 삼겠다는 것이었다. 이는 장차 모세와 같은 선지자로 오실 메시아 예언적 성격을 지니고 있다. 신명기와 사도행전에는 그에 연관된 구체적인 내용이 기록되어 있다.

네 하나님 여호와께서 너의 중 네 형제 중에서 나와 같은 선지자 하나를 너를 위하여 일으키시리니 너희는 그를 들을찌니라(신 18:15)
이스라엘 자손을 대하여 하나님이 너희 형제 가운데서 나와 같은 선지자를 세우리라 하던 자가 곧 이 모세라(행 7:37)

하나님께서 세우신 '민족과 나라'을 위해 이 땅에 오실 모세와 같은 선지자는 매우 중요한 성격을 지니고 있다. 장차 그 메시아가 강림하여 온 세상을 심판하여 창세 전에 구원하기로 작정하신 언약의 자손들을 구원하실 것이었기 때문이다. 그 대신 배도에 빠져 하나님을 원망하는 자들을 완전히 멸망시키고 저들을 위해 세우기로 작정하셨던 나라보다 훨씬 크고 강한 나라를 '모세'를 통해 이루시겠다는 것이었다.

물론 이 의미 가운데는 '모세'와 '예수 그리스도'가 밀접하게 연관되어 있음이 분명하다. 결과적으로 볼 때 하나님께서 실제로 이스라엘 모든 백성들을 죽이시고 모세 한 사람만 살려두어 그의 특별한 나라를 세우신 것이 아니었다. 그럼에도 불구하고 그 의미는 언약적으로 드러나게 되어 나중 예수 그리스도 한 사람을 통해 완벽하고 거룩한 하나님 나라를 세우시게 되었던 것이다.

4 여호와를 향한 모세의 간청(민 14:13-19)

진노하신 여호와 하나님의 말씀을 들은 모세가 하나님을 향해 아뢰었다. 하나님께서 애굽 사람들 가운데 거하던 이스라엘 백성을 놀라운 권능으로 인도해 내셨으며 그 후에도 온갖 기적을 베풀고 계신다는 사실을 주변의 많은 이방인들이 들어 알고 있다는 것이었다. 이는 하나님의 무한한 권능이 저들에게도 간접적으로 선포되고 있었음을 말해주고 있다.

모세는 그들이 여호와 하나님께서 이스라엘 백성과 대면하여 보이시며 낮에는 구름기둥, 밤에는 불기둥 가운데 계시면서 그들 앞에서 행하신다는 사실을 알고 있다고 했다. 그와 같은 하나님이 자기가 인도해 낸 이스라엘 자손을 광야에서 한 사람 죽이듯이 온 백성들을 다 죽이게 되면 하나님의 명성을 들은 자들이 엉뚱한 말들을 퍼뜨리게 되리라는 것이다.

즉 이스라엘 민족의 여호와 하나님은 자기가 언약의 백성에게 주기로 맹

2부. 약속의 땅에 대한 기대와 불신

세한 땅에 인도할 능력이 없어서 결국 광야에서 그들을 죽였다는 소문을 낼 것이라고 했다. 이는 부정한 이방인들이 여호와를 욕하는 일이므로 그것을 허용해서는 안 된다는 것이었다. 모세는 하나님을 모르는 이방인들이 그 영광을 더럽히지 않도록 해 달라고 간청했던 것이다.

그러므로 하나님을 향해 이미 말씀하신 대로 이제 큰 권능을 나타내 달라는 간구를 했다. 여호와 하나님께서는 노하기를 더디 하고 크게 인자하시기 때문에 자기 자녀들의 죄악과 과실을 용서해 주시는 분이라고 했다. 한편 배도로 인해 형벌을 받아야 할 자들에 대해서는 결단코 용서를 베풀지 않으신다고 했다.

모세는 또한 하나님이 아비의 죄악을 그 자식에게 갚아 삼사 대까지 이르게 하리라는 사실을 언급하셨다. 이 말은 아비들이 자식들에게 하나님의 율법에 순종하고 그를 섬기는 방법을 올바르게 계승하지 않았기 때문에 발생하는 문제와 연관되어 있다. 이는 그 자식들이 세상의 욕망에 따라 살아가는 그 아비를 보며 그대로 본받게 되리란 사실을 말해주고 있다.

모세는 하나님을 향해 광대하고 인자하신 그의 성품에 따라 이스라엘 자손들의 죄를 용서해달라는 간구를 했다. 애굽에서 그들을 구출해 내실 때부터 이제까지 그 죄악을 용서해 주신 것처럼 지금도 그렇게 해 달라는 것이었다. 이는 그렇게 하심으로써 하나님의 영광에 누(累)가 되지 않게 해달라는 의미를 지니고 있다.

5 하나님의 응답과 공의로운 판단(민 14:20-25)

하나님께서는 모세가 하는 간구를 받아들이셨다. 그가 간절히 구하는 대로 백성의 죄를 용서해 주시리라는 것이었다. 하지만 진실로 하나님의 존재와 그의 영광이 온 세계에 충만할 것으로 맹세하신다고 했다. 또한 그와는 별개로 애굽과 시내 광야에서 행한 하나님의 이적을 보고도 수없이 하나님을 시험하고 그 음성을 들어 청종하지 않는 자들은 약속의 땅에 들여보내지 않으리라고 말씀하셨다.

그들은 하나님께서 저들의 조상들에게 주기로 맹세한 땅을 보지 못할 것이라고 하셨다. 그리고 하나님을 멸시하는 자들은 아무도 그 땅으로 들어가지 못한다는 사실을 언급하셨다. 그것이 공의로운 하나님께서 당시 저들에게 보여주시는 증거이자 실상이었다.

그 대신 하나님의 말씀에 온전히 순종하는 믿음의 사람 갈렙과 여호수아는 하나님을 멸시하는 악한 자들과 달랐다. 그들은 하나님과 그의 뜻을 온전히 따랐으므로 그들이 정탐하며 밟았던 땅으로 인도하여 들이시겠다고 했다. 그리하여 그들과 함께 들어가는 언약의 자손들이 그 땅을 차지하게 되리라는 약속을 하셨다.

하나님께서는 그 말씀과 더불어 백성들을 향해 저들이 머물고 있는 지역에서 다른 곳으로 이동하라는 지시를 내리셨다. 저들 앞의 가나안 지역에는 아말렉 사람들과 가나안 사람들이 골짜기에 거하고 있었다. 따라서 그다음 날 홍해 길로 돌아서 광야로 들어가라고 지시하셨다. 이는 하나님께서 그들에 대한 관심을 버리지 않고 여전히 인도하고 계신다는 사실을 보여주고 있다.

6 진노하신 하나님의 백성들을 향한 경고(민 14:26-35)

여호와 하나님께서 모세와 아론에게 말씀하셨다. 거룩한 하나님이신 자기를 원망하는 배도에 빠진 악한 백성을 언제까지 참고 바라보아야만 하겠느냐는 것이었다. 이스라엘 자손이 자기를 향해 원망하는 소리를 듣고 진노한 상태에서 어떻게 해야 할지 생각해 보라고 말씀하셨던 것이다.

하나님께서는 자신의 삶을 가리켜 맹세하신다고 말씀하시면서 그 백성이 내뱉은 막말을 들은 그대로 저들에게 보응하실 것이라고 했다. 이제 그들의 죽은 시체가 광야에 나뒹굴게 되리라고 하셨다. 이십 세가 넘어 판단력을 갖춘 자로서 계수된 자들 곧 하나님을 적극적으로 원망한 모든 사람이 광야에서 죽게 되리라는 것이었다.

그리고 그들이 가나안 땅에 거하는 족속들에 의해 사로잡히겠다고 말한 어린아이들은 그곳으로 인도하여 들이시겠다고 했다. 그들은 당시 어른들이 들어가기 싫어 두려워하던 땅을 직접 밟고 보게 될 것이지만 하나님의 진노로 말미암아 죽은 어른들의 시체는 광야에 나뒹굴게 될 것이라고 하셨던 것이다. 그 대신 아직 어린 그 자녀들은 패역한 부모의 잘못으로 인해 광야에서 사십 년간 떠돌아다니는 형편에 처하게 되리라고 하셨다.

그들로 하여금 사십 년을 광야에서 유리하도록 하신 것은 정탐꾼들이 사십일을 가나안 땅을 탐지했으므로 하루를 일 년으로 환산한 결과로 인한 것이었다. 그리하여 사십 년간 그 자손들이 조상의 죄악을 짊어지게 될 것이라고 하셨다. 그것을 통해 하나님의 은혜를 입은 백성이 배도함으로 겪게 되는 모든 실상을 깨닫게 되리라고 말씀하셨던 것이다.

하나님께서는 자신이 선포하신 그 일이 자기를 거역하는 악한 백성들에게 반드시 임하게 될 것이라고 하셨다. 그리하여 그들은 약속의 땅 가나안을 눈앞에 두고 죽음을 맞게 될 수밖에 없다. 참 언약의 자손들은 그 모든 과정을 통해 하나님을 멸시하는 자들이 받게 되는 형벌이 얼마나 크고 무서운가를 알게 된다. 우리는 지금도 이스라엘 백성의 광야 사십 년이 하나님으로 말미암은 형벌의 결과란 사실을 기억하며 자신의 삶을 돌아볼 수 있어야 한다.

7 백성을 악하게 선동한 자들에게 임한 하나님의 심판(민 14:36-38)

모세의 보냄을 받은 열두 명의 정탐꾼들은 가나안 온 땅을 돌아다니며 다양한 정보를 수집했다. 그들이 보기에 가나안 땅은 젖과 꿀이 흐르는 아름다운 땅이었다. 언약의 백성들이 머무는 본진으로 귀환한 자들은 그 모든 사실을 모세와 아론에게 공적으로 보고하며 그에 대한 증거로 그 땅에서 난 과일을 증거로 제시하기도 했다(민 13:26-27, 참조).

그런데 그들은 일반 백성들 앞에 그에 대한 사실을 전할 때는 그 땅에 대한 평을 하면서 정반대로 말했다. 그 땅을 좋지 않은 땅으로 혹평했던 것이다(민 14:36). 하나님의 뜻을 멀리하고 자신의 판단을 합리화하며 거짓을 말하는 자들은 그 대상과 장소에 따라 전혀 다른 말을 지어내고 있었다.

그 열 명의 정탐꾼들은 백성들에게 잘못된 여론을 조성하며 모세와 아론을 원망하도록 만들기 위해 수단 방법을 가리지 않았다. 그들은 개인적인 판단으로 강한 대적들이 자리 잡고 있는 그 땅으로 들어가기를 싫어했다. 그곳을 정복하기 위해 감수해야 할 힘든 부담을 덜기 위한 목적 때문이었다.

그리하여 거짓 정보로써 가나안 땅에 관한 악평을 하면서 모세와 아론을 원망하게 했던 자들은 여호와 하나님 앞에서 큰 재앙을 당하게 되었다. 그들은 약속의 땅을 정탐하며 젖과 꿀이 흐르는 그 땅을 밟았으나 하나님의 심판을 받아 광야에서 죽게 되었다. 그것은 하나님을 의지하지 않은 자들이 받은 형벌이었다.

그에 반해 여호수아와 갈렙은 하나님의 심판을 받지 않고 생존하게 되었다. 그들은 여러 정탐꾼들과 함께 동일한 가나안 땅을 탐지하고 와서 그곳이 하나님께서 저들에게 주시고자 약속한 땅이란 사실을 분명히 알고 있었다. 따라서 하나님의 능력을 믿고 전적으로 그를 의지하여 순종하고자 하는 마음을 가지고 있었던 것이다.

8 억지 충성심에 빠진 자들의 자멸(민 14:39-45)

모세가 이스라엘을 심판하시려는 하나님의 뜻과 더불어 모든 관련된 일들을 백성들에게 전했다. 하나님의 진노로 말미암아 장차 전개될 징벌은, 결코 기쁘고 즐거운 마음으로 받아들일 수 없는 괴로운 일이었다. 따라서 백성들은 하나님 앞에서 크게 슬퍼하게 되었다.

그리하여 이스라엘 백성들은 아침 일찍 일어나 산꼭대기로 올라가면서 여호와 하나님께 부르짖었다. 이제 저들이 여호와 하나님께서 원하시는 곳으로 올라가고 있다는 것이었다. 또한 그들은 이제까지 하나님의 요구를 따르지 않은 채 범죄한 사실을 토로했다. 하지만 그것은 거짓 회개로서 하나님의 뜻에 온전히 순종하려는 자세가 아니라 왜곡된 욕망에 근거하고 있었을 따름이다.

우리는 여기서 매우 중요한 사실을 발견하게 된다. 백성들이 '우리가 범죄하였나이다'(민 14:40) 라고 회개한 것은 하나님을 기만하는 것에 지나지 않았다. 설령 종교적으로 진솔한 감정을 동반한다고 할지라도 그 뉘우침은 하나님 앞에서 참된 것이 될 수 없었다. 이에 대해서는 오늘날 우리 역시 깊은 주의를 기울여 생각해 보아야 한다. 하나님의 말씀에 근거한 진정한 회개가 아니라면 그 자체로는 아무런 의미가 없기 때문이다.

그러므로 모세는 저들의 뉘우침을 듣고 어찌하여 또다시 하나님의 명령을 범하느냐며 강하게 질책했다. 그들은 하나님의 말씀에 온전히 순종하고자 하기는커녕 도리어 율법을 벗어난 불순종 행위를 되풀이하고 있었다. 따라서 그들이 다짐하고 행하는 모든 일들이 결코 형통치 못하리라는 말을 했다.

즉 모세는, 그들이 비록 회개하는듯한 말을 했을지라도 저들의 실상을 알고 계시는 하나님께서 그 가운데 계시지 않는다고 했다. 그러니 가나안 땅으로 올라가지 말라는 권고를 했다. 그들이 올라가면 대적들에 의해 패배를 당할 수밖에 없다는 것이었다. 즉 그들은 아말렉과 가나안 사람들의 칼에 의해 패망 당할 것이 분명했다. 하나님께서 배도에 빠진 그 백성을 절대로 도와주지 않을 것이었기 때문이다.

그럼에도 불구하고 헛된 신앙을 앞세운 오만한 자들은 모세의 말을 듣지 않고 가나안 지역의 산악 지대를 향해 올라갔다. 하지만 모세는 하나님의 언약궤와 함께 백성들이 진 친 곳을 떠나지 않고 그대로 머물러 있었다. 결국 하나님의 뜻을 멸시한 채 진격해 들어오는 이스라엘 병사들을 본 아말렉 사람들과 산지에 거하는 가나안 사람들이 내려와 저들을 공격하여 대파한 후 브엘세바와 가사 사이에 위치한 호르마(Hormah)까지 추격하기에 이르렀다.

이스라엘 자손의 정체성

15장

언약의 백성들이 지켜야 할 규례

1 제사의 규례와 언약의 백성들(민 15:1-16)

(1) 가나안 땅에 들어가서 지켜 행해야 할 제사의 기본 규례(민 15:1-10)

여호와 하나님께서 모세를 향해 말씀하셨다. 그것은 이스라엘 자손이 약속의 땅 가나안에 들어가서 지켜야 할 제사 규례에 관한 내용이었다. 그들이 하나님 앞에 화제나 번제나 개인이 특별히 서원한 내용을 갚는 제사나 낙헌제나 각종 정해진 절기에 드리는 제사가 향기롭게 되기 위해서는 반드시 그 규례를 따라야만 했다.

각각의 경우에 따라 하나님께 그 예물을 바치는 자는 고운 밀가루 십 분의 일 에바를 기름 사 분의 일 힌으로 반죽한 곡식 예물을 바쳐야 한다.23 또한 번제를 비롯한 다른 제물을 하나님 앞에 바칠 경우에도 어린 양 한 마리

---

23 여기서 한 에바(epah)는 대략 22리터 정도가 되며 밧(bath)과 체적이 동일한 것으로 본다. 그리고 한 힌(hin)은 6분의 1밧으로 3.67리터 정도로 보는 것이 일반적이다.

와 그 위에 포도주 사 분의 일 힌을 전제로 드려야 한다. 수양일 경우에는 소제로 고운 밀가루 십 분의 이 에바에 기름 삼 분의 일 힌을 섞어 바쳐야 하며 포도주 삼 분의 일 힌을 드려 향기로운 제사가 되도록 해야 한다.

그리고 번제나 하나님 앞에서 행한 개인의 특별한 서원을 갚는 제사나 화목제로 수송아지를 준비해 하나님께 바칠 경우에는 소제로서 십 분의 삼 에바의 고운 밀가루에 반 힌의 기름을 섞어 수송아지와 함께 바쳐야 한다. 또한 전제로 포도주 반 힌을 드려 여호와 하나님 앞에 향기로운 화제로 삼아야 한다.

우리가 여기서 반드시 기억해야 할 바는 하나님 앞에 바쳐야 할 예물의 양이 규례로 정해져 있다는 사실이다. 만일 어떤 사람이 자신의 충성심을 드러내기 위해 더 많은 분량을 하나님 앞에 바친다면 그것은 도리어 하나님을 욕되게 하는 것에 지나지 않으며 또 다른 범죄행위가 될 따름이다. 이는 참된 제사를 위해서는 개인의 판단이나 종교적인 욕망이 아니라 전적으로 하나님께서 요구하시는 규례에 따라야만 한다는 사실을 말해주고 있다.

이에 대해서는 신약시대에도 그 정신이 그대로 적용되어야 한다. 따라서 오늘날 지상 교회에 속한 모든 성도들도 하나님의 뜻을 기억하는 가운데 겸손한 자세로 하나님을 섬겨야 한다. 이는 물론 이기적이거나 가볍고 무성의한 자세를 가지라는 말과 전혀 다르다. 성숙한 성도들은 자신의 신앙적인 욕망이 아니라 항상 하나님의 뜻을 기억하는 가운데 그에 순종해야 하는 것이다.

(2) 언약의 백성들에게 차별 없이 적용되는 법과 규례(민 15:11-16)

중요한 점은, 그들이 하나님 앞에서 수송아지나 수양이나 어린 수양이나 어린 염소를 바칠 경우 위에 언급된 것처럼 모든 율례를 준수해야 한다는 사실이다. 그리고 그때 그들이 바치는 예물의 수효에 따라 전체적인 숫자를

맞추어야 한다. 개인의 욕심에 따라 더 많게 해서도 안 되며 적게 해서도 안
된다.24

　히브리인으로서 유대인 혈통을 가진 자들이 하나님께 향기로운 제물을
드릴 때는 당연히 이 법을 준수해야 한다. 나아가 이방인 출신으로 언약의
공동체 안으로 들어온 모든 백성들도 그와 동일하게 하나님의 모든 규례를
준행해야만 한다. 언약에 속한 백성이라면, 히브리인의 혈통을 가진 자들이
든지 그렇지 않은 이방인 출신이든지 동일하게 그 규례를 영원한 법으로 삼
아야 하는 것이다.

　이 말씀 가운데는 아브라함의 피를 이어받은 것 자체가 중요한 것이 아
니란 사실이 선포되고 있다. 히브리인의 혈통을 지니고 있든지 그렇지 않든
지 그것 자체가 중요한 의미를 가지지 않는다는 것이다. 따라서 하나님의 언
약 가운데 존재하는 자들이라면 히브리인의 혈통을 가졌든지 이방인의 혈통
을 가졌든지 모두가 차별 없이 동일한 한 법도, 한 규례를 가지게 된다. 이는
장차 오실 예수 그리스도로 인해 선포될 만민을 향한 복음의 개방성에 연관
된 예언적 성격을 지니고 있다.

2 가나안 땅에서 공급되는 양식과 거제(민 15:17-21)

　여호와 하나님께서는 또다시 모세를 향해 이스라엘 백성들에게 자신의
뜻을 전하도록 지시하셨다. 하나님은 그들을 반드시 약속의 땅 가나안으로
인도해 들이시게 된다. 그때 가나안 땅에 들어가는 자들이 반드시 지켜 행해
야 할 규례가 있다.

　그것은 그 땅에서 생산된 양식을 먹는 일과 연관되어 있었다. 이스라엘

24　당시에도 하나님의 율법에 귀를 기울이지 않는 어리석은 자들 가운데는 더 많은 수의 동물을
　　바치는 것이 마치 좋은 신앙이라도 되는 양 착각하는 자들이 있었을 것이다.

백성이 요단강을 건너 가나안 땅에 들어가서도 처음 짧은 기간 동안에는 하늘에서 내리는 만나를 먹었다. 하지만 얼마 지나지 않아 그 하늘의 음식은 끊어지게 되었다. 여호수아서에는 그에 관한 구체적인 내용이 기록으로 남아있다.

> 이스라엘 자손들이 길갈에 진 쳤고 그 달 십 사일 저녁에는 '여리고 평지에서 유월절을 지켰고 유월절 이튿날에 그 땅 소산을 먹되 그 날에 무교병과 볶은 곡식을 먹었더니 그 땅 소산을 먹은 다음 날에 만나가 그쳤으니 이스라엘 사람들이 다시는 만나를 얻지 못하였고 그 해에 가나안 땅의 열매를 먹었더라
> (수 5:10-12)

이스라엘 백성이 가나안 땅에 들어간 후 처음 유월절이 지난 후 그곳에서 생산된 일반 양식을 먹게 되었다. 그와 더불어 그 이튿날부터 하늘에서 내리던 만나가 그치게 되었다. 그때부터 언약의 백성은 더 이상 만나를 공급받지 못했으며 가나안에서 나는 땅의 소산물을 먹으며 살아갔다.

모세가 민수기에서 말씀을 전할 당시에는 아직 이와 같은 일이 발생하지 않은 시점이었다. 하지만 장차 그렇게 될 날이 온다는 사실을 선언적으로 예언하고 있다. 시내반도 광야에서 만나를 먹고 살아가던 자들은 이 세상에 살아가는 동안 영원토록 하늘에서 내려오는 만나를 먹게 되리라는 막연한 생각을 했을 수도 있다.

그런 상황에서 모세는 이스라엘 백성이 약속의 땅 가나안에 들어가면 만나가 그칠 것이며 그 땅의 양식을 먹게 된다는 사실을 분명히 언급했다. 그리하여 그들이 그 땅에서 나는 소산물을 먹을 때 반드시 처음 익은 곡식 가루를 음식 곧 떡으로 만들어 여호와 하나님께 거제로 바쳐야 한다는 것이었다.

약속의 땅에 들어간 언약의 백성들은 타작마당에서 곡식을 떤 후 그것을 하나님 앞에 높이 들어 거제를 드리듯이 그와 같이 행해야만 했다. 이는 가나안 땅에 들어간 후 처음 한 번만 행할 것이 아니라 자손 대대로 그렇게 해야 한다. 처음 익은 곡식 가루를 떡으로 만들어 여호와 하나님께 거제로 바침으로써 저들이 먹는 음식이 하나님으로 말미암은 것이란 사실을 깨달아야 했던 것이다.

이에 대해서는 오늘날 우리 역시 동일한 정신을 소유하고 있어야 한다. 이스라엘 자손이 가나안 땅에서 먹게 되는 그 음식은 시내 광야에서 허락된 만나의 연장선에 놓여있었다. 즉 하늘로부터 만나를 내려 주신 하나님께서 땅으로부터 식량을 공급하셨다. 그 음식은 전적인 하나님의 은혜로 말미암은 것이었다.

나아가 우리가 날마다 먹는 음식 또한 그와 연관되어 있음을 잊어서는 안 된다. 언약의 백성들이 시내 광야에서 공급받았던 만나의 연장선에서 그 후손이 가나안 땅의 소산인 음식을 먹었던 것처럼 오늘날 우리 역시 그 연장선에서 하나님께서 은혜로 허락하신 음식을 먹고 살아가고 있다. 우리는 날마다 먹는 음식이 하나님께서 공급하신 것으로서 시내 광야의 만나와 연장선상에 존재한다는 사실을 기억해야 한다.

3 부지중에 저지른 회중의 죄와 개인의 죄(민 15:22-31)

(1) 부지중에 범죄한 회중에 대한 용서의 조건(민 15:22-26)

이 세상에 살아가는 인간들은 나약하기 그지없다. 하나님께 속한 언약의 백성들 또한 회중의 공동체로서 하나님으로부터 맡겨진 소임을 다하지 못한다. 그리하여 하나님 앞에서 범죄하게 되고 모세가 계시받아 전한 율법을 온전히 지키지 못하는 경우가 허다하다. 그렇다고 해서 그들이 범한 죄가 세월이 흐르면 자연히 소멸되는 것이 아니다. 그에 대해서는 반드시 율례에 따른 절차를 거쳐 해결해야만 한다.

즉 그 죄의 실상을 여호와 하나님 앞에 내어놓고 하나님으로부터 용서를 받아야 한다. 그래서 하나님께서는 모세를 통해, 백성들이 거룩한 율법을 지키지 못하고 그 자손들과 온 회중이 범죄에 대한 구체적인 의도 없이 부지중에 저지른 죄에 대해서도 하나님께 용서를 구하고 그 문제를 해결해야 한다는 말씀을 하셨다.

온 백성이 집단으로 하나님 앞에서 범죄를 저질렀을 경우에는 온 회중이 수송아지 한 마리를 여호와 하나님께 향기로운 화제를 드려야 한다. 그리고 규례에 따라 소제와 전제를 드리고 숫염소 한 마리를 속죄제로 드리도록 요구하셨다. 그것은 반드시 제사장을 통해 진행되어야 할 일이었다.

그러므로 제사장이 율례에 따른 제사와 더불어 이스라엘 자손의 온 회중을 위해 속죄하면 그들의 죄가 용서받게 된다. 우리가 여기서 기억해야 할 바는 제사장에게 백성의 죄를 용서할 수 있는 권한이 주어져 있다는 사실이다. 이는 물론 나중 이 세상에 오셔서 완벽한 대제사장이 되실 예수 그리스도에 대한 예표적 성격을 지니고 있다.

백성이 범죄를 획책하지 않고 죄악을 행하고자 하는 의도 없이 부지중에 저지른 죄로 말미암아 하나님 앞에 적법한 예물을 가져와 화제와 속죄제를 드리게 될 때 그것이 곧 용서의 근거가 되었다. 이에 대해서는 모든 언약의 자손들이 감당해야 할 책무였다. 히브리인 혈통을 지닌 백성이든 이방인 출신으로 언약공동체에 속하게 된 사람이든 모두가 부지중에 저지른 저들의 죄를 용서받아야 했던 것이다.

우리는 이에 대해 매우 중요한 사실을 깨달아야 한다. 의도하고 지은 범죄가 아니라 부지중에 실수로 저지른 죄라고 해서 결코 더 가볍지 않다. 어리석은 자들은 자기가 하나님 앞에서 무서운 죄를 지어놓고도 그것이 죄라는 사실을 전혀 감지하지 못한다. 그들은 오히려 그것이 마치 자기의 의로운 행동인 양 앞세우기를 좋아한다.

이는 하나님 앞에서 모든 인간들이 죄인이라는 사실을 명확하게 일깨워 주고 있다. 자기는 결코 죄를 지은 것이 없다는 확신을 하고 있으나 실상은 죄에 빠져 있는 경우가 허다하기 때문이다. 죄인인가 아닌가 하는 것은 개인 스스로 완전한 판단을 내리지 못한다. 이에 대한 모든 것은 장차 대제사장이신 예수 그리스도께서 오심으로 해결된다.

(2) 개인의 범죄에 대한 용서의 조건(민 15:27-31)

만일 어떤 한 개인이 의도하지 않은 실수로 부지중에 범죄를 저질렀다고 해도 그에게 아무런 책임이 없는 것이 아니다. 그는 반드시 그에 대한 책임을 져야만 한다. 따라서 하나님으로부터 용서를 받아야 한다. 그것을 위해 당사자는 암 염소를 하나님 앞에 바치며 속죄제를 지내야 하는 것이다.

그것은 개인적인 판단에 따른 종교적인 신앙 행위로써 스스로 그렇게 하지 못한다. 부지중에 행한 그의 잘못을 반드시 제사장이 하나님 앞에 내어놓고 그 저지른 모든 죄악을 속죄해야 한다. 그렇게 함으로써 저의 죄가 사면되고 그 사람은 자신의 범죄행위를 하나님으로부터 용서받게 된다.

이에 대하여는 모든 언약의 백성들이 동일한 적용을 받는다. 즉 그 문제에 연관해서는 이스라엘 자손으로서 혈통적 유대인이든지 언약공동체 안으로 들어온 이방인 출신이든지 아무런 차별 없이 균등하다. 하나님 앞에서는 인간들의 혈통적 신분 자체가 중요한 것이 아니라 하나님의 언약이 중요하기 때문이다.

그러므로 누구든지 잘못된 행위인 줄 알면서 고의로 무슨 죄악을 범하는 것은 여호와 하나님의 율법을 거부하고 그의 일을 훼방하는 것과 같다. 그런 행위를 하는 자는 언약의 백성으로부터 끊어질 수밖에 없다. 즉 그와 같은 죄를 저지른 자들은 하나님과 그의 말씀을 멸시하고 그의 명령을 파괴하기 때문이다. 따라서 고의로 죄악을 저지른 자들은 결국 그 자신에게 돌아가 언약으로부터 완전히 끊어지게 된다.

4 안식일의 중요성(민 15:32-36)

이스라엘 민족에게 있어서 안식일은 매우 중요한 의미를 지닌다. 그들의 모든 삶의 중심에는 거룩한 안식일이 존재한다고 해도 과언이 아니다. 그 특별한 날은 하나님과 언약의 백성 사이에 중간 역할을 하는 소중한 성격을 지니고 있기 때문이다. 따라서 하나님께 속한 자들은 안식일을 온전히 지켜야만 한다.

그런데 그에 대한 깨달음과 이해가 없는 자들은 규례에 따라 안식일을 지키지 않고 임의로 그 날을 범하는 경우가 많다. 안식일에는 인간이 노동을 하거나 열심히 무엇을 해서 살아가는 것이 아니라 전적인 하나님의 은혜로 말미암아 살아간다는 사실을 선포하며 그 실상을 드러내게 된다. 그에 관한 올바른 언약적 의미를 받아들이는 것은 매우 중요하다.

그런데 이스라엘 자손이 광야에 거할 때 어느 안식일 날 한 사람이 산에서 나무를 하게 되었는데 그것은 하나님의 계명을 어기는 저항 행위와 같았다. 절대로 하지 말아야 할 그의 행동이 다른 사람들에 의해 발각되었다. 그것은 개인의 행위이기도 하지만 전체 백성들에게 나쁜 영향을 끼치는 성격을 지니고 있었다.

그러므로 그 모든 광경을 목격한 자들이 안식일을 범한 당사자를 모세와 아론과 온 회중 앞으로 끌고 왔다. 하지만 모세는 그가 안식일을 범한 것이 분명한 죄이기는 하나 어느 정도의 형벌을 저에게 가해야 할지 막막한 형편에 놓이게 되었다. 그리하여 잠시동안 그를 따로 가두어 두게 되었다.

그때 여호와 하나님께서 모세에게 말씀하셨다. 안식일을 범한 그 사람을 반드시 돌로 쳐 죽이되 온 회중이 진밖에서 그를 치라는 명을 내리셨다. 안식일을 범하는 것은 일반적인 범죄와 달리 하나님께 직접 범죄하는 구체적인 악행이었기 때문이다. 그리하여 하나님께서 모세에게 명하신 대로 온 회중이 그를 진 밖으로 끌어내 돌로 쳐 죽였다. 그것은 공개 처형으로서 많은 백성들에게 강한 경고의 메시지를 주는 성격을 지니고 있었다.

하나님의 명령에 의해 사형을 당한 그 당사자는 안식일에 대한 규례를 어긴 채 나무를 베며 자신의 목적을 이루어 가고자 했었다. 즉 그는 자신의 더 나은 생활을 위해 그렇게 했던 것이 분명하다. 하지만 하나님의 율법을 멸시하고 하나님을 두려워하지 않고 안식일을 범하면서 개인의 사욕을 추구하고자 했던 그 당사자는 자기의 의도와는 달리 정반대의 처지에 놓여 생명까지 잃게 되었던 것이다.

그런데 안식일을 범한 그 문제는 개인적인 문제로 끝나는 것이 아니라 그의 가정의 문제가 되었다. 그 당사자가 하나님의 율법을 거슬러서 죽게 되므로 그의 가족들 역시 엄청난 고통을 당해야만 했다. 어쩌면 그는 자기뿐 아니라 가족을 위해 안식일 날 노동했을지도 모르지만, 그로 인한 결과는 그와 정반대로 나타났다.

이에 대해서는 오늘날 우리 역시 주의 깊게 받아들여야 한다. 개인의 욕망에 따라 하나님의 말씀을 직접적으로 거스르는 행위는 개인의 징계에 머물지 않는다. 하나님의 말씀을 무시하는 그와 같은 행위는 자기 자신뿐 아니라, 온 가족에게 치명적인 손상을 끼칠 수 있다는 사실을 기억해야만 하는 것이다.

5 가시적인 표지와 순종을 통해 유지되어야 할 거룩한 백성(민 15:37-41)

하나님께서는 그 일이 있고 난 뒤 모세에게 특별한 지시를 내리셨다. 그것은 안식일 준수와 연관되어 있었다. 즉 안식일이 계명의 중심에 자리 잡고 있었던 것이다. 하나님께서는 먼저 이스라엘 자손에게 명하여 그들 대대로 옷자락 끝에 술을 만들고 그 끝에 청색 끈을 달게 하라는 명을 내리셨다. 사람들이 옷자락의 술을 보고 여호와 하나님의 모든 계명을 기억하고 준행하도록 하기 위해서였다.

가시적인 그 방편을 통해, 더러운 방종으로 흐르기 쉬운 백성들의 마음을 다스리고, 눈앞에 놓인 욕망을 추구하는 일을 방지하고자 했다. 따라서 옷자락 끝에 달린 술과 청색 끈은 이스라엘 백성에게 매우 중요한 역할을 하게 되었다. 사람들은 그것을 볼 때마다 오래전 안식일을 범하게 되어 죽음에 처해진 그 사람을 머리에 떠올렸을 것이다. 따라서 옷자락 끝에 달린 술과 청색 끈은 이스라엘 자손에게 상시적으로 중요한 경계와 경고의 메시지를 주었을 것이 분명하다.

하나님께서는 그것을 통해 백성들이 자기의 모든 계명을 기억하고 준행하기를 원하셨다. 그리하면 그들이 여호와 하나님 앞에서 거룩하게 될 것이었기 때문이다. 언약의 백성들이 그와 같은 상태를 유지하는 것은 매우 중요한 의미를 지니고 있었다. 그것을 위해 하나님께서는 백성들이 항상 눈으로 확인할 수 있는 옷자락에 술과 청색 끈을 달도록 하셨으며 그것을 통해 그들을 지도하시고자 했다.

여호와 하나님은 '언약 자손들의 하나님'이 되시고자 이스라엘 자손을 애굽 땅에서 이끌어 내셨다. 그로 말미암아 여호와께서 언약의 하나님이라는 사실을 선포하셨다. 따라서 백성들은 거룩한 하나님과 같이 거룩함을 유지해야만 했다. 그 거룩함은 윤리적인 행동에 의해 이루어지는 것이 아니라 하나님의 계명에 온전히 순종함으로써 그렇게 된다. 그것은 전적으로 하나님의 규례에 따른 것이었다.

16장

레위 자손들의 모세를 향한 저항과 징벌

1 모세와 아론에 대한 레위 자손들의 모함과 반란(민 16:1-3)

하나님의 자녀들은 언약공동체 안에서 하나님을 경외하며 경배하는 자세로 이웃 성도들과 함께 살아간다. 이 세상의 여정 가운데 힘들고 고통스러운 일이 발생하면 모두가 함께 그 짐을 나누어지며 천상에 소망을 두고 살아간다. 또한 기쁘고 즐거운 일과 감사한 일이 있을 때 그 모든 일에 자기 일처럼 받아들이며 삶을 나누게 된다.

그에 반해 하나님을 입술에 떠올리기를 습관처럼 하지만 사악한 자들의 실상은 전혀 그렇지 않다. 그들은 제각기 주관적인 차원에서 공평과 정의를 앞세워 자기의 종교적인 욕망을 추구하며 당을 짓기를 좋아한다. 하나님을 진정으로 경외하지 않은 채 종교에 익숙하게 된 자들은 배도자의 본성을 드러내는 것이다.

이스라엘 백성이 광야에 머물고 있을 때도 그와 같은 일이 발생했다. 개인의 욕망과 목적을 추구하는 사악한 자들은 하나님의 율법을 떠나 인간적인 논리를 내세워 파당을 짓기 좋아했다. 당시 레위 지파 지도자 가운데 한 사람으로서 영향력을 가진 고라와 르우벤 지파에 속한 다단과 아비람과 온이 함께 모의하여 당을 만들었다. 그들은 하나님의 말씀과 율법을 따랐던 것이 아니라 하나님을 욕되게 하는 배도 행위를 하게 되었다.

그들은 많은 사람들에게 거짓 선전을 하며 모세와 아론을 비난하며 비방을 이어갔다. 그들이 주축이 되어 이스라엘 여러 지파에 속한 지도자 이백오십 명을 회유하여 끌어모았다. 그들은 이스라엘 총회 가운데 상당한 힘을 가진 자들로서 많은 사람들에게 알려진 인물들이었다. 그 사람들이 모여 인위적인 세력을 구축하여 모세에게 저항하고자 했다. 이는 그들이 하나님의 뜻을 따르기를 거부하면서 종교 정치적인 야합과 욕망을 추구하며 모세에게 반기를 들고자 했던 것이다.

이스라엘의 중요한 직임을 맡은 자들로서 배도에 빠진 자들이 도리어 정의를 추구하는 양 위장한 채 모세를 거스르고 그에 대항하게 되었다. 그들이 함께 모여 의기양양(意氣揚揚)한 태도로 모세와 아론 앞으로 나아갔다. 그리고는 그 두 사람을 향해 강하게 항의하며 저들의 주장을 펼쳤다. 여호와는 온 회중 가운데 거하고 계시며 그 백성은 다 거룩한 자들인데, 왜 모세와 아론이 마치 이스라엘의 회중 위에 군림하며 특별한 기득권을 가진 양 행세하느냐는 것이었다.

그들은 모세와 아론에게 모든 언약의 자손들은 하나님 앞에서 평등하니 차별화된 그와 같은 처신을 중단해 달라는 항의를 했다. 특히 레위 지파에 속한 고라 자손들은 스스로 높은 지위를 취하고자 하는 마음이 컸기 때문에 그런 주장을 펼치고 있었다. 그들은 하나님의 말씀에 순종하는 것이 아닐뿐더러 백성들의 대표가 아니면서 마치 위임받은 대표라도 되는 듯 행세하며 이스라엘 온 백성을 혼란에 빠뜨리고 있었던 것이다.

2 고라와 다단과 아비람을 향한 모세의 질책(민 16:4-14)

(1) 고라와 그에 속한 무리(민 16:4-11)

하나님에 대한 사악한 배도자들이자 순진한 백성들을 혼란스럽게 만드는 자들이 도리어 정의의 사자(使者) 행세를 하며 항의하는 말을 들은 모세는 어처구니없었을 것이 분명하다. 그는 고개를 아래로 숙인 채 저들의 주장을 가만히 듣고 있었다. 그들의 말이 끝나자 모세가 고라와 그 함께한 모든 무리를 향해 말했다.

그는 저들에게 하나님의 뜻이 과연 어떤지 물어보자고 했다. 모세는 자기가 배도자들에게 무슨 말을 한다고 해도 그것이 통하지 않을 것이란 사실을 잘 알고 있었다. 그렇다고 해서 저들의 주장을 듣고 그대로 받아들일 수는 없었다. 당시 그들은 모세와 아론에게 반기를 듦으로써 율법을 능멸한 채 여호와 하나님께 저항하고 있었기 때문이다.

그러므로 모세는 그들이 주장하는 내용이 과연 하나님의 뜻인지 아닌지 구체적인 방법을 통해 답변을 들어보자는 제안을 했다. 그래서 그다음 날 아침에 여호와 하나님께서 과연 고라와 그 파당에 속한 자들의 편에 서시게 될지 아니면 모세 자신과 아론의 편에 서시게 될지 확인해 보자는 것이었다. 하나님께서 친히 양편 가운데 자기에게 속한 택하신 자를 자기 가까이 나아오게 하시리라고 말했다.

그것을 위해 모세는 고라를 따르는 자들을 향해 말했다. 그 이튿날 저들의 온 무리가 향로를 준비해 자기 앞으로 가지고 나아오라는 것이었다. 그들이 여호와 하나님 앞에서 각기 자기가 가져온 향로에 불을 담고 그 위에 향을 올려놓으라고 했다. 그 말 가운데는 모세와 아론도 그렇게 하겠다는 의미가 내포되어 있었다.

그렇게 한 결과 하나님께서 택하신 자가 확인되어 드러나면 그들은 거룩하게 되리라고 했다. 이는 동일한 향로에 불을 담고 동일한 향을 피울지라도 하나님께서 기쁘게 받으시는 향이 있는가 하면 하나님을 욕되게 하여 그를 진노케 하는 향이 있음을 시사하고 있다. 이는 언약을 앞세우는 자들의 외형적 행위가 동일하게 보일지라도 그 실상은 전혀 다르다는 의미를 지니고 있다.

이에 대해서는 신약시대에도 동일하게 나타나는 양상이다. 오늘날 우리 시대에 많은 사람들이 하나님의 이름을 열심히 부르면서 찬송하고 기도할지라도 그 가운데는 하나님께서 거룩하게 여겨 기쁨으로 받으시는 경우가 있는가 하면 그것이 도리어 하나님을 욕되게 하는 경우가 있음을 생각하게 된다. 그리하여 하나님의 성도들은 올바른 신앙 가운데 하나님을 진정으로 예배해야 하는 것이다.

모세는 전날 말한 대로 그 이튿날 아침 향로를 가지고 나아왔다. 그리고 여호와 하나님 앞에 향을 피워 하나님의 뜻을 알아보자고 말하면서 그들을 향해 강하게 질책하는 말을 쏟아내게 되었다. 레위 자손들이 하나님의 율례를 벗어나 분수에 지나친 태도로 오만한 행동을 취하고 있다는 것이었다. 여기서는 특히 르우벤 지파가 아니라 레위 지파에 속한 자들을 집중적으로 책망했다.

그러므로 모세는 고라를 향해 레위 자손들로 하여금 자기 말을 듣게 하라는 요구를 했다. 이스라엘의 하나님께서 이스라엘 열두 지파 가운데 특별히 레위 지파를 구별하여 자기 가까이 나아와 성막에서 봉사하도록 허락하신 것이 얼마나 크고 중한 일인지 아느냐는 것이었다. 나아가 이스라엘 모든 회중을 대표하여 그들을 대신하여 섬기는 일을 레위 자손들에게 맡기신 것이 작은 일이냐고 반문했다.

하나님께서 레위 자손에게 그 중요한 직무를 허락하신 것은 결코 작은 일이 아닌데 그보다 큰 욕심을 부리느냐고 말했다. 또한 레위 지파에게 맡겨진 성막 봉사일 뿐 아니라 이제는 제사장들에게 맡겨진 제사의 직무를 쟁탈하고자 저항하느냐는 것이었다. 이는 그들이 하나님께서 질서 가운데 허락하신 직책과 직분을 인간들의 종교적인 욕망을 위한 도구로 삼고자 했기 때문이다.

이처럼 배도에 빠진 레위인들은 자신의 종교적인 욕망을 추구하기 위해 제사장 직분을 침탈하고자 했다. 그것을 위해 백성들을 끌어모아 파당을 만들고 그에 동조하는 자들이 함께 세력을 구축한 채 여호와 하나님의 뜻과 질서에 대한 거역을 감행하게 되었다. 모세는 그에 관한 사실을 언급하며, 아론이 하나님으로부터 특별히 선택받아 제사장 직분을 감당하는 인물인데 어찌 감히 하나님이 세우신 그를 비판하며 원망하느냐는 것이었다.

이에 대해서는 구약시대뿐 아니라 신약시대 교회에서도 주의 깊게 생각해 보아야 할 문제이다. 원리적으로 건전한 교회에서 세워진 직분자들은 하나님의 회중인 교회 가운데서 공적으로 세워진다. 즉 직분은 개인이 탐하거나 쟁취하는 성질의 것이 아니다. 하나님께서 세우신 직분자들이라면 모든 성도들은 그 직분 사역을 존중해야 한다. 본질에서 벗어나 직분자들에게 저항하는 태도는 하나님을 분노케 하는 사악한 행동이 될 수 있는 것이다.

(2) 다단과 아비람에 속한 무리(민 16:12-14)

모세가 이번에는 르우벤 지파에 속한 다단과 아비람을 불러오도록 사람을 보냈다. 그들은 레위 지파가 아니었으나 혈통적으로 이스라엘 열두 지파의 장자였다. 그의 사악한 간음 행위로 인해 장자권을 박탈당한 후 그 장자의 지위가 요셉에게 넘어갔으나 혈통적으로는 여전히 장자였음이 분명하다.

배도에 빠진 자들에게는 언약적 의미상 장자라고 부르는 것이 별 의미가 없었다. 오히려 원래의 지위를 상실했음에도 불구하고 그들은 여전히 르우벤을 그에 준하는 예우를 했을 수 있다. 그리하여 모세와 아론에게 반기를 들고 하나님께 저항하는 일을 위해 르우벤 지파 지도자들이 크게 한몫한 것으로 보인다.

그래서 모세는 르우벤 지파에 속한 다단과 아비람을 불러오라고 했지만, 그들은 모세의 말을 듣지 않고 거부했다. 그들은 오히려 모세에게 강력하게 반항하는 모습을 보였다. 그들은 모세를 이스라엘 민족을 심한 고통에 빠뜨린 장본인으로 간주하여 원망하는 말을 쏟아냈다.

그들은 모세를 향해 이스라엘 백성을 '젖과 꿀이 흐르는 땅'(a land flowing with milk and honey)에서 사막으로 이끌어내 그곳에서 저들을 죽게 만들었다고 했다(민 16:13). 우리가 여기서 기억해야 할 바는 본문에 언급된 '젖과 꿀이 흐르는 땅'이란 약속의 땅 가나안이 아니라 애굽 땅이었다는 사실이다. 그들은 하나님의 언약을 멸시한 채, 과거 노예 생활을 하던 신분으로 지낼 때 경험한 애굽의 비옥한 땅이 지금보다 훨씬 더 좋다는 판단을 내리고 있었던 것이다.

그들에게는 하나님의 언약 따위는 안중에도 없는 관심 밖의 영역이었다. 저들에게 중요한 것은 맛난 음식을 배불리 먹고 만족스럽게 살아가는 것이었을 따름이다. 하나님께서 약속하신 언약의 땅 곧 하나님으로 말미암아 '젖과 꿀이 흐르는 가나안 땅'이 아니라 저들의 배를 풍족하게 채워주는 땅을 간절히 기대하고 있었다.

그런데 이제 그들에게는 약속의 땅 가나안에 들어가는 것조차 힘들게 되어버렸다. 앞에서 언급된 것처럼 장차 사십 년 동안이나 광야에서 떠돌이 생활을 해야만 하는 참담한 형편에 놓이게 되었다. 저들에게는 이제 죽을 때까지 아무런 재미없는 무미건조(無味乾燥)한 삶을 살아야 한다는 절망감이 가득 찼을 것이 분명하다.

따라서 그들은 저들의 모든 서글픈 환경이 모세의 잘못된 판단과 행동 때문에 발생한 것으로 간주하게 되었다. 그들의 눈에는 모세가 그동안 여러 지파의 지도자들과 의논해서 합의를 통해 무언가를 행한 것이 아니라 모든 것을 독단적으로 처리한 것으로 비쳐졌다. 모세는 당연히 하나님의 절대적인 명령에 순종했을 따름인데 배도에 빠진 자들에게는 그에게 명령하시는 하나님은 보이지 않고 독재자 모세만 보였던 것이다.

그러므로 그들은 모세를 향해 이스라엘 자손들을 광야로 끌어내 비참하게 죽게 만들면서 스스로 백성들 위에 왕처럼 군림하려느냐고 말했다. 만일 모세가 백성들을 위한다면 젖과 꿀이 흐르는 약속의 땅 가나안으로 인도하는 것이 당연한 것이라고 했다. 그런데 모세는 그렇게 하지 않았으며 가나안 땅에 있는 밭과 포도를 비롯한 과일을 재배하는 과수원을 유산으로 물려주지도 않았다는 것이다.

배도에 빠진 자들은 하나님의 말씀을 뒤로 한 채 모세에게 강력하게 반항했다. 그러니 이제 모든 백성의 눈을 멀게 하여 장님으로 만들 심산이냐고 따져 물었다. 그러면서 이제부터 그들은 모세를 따라가지 않겠다는 선언을 했다. 지금까지 열심을 다해 그를 따라다녔으나 결국은 아무것도 얻은 것이 없는 비참한 처지에 놓이게 되었을 따름이라는 식으로 반응했던 것이다.

3 하나님의 판단을 기다리는 양측 사람들(민 16:15-19)

악한 배도자들의 말을 들은 모세는 크게 분노했다. 그는 자기를 무고히 비판하는 데 대한 분노보다 여호와 하나님을 능멸하는 자들을 그냥 바라만 보고 있을 수만은 없었다. 따라서 순진한 하나님의 백성들을 미혹하며 엄청난 혼란을 일으키는 사악한 자들에게 하나님의 무서운 심판이 임하기를 바랐다.

그러므로 그는 분노로 들끓는 마음으로 하나님을 향해 간구했다. 그 악한 자들이 바치는 예물을 거들떠보지도 말아 달라는 것이었다. 그들은 거짓을 말하면서 하나님 앞에서는 마치 충성을 다하는 것처럼 보이는 파렴치한 자들이었기 때문이다.

모세는 그 악한 자들이 자기에 관해 말하는 모든 것은 거짓말에 지나지 않는다고 했다. 그는 저들로부터 나귀 한 마리도 취한 적이 없으며 단 한 사람도 해친 적이 없다는 말을 했다. 이는 그들이 모세가 왕이 되려고 하며 자기 마음대로 모든 것을 행하는 자로 매도했던 사실에 연관되는 것으로 보인다.

그러므로 모세는 고라를 향해 말했다. 그와 그를 따르는 모든 무리가 그 이튿날 아론과 함께 여호와 하나님 앞으로 나아오도록 했다. 이백 오십 명이 되는 그들은 각기 향로 하나씩을 가지고 와서 그 위에 향을 피우라는 것이었다. 그들은 모세의 말대로 실행하여 그다음 날 아침 향로를 취하여 불을 담고 그 위에 향을 올려둔 채 모세와 아론과 더불어 회막문 앞에 서게 되었다.

고라는 자기를 따르는 자들을 회막문 앞으로 불러 모았다. 그들의 관심은 하나님을 경배하는 것에 있었던 것이 아니라 모세와 아론을 대적하여 그들의 자리를 취하는 것이었다. 따라서 그들은 힘을 합쳐 그 두 사람을 대적하려고 했다. 그때 여호와 하나님의 영광이 온 회중에게 나타나게 되었다.

하나님의 놀라운 영광으로 인해, 고라를 따르는 악한 무리는 감히 모세와 아론에게 아무런 대적을 할 수 없었다. 이를 통해 모세와 아론조차도 자신의 능력과 힘이 아니라 하나님의 도우심이 저들을 지키신다는 사실을 분명히 알게 된다. 우리는 이에 연관된 문제가 지상에 존재하는 모든 하나님의 참된 사역자들에게 동일하게 적용된다는 사실을 기억해야 한다.

4 하나님의 경고와 특별한 심판(민 16:20-35)

(1) 하나님의 경고(민 16:20-27)

모세의 말을 듣고 영광 중에 나타나 모세와 아론을 지켜 보호해 주신 여호와 하나님께서 그들에게 명령하셨다. 저들로 하여금 배도의 무리인 그 회중으로부터 떠나라는 것이었다. 모세와 아론이 그곳을 떠나게 되면 하나님께서 그 악한 자들을 순식간에 심판하여 멸망시킬 것이었기 때문이다.

하나님의 말씀을 들은 모세와 아론은 그 의미를 깨닫고 하나님 앞에 엎드려 간청했다. 그들은 모든 사람들의 생명이 하나님께 속해 있음을 잘 알고 있었다. 그에 관한 사실을 언급하며 한 사람의 범죄로 말미암아 온 회중이 하나님의 무서운 진노를 당하는 것을 멈추어 달라는 것이었다.

모세의 간청을 들은 하나님께서는 그의 진심을 알고 받아들여 주셨다. 그리하여 저들로 하여금 고라와 다단과 아비람의 장막 사면으로부터 떠나라고 말씀하셨다. 이는 온 회중을 죽이지 않고 그것을 처음에 주도한 자들을 심판하시겠다는 의미를 지니고 있었다.

하나님의 말씀을 들은 모세는 자리에서 일어나 다단과 아비람이 있는 곳으로 갔다. 그것은 다른 사람들을 보호하기 위한 목적 때문이었다. 모세와 아론이 움직이자 그들과 함께 있던 장로들도 그 뒤를 따랐다. 모세가 회중을 향해 선포하기를 모세와 아론에게 저항하던 자들로 하여금 그 악한 자들의 장막에서 떠나라고 말했다. 나아가 그들의 물건을 만지지도 말라는 당부를 했다.

사악한 계획을 세우고 실행을 획책한 악한 자들과 함께 하나님 앞에서 멸망할까 두려워하라는 경고의 메시지를 주었다. 모세의 말을 들은 자들은 고라와 다단과 아비람의 장막이 있는 사면으로부터 떠나갔다. 하지만 다단과 아비람은 그 처와 자식들과 어린 유아들까지 함께 나아와 자기 장막에

서게 되었다. 이는 그들이 여전히 하나님을 거역하는 자리에 서 있음을 보여주고 있다.

(2) 악인들을 삼켜버린 입 벌린 땅(민 16:28-35)

악한 배도자들의 말에 충격을 받았을 법한 모세가 이제 하나님에 의한 자신의 심경을 밝히고 있다. 모세는 자기 스스로 모든 것을 임의로 계획하고 실행한 것이 아니라 오직 하나님의 인도하심에 따랐을 뿐이라고 말했다. 하나님께서 자기를 보내 그 모든 일을 행하게 하셨다는 것이었다. 이제 하나님께서 친히 행하시는 놀라운 일을 보면 그 모든 실상을 깨달아 알게 되리라고 했다.

이제 하나님의 심판에 의해 죽게 될 자들의 죽음이 다른 보통 사람들과 같고 그들이 받는 징벌이 다른 사람들과 동일하다면 여호와께서 자기를 보내신 것이 아니라 생각해도 좋다는 점을 말했다. 하지만 만일 여호와께서 일반적인 경우와 다른 특이한 기적으로 그들을 심판하신다면 그것이 하나님께서 자기를 보내신 징표가 된다는 것이었다.

즉 땅이 갈라져 그 입을 열어 그 악한 사람들과 그에 속한 자들을 산채로 삼켜 땅속으로 빠지게 하신다면 그것은 하나님의 의도에 따른 것에 대한 증거라고 했다. 즉 그들이 당하는 특별한 형태의 죽음이 여호와 하나님을 멸시한 결과라는 것이다. 이는 그들이 하나님으로부터 직접적인 무서운 형벌을 받아 죽게 된다는 사실을 말해주고 있다.

모세가 그 말을 마치자마자 곧장 그들이 서 있던 땅이 갈라졌다. 땅이 입을 벌려 그들과 그 가족과 고라에게 속한 모든 자들과 그들의 물건까지 완전히 삼켜버리게 되었다. 그러나 당시 고라의 아들들은 죽지 않았다(민 26:11). 그의 자식들은 모세와 아론에게 저항함으로써 하나님의 뜻을 거역한 그 아비와는 달리 하나님을 진정으로 경외하는 자들이었다. 갈라진 땅이 반역자

3부. 이스라엘 자손의 정체성

들과 그에 속한 자들을 산채로 삼켜버리자 다시금 그전의 원래 상태로 돌아오게 되었다.

그런데 중요한 사실은 그들이 비밀리에 하나님의 징벌을 받아 죽게 된 것이 아니라 총회 가운데 공개적인 심판을 받게 되었다는 사실이다. 이는 그 사건이 역사상의 모든 이스라엘 백성과 하나님께 속한 언약의 백성들에게 중요한 교훈을 남기게 된 것을 말해주고 있다. 그 주위에 있으면서 그 광경을 직접 목격한 자들은 고라와 그에 속한 자들이 울부짖는 소리를 듣고 두려움에 빠져 도망치게 되었다.

그들은 땅이 혹 저들도 집어삼키지 않을까 하는 두려움에 빠지지 않을 수 없었다. 백성들은 그 현장을 목격하며 죄악을 심판하시는 살아계신 하나님의 권능을 목격했다. 그리고 결국 고라 자손 이외에 그와 더불어 백성들을 미혹하며 거짓된 분향을 하던 이백오십 명을 하나님께서 불로써 소멸시키게 되었다. 모세와 아론의 권위를 멸시하고 여호와 하나님을 능멸하던 자들이 당하는 심판을 통해 무서운 심판의 메시지가 선포되었던 것이다.

그럼에도 불구하고 어리석은 자들은 악행을 중단하지 않은 채 끊임없는 배도 행위를 되풀이했다. 가데스 바네아에서 하나님으로부터 무서운 심판을 받을 때도 그들은 회개하지 않고 지속적인 불순종과 반역을 되풀이했다. 하나님의 경고와 징계를 두려워하지 않고 순종하지 않는 자들은 결국 그 죄악으로 말미암아 영원한 멸망에 이르게 된다. 따라서 하나님을 진정으로 경외하는 지혜로운 자들은 하나님께서 행하신 심판을 항상 기억하고 있어야만 한다.

5 특별한 향로를 쳐서 만든 제단을 싼 놋판과 영원한 기념물(민 16:36-40)

하나님께서는 그 후 모세에게 명령하셨다. 제사장 아론의 아들 엘르아살에게 불이 붙은 향로를 취해 그 불을 다른 곳에 쏟게 하라는 것이었다. 그 향로는 아무나 함부로 다루어서는 안 된다. 많은 사람들이 심판을 받게 된 그 불을 밖에 내다 버려야 했으며 향로는 거룩한 성격을 지니고 있었던 것이다.

하나님을 욕되게 한 배도자들은 범죄하여 그들의 불과 함께 생명을 잃게 되었으나 하나님 앞에 드려진 그 향로는 여전히 거룩했다. 이는 인간들의 잘못된 행위 자체가 하나님께 속한 것을 더럽힐 수는 없다는 사실을 말해주고 있다. 즉 인간의 악한 행위가 하나님의 고유한 본질적 영역에 영향을 끼치지는 못한다.

그러므로 하나님께서 놋으로 된 그 향로를 쳐서 제단을 싸는 태를 만들라고 명하셨다. 그렇게 함으로써 이스라엘 자손에게 고라 사건과 더불어 하나님의 거룩한 영역에 대한 기념물이 되도록 하셨다. 이는 아론 자손 제사장이 아닌 자들로 하여금 여호와 앞에 직접 분향하기 위해 가까이 오지 못 하게 하는 경고의 메시지 역할을 하게 되었다.

그들이 또다시 그와 같은 악행을 저지름으로써 고라와 그를 따르는 무리처럼 무서운 심판을 받지 않게 하기 위해서였다. 따라서 모세는 하나님께서 명하신 모든 일을 순종함으로 실행에 옮기게 되었다. 이에 대해서는 오늘날 우리 역시 어느 영역에 함부로 접근해서는 안 되는지에 대한 분명한 깨달음을 가지고 있어야 한다.

그 가운데 중요한 사실 하나는 하나님의 거룩한 말씀을 대할 때 하나님을 진정으로 경외하는 마음을 가져야 한다는 사실이다. 즉 인간의 사악한 태도로 계시된 성경 말씀에 함부로 접근해서는 안 된다. 그것을 어기게 되면 근본적으로 하나님께 저항하는 것이 될 수밖에 없기 때문이다.

6 사악한 자들의 악행과 모세(민 16:41-50)

(1) 회개를 모르는 배도자들의 원망(민 16:41-45)

땅이 갈라져 사악한 배도자들을 순식간에 삼키게 된 그 이튿날 또 다른 사건이 발생했다. 이스라엘 백성의 온 회중이 모세와 아론을 원망했기 때문이다. 그들은 그와 같은 집단행동을 하면서도 그것이 여호와 하나님을 원망하고 그에게 직접 반기를 드는 것이란 생각을 하지 않았다.

그들은 하나님께서 저들을 심판하셨음에도 불구하고 그 모든 책임을 모세와 아론에게 떠넘기기에 급급했다. 그들이 여호와 하나님의 백성을 죽였다는 것이다. 땅을 갈라지게 하는 능력이 인간들에게 없다는 사실을 잘 알고 있으면서, 하나님께서 행하신 그 심판을 막지 못한 모세와 아론을 원망하며 그들을 모함했던 것이다.

온 회중이 모세와 아론을 공격하며 칠 때 하나님의 성막 위에 구름이 뒤덮게 되었다. 그와 더불어 하나님의 엄위하신 영광이 그 가운데 드러났다. 모세와 아론은 당연히 하나님 편에 서 있었으나 다른 백성들은 하나님께 저항하는 반대편에 서 있었다. 그와 같은 상황에서도 그들은 자기가 마치 하나님을 열심히 섬기고 있는 양 여기면서 행동했다.

오히려 하나님의 말씀을 대언하는 모세와 율례에 따라 하나님을 섬기는 아론이 극한 궁지에 몰렸다. 악한 자들이 큰소리치며 기승을 부리는 데 반해 하나님께 속한 자들은 그들의 억지에 의해 수세에 몰리는 안타까운 형국이 되었다. 그와 같은 상황에서 모세와 아론이 하나님의 거룩한 성막 앞으로 나아갔다.

그러자 하나님께서 모세를 향해 말씀하셨다. 자기 고집과 종교적 이념에 사로잡힌 회중으로부터 떠나라는 것이었다. 그들이 떠나면 하나님께서 그 배도자들을 순식간에 멸망시키리라는 것이었다. 그동안 수세에 몰리던 모세와 아론은 하나님의 말씀을 들으면 역으로 기고만장하여 기뻐해야 할 것 같은 데 전혀 그렇지 않았다.

그들은 도리어 하나님 앞에 무릎을 꿇고 간절히 구했다. 그들을 죽이지 말고 살려달라는 것이었다. 그들이 하나님께 그와 같은 간구를 했던 것은 그 백성들에 대한 긍휼과 자비심이 일차적인 이유가 아니었다. 중요한 것은 하나님께서 특별히 택하신 언약의 백성들을 통해 이룩해야 할 구원 사역이었다. 그들은 그것을 위해서 세워진 이스라엘 백성이 하나님의 심판에 의해 멸망당하기를 원치 않았던 것이다.

(2) 모세의 간구(민 16:46-50)

그와 같은 위급한 상황에서 모세가 아론에게 지시했다. 가서 향로를 취하고 제단의 불을 거기에 담고 그 위에 향을 피워 급히 회중에게로 나아가라는 것이었다. 그리하여 악한 죄에 빠진 그들을 위해 속죄하라고 했다. 하나님께서 진노하셔서 백성들 가운데 전염병을 돌게 하셨기 때문이다.

아론은 모세의 명을 듣고 즉시 향로를 가지고 회중에게로 달려갔다. 가서 보니 이미 전염병이 돌고 있었다. 그 광경을 목격한 아론은 그 백성을 위해 속죄하는 절차를 밟아 시행했다. 그러자 사람들이 죽음의 문턱에 서 있을 때 아론은 살아있는 자들과 하나님의 심판으로 인해 이미 죽은 자들 사이에 서게 되자 전염병이 그치게 되었다.

당시 고라의 반역으로 인해 죽은 자 이외에 전염병으로 말미암아 죽은 자가 일만 사천 칠백 명이나 되었다. 전염병이 그치게 되자 아론이 성막문 앞에 있는 모세 앞으로 돌아오게 되었다. 이는 악한 자들이 하나님의 심판을 받아 죽게 됨으로써 성막에서의 사역이 원활하게 회복되었음을 말해주고 있다.

우리는 여기서 중요한 두 가지 사실을 생각해 볼 수 있어야 한다. 하나는 악한 자들에 대한 하나님의 심판을 앞두고 저들의 죄를 속죄하는 일이 아론에게 달려 있었다는 사실이다. 즉 범죄한 당사자에게 속죄의 열쇠가 들려 있지 않았다. 자기의 잘못된 행동을 철저히 뉘우치고 회개함으로써 속죄받는 것이 아니라 제사장 아론의 사역에 모든 것이 맡겨져 있었다. 이는 장차 오실 메시아가 행하실 사역에 대한 예표적 성격을 지니고 있다.

그리고 제사장 아론이 산 자와 죽은 자 사이를 차단하는 역할을 했다는 점이다. 악한 인간들은 자신의 몸을 어디에 두어야 할지 모르고 있다. 그냥 두게 되면 죽은 자와 산 자 사이에 위태로운 죽음의 세력이 작용하게 된다. 하지만 제사장 아론이 죽은 자와 산 자를 분리함으로써 살아있는 자들의 생명이 보장될 수 있었다. 이 또한 장차 이 땅에 오실 메시아가 행하실 사역과 밀접하게 연관되어 있다.

민 17:1-13

17장

아론의 싹난 지팡이와
이스라엘 자손의 생명

1 열세 개의 지팡이와 그 위에 새겨진 족장들의 이름(민 17:1-3)

하나님께서는 모세를 향해 특별한 명령을 내리셨다. 그것은 이스라엘 각 지파의 족장들이 실제로 행해야 할 일이었으며 모든 백성들이 마땅히 알아야 할 내용이었다. 그 명령은 이스라엘 각 지파에 따라 지팡이 하나씩을 취하라는 것이었다.

그런데 그 지팡이를 각 족장들이 알아서 자기의 것을 모세 앞에 제시하는 것이 아니라 각 지파에 속한 백성의 지도자들이 먼저 저들의 족장으로부터 지팡이를 취하도록 요구했다. 각 족장이 자기가 속한 지파의 지도자들에게 자기의 지팡이를 내주어야 했던 것은 그 실제적인 의미가 개인이 아니라 전체에 대한 대표성을 지니고 있음을 말해주고 있다. 즉 그것은 개인의 지팡이지만 공적인 성격을 지니고 있었던 것이다.

그리고 각 지파의 지도자들은 저들이 취한 그 지팡이 위에 그것의 소유자인 족장의 이름을 써야 했다. 그 이름을 새기는 일은 그 지팡이의 주인에게 맡겨졌던 것이 아니라 백성의 대표들에게 요구된 사항이었다. 그것을 통해 여러 지파 족장들과 그들의 지팡이가 족장 개인이 아니라 이스라엘 민족을 대표하고 있음을 선포하고 있다.

본문 말씀 가운데 중요한 것 중 하나는 레위 지파 최고 지도자의 지팡이도 다른 지파 족장들과 마찬가지로 요구되었다는 사실이다. 앞에서 다른 많은 경우에는 레위 지파와 다른 열두 지파 사이에는 항상 엄연한 구분이 존재하고 있었다. 그런데 이번에는 레위 지파도 그에 동등하게 참여하도록 요구받았던 것이다.

이처럼 하나님께서는 모세를 향해 레위 지파에서는 제사장 아론의 지팡이를 취하라는 말씀을 하셨다. 우리의 눈길을 끄는 대목은 하나님께서 요구하신 지팡이가 모세의 것이 아니었다는 사실이다. 그 대신 하나님께서는 특별히 아론의 지팡이를 요구하셨으며 그 위에는 아론의 이름을 써야만 했다.

그리하여 이스라엘 열두 지파와 레위 지파 제사장 아론의 것을 합해 총 열세 개의 지팡이가 되었다.25 그 가운데 구체적으로 이름이 특정된 인물은

---

25 지팡이의 총수가 열두 개인가 아니면 열세 개인가 하는 점은 생각해 볼 수 있는 문제이다. 라틴어 번역성경 vulgate역에서는 아론의 지팡이가 열두 지파 족장들 가운데 하나가 아니므로 모두 열세 개라는 사실을 밝히고 있다(Budd, Phiip J, Numbers: World biblical commentary, v.5, WBC 성경주석, 민수기, 서울: 솔로몬, 박신배 역, 2004, p.332, 참조). 반더발 또한 총 열세 개의 지팡이라는 견해를 지지하고 있다. 그는 "모세를 통하여 열두 지파 두령들의 지팡이를 아론의 지팡이와 함께 하룻밤 동안 장막 안에 두도록 하셨다"라고 말했다(반더발 성경연구 I, 코넬리스 반더발, 민수기 편, 명종남 역, 파주: 솔라피데 출판사, 2010, p.305, 참조). 위클리프 주석성경 역시 열세 개의 지팡이로 보고 있다(서울: 도서출판 소망, 2010). 한편 신학자들 가운데 상당수는 당시 지팡이의 총수를 열두 개로 보고 있다. 카일 델레취는 그의 '민수기 주석'에서 당시 열두 지파 족장의 지팡이 수는 열두 개라고 주장하면서 신명기 27:12에 기록된 것처럼 '에브라임 지파와 므낫세 지파'가 '요셉의 한 지파'로 간주되었을 것이라고 했다. 따라서 레위 지파의 아론도 열두 족장들 가운데 한 사람이었다는 것이다. 하지만 신명기 27장의 기록은 나중 가나안 땅에 들어가서 실행해야 할 일이었다. 그에 반해 민수기 17장의 열두 지파는 그렇게 이해하기 어렵다. 당시에는 열두 지파가 성막을 중심으로 각기 제 위치에 진치고 있었으며 다른 곳으로 행군을 해야 할 경우에는 규례에 따라 그 순서를 지켜야만 했다. 그런 상황에서 에브라임 지파와 므낫세 지파를 하나의 요셉 지파로 합친 것으로 보기 어렵다.

레위 지파에 속한 제사장 아론밖에 없었다. 이는 지팡이들을 통한 하나님의 특별한 계획과 작정이 이미 존재한다는 사실을 말해주고 있다.

우리가 또한 여기서 생각해 보아야 할 점은 하나님께서 왜 하필이면 다른 물건이 아닌 '족장들의 지팡이'를 한곳에 모으도록 했을까 하는 점이다. 일반적인 관점에서 본다면 지팡이는 사람이 길을 갈 때 안전하게 움직이도록 하는 도구가 된다. 그리고 지팡이는 다른 곳을 지시하여 가리키거나 지휘하는 역할을 하게 된다.

이를 통해 우리가 짐작할 수 있는 점은 이스라엘 백성을 안전하게 인도하고 지도하며 지휘하는 도구가 되는 지팡이를 통해 그에 연관된 중요한 의미를 보여주고 있다는 사실이다. 따라서 하나님께서 각 족장들의 지팡이를 거두어 성막으로 가져오게 하신 것은 전체적인 관점에서 언약적 의미를 보여주고 있다. 즉 그것을 통해 족장들에 연관된 하나님의 뜻을 직접 계시하고자 했던 것이다.

2 증거궤 앞에 놓인 열세 개의 지팡이(민 17:4-7)

하나님께서는 모세를 향해 그 지팡이들을 모아 성막 안의 증거궤 곧 언약궤 앞에 두라고 명하셨다. 증거궤는 하나님과 대제사장 곧 언약의 백성들을 대표하는 자와 만나는 거룩한 통로였다. 성경은 증거궤 위가 하나님의 발을 올려두는 발등상이라는 사실을 밝히고 있다. 이 말은 하나님께서 그곳에 계신다는 의미를 지니고 있다. 이에 관해서는 역대기에서 증거하고 있으며 시편에서도 동일한 표현을 하고 있다.

나아가 하나님께서 레위 지파와 제사장 아론을 처음부터 특별히 거명하며 다른 열두 지파와 구별하여 언급한 사실을 보아 열세 개의 지팡이로 보는 것이 자연스럽다.

이에 다윗왕이 일어서서 가로되 나의 형제들, 나의 백성들아 내 말을 들으라 나는 여호와의 언약궤 곧 우리 하나님의 발등상을 봉안할 전 건축할 마음이 있어서 건축할 재료를 준비하였으나(대상 28:2)

너희는 여호와 우리 하나님을 높여 그 발등상 앞에서 경배할찌어다 그는 거룩하시도다(시 99:5)

이 말씀은 매우 중요한 절대적인 성격을 지니고 있다. 즉 구약시대 언약의 백성들이 여호와 하나님을 만날 수 있는 유일한 통로는 성막과 성전의 언약궤였다. 그것을 통하지 않고는 하나님을 만나는 것이 불가능했다. 구약시대에도 지구상에 많은 지역들이 있었으며 수많은 사람들이 다양한 형태의 삶을 살고 있었다. 하지만 하나님의 거룩한 성소는 하나님께서 정하신 오직 한 군데 자리 잡고 있었을 따름이다.

인간들이 살아가는 지구 전체에 하나님이 실제로 거하시는 곳은 성막과 성전밖에 없었다. 지성소의 언약궤가 하나님이 직접 임하시는 장소였다. 하나님으로부터 세워진 제사장들은 항상 하나님이 계시는 그곳을 향해 예물을 바치며 하나님을 경배했다. 성전은 천상의 나라에 직접 연결된 하나님의 거룩한 집이었으며 지성소의 언약궤는 그가 친히 임하는 거룩한 영역이었던 것이다.

이에 연관된 모든 실상은 나중 예수님께서 이 땅에 오셨을 때 그 모든 의미가 구체화 되고 성취되었다. 즉 그가 지상의 성전이 예표해 온 완벽한 성전이 되어 성전과 언약궤의 기능을 감당하시게 되었다. 그리하여 하나님의 자녀들은 오직 십자가에 달리신 그리스도를 통해 천상의 하나님 앞으로 나아갈 수 있었다.

하나님께서는 각 지파 족장들의 이름이 새겨진 열세 개의 지팡이를 모아 그와 같은 의미를 지닌 언약궤 앞에 두라고 요구하셨다. 이는 그것들을 하나님 앞에 두라는 말씀과 동일한 의미를 지니고 있었다. 그러면 그 가운데 하나님의 특별한 선택을 받은 자의 지팡이가 특별한 변화를 보이리라는 것이었다. 그것은 마른 나무가 된 지팡이에서 생명의 싹이 나게 되리라는 사실에 연관되어 있다. 누가 봐도 죽은 나무 지팡이 가운데 생명이 존재하고 있음을 보여주시겠다는 것이다.

그렇게 함으로써 어리석은 자들이 모세와 아론에 대하여 원망하는 말을 하나님 앞에서 그치게 하리라고 하셨다. 우리가 알 수 있는 점은 그 일을 통해 이스라엘 가운데 맡겨진 특별한 직분에 대한 불필요한 잘못된 행동과 말들이 만들어져 돌아다니지 않도록 하리라는 사실이다. 그것을 통해 언약의 백성 가운데 존재하는 순전한 직분적 질서가 안정되게 하고자 하셨던 것이다.

하나님의 말씀을 들은 모세는 이스라엘 백성을 향해 그에 연관된 모든 사실을 전했다. 그리하여 각기 다른 지파에 속한 지도자들이 저들 족장의 지팡이 하나씩을 모세에게 갖다주었다. 그것은 기본적으로 열두 지파를 대표하는 족장들의 열두 개의 지팡이였다. 그리고 그 가운데 특별히 레위 지파에 속한 특별한 지도자이자 대제사장인 아론의 지팡이가 포함되어 있었다.

그리하여 총 열세 개의 지팡이를 모세에게 주었다. 모세는 하나님의 명령에 따라 그것들을 성막 안에 있는 거룩한 언약궤 앞에 두게 되었다. 이제 그들 스스로 할 수 있는 일은 아무것도 없었다. 하나님께서 그 지팡이를 어떻게 하실지 잠잠히 지켜보아야 했으며 그 결과를 통해 하나님의 뜻을 알 수 있게 될 따름이었다. 따라서 그 순간은 매우 엄숙한 시간이 될 수밖에 없었다.

3 아론의 싹난 지팡이와 언약궤(민 17:8-11)
모세가 이스라엘 열두 지파 족장들의 지팡이 열두 개와 제사장 아론의 지팡이를 지성소 안 하나님의 언약궤 앞에 둔 그 이튿날이 되었다. 아마도 당시 모세는 매우 두렵고 떨리는 마음을 가지고 있었을 것이다. 하나님께서 그 지팡이들을 어떻게 하실지 전혀 예측할 수 없었기 때문이다.

그와 같은 불확실한 상황에서 모세는 증거의 장막 곧 성막 안으로 들어갔다. 가서 보니 열세 개의 지팡이 중에 유독 아론의 지팡이에만 움이 돋아 순이 나고 꽃이 피어 살구 열매가 열렸다. 단 하루 만에 움이 뜨고 꽃을 피워 열매가 열리게 되었던 것이다. 그 기적적인 시간적 과정과 열매가 허락된 존재적 의미는 상호 연관된 절대적 성격을 지니고 있다. 이는 나중 역사적 시간 속에서 진행된 예수 그리스도의 십자가 사역으로 인한 실체적 열매를 떠오르도록 한다.[26]

모든 직무가 끝나자 모세는 나머지 열두 개의 지팡이를 취하여 모두 각 주인에게 되돌려 주었다. 그리하여 아론을 제외한 모든 족장들은 원래의 지팡이를 그대로 받아 가지게 되었다. 그러나 그 과정에서 레위 지파 제사장 아론과 다른 열두 지파 족장들의 지팡이는 전혀 다른 결과를 가져왔음을 확인할 수 있다. 이는 또한 아론이 지닌 제사장 직분의 절대적 특성을 드러내 보여주고 있다.

하나님께서는 모세에게 아론의 지팡이는 증거궤 앞으로 도로 가져가서 거기 간직하도록 명하셨다. 이제 아론의 지팡이는 개인적인 용도가 아니라 중요한 언약적 성격을 지닌 공공의 것으로 바뀌게 되었다. 여기서 우리의 관심을 끄는 대목은 하나님께서 그 지팡이 주인이자 제사장인 아론에게 직접

---

26 여기서 살구나무는 아몬드(almond) 나무와 같은 수종이라고 한다. 우리는 당시 이스라엘 열두 지파의 족장들이 가진 모든 지팡이들이 마른 살구나무였는지 정확하게 알 수 없다. 단단한 목질의 살구나무였을 가능성이 크지만 그렇지 않을 수도 있다. 마른 나무로 만들어진 지팡이를 겉으로 보아서는 분별이 어려웠을 수 있었다. 하지만 지팡이의 용도가 중요했을 뿐 어떤 나무로 만들어졌는가 하는 것은 별 의미가 없었을 수 있다. 그런 중에 아론의 지팡이는 살구과에 속한 나무로 된 지팡이였음을 성경이 밝히고 있다.

3부. 이스라엘 자손의 정체성

명하시지 않고 모세에게 명하셨다는 사실이다. 이는 아론과 그의 제사장 직분 역시 모세와 율법에 예속되어 있음을 말해주고 있다.

그리하여 아론의 싹난 지팡이는 언약궤 안에 담겨 보관되었다. 그것을 통해 그의 지팡이는 개인을 위한 편의적 도구가 아니라 영구한 성격을 지니게 되었다. 하나님께서는 그 특별한 지팡이를 언약궤 안에 보관함으로써 패역한 자들에 대한 표징이 되게 하기 원한다는 사실을 말씀하셨다. 그리하여 그 표징을 통해 하나님을 경외하는 자들은 그를 향한 원망을 그치고 생명을 보존하게 될 것이었기 때문이다.

모세는 하나님의 명을 듣고 그대로 순종했다. 아론의 싹난 지팡이는 이제 구속사 가운데서 매우 특별한 상징적 의미를 지니게 되었으며 그것은 이스라엘 자손들의 삶 속에 상시적으로 존재하게 되었다. 성막의 지성소 안에 보관되는 그 특별한 지팡이를, 사람들의 일반적인 시각으로 보지 못하지만, 그 실상은 영구히 존재하게 되어 그것이 신앙의 중심 역할을 하게 되었던 것이다.

이를 통해 언약의 백성들에게 하나님으로 말미암은 참된 생명의 존재가 지속적으로 확인되었다. 이스라엘의 제사장들이 하나님 앞에 제물을 바칠 때나 정해진 다양한 절기들을 통해 하나님을 섬길 때도 그 중심에는 지성소에 보관된 언약궤 안의 아론의 싹난 지팡이가 자리 잡고 있었다. 그것을 통해 언약의 자손들에게 영원한 생명을 공급하시는 하나님을 경배하게 되었던 것이다.

4 살아난 지팡이와 죽게 된 이스라엘 자손(민 17:12,13)

지팡이와 연관하여 전개되어 가는 모든 광경을 지켜보고 그 실상을 깨닫게 된 이스라엘 자손들이 모세를 향해 말했다. 이제 그들은 다 망하게 되어 죽음에 직면해 있다는 것이었다. 이는 그 모든 일이 하나님에 대한 저들의 원망과 불신앙에 기인하고 있다는 사실을 깨닫고 있었음을 말해주고 있다. 그것은 또한 아론의 싹난 지팡이 외에 나머지 열두 지파 족장들의 지팡이가 싹을 내지 못한 것에 연관되어 있었다.

따라서 그 사람들은 여호와 하나님의 성막에 가까이 나아가는 자마다 죽게 되리라는 점을 언급했다. 아론의 싹난 지팡이가 저들이 지은 죄의 실상을 그대로 드러내고 있다는 것이었다. 따라서 그와 같은 상황이 닥치게 되면 이스라엘 자손이 다 멸망하게 될 것이라는 점을 염려하고 있다. 이는 저들의 범죄행위가 하나님과 적대관계에 놓여있다는 사실에 밀접하게 연관되어 있다.

그러므로 백성들은 모세를 향해 모든 이스라엘 백성의 죽음을 막아달라는 간청을 했다. 이제야 정신이 들게 된 자들은 민족 전체가 망하게 될까 봐 안타까워하고 있었다. 그 가운데는 생명에 대한 저들의 집착과 더불어 모든 언약의 백성이 망하게 되면 하나님의 구속 사역의 진행에 차질이 생긴다는 우려의 의미가 내포되어 있다. 그러니 하나님께서 저들을 불쌍히 여겨 주시기를 원했던 것이다.

우리는 민수기 본문에 나타난 특별한 지팡이 사건을 주의 깊게 생각해 보아야 한다. 제사장 아론의 죽은 지팡이는 생명을 가지게 되어 살아나고, 하나님을 원망하던 살아있는 자들은 죽음 앞에 서게 되었다. 그렇다고 해서 열두 지파 족장들의 모든 지팡이가 생명을 공급받았던 것은 아니다. 아론의 지팡이를 제외한 다른 모든 지팡이는 여전히 죽은 채로 남아있었을 따름이다. 오직 제사장 아론의 지팡이만 하나님의 특별한 간섭에 의해 싹을 내고 꽃을 피우고 열매를 맺게 되었던 것이다.

하나님의 언약궤 안에 보관된 아론의 싹난 지팡이는 예수 그리스도께서 달리신 나무 십자가를 연상케 한다. 그 죽음의 나무에 달리신 예수님께서 영원한 생명을 공급받아 자기 백성들에게 제공하셨기 때문이다. 이에 대한 예표로서 이스라엘 자손이 하나님을 원망하다가 멸망에 빠질 형편에 처하게 되었으나 아론의 싹난 지팡이를 통해 영원한 생명에 대한 소망을 가지게 되었던 것이다.

이처럼 죽은 나무 지팡이는 생명을 얻어 싹을 내어 꽃을 피우고 열매를 맺은 데 반해 스스로 살아있는 양 하나님 앞에서 원망하며 만용을 부리던 자들은 죽음을 면치 못하게 되었다. 즉 그 백성의 생명은 자신의 판단과 욕망에 달려 있지 않고 오직 제사장 아론의 죽은 지팡이에 생명을 공급하신 하나님께 달려 있었다.

이에 대해서는 신약시대를 살아가는 모든 성도들 역시 동일한 언약적 의미를 소유하고 있다. 하나님의 자녀들은 스스로 생명을 창출하거나 보존하지 못한다. 오직 여호와 하나님의 뜻과 그의 구원 사역에 모든 것이 달려 있을 따름이다. 따라서 지상 교회와 그에 속한 성도들은 항상 예수 그리스도의 십자가 사역을 통해 죽은 나무에서 영원한 생명이 공급된다는 사실을 마음에 새겨두고 살아가야만 한다.

민 18:1-32

18장

레위 지파와 제사장의 직무와 생명

1 거룩해야 할 하나님의 성소(민 18:1)

하나님은 본성적으로 거룩하신 분이다. 그의 거룩함에 대해서는 인간의 상상과 능력으로 접근할 사안이 아니다. 이는 그의 거룩성은 절대적인 성격을 지니며 비록 인간들이 하나님의 거룩에 관하여 말하지만, 그 본질적 속성은 초월적 개념을 지니고 있음을 말해주고 있다.

이는 물론 하나님의 거룩함을 도저히 접근할 수 없는 불가지론(不可知論)적이라고 말하는 것이 아니다. 하나님을 알지 못하는 자들은 그에 대한 이해와 접근을 하는 것 자체가 불가능한 것이 분명하다. 그에 반해 하나님의 자녀들은 성령 하나님의 도우심을 통해 그에 대한 은혜의 접근을 할 수 있게 된다.

거룩한 하나님을 그의 거룩한 성소에서 섬기는 일은 아무나 하지 못한다. 반드시 하나님으로부터 세워진 자들 곧 레위 지파 가운데 아론의 자손들이 그 일을 할 수 있다. 그나마 그들은 인간의 이성과 경험에 의한 자의적 판단이 아니라 하나님의 율법에 따라 순종함으로써 그 일을 감당할 수 있게 된다.

아론 자손 제사장이라 할지라도 규례를 벗어나면 하나님 앞에 범죄하는 것이 된다. 하나님께서는 그에 관련된 특별한 언급을 하셨다. 만일 누구든지 하나님의 거룩한 성소를 더럽히는 일이 발생하면 아론과 그의 후손들과 그가 속한 가문이 공동의 책임을 져야 한다. 그리고 제사장 직분을 잘못 수행하게 할만한 부정한 요인이 발생하면 아론과 그의 후손들이 함께 그에 대한 죄책을 감당해야만 했다.

우리가 여기서 기억해야 할 바는 아론과 그의 자손 제사장들이 그 직분을 잘못 수행했을 경우 그들이 책임지는 것은 지극히 당연하다는 사실이다. 그런데 아론의 집안에 속한 제사장들이 아니라 여타 레위인들이나 다른 이스라엘 지파의 자손이 하나님의 성소를 더럽힐 경우에도 그 책임은 아론과 그의 자손 제사장들에게 돌아가게 된다.

이 말은 성소에서 하나님을 섬기는 직무뿐 아니라 전반적인 관리와 보호를 위한 직책이 아론 자손 제사장들에게 맡겨졌음을 의미하고 있다. 이는 또한 하나님의 성소가 항상 거룩하게 보존되어야 한다는 사실을 말해준다. 이를 통해 제사장들이 성소에서 하나님께 거룩한 제물을 바치는 직무와 더불어 잘못된 자들의 접근을 막아야 할 책무가 있음을 알게 된다.

이에 관해서는 신약시대 교회 역시 그 교훈을 온전히 받아들여야 한다. 교회의 목사와 장로를 비롯한 직분자들은 자신의 잘못된 행위뿐 아니라 다른 교인들의 잘못을 바로잡아 그들의 악행이 교회를 어지럽히지 않도록 해야 한다. 만일 그것을 허용하거나 방치하게 되면 그 당사자뿐 아니라 직분자들에게도 동일한 책임이 돌아가게 된다. 지상 교회가 이에 대해 올바른 이해를 하는 것은 매우 중요한 일이다.

2 아론과 그의 자손의 제사장 직분과 레위인들의 직무(민 18:2-7)

하나님께서는 또한 아론을 향해 레위 지파의 보조를 받아 제사장 직무를 수행하라는 요구를 하고 있다. 따라서 레위 지파에 속한 자들은 제사장을 보조하여 모든 직무를 감당해야만 했다. 그리고 아론과 그의 아들들인 제사장은 증거 장막인 성막 앞에 있어야 한다는 사실을 언급했다.

레위인들은 제사장의 직무와 성막에 연관된 모든 규례를 철저히 준수하는 가운데 맡겨진 직무를 수행해야 한다. 그러나 그들이 하나님께 제물을 바치는 제단 가까이 나아가서는 안 된다. 만일 그렇게 하면 그 레위인들뿐 아니라 제사장 계열의 아론 자손들까지 죽임을 당하게 될까 두려워하지 않을 수 없기 때문이었다. 이는 일반 레위인들이 제사장의 사역을 돕는 보조적인 직무를 수행하게 된다는 사실에 연관되어 있다.

그러므로 하나님께서는 레위인들을 향해 제사장 아론을 보조하여 성막의 모든 일과 그에 연관된 직무를 감당하라고 요구했다. 이 말은 레위인들은 독자적인 사역을 하는 것이 아니라 제사장들을 돕고 수종드는 일을 하게 된다는 사실을 말해주고 있다. 나아가 레위 지파에 속하지 않은 여타의 이스라엘 자손들은 제사장의 사역 가까이 나아가서는 안 된다. 만일 그와 같은 일이 발생한다면 그것은 하나님을 욕되게 하는 것이며 하나님의 성소를 더럽히는 행위에 지나지 않기 때문이다.

제사장들은 성소의 직무와 제단에서 행해지는 직무에 연관된 모든 일을 규례에 따라 행해야만 한다. 그렇게 하면 여호와 하나님의 진노가 이스라엘 자손들에게 미치지 않는다고 했다. 이 말은 제사장들과 레위인들이 행해야 할 고유한 직책에 다른 외부인들이 아무렇게나 관여하거나 접근하게 되면 하나님의 진노를 살 뿐 아니라 이스라엘 자손 전체가 무서운 심판을 받게 된다는 사실을 말해주고 있다.

하나님께서는 이스라엘 자손들 가운데서 레위인들을 특별히 구별하여 자기에게 돌리도록 하라는 말씀을 하셨다. 그러면 하나님께서 자신의 소유가 된 저들을 다시금 제사장 직무를 수행하는 아론과 그의 자손들에게 선물로 주시겠다는 것이었다(민 3:9). 그리하여 그들이 하나님의 거룩한 성막에 관련된 직무를 수행하게 되리라고 했다.

따라서 아론과 그의 자손 제사장들은 거룩한 제단에서 맡겨진 일들을 감당하며 섬겨야 한다. 나아가 대제사장은 규례에 따라 휘장 안 지성소에서 행해야 할 모든 직무를 수행해야만 했다. 하나님께서 그에 관련된 모든 직분을 특별히 아론 자손 제사장들에게 허락하셨으므로 그들은 규례에 따라 그 직무를 행해야 했으며, 다른 지파 백성들은 물론 레위인들이라 할지라도 제단과 지성소에 접근하게 되면 죽여야 한다는 점을 언급하고 있다.

3 아론 족속에게 제공되는 양식: 제사장들의 음식(민 18:8-10)

여호와 하나님께서는 또다시 제사장 아론을 향해 말씀하셨다. 언약의 자손들이 자기에게 가져와서 거제로 들어 올려바치는 모든 예물을 제사장들에게 맡겨 주관하도록 하실 것이라고 했다. 그리하여 하나님으로 말미암아 거룩하게 된 그 예물을 하나님으로부터 기름 부음을 받아 구별된 자들인 아론과 그의 후손인 제사장들이 먹을 수 있는 영원한 급료 형식으로 주시리라는 것이었다.

그리고 하나님께 바쳐진 거룩한 예물인 지성물(the most holy things) 가운데 불로 태우지 않은 것은 그와 그 후손들에게 영원한 몫으로 주시겠다고 하셨다. 백성들이 하나님께 바치는 모든 예물의 소제와 속죄제와 속건제물은 다지극히 거룩한 것이라고 했다. 이는 곡물로 바치는 예물이나 동물을 잡아 바치는 제물들은 하나님 앞에 드린바 되었으므로 거룩하게 된다는 의미를 지니고 있다.

그러므로 거룩하게 된 음식물은 아무나 먹을 수 있었던 것이 아니라 오직 하나님에 의해 성소에서 섬기도록 특별히 세워진 거룩한 제사장 직분에 연관된 자들만 먹을 수 있었다. 또한 그 음식은 아론 자손 모든 사람들이 다 먹을 수 있는 것이 아니라 오직 제사장 자격을 갖춘 남자들만 거룩한 성소에서 먹도록 허락되었다(민 18:10). 이를 통해 우리가 알 수 있는 점은 하나님께 바쳐진 예물이 공적인 성격을 지니고 있다는 사실이다.

또한 그 예물은 하나님께 바쳐지는 그 순간뿐 아니라 지속적인 효력을 지니고 있다는 점을 알 수 있다. 즉 백성들이 하나님께 바치는 예물은 제사장들을 통해 실행되며 하나님께서 그것을 기쁘게 받으심으로써 거룩하게 된다. 그리고 그 음식을 먹는 거룩한 제사장들이 지속해서 그들의 직분 사역을 감당하게 되는 것이다.

4 하나님의 소유와 제사장: 제사장들의 가족에게 주어진 음식(민 18:11-14)

하나님께서는 그와 더불어 이스라엘 여러 지파에 속한 백성들이 바쳐드리는 거제물(heave offerings)과 요제물(wave offerings)에 관한 언급을 하셨다. 거제물은 하나님 앞에 들어 올려바치는 예물이며 요제물은 하나님 앞에서 흔들어 바치는 예물이다. 하나님은 이스라엘 자손이 바치는 그 예물을 자기의 것으로 확인하셨다.

그리고 자기의 것으로 확증된 그 예물을 아론과 그의 자손들의 영구한 음식으로 주시겠다는 말씀을 하셨다. 그러니 아론 자손의 집안에 속한 모든 정결한 자들이 그 음식을 먹도록 하셨다. 여기에는 율법에 따른 문제가 있거나 불결한 자들은 그 양식을 먹을 수 없다는 의미를 내포하고 있다.

그러므로 하나님께서 제사장의 가족에게 특별히 허락하신 그 음식은 제사장 가족으로서 남녀불문하고 정결한 자들이 먹을 수 있었다. 그 음식은 하나님의 거룩한 성소가 아니라 제사장들의 각 가정에서 먹게 되었다. 이는 그 음식이 하나님으로부터 제사장 가정에 주신 양식이라는 사실을 말해주고 있다.

이스라엘 자손이 하나님께 바치는 모든 예물은 최상의 것들이었다. 그들이 드리는 첫 소산은 제일 좋은 기름과 제일 좋은 포도주와 제일 좋은 곡식이었다. 하나님께서는 그것을 제사장들과 그의 가족이 먹고 생활하는 양식으로 주셨던 것이다.

따라서 백성들이 여호와 하나님께 드리는 그 땅의 처음 익은 모든 열매는 제사장들의 몫이 되었다. 이는 제사장 집안에 속한 모든 가족 가운데 정결한 자들은 그 땅에서 난 가장 좋은 음식을 먹게 되었음을 말해주고 있다. 이처럼 이스라엘 자손이 제사장들을 통해 하나님께 바치는 모든 예물은 다시금 하나님으로부터 허락된 선물이 되어 제사장들의 몫이 되었던 것이다.

5 대속의 대상이 되는 초태생(민 18:15-16)

세상에 태어나는 모든 처음 출생하는 초태생은 하나님의 소유이다. 이에 대해서는 이스라엘 백성이 애굽에 머무르고 있을 때 하나님께서 실증적으로 증명해 보여준 사실이다. 애굽에서 내려진 하나님의 마지막 재앙에서 모든 초태생을 전부 죽이면서 하나님 자신이 곧 그 주인이라는 사실을 선포하셨던 것이다.

하나님께서는 이제 그에 연관된 사실을 다시금 확인하셨다. 여호와 하나님께 바치는 모든 생물의 처음 나는 것은 사람이나 짐승 모두를 제사장 아론에게 주신다는 것이었다. 여기서는 하나님께 바치는 모든 초태생을 가리키고 있으나 제물로 바쳐지지 않은 것에 대한 일반적인 성격이 어느 정도 함유된 것으로 이해할 수 있다.

하나님께 바쳐지지 않은 사람들의 초태생 곧 그들의 맏이라고 할지라도 인간 스스로 그 생명을 구원할 수 없다. 이를 통해 우리가 분명히 알 수 있는 점은 모든 처음 태어난 것은 하나님의 소유가 된다는 것이다. 즉 하나님이 모든 생명의 근원자가 되신다는 사실이 그 과정을 통해 선포되고 있다.

그러므로 하나님께서는 이와 더불어 사람의 처음 태어난 맏이는 반드시 대속하라는 요구를 하셨다. 물론 본문이 언급하고 있는 바는 하나님의 언약에 속한 자로서 하나님께 바쳐진 자들에 대하여 한정적으로 말씀하셨다. 이는 사람이 출생할 때부터 죄인이라는 사실에 밀접하게 연관되어 있다. 그는 첫 사람 아담이 범한 죄로 말미암아 본성적으로 부정한 존재이기 때문에 처음부터 대속의 과정을 거쳐야 한다.

그것을 위해서는 출생한 지 일 개월이 되면 제사장 아론이 정한 대로 성소의 세겔을 따라 은 다섯 세겔 곧 일백 게라를 바쳐야만 한다. 여기서 아론이 정했다는 것은 그가 임의로 정한 것이라기보다 제사장 직무에 연관된 규례를 의미하는 것으로 보인다. 즉 사람에 따라 아무렇게나 대속 예물을 바치는 것이 아니라 법적인 규례에 따라야 했던 것이다.

그리고 부정한 짐승의 처음 난 것도 대속해야 한다는 사실을 언급하고 있다. 이는 부정하지 않은 상태로 출생한 짐승이라면 대속하지 않아도 된다는 의미를 지니고 있다. 우리는 이를 통해 사람이든 짐승이든 태어날 때부터 잘못된 형편에 놓인 것에 대해서는 반드시 대속의 과정을 거쳐야 한다는 사실을 알 수 있다.

제사장은 처음 출생한 어린 아기가 하나님께서 자기에게 주신 소유라 할지라도 그 아기를 직접 받지 못하므로 그 대신 돈을 받아야 했다. 부정한 짐승의 처음 태어난 것도 직접 그 새끼를 받을 수 없으므로 그에 상응하는 예물을 받아야 한다. 사람의 맏이나 짐승의 첫 새끼를 직접 받지 않고 그에 상응하는 돈을 받음으로써 하나님께서 제사장에게 주신 모든 것을 상징적인 의미로 소유하게 되는 것이다.

6 거룩한 초태생과 '소금 언약'(민 18:17-19)

사람과 짐승의 처음 난 것에 대한 속죄를 요구하신 하나님께서는 그로부터 제외되는 특별한 예외 규정을 두셨다. 소나 양이나 염소의 처음 난 것은 속하지 말도록 하셨다. 그 짐승들은 태어날 때부터 거룩하다는 것이었다.

이는 우리에게 매우 중요한 의미를 알려주고 있다. 인간들은 아담의 범죄 이후 타락하게 되어 모든 인간들이 악한 존재가 될 수밖에 없었다. 그런데 소와 양과 염소는 초태생이 태어날 때 처음부터 거룩한 상태라고 했다. 이는 인간들은 원천적으로 하나님께 저항하는 죄를 지었으므로 초태생으로 태어난 갓난아기라 할지라도 그 죄를 품고 태어나게 된다는 사실을 드러내 보여주고 있다.

그에 반해 짐승들은 아담의 범죄로 인해 본질상 그 죄에 참여한 것이 아니었다. 즉 짐승은 인간의 죄와 동일한 속성의 죄를 소유하지 않는다. 단지 아담의 범죄로 말미암아 모든 것이 오염되었으므로 더러워진 세상에 태어나게 되는 것이다. 그 가운데서 특별히 소와 양과 염소의 처음 태어나는 초태생은 죄와 무관한 거룩한 상태라고 했다.

이는 물론 모든 짐승 전체를 두고 하는 말이 아니다. 부정한 짐승은 당연히 구별될 수밖에 없다. 짐승들 가운데 특별히 소와 양과 염소를 구별 지어 언급하신 것은 그 짐승들이 하나님 앞에 바쳐져야 할 제물로서 기능을 하게 된다는 사실에 연관되어 있다. 즉 하나님의 특별한 관여에 의해 그와 같은 해석이 부여될 수 있다. 따라서 이 세상에 태어나는 모든 소와 양과 염소의 처음 난 것들이 거룩하다고 말할 수는 없다. 단지 언약의 백성들 가운데 존재하며 처음 출생한 당시의 특별한 짐승들의 경우에만 국한되었다.

따라서 하나님께서는 소와 양과 염소의 초태생은 거룩하기 때문에 그 피를 제단 위에 뿌리고 그 기름은 불살라 여호와 하나님께 향기로운 화제로 드리도록 명하셨다. 그리고 그 고기는 제사장의 소유가 되니 저에게 돌리라고 하셨다. 제물의 흔든 가슴과 오른쪽 넓적다리와 함께 그리하라는 것이었다.

이스라엘 자손이 여호와 하나님 앞에 거제로 들어 올려바치는 모든 성물은 하나님께서 제사장들과 그 자녀들을 위한 영원한 양식으로 주실 것이라고 했다. 이는 저들의 생명은 하나님께 속해 있으며, 하나님께서 저들을 먹여 살려 생명을 보존해 주신다는 의미를 지니고 있다. 그것은 제사장 아론을 비롯한 그들의 후손을 위해 변치 않는 '소금 언약'이 된다고 하셨다. 이에 대한 하나님의 언약적 의미는 영원히 존재하는 성격을 지니고 있다는 것이다.

7 아론 족속의 유산인 여호와 하나님(민 18:20)

여호와 하나님께서 또다시 아론을 향해 말씀하셨다. 그 내용은 제사장 가문인 아론 자손에 연관된 중요한 것이었다. 이미 밝혀진 것처럼 이스라엘 열두 지파에 속한 백성들에게는 제각기 땅의 유업이 약속되어 있었다. 그들이 장차 약속의 땅에 들어가면 하나님으로부터 저들에게 허락된 적절한 분량의 땅을 유산으로 분배받게 된다.

그런데 레위 지파에 속한 아론과 그의 자손들은 땅에 연관된 아무것도 분배받을 수 없다. 그들은 하나님으로부터 땅을 얻지 못한다. 그렇게 되면 그들은 땅에서 나는 곡식을 재배하지 못하며 먹을 양식을 얻지 못하게 된다. 아론은 하나님으로부터 그에 관한 모든 실상을 소상히 듣게 되었다.

그 말씀을 들은 아론은 순간 당황스러웠을 수도 있다. 오히려 제사장 직분을 맡은 가문으로서 더 크고 넓은 땅을 기대하고 있었을지도 모른다. 물론 아론은 하나님의 말씀을 듣고 그가 자기 가문을 위해 더 중요한 것을 주시리라는 생각을 하고 있었음이 분명하다. 하지만 이스라엘 자손이 약속의 땅에 들어가 각 지파마다 땅을 분배받을 때 거기서 제외된다는 것은 그다지 마음 편한 일이 아닐 수도 있었다.

하지만 하나님께서는 보다 중요한 것을 아론의 자손들에게 상속분으로 주시겠다는 약속을 하셨다. 그것은 땅이 아니라 여호와 하나님 자신이었다. 즉 거룩한 하나님이 저들의 유산이자 상속의 내용이 된다는 것이었다. 이제 그들이 하나님을 상속으로 받아 그에 연관된 모든 것을 소중한 관리의 대상으로 삼게 되는 것이다.

우리는 이를 통해 아론 자손이 하나님을 섬기며 그에게 제사할 뿐 아니라 백성들에게 요구하는 모든 것들을 전달하는 중보적 역할을 하게 된다는 사실을 알 수 있다. 즉 아론과 그의 후손들은 하나님과 언약의 백성 사이에 중보자 역할을 감당해야 한다. 제사장이 없는 상태에서 이스라엘 열두 지파 자체로는 하나님 앞에서 아무런 존재 의미가 발생하지 않는다. 모든 이스라엘 자손들은 반드시 제사장 아론과 그의 자손들을 통해 하나님을 섬기며 은택을 입을 수 있게 되는 것이다.

8 이스라엘의 십일조(민 18:21-24)

하나님께서는 이스라엘 자손에게 십일조를 바치도록 요구하셨다. 이는 모든 소득의 십 분의 일은 각 개인의 소유가 아니라 하나님의 것이라는 사실을 말해주고 있다. 그런데 하나님께서는 이스라엘 백성의 십일조를 받아 레위인들에게 주시겠다는 말씀을 하셨다. 그것이 저들의 상속분이 된다는 것이었다.

레위인들은 이스라엘 각 지파 백성들이 하나님께 바치는 십일조를 소유로 받아 저들의 생계와 더불어 성막에 관련된 일을 위한 필요 경비로 사용하게 된다. 우리는 레위인들이 나머지 열두 지파 가운데 특별히 구별된 자들이라는 사실을 기억해야 한다. 그들은 다른 지파 족속들과 달리 자신의 일반적인 노동력에 의해 살아가는 자들이 아니었다.

레위 자손들은 하나님의 거룩한 성막에서 봉사하는 일을 감당해야만 했다. 따라서 레위 지파에 속하지 않은 일반 백성들은 성막 가까이 나아갈 수 없었다. 만일 그렇게 한다면 그것은 하나님의 율법을 어기는 행위로서 하나님 앞에서 무서운 범죄가 된다. 그 결과는 하나님의 엄한 심판을 받아 죽음을 면할 수 없게 한다.

따라서 오직 레위인이어야만 성막에서 봉사할 수 있다. 그런데 문제는 만일 레위인이 아닌 다른 지파에 속한 사람들이 성막에 범접하는 일이 발생하면 그에 대한 모든 책임은 관리를 소홀히 한 레위인들이 함께 져야만 한다는 사실이다. 그것은 레위인들이 대대로 지켜야 할 중요한 규례이다. 이처럼 레위인들에게는 이스라엘 자손 중에서 물려받은 땅의 유산이 전혀 없었으나 하나님으로부터 다른 방편의 특별한 유산이 허락되었다.

하나님께서는 이스라엘 자손이 자기에게 거제로 올려바친 십일조를 레위인들에게 상속분으로 주셨다. 백성들이 하나님께 바친 십일조가 다시금 하나님으로부터 레위인들에게 주어졌으므로 저들에게 다른 유업은 필요하지 않았다. 우리는 이를 통해 이스라엘 열두 지파와 확연히 구별되는 레위인들의 성막을 위한 특별한 직무를 기억하게 된다.

9 레위인들의 특별히 구별된 십일조와 가장 거룩한 것(민 18:25-32)

(1) 십일조의 십일조(민 18:25-28)

이번에는 하나님께서 모세를 향해 말씀하셨다. 레위 자손들에게 자기의 뜻을 전하라는 것이었다. 레위인들이 하나님으로부터 특별한 유산으로 받은 십일조를 취할 때 그와 더불어 행해야 할 규례가 있었다. 그것은 레위 자손이 하나님에 의해 이스라엘 여러 지파로부터 받은 십일조 가운데 십 분의 일을 거제로 들어 올려 여호와 하나님께 바치라는 것이었다.

레위인들이 하나님에 의해 열두 지파로부터 받은 십일조의 십 분의 일을 다시금 하나님께 바치면 그것은 특별히 구별된다. 하나님께서는 그들이 바치는 십일조의 십 분의 일인 거제물을 특별하게 간주하실 것이라고 했다. 하나님께서 그것들을 일반 백성들이 농사를 지어 땅에서 처음 거둔 곡식과 포도즙과 같이 예물로 여기리라는 것이었다. 즉 그들은 농사를 지어 하나님께 바친 것이 아님에도 불구하고 그렇게 받으시리라고 말씀하셨다.

그러므로 레위인들은 이스라엘 여러 지파 백성들로부터 받은 모든 것의 십일조 중에서 또다시 십일조를 구별하여 하나님께 거제로 높이 들어 바쳐야만 했다. 그것은 하나님께서 기쁘게 받으시는 예물이 된다. 그리하여 여호와 하나님께 십일조의 십일조로 바쳐진 그 거제물은 제사장 아론을 비롯한 그의 자손 제사장들을 위해 제공된다. 아론 자손 제사장들은 백성이 하나님께 바친 십일조의 십일조를 통해 생계와 사역을 이어갈 수 있게 되는 것이다.

(2) 가장 좋고 거룩한 부분(민 18:29-32)

레위인들이 여호와 하나님께 바친 십일조의 십일조는 매우 특별한 의미를 지니고 있었다. 그것은 '가장 좋고 가장 거룩한 부분'(the best and holiest part of everything)이기 때문이다. 따라서 레위인들은 그 가운데서 가장 좋고 거룩한 부분을 골라 십 분의 일을 여호와 하나님 앞에 거제로 드리도록 했다.

그러므로 모세는 레위인들에게 하나님의 뜻을 그대로 전달했다. 그리하여 십일조의 십일조를 하나님께 바쳐 제사장의 몫이 되게 하고 그 남은 것들은 일반 레위인들의 몫으로 돌아갔다. 레위인들에게는 그것들이 일반 다른 지파 백성들이 타작마당에서 거두는 소출과 포도즙과 동일한 성격을 지니게 되었다. 이는 그것들이 저들의 순전한 소유가 되었다는 의미를 지니고 있다.

레위 지파에 속한 사람들은 나중 가나안 땅에 들어가서 어느 지역에 살아가든지 일반 백성들이 바치는 십일조를 받았다. 그 가운데 또다시 십일조를 구별해 하나님께 바쳐 제사장들의 몫으로 돌리고 그 남은 것들은 레위인들의 소유가 되었다. 레위인들은 그것을 먹고 생활했으며 성막 봉사를 위한 직무를 감당하게 되었다.

레위 지파에게는 성막 보조 직무가 일반 백성들을 위해 대행하는 성격을 지니고 있었다. 따라서 백성의 십일조에는 그들이 한 일에 대한 대가나 보수와 같은 의미가 내포되어 있다. 중요한 사실은 율례가 정한 대로 저들의 몫을 가지기 위해서는 반드시 백성들로부터 받은 십일조 가운데 가장 '가장 좋고 가장 거룩한 부분'을 골라 하나님께 십일조로 바친 후에 남은 것들을 먹을 수 있었다.

그러나 십일조의 십일조를 하나님께 바치기 전에 그 거룩한 예물을 먹는 것은 하나님 앞에서 범죄행위가 된다. 만일 가장 좋고 아름다운 부분을 십일조로 구별하여 하나님 앞에 거제로 드리기 전에 백성들이 그것을 먹으면 하나님께 드린 예물을 더럽히는 것이 된다. 그것은 하나님의 심판과 죽음을 불러오게 된다. 즉 그와 같은 악행을 피해야만 하나님으로부터 생명을 보장받을 수 있게 되는 것이다.

19장

부정한 것에 대한 정결례와
여호와의 성소

1 흠 없는 붉은 암송아지를 통한 특별한 준비(민 19:1-6)

(1) 정결례를 위해 요구되는 동물(민 19:1-2)

여호와 하나님께서는 모세와 아론을 향해 매우 중요한 요구를 하셨다. 그것은 정결례를 위해 요구되는 특별한 의미를 지니고 있는 내용이었다. 이 말씀은 언약의 백성들 가운데 보편적 개념을 지닐뿐더러 상시적 개념을 동반하고 있다.

하나님께서는 먼저 자신의 율법에 근거한 율례를 전한다는 사실을 언급하셨다. 이는 그 특이한 율례가 갑작스레 전하는 것이나 임기응변적이 아니라는 사실을 말해주고 있다. 즉 언약의 백성들 가운데 마땅히 있어야 할 규례를 제시하시겠다는 것이었다.

그 정결례를 위해 이스라엘 자손에게 전해야 할 내용은 우선 온전하여 흠이 없고 멍에를 멘 적이 없는 붉은 암송아지를 모세와 아론 앞으로 끌고 오도록 하라는 명령이었다. 여기서 붉은 암송아지란 태어난 지 오래지 않은 암컷 새끼 송아지라는 의미를 지니고 있다. 우리는 앞에서 소의 처음 난 송아지는 거룩하다고 한 말씀을 기억한다(민 18:17).

이 땅에 출생하는 모든 인간들은 죄로 말미암아 부정한 상태로 태어나게 된다. 하지만 송아지는 그렇지 않다고 했다. 물론 송아지뿐 아니라 양과 염소도 그렇다는 말씀을 하셨다. 그런데 하나님께서는 정결례를 위하여 언약의 백성들로 하여금 태어난 지 오래지 않은 암송아지 새끼를 모세와 아론 앞으로 끌고 오게 하라는 명을 내리셨던 것이다.

우리가 여기서 먼저 생각해야 할 바는 하나님께서 갓 태어난 양 새끼나 염소 새끼가 아니라 어린 암송아지를 요구하신 사실이다. 거기에는 전적인 하나님의 뜻에 근거하고 있다. 그런데 우리는 여기서 양과 염소가 사람들에게 고기를 제공하는 식품이 될 수 있는데 반해 소는 그뿐 아니라 인간들을 위한 노동력을 제공한다는 사실을 떠올리게 된다.

그리하여 하나님께서는 포괄적 성격을 지니고 있는 소의 새끼 가운데 장차 많은 소들을 생산하는 암송아지를 요구하셨다. 그 암송아지를 하나님의 사람 모세와 대제사장 아론에게 맡겨 하나님께서 요구하시는 일반적인 속죄 의례를 선포하도록 하라는 것이었다. 그렇게 함으로써 언약의 자손들은 하나님과 인간 사이에 존재하는 부정한 죄의 원천에 연관된 문제를 해결해야 했던 것이다.

(2) 제사장 엘르아살에게 주어진 특별한 사역(민 19:3-6)

하나님께서는 모세를 향해, 백성들이 태어난 지 오래되지 않은 붉은 암송아지를 끌고 오면 그것을 제사장 엘르아살에게 주라고 명하셨다. 이는 그 일이 처음부터 공동으로 이루어지게 된다는 사실을 말해주고 있다. 엘르아살은 모세와 아론으로부터 어린 암송아지를 취해 진 밖으로 끌고 나가야 했다. 그곳에서 엘르아살이 자기의 눈앞에서 레위인 담당자들로 하여금 그 송아지를 잡게 하라는 명을 내리셨다.

우리는 여기서 특이한 점을 보게 된다. 그것은 하나님께 바치는 제물은 성소의 제단 앞으로 끌고 가서 잡아 제물로 바치는 것이 일반적이다. 그러나 이번의 경우에는 그와 정반대로 배치되는 과정이 요구되고 있다.

제사장 엘르아살은 태어난 지 얼마 되지 않은 어린 암송아지를 성소에서 멀리 떨어진 진 밖으로 끌고 가 레위인 담당자에게 자기가 보는 앞에서 잡도록 해야 했다. 그 송아지는 진 밖에서 제사장과 여러 사람들이 보는 가운데 죽임을 당하게 되었다. 그 짐승은 성소 부근에서 죽어 하나님의 제단에 바쳐지는 것이 아니라 진 밖에서 죽게 되었던 것이다.

제사장 엘르아살은 진 밖에서 자기가 보는 가운데 죽임을 당한 암송아지의 피를 손가락에 찍어 성막 앞을 바라보며 그곳을 향해 일곱 번 뿌려야 했다.27 암송아지를 잡은 진 밖의 그 장소와 백성들이 진을 친 중앙에 자리 잡은 성막이 있는 곳은 상당한 거리가 떨어져 있었을 것이 틀림없다. 이는 진 밖으로부터 백성들이 살아가는 진지 안을 거쳐 성막까지 나아가게 된다는 사실을 보여주고 있다.

여기서 성막을 향해 어린 암송아지의 피를 뿌리는 것은 매우 중요한 의미를 지닌다. 어린 새끼 암송아지의 붉은 피가 전체 언약의 백성들을 지나 성막을 향해 나아가는 성격을 지니게 되기 때문이다. 즉 모든 백성들이 그 암송아지의 피와 연관되어 있었던 것이다.

하나님의 성막과 성소는 장소적으로 보아 모든 백성의 중앙에 위치해 있었을 뿐 아니라 언약적 중심부 역할을 했다. 따라서 백성들이 각자가 머무는

---

27 구약시대 언약의 자손들에게 '일곱'이란 수는 가장 신성한 숫자로 간주되었다. 제사장이 죽은 암송아지의 피를 찍어 성막을 향해 일곱 번 뿌림으로써 그 신성함을 드러내 보여주고 있다.

처소에서 여호와 하나님을 경배하거나 기도할 때, 그리고 지은 죄를 회개할 때 성막을 향해 여호와 하나님을 바라보아야만 했다. 모세와 아론의 명령에 순종한 엘르아살의 모든 사역도 그와 연관된 관점에서 이해해야만 한다.

진 밖에서 잡은 어린 암송아지의 피를 성막을 향해 일곱 번 뿌린 엘르아살은 그 직무를 담당한 레위인들로 하여금 자기가 보는 눈앞에서 암송아지를 불사르도록 해야 했다. 즉 암송아지의 가죽과 고기와 피뿐 아니라 그 똥마저도 함께 불살라야만 했다. 그렇게 함으로써 그 암송아지 피를 성막을 향해 일곱 번 뿌리는 것과 동시에 그 짐승의 몸뚱어리 전체를 불사르게 되었다.

그와 동시에 제사장은 백향목28과 우슬초(hyssop)29와 홍색실30을 취하여 암송아지를 사르는 불 가운데 던져야 했다. 이는 불태워지는 암송아지에 연관된 모든 과정이 규례에 따라 적법한 절차를 거쳐 행해지고 있음을 보여준다. 그리하여 죽은 시체로 인한 모든 백성의 부정에 대한 하나님의 속죄와 연관된 규례를 이루어 가게 되었다(민 19:13 참조).

그러므로 우리가 여기서 기억해야 할 중요한 내용은 태워버리게 되는 암송아지의 모든 것이 불필요하게 되어 사라지게 되는 것이 아니라 그것들이 매우 중요한 속죄의 기틀을 마련하게 된다는 사실이다. 그것들이 부정하게 된 상태를 정결하게 하는 기초가 되기 때문이다. 즉 그것을 통해 부정을 제거하고 정결케 하기 위한 모든 준비를 갖추게 되었던 것이다.

---

28 백향목은 레바논의 산간 지방이 주산지인 침엽수로서, 지속되는 생명에 대한 상징적 의미를 내포하고 있다.

29 우슬초는 줄기에 털이 많이 난 작은 식물로서 주로 바위틈에서 자라난다. 유월절 날 문지방에 양의 피를 뿌릴 때나 문둥병을 정결케 할 때 사용되었다.

30 홍색실은 강력한 힘을 가진 것으로 알려져 있다. 예수님께서 십자가를 지실 때 홍색실로 된 홍포를 입으신 것도 그와 연관된 상징적 의미를 지니고 있다(마 27:28).

3부. 이스라엘 자손의 정체성

2 '정결을 위한 재'를 만드는 일에 참여한 자들의 부정과 지켜야 할 규례

(민 19:7-10)

제사장 엘르아살이 태어난 지 오래지 않은 암송아지를 진 밖으로 끌고 와 잡은 후 성막 앞을 향해 그 피를 뿌리고 온몸과 피와 똥까지 불사른 것은 '정결을 위한 재'를 만들기 위해서였다. 즉 암송아지를 잡아 죽이는 일 자체로서 모든 일이 완료되는 것이 아니었다. 그것을 가지고 '정결을 위한 재'를 만들어 부정한 요소를 '정결케 하는 물'을 만들어야 했던 것이다(민 19:9).

제사장은 암송아지를 잡아 태운 것으로 '정결을 위한 재'를 만들고 난 다음 곧장 자기가 입고 있던 옷을 빨고 물로 몸을 깨끗이 씻어야만 했다. 그 후에야 백성들이 거하는 진으로 들어갈 수 있었다. 그리고 송아지를 불살라 태우는 일에 가담한 레위인도 부정하게 되었으므로 자기 옷을 빨고 몸을 씻어야 했다. 그들은 그날 저녁까지 부정한 상태에 놓이게 되었기 때문이다.

어린 암송아지를 잡아 처리한 제사장과 그 자리에서 특별한 임무를 수행한 레위인들은 불법을 저지른 것이 아니라 규례에 따라 적법한 일을 행한 사람들이었다. 그런데 그들은 그날 그 자리에 있었다는 이유로 부정한 자들이 되었다. 하나님의 명령에 따라 어린 암송아지를 잡고 그 모든 광경을 보고 지휘했던 제사장과 명령을 수행한 레위인들이 그날 저녁까지 부정한 상태에 놓이게 되었던 것이다.

나아가 규례에 따라 불태워진 암송아지의 재를 모으는 일 또한 아무나 할 수 없었다. 이미 부정한 상태가 된 제사장은 물론 어린 송아지를 불태우는 일에 가담한 자들도 부정하게 되어 그 재를 모으는 일을 해서는 안 되었다. 그것은 오직 정결한 레위인들이 감당할 수 있는 일이었다.

그래서 그 일은 정결한 자가 불태워진 암송아지의 재를 거두어 진 밖 정한 곳에 두어야 했다. 그 재는 이스라엘 자손의 회중을 위해 간직해야만 할 매우 소중한 것이었기 때문이다. 그 재를 가지고 장차 부정한 것을 정결케 만드는 물을 만드는 재료로 사용하게 되었다. 즉 그 재가 없이는 부정을 정결하게 하는 물을 만들 수 없었다.

어린 암송아지를 태운 재는 이스라엘 모든 회중을 위한 것이었다. 즉 그것은 부정한 자의 죄를 속죄하여 정결케 하기 위해 사용되는 특별한 물을 만드는 데 사용해야 했다. 따라서 그 암송아지의 모든 부위를 태운 재를 하나님께서 요구하시는 규례에 따라 보관하는 것은 매우 중요한 일이었다.

그런데 정결한 자로서 재를 모으는 일에 가담했던 자들 또한 그로 말미암아 부정하게 된다고 했다. 그는 원래 부정하지 않은 자로서 규례에 따라 그 일을 수행했을 따름이다. 하지만 정결한 자가 하나님의 규례에 따라 순종했을 뿐인데 부정하게 되었던 것이다. 따라서 그는 자기가 입고 있던 옷을 빨아야 했으며 저녁까지 부정한 상태가 된다고 했다.

이에 대해서는 이스라엘 자손과 언약의 무리 속에 들어온 모든 이방인 출신 백성에게 영원한 율례가 된다는 사실이 언급되고 있다. 이 말은 맨 처음 모세와 아론에게 계시되고 제사장 엘르아살에게 맡겨진 그 일이 구약시대 이스라엘 자손 가운데 지속되어야 한다는 사실을 말해주고 있다. 그들이 죽고 난 후 이어지는 세대에도 어린 암송아지를 태운 재를 통해 만들어지는 정결케 하는 속죄의 물이 지속적인 역할을 감당해야 한다는 것이다.

그런데 우리는 여기서 이해하기 쉽지 않은 어려운 문제를 만나게 된다. 그것은 하나님의 명령에 따라 적합한 암송아지를 진 밖에서 잡고 그것을 불에 태워 재를 만들고 그 재를 보관하는 일을 한 사람들이 한결같이 부정하게 된다고 했기 때문이다. 우리는 이에 대해 신중한 생각을 해보게 된다.

하나님의 율법을 어기거나 잘못된 행위를 하지 않고 율례에 온전히 순종한 제사장과 그 직무에 참여한 자들이 왜 부정하게 되었는지 생각해 보지 않을 수 없다. 그들이 부정하게 된 데는 분명한 이유가 있을 것이 틀림없다. 이에 대해서 우리는 전체적인 해석을 필요로 하는 신학적인 관점에서 접근해야만 한다.

우리는 정결한 재를 만들기 위해 사용된 어린 암송아지가 거룩하다는 사실을 잘 알고 있다. 그 거룩한 성질이 그에 가담하는 모든 사람들의 부정을 드러내는 역할을 하게 되었다. 아론 자손 제사장이든 그 일에 참여하여 암송아지를 잡아 불에 태운 레위인들이든 그 재를 따로 모으는 직무를 맡은 자들이든 모두가 거룩한 것에 가까이했으므로 자신의 부정한 상태를 드러낼 수밖에 없게 되었던 것이다.

이는 저들의 특정한 행위로 말미암아 부정하게 된 것과는 다른 성질을 지니고 있다. 오히려 그들은 하나님의 명령과 규례에 온전히 순종했을 따름인데 그와 같이 되었다. 순전한 순종에도 불구하고 그들이 부정하게 되었던 까닭은 하나님의 거룩한 것으로 말미암아 저들의 부정이 드러나게 된 사실과 연관지어 이해해야 하는 것이다.

여기에는 오늘날 지상 교회가 받아들여야 할 중요한 교훈이 존재한다. 즉 우리의 부정은 인간들의 악한 행위 자체로 인한 것에 머물지 않는다. 그와 같은 식의 부정이라면 하나님을 아는 자들이나 그렇지 않은 자들 사이에 별다른 구별이 없어 보일 수 있다. 하지만 하나님의 자녀들이 부정한 것은 거룩한 하나님의 절대적인 속성을 만날 때 그 부정이 그대로 드러나게 되기 때문이다.

3 사람의 시체를 만진 자와 부정을 정결케 하는 의례(민 19:11-13)

본문 가운데는 사람이 부정하게 되는 첫 번째 사례로 사람의 시체를 만지는 것이 나온다. 그것은 모든 사람들에게 일상적인 일이라 할 수 있다. 그런데 시체에 접촉한 자는 칠 일 동안 부정하게 된다. 따라서 그는 제 삼일과 제 칠일 정해진 때에 맞추어 제사장이 어린 암송아지를 죽여 태운 재를 탄 물로써 정결케 해야만 한다.

만일 제 삼일과 제 칠일에 그 잿물로서 정결케 하지 않으면 그냥 부정한 상태로 남아있게 된다. 또한 시체로 인해 부정하게 된 사람이 제 삼일과 제 칠일이 아닌 다른 날을 잡아 그렇게 하는 것도 규례를 어기는 것이 된다. 나아가 날마다 그렇게 해도 하나님의 요구에 대한 불순종 행위가 된다.

그러므로 부정하게 된 자는 반드시 정해진 규례에 따라 정결하게 해야만 한다. 누구든지 시체로 말미암아 부정하게 된 자가 그 규정을 실행하지 않으면 여전히 부정한 상태로 남을 뿐 아니라 여호와 하나님의 거룩한 성막을 더럽히게 된다. 즉 그것은 개인적인 문제로 끝나는 성질의 것이 아니라 이스라엘 민족 전체에 연관된 공공성을 띠고 있는 것이다.

그렇게 되면 그 사람은 하나님의 성막을 더럽힌 죄로 말미암아 이스라엘 민족 가운데서 끊어지게 된다. 이는 하나님의 언약에서 내침을 당한다는 저주의 성격을 지니고 있다. 그가 그렇게 되는 것은 규례대로 정결케 하는 물로써 깨끗하게 되지 못해 그 부정을 그대로 보유하고 있기 때문이다.

이렇게 되면 부정하지 않은 모든 자들이 더럽혀진 성막으로 인해 심한 고통을 당하게 된다. 성막의 상태로 인한 영향은 온 백성들에게 미칠 수밖에 없었다. 즉 시체로 말미암아 부정하게 된 다른 사람 때문에 성막이 더럽혀지고 그 영향을 모든 백성이 받게 되는 것이다.

4 장막에서 죽을 때의 법(민 19:14-20)

(1) 장막에서 죽은 자로 인한 부정(민 19:14-15)

모든 인간은 예외 없이 누구나 때가 되면 죽을 수밖에 없다. 광야에 살아가던 이스라엘 자손도 마찬가지였다. 당시 이스라엘 백성이 약 이백만 명 정도가 된 것을 감안하면 하루에도 수십 명 혹은 수백 명이 죽게 된다. 그들은 대개 자기의 장막 곧 개인의 집에서 죽음을 맞게 되었을 것이다.

자기가 거처하던 장막에서 죽은 사람이 있을 경우에도 그에 연관된 적법한 규례가 따른다. 죽은 사람의 시체가 있는 장막 안에 있는 그 가족들은 칠일 동안 부정하게 된다. 그 집안 사람들은 그와 같은 상황을 피하지 못한다. 자기 가족인 사람의 시체를 처리해야만 하기 때문이다.

설령 시체를 직접 손으로 만지거나 옷에 닿지 않는다고 할지라도 그들은 부정을 피할 수 없다. 또한 죽은 사람의 시체가 놓여있는 장막 안으로 들어가는 외부인들 역시 칠 일간 부정한 상태에 놓이게 된다. 설령 그가 사람이 죽은 사실을 알지 못한 채 그곳에 갔다고 할지라도 마찬가지다. 그들은 모두 칠 일 동안 부정하게 되는 것이다. 이와 같은 상황은 예외 없이 모든 사람에게 해당된다.

그리고 그 부정은 집 안에 있는 모든 집기와 그릇에도 영향을 미치게 된다. 즉 시신이 있는 장막 안에 뚜껑을 덮지 않고 열어놓은 그릇이 있다면 그것도 부정하게 된다. 문둥병처럼 사람뿐 아니라 물건도 부정한 상태로 변하는 것이다. 그런데 문제는 그 부정한 그릇에 신체 일부가 닿거나 옆에 있기만 해도 부정하게 된다는 사실이다.

그러므로 사람이 거주하는 장막 안에서 사람이 죽을 때가 이르면 열어놓은 모든 그릇의 뚜껑을 덮어두어야만 한다. 그렇게 하지 않으면 그 집 안에 있는 식구뿐 아니라 그곳을 드나드는 모든 사람들과 다른 물건들에조차 부정한 상태가 되어 파급되기 때문이다. 이에 대한 기억을 하며 정결례를 행하는 것은 매우 중요한 성격을 지니고 있다.

(2) 죽은 자의 시체로 인한 부정(민 19:16)

산 사람은 죽은 사람의 시체를 피할 수 없다. 죽은 사람에게는 산 사람을 보살피거나 의도에 따라 어떻게 할 능력이 존재하지 않는다. 그에 반해 산 사람은 죽은 사람의 시체를 만지거나 그것을 처리하는 일을 피하지 못한다.

세상에 살아가는 사람들의 죽음은 매우 다양한 형태를 띠고 있다. 그것은 죽음에 직면한 당사자가 스스로 선택하는 것이 아니라 불가피하게 임하는 성격을 지니게 된다. 산 사람들은 다양한 형태의 갖가지 죽음에 대하여 나름대로 평가를 하며 특별한 의미를 부여하기도 하지만 죽은 당사자에게는 그것 자체가 아무런 의미가 없다.

전장에서 적군에 맞서 싸우다가 적의 병기에 의해 전사를 당한 사람이 있는가 하면 나이가 들어 자연스럽게 죽음을 맞는 사람도 있다. 질병으로 인해 죽는 사람이 있는가 하면 불의의 사고를 당해 죽게 되는 경우도 있다. 또한 외롭게 죽는 자들이 있는가 하면 집 안에서 가족들이 지켜보는 가운데 자연스러운 죽음을 맞는 자들도 많이 있다.

하지만 분명한 사실은, 개개인 사람들이 자신의 죽음에 대한 이유와 방법을 선택하지 못한다는 사실이다. 따라서 온갖 형태의 비참한 죽음을 맞게 되는 자들도 많이 있을 수밖에 없다. 그런 가운데 대다수 사람들은 자기가 원하는 대로 평온한 상태에서 죽음을 맞고자 원하고 있다.

죽은 사람도 다양한 평가의 대상이 되거니와 산 사람들 또한 각각 죽은 형편에 따라 시신을 달리 대한다. 어떤 사람의 죽음은 복된 죽음으로 자연스럽게 받아들여지나 일상적이지 않은 처참한 죽음은 그렇지 않다. 그럼에도 불구하고 생명이 끊어지고 죽게 되면 그것으로 생애가 마감되고 그동안의 몸은 시체로 남게 된다.

그런데 민수기 본문에 언급된 내용은 죽은 사람들 사이에 차별적 판단이 내려지는 것보다 그 시체로 말미암아 살아있는 자들이 부정하게 된다는 사실이 더욱 중요하다는 점이다. 죽은 자들의 시신을 만진 사람들은 부정하며, 그것은 죽은 후에도 오랜 기간 동안 부정의 원인이 되기도 한다는 사실을 말해주고 있다. 즉 죽은 자의 무덤을 만지거나 죽은 지 오래되어 무덤에서 나온 그 뼈를 만져도 부정하게 된다.

그렇게 한 자들은 칠일 동안 부정한 상태에 놓이게 된다. 설령 부지중에 그렇게 했다고 할지라도 부정하게 된다. 우리가 여기서 생각해야 할 바는, 자기도 모르는 사이 부정하게 되었음에도 불구하고 그에 대한 인식이 전혀 없을 수 있다는 사실이다. 하지만 본인의 인식 여부를 떠나 그는 하나님 앞에서 부정한 자가 되어 있는 것이다.

이 말은 또한 모든 백성은 부정한 상태에 가두어져 있다는 사실을 말해 주고 있다. 누구든지 다양한 형태를 띤 부정한 자들의 주변에 노출되어 있기 때문이다. 따라서 언약의 백성들은 항상 부정하게 된 자기의 상태를 깨닫는 것과 자기도 모르는 사이 그 부정에 감염되어 있을 수 있다는 사실을 염두에 두고 살아가야만 한다. 그것이 곧 하나님 앞에서 부정한 자기의 모습을 보게 하기 때문이다.

(3) 그 부정한 자들을 위한 정결례(민 19:17-19)

죽은 사람의 시체로 말미암아 부정하게 된 자들은 반드시 그 죄를 깨끗하게 씻어내어 정결한 상태를 회복해야 한다. 그것은 반드시 규례와 절차에 따라 그렇게 해야만 한다. 칠일 동안 부정하게 되었다면 그 정해진 날짜와 방법대로 그에 따라야만 한다. 즉 정해진 규례와 상관없이 자신의 행동을 심정으로 크게 뉘우친다든지 하나님 앞에 회개 함으로써 해결되지 않는다.

이에 대해서는 오늘날 우리 역시 자기가 범한 죄를 하나님 앞에 내어놓고 정결한 상태로 회복될 수 있어야 한다. 일반적인 반성이나 종교적인 회개의 말과 삶의 자세가 그와 같은 회복을 이루지 못한다. 반드시 십자가에 달리신 예수 그리스도의 피로써 더러운 것들을 씻어내야만 하는 것이다. 그에 대한 깨달음이 있는 자들이 그와 더불어 하나님 앞에 자기의 모든 죄를 내어 놓고 용서를 간구하게 된다.

하나님께서는 민수기 본문 가운데서 부정한 자들의 죄를 정결케 하기 위해서는 앞에 언급된 거룩한 어린 암송아지를 불로 태워 만든 재를 취하여 흐르는 물과 함께 그릇에 담도록 명하셨다. 그리고는 정결한 자가 우슬초를 취하여 그것을 물에 찍어서 장막과 그 모든 기구와 거기 있는 사람들에게 뿌리도록 했다. 그리고 죽은 자의 시체나 무덤이나 그에서 나온 뼈를 만진 자에게 뿌려야 했던 것이다.

모세의 규례는 원래 부정하게 된 상태로 말미암아 그 당사자 뿐 아니라 그의 가족을 비롯한 주변의 모든 사람들 역시 부정한 자가 된다는 점을 말하고 있다. 또한 장막 곧 그 집 안에 있는 기구와 물건도 부정하게 될 수 있는 사실을 언급했다. 따라서 사람의 시체로 인해 다양한 경로로 부정하게 된 모든 것들은 다시금 정결하게 되어야 했다.

그것을 위해 정결한 자가 정해진 그날로부터 제 삼일과 칠일 두 차례 부정한 자들과 부정한 물건들에 정결케 하는 물을 뿌려야 했다. 그리하게 되면 부정한 것들을 정결케 하기 위해 정결케 하는 물을 뿌린 그 정결한 자 또한 그로 말미암아 부정하게 된다. 따라서 그는 반드시 입고 있던 자기의 옷을 빨고 물로 몸을 씻어야만 한다. 그렇게 함으로써 저녁이 되면 정결하게 된다고 했다.

(4) 정결례를 거부하는 자의 죄(민 19:20)

이스라엘 백성 가운데 살아가던 사악한 인간들 중에는 하나님에 대한 경외감이 전혀 없는 자들이 상당수 있었다. 이는 그들이 하나님의 율법과 규례를 멸시하는 것과 연관되어 있다. 그런 자들은 죽은 자의 시체로 말미암아 부정하게 되었으나 그에 대한 정결례를 행하기를 거부했다.

시체로 인해 부정하게 된 자들에게는 겉으로 나타나는 증상이나 고통이 없었던 것 같다. 문둥병이나 유출병 등 다양한 질병들은 사람을 고통에 빠뜨리는 것이 일반적이다. 하지만 죽은 자의 시체로 말미암아 부정하게 된 자들에게는 특별한 고통이 따르거나 그로 인해 별다른 증상이 나타나지 않았던 것으로 보인다.

따라서 그들은 눈에 보이지 않는 자신의 부정한 상태를 무시하게 되었다. 그러니 복잡한 의례를 통해 자신을 정결케 하는 절차를 거부했던 것이다. 문제는 그들의 불순종이 당사자뿐 아니라 다른 사람들과 집안의 모두에게 부정을 감염시키는 원인이 된다는 사실이다.

그러므로 그 부정한 자들은 하나님의 거룩한 성소를 더럽히는 직접적인 악행에 가담하게 된다. 그로 말미암아 그런 자는 총회 가운데서 끊어지는 형벌을 받게 된다. 이는 그들이 저주 아래 놓이게 된 사실을 말해주고 있다. 그런 자는 정결케 하는 물로 깨끗이 씻지 않았으므로 부정한 상태에 놓여있게 된 것이다.

우리가 여기서 주의 깊게 생각해 보아야 할 점은 부정한 것에 대한 정결례가 개인의 문제라 할지라도 전체적으로 보아 공적인 의미를 지닌다는 사실이다. 따라서 부정한 상태에서 정결케 하지 않으면 그것은 개인뿐 아니라 하나님의 성소를 더럽히는 것이 된다고 했다(민 19:13, 20, 참조). 이는 정결례를 거쳐 깨끗하게 되면 그것이 하나님의 성소에도 직접 연관된다는 사실을 말해주고 있다.

오늘날 지상 교회는 이와 연관하여 매우 중요한 교훈을 받을 수 있어야 한다. 우리의 모든 죄는 반드시 정결하게 되어야만 한다. 주님께서 행하신 십자가 사역으로 말미암아 허락된 일을 우리는 결코 가볍게 여겨서는 안 된다. 자칫 잘못하면 주님께서 행하신 거룩한 사역 위에서 우리는 죄악을 끊임없이 되풀이할 우려가 따른다. 그것은 하나님에 대한 모독이 될 수 있음을 기억하지 않을 수 없다.

나아가 우리에게서 발생하는 일상적인 죄와 부정이 우리에게 직접적인 고통을 가하지 않는다는 사실을 기억해야 한다. 인간들은 약간의 상처만 입어도 견디지 못하는 경우가 많다. 하지만 무서운 죄의 지배를 받고 그에 다양한 방법으로 가담하면서도 고통을 느끼지 못하니까 하나님의 뜻을 멸시하게 되는 것이다.

우리는, 인간들이 미처 분명하게 깨닫지 못하는 죄가 하나님의 거룩한 성소와 지상 교회를 더럽힐 수 있다는 사실을 기억하지 않으면 안 된다. 그와 같은 자리에 오래 머물게 되면 그 자신이 스스로 저주하는 자리에 빠지게 된다. 시체를 만지고 부정한 자가 총회에서 끊어지듯 그와 같은 저주의 자리에 놓이게 될 수 있는 것이다. 하나님을 진정으로 경외하는 성숙한 성도들은 이에 대한 분명한 깨달음을 가져야만 한다.

5 정결케 하는 물을 만진 자의 부정과 자연 정결 과정(민 19:21-22)

부정에 대하여 정결케 하는 규례는 영원히 지속된다. 그 율례는 일시적이거나 지역적인 것이 아니라 어디서나 상시적으로 존재하는 의미를 지니고 있다. 부정한 자가 정결케 되기를 거부하면 영원한 멸망과 저주에 빠질 수밖에 없게 된다.

부정한 자를 위해 정결케 하는 물을 뿌린 자는 원래 정결한 자였음에도 불구하고 입고 있던 옷을 빨아야 한다. 그리고 정결케 하는 그 물을 만진 자는 저녁까지 부정하게 된다. 이 말 가운데는 완벽하게 정결한 물 앞에는 모든 인간의 부정함이 그대로 드러나게 된다는 의미를 지니고 있다. 즉 정결케 하는 물로써 부정을 깨끗이 씻어내는 그 사람도 정결케 한 물로 말미암아 그 부정이 노출되는 것이다.

그러므로 그는 저녁까지 부정한 상태에 놓일 수밖에 없다. 이는 정해진 그 시간이 지나면 일상적으로 돌아가게 된다는 사실을 말해주고 있다. 하지만 그에 대한 깨달음이 없는 자로서 부정하게 된 경우라 할지라도 그의 신체에 접촉한 자들은 부정하게 된다. 또한 그가 만진 물건을 만지게 된 자들도 부정을 피하지 못한다.

우리는 여기서 부정하게 된 사람을 정결케 하는 의례에 참여한 자가 도리어 부정을 퍼뜨리는 역할을 하게 될 수 있음을 알 수 있다. 즉 부정한 타인을 정결케 한다고 하면서 정작 자신의 부정한 모습을 보지 못하는 것이다. 따라서 정결하게 하는 의례를 행하는 자는 더욱 겸허한 자세로 그 과정에 참여하지 않으면 안 된다.

6 교회적 교훈: 상시적 부정과 상시적 정결례

이스라엘 백성이 광야에서 유리할 당시 일반적인 죽음을 맞는 사람들은 하루에 수백 명이 되었을 것이다. 그 죽은 사람들의 시체를 누군가는 손으로 만지고 처리해야만 했다. 그것은 선택적이 아니라 불가피한 상황이었다. 이 말은 이스라엘 백성들 가운데는 항상 부정한 자들이 나올 수밖에 없다는 사실을 말해주고 있다.

또한 일반적이지 않은 상황에서 죽은 경우도 숱하게 많이 나타났다. 앞에서 고라 자손의 반역으로 인해 수많은 사람들이 죽었는데 그 모든 시체들을 산 사람들이 처리했을 것이 분명하다. 이는 하나님께서 이스라엘 모든 자손을 '부정한 상태' 가운데 가두어버린다는 의미와 통하는 개념이다.

이처럼 타락한 이 세상에 살아가는 모든 인간들은 거룩한 하나님 앞에서 부정한 죄인일 수밖에 없다. 특히 하나님의 아들이신 예수 그리스도 앞에서는 모든 인간이 죄인으로 드러나게 된다. 죽은 사람의 시체를 만진 자가 자신을 정결케 하지 않으면 다른 사람들에게 악한 영향을 끼쳐 부정하게 만들듯이 오늘날 우리 시대 언약의 자손들 역시 죄악 세상 가운데 살아가면서 동일한 형편에 처해 있다.

중요한 사실은 직접적인 죄로 인한 부정이든지 비록 자신의 부정이 부지중에 발생했던지 그 부정은 부정일 따름이라는 것이다. 어떤 경우라 할지라도 그 부정을 정결하게 하지 않는다면 하나님의 거룩한 성소를 더럽히는 일에 가담하게 된다. 이처럼 오늘날 우리가 부지중에 죄를 지어 부정하게 된 경우 역시 하나님의 거룩한 성소와 주님의 거룩한 교회를 더럽히는 행위가 되는 것이다.

우리는 어린 암송아지를 태운 재로써 부정한 자를 정결케 하는 물을 만들어 깨끗하게 하는 의례에 참여한 정결한 자가 그 만진 물로 인해 도리어 부정하게 된 사실의 의미를 분명히 기억해야 한다. 완벽하게 거룩한 물이 그에 닿은 인간을 부정한 상태의 죄인이라는 사실을 그대로 드러내기 때문이다. 즉 그가 구체적인 범죄행위를 한 것이 아닐지라도 그의 죄성을 노출시키게 된 것이다.

이처럼 오늘날 우리의 죄 또한 하나님의 거룩한 속성을 만나게 될 때 그 부정한 것이 그대로 드러나게 된다. 직접적인 범죄로 인하여 죄에 연관된 문제보다 거룩한 하나님에 의해 드러나는 원천적 죄가 더 두렵게 다가온다. 교회 가운데는 하나님의 거룩함과 인간들의 죄가 끊임없이 부딪치는 가운데 인간들의 죄가 드러나게 된다. 그 가운데서 정결케 하는 예수 그리스도의 피로 말미암아 용서가 이루어지는 것이다.

하나님의 자녀들은 부정한 자신의 부주의가 부정을 퍼뜨리며 하나님의 몸된 교회를 더럽히게 된다는 사실을 기억해야 한다. 자기는 직접 죄에 가담한 일이 없다고 주장할지 모르지만 지금도 부정한 죄성의 파급력은 무섭게 작용하고 있다. 따라서 성숙한 성도들은 항상 깨어있지 않으면 안 된다. 우리에게는 예수 그리스도의 십자가 사역으로 인해 흘리신 그의 피와 물이 항상 예비되어 있다.

아론의 죽음과
출애굽 차세대

20장

출애굽 차세대와
에돔 족속 및 대제사장 승계

1 미리암의 죽음과 모세에게 대항하는 백성들(민 20:1-5)

출애굽한 후 40년 되는 정월에 이스라엘 자손의 온 회중이 신 광야에 도착하여 가데스에 진을 치고 거하게 되었다. 그들은 출애굽한 백성들 가운데 차세대에 해당되는 자들로 주를 이루었다. 그들 가운데 상당수는 시내 반도의 사막을 주로 경험했을 뿐 애굽에서의 직접적인 사회 경험이 없었을 것이다.

이는 그들이 광야 가운데서 장막 생활을 하는 중에 하늘에서 내려오는 만나를 먹고 살아왔음을 말해주고 있다. 그들 가운데는 직접 농사를 지은 결과로 곡식과 열매를 취해 먹고 살아본 경험이 부족하거나 없는 자들이 많았다. 어쩌면 그들 중에는 그와 같은 생활이 저들뿐 아니라 다른 사람들도 그와 비슷할 것이라 여기는 자들이 상당수 있었을지 모른다.

그와 같은 형편에서 모세의 누이 미리암이 나이가 들어 죽게 되었다. 사람들은 그 시신을 그곳에 장사지냈다. 물론 그 죽음과 관련해서는 앞에서 언급된 모든 규례에 따라 시체를 처리하고, 부정하게 된 것을 '정결하게 하는 잿물'로써 씻어냈을 것이다.

그와 같은 일이 벌어지고 있을 때 일반 회중이 모세와 아론을 원망하며 공박하는 일이 발생했다. 그 원인은 광야에 마실 만한 물이 부족했기 때문이었다. 그들은 그 고통스러운 상황에 대한 직접적인 책임을 모세와 아론에게 돌렸다.

그전에 많은 백성이 여호와 하나님 앞에서 죽을 때 그들도 저들과 함께 죽었더라면 좋았을 뻔했다고 생각하고 있었다. 그들이 죽는 것을 보며 살아남은 것을 다행으로 여겼으나 실상은 전혀 그렇지 않다는 것이었다. 즉 죽지 않고 살게 되면 더 나은 삶이 전개되어야 하는데 전혀 그렇지 않다고 판단했던 것이다.

따라서 그들은 더욱 원천적인 문제를 제기하기에 이르렀다. 모세와 아론이 애굽 땅에서 여호와 하나님을 섬기던 백성의 총회를 삭막한 광야로 끌어들여서 사람들과 짐승 전체가 죽도록 만들었다는 것이었다. 그들로 인해 비옥한 애굽 땅을 버리고 황량한 땅으로 오게 된 것을 원망했던 것이다.

사막에서는 파종할 만한 종자가 없고 무화과 열매도 없으며 포도나 석류도 없다고 했다. 그들은 가나안 땅에 그와 같은 과일들이 많이 있는 것을 알고 있었으며 저들의 조상들로부터 애굽 땅의 좋은 열매들에 관한 얘기를 듣기도 했을 것이 틀림없다. 뿐만 아니라 이제는 마실 물조차 부족한 상태에서 살아가기 힘들다는 사실을 토로하며 모세와 아론을 적극적으로 공박하게 되었다.

2 모세와 아론의 간구와 하나님의 응답(민 20:6-11)

백성들로부터 심한 원성을 들었으나 모세와 아론은 저들과 맞서 싸울 수 없었다. 그들은 이미 작정하고 덤벼들고 있었기 때문에 그렇게 할 수 없는 형편이었다. 결국 그 두 사람은 성막 앞으로 나아가 그 문 앞에 엎드려 하나님을 향해 간구하게 되었다.

그때 여호와 하나님의 영광이 그들 가운데 나타났다. 하나님이 저들의 편이라는 사실을 입증했던 것이다. 그 자리에서 하나님께서 모세에게 명령을 내리셨다. 그의 지팡이를 가지고 아론과 함께 회중을 모으고 반석 앞으로 나아가 저들이 보는 목전에서 그 반석을 향해 물을 내도록 명령을 내리라는 것이었다.

그러면 하나님께서 그 반석으로 하여금 물을 내도록 하리라고 말씀하셨다. 그리하여 그로부터 나는 물을 온 회중과 저들의 짐승에게 마시게끔 하라고 하셨다. 하나님의 말씀을 들은 모세는 그 명령에 순종하여 자기의 지팡이를 취했다. 그 지팡이는 아마도 모세가 홍해 바다를 가른 그 지팡이였을 것이다.

하나님의 말씀을 의존한 모세는 회중의 총회를 그곳에 있는 반석 앞으로 불러 모았다. 그리고는 하나님을 의지하지 않은 백성들의 사악한 본성을 지적하며 말했다. 당시 패역한 자들은 모세와 아론에 대한 원성과 공박뿐 아니라 하나님에 대항하는 무모한 행동을 지속하고 있는 상태였다.

모세는 백성을 향한 심한 책망과 더불어 하나님의 은혜에 따라 반석에서 물이 솟아나게 해 주리라고 했다. 그리고 손을 높이 들어 들고 있던 지팡이로 반석을 두 번 내리쳤다. 그러자 바위가 터져 그로부터 많은 물이 솟아나게 되었다. 그곳에 모여 있던 모든 백성들은 그 물을 마시고 짐승들에게도 마시게 했다. 백성들이 하나님과 모세를 향해 믿음 없는 태도로 대항했음에도 불구하고 하나님께서는 저들에게 마실 물을 풍족히 공급하셨던 것이다.

3 모세와 아론을 향한 하나님의 질책(민 20:12-13)

그 후 여호와 하나님께서 모세와 아론을 향해 심한 질책을 하셨다. 그들이 하나님을 온전히 의지하지 않고 이스라엘 자손의 목전에서 하나님의 거룩함을 드러내지 않았다는 것이다. 그로 말미암아 모세와 아론은 이스라엘 민족의 총회를 하나님께서 저들에게 주시기로 약속한 땅으로 인도하여 들이지 못하리라는 말씀을 하셨다.

이는 그들이 이스라엘 백성의 지도자로서 충분한 역할을 하지 못했다는 사실과 연관되어 있다. 어리석은 백성들은 언약의 자손이라 내세우면서 하나님의 말씀에 따르기를 거부하여 저항하는 행동을 되풀이했다. 그들이 모세와 아론에게 저항하며 덤비는 것은 하나님에 대한 불순종 행위였다.

하나님께서는, 백성들 가운데 그와 같은 일이 발생한 것은 모세와 아론에게 상당한 책임이 있으며 백성들에게도 큰 책임이 있다는 사실을 언급하셨다. 이에 관해서는 시편 기자가 분명히 묘사하고 있다. 모세가 사악한 행동을 하는 이스라엘 자손을 엄하게 다스리지 않았다는 것이다. 그로 인해 모세와 아론을 비롯한 온 회중이 하나님의 거룩함을 모독하게 되었다. 시편 106편에는 그에 관한 내용이 기록되어 있다.

> 그들이 또 므리바 물에서 여호와를 노하시게 하였으므로 그들 때문에 재난이 모세에게 이르렀나니 이는 그들이 그의 뜻을 거역함으로 말미암아 모세가 그의 입술로 망령되이 말하였음이로다 그들은 여호와께서 멸하라고 말씀하신 그 이방 민족들을 멸하지 아니하고 그 이방 나라들과 섞여서 그들의 행위를 배우며 그들의 우상들을 섬기므로 그것들이 그들에게 올무가 되었도다
>
> (시 106:32-36)

이 말씀은 하나님 앞에서 모세와 아론을 비롯한 백성들의 패역한 모습을 그대로 보여주고 있다. 그 상황을 두고 이스라엘 자손이 여호와 하나님께 대항하여 다툰 것으로 묘사했던 것이다. 따라서 그곳에 있는 물을 '므리바

물'(the waters of Meribah) 곧 '다툼의 물'이라는 이름으로 칭하게 되었다.

그리하여 성경은 그곳에서 발생한 사건과 '므리바 물'이라 칭한 사실을 통해 하나님께서 저들 가운데 자신의 거룩함을 드러내신 것으로 기록하고 있다. 이는 인간의 불순종과 악행으로부터 뚜렷이 구별되는 여호와 하나님의 거룩한 성품을 나타내 보여준다. 그 사건이 있었던 후로는 모든 백성들이 므리바에서 하나님과 다툰 사실을 기억하며 거룩한 하나님을 경외할 수 있어야만 했다.

4 이스라엘 자손과 에돔 족속(민 20:14-21)

(1) 에돔을 향한 이스라엘의 요청(민 20:14-17)

가데스에 머물고 있던 모세가 에돔 왕에게 특별한 임무를 맡긴 사신을 보냈다. 그는 자기가 원하는 바에 대한 허가를 얻어내기 위해 먼저 이스라엘 민족의 혈통에 관한 언급을 했다. 자기 민족의 조상 야곱은 에돔 족속의 조상 에서와 쌍둥이 형제란 사실을 의도적으로 내비치었다. 모세는 여기서 하나님을 전적으로 의지하는 대신 에돔 왕과 외교적 협상을 시도하고자 했던 것이다.

그리고 이스라엘 자손이 애굽 땅에서 이방인들로부터 많은 고난을 당한 사실을 언급했다. 모세를 비롯한 당시 이스라엘 백성의 많은 조상들이 애굽 땅에 수백 년의 오랜 기간 거주했는데 그동안 애굽인들로부터 심한 학대를 받았다는 사실을 말했다. 그것을 통해 에돔 왕으로부터 긍휼히 여김을 받고 동정심을 불러일으키고자 했기 때문이다.

모세는 또한 이스라엘 자손이 애굽에서 이방인들의 학대를 견디지 못해 여호와 하나님께 간절히 부르짖었더니 그로 인해 하나님께서 천사들을 보내 저들을 인도해 내셨다는 사실을 말했다. 그리하여 이제 시내 광야를 거쳐 에돔 왕국이 통치하는 변방의 한 모퉁이인 가데스에 머물고 있다고 했다.

그런 중에 이제 이스라엘 자손이 에돔 왕국의 땅을 지나 요단강 동편의 북쪽으로 나아가고자 하니 길을 좀 열어달라는 당부를 했다. 그러면 왕이 허락하는 대로(大路)로만 행진할 것이며 에돔 사람들의 밭이나 포도원 안으로 들어가지 않을 것이라고 했다. 그리고 에돔 사람들이 이용하는 우물물도 마시지 않겠다는 말을 했다.

에돔 왕이 그 길을 통과하도록 허락만 해주시면 에돔 백성들에게 어떤 해악도 끼치지 않으리라는 것이었다. 즉 에돔 왕국의 땅을 지날 때까지 좌편으로나 우편으로 치우치지 않고 그냥 그 길만 지나가겠다고 했다. 이스라엘 자손이 원하는 것은 사해 동편에 위치한 에돔 왕국을 지나 요단강 동편 지역으로 올라가는 것밖에 없다는 것이었다. 모세는 특별히 보낸 사신에게 그에 연관된 자기의 뜻을 에돔 왕에게 전하도록 명했던 것이다.

그런데 사실은 이스라엘 민족의 조상 야곱과 에돔 족속의 조상 에서는 이삭의 아들로서 쌍둥이 형제였다. 하지만 그들은 태생적으로 서로 원수처럼 지낸 사이였다. 그들은 태중에서부터 다투었으며 나중 야곱이 형 에서의 장자권을 빼앗으면서부터 더욱 분명한 원수가 될 수밖에 없었다.

모세는 이제 수백 년의 세월이 흘러갔으니 그전의 앙금은 전부 묻혀질 것이란 막연한 기대를 하고 있었다. 하지만 에돔 왕은 모세의 요구를 들어주려 하지 않았다. 물론 그것이 수백 년 전의 조상들 사이에 있었던 앙금 때문만은 아니었을 수도 있다.

우리가 역사 가운데 기억해야 할 바는 에돔 백성들의 조상인 에서와 이스라엘 민족의 조상 야곱은 극명하게 다른 역사적 과정을 거쳤다는 사실이다. 하나님의 축복을 받은 야곱의 가정은 도리어 처음부터 문제가 많았다. 장남 르우벤의 자기 서모와의 부정한 간음, 유다의 자기 며느리와의 관계, 야곱의 아들들이 동생 요셉을 이방의 인신매매단에 팔아넘긴 사건들 외에도 부끄러운 문제들이 가득했다.

그리하여 야곱의 집안은 결국 애굽 땅으로 내려가 사백여 년 동안 고통을 당하며 나라 없는 상태로 지내야 했다. 물론 거기에는 하나님의 원대한 섭리와 경륜이 작용하고 있었다. 그에 반해 하나님의 축복을 받지 못한 에서의 자식들은 오히려 세상에서 훌륭하게 되어 이른 시기에 벌써 승승장구하여 에돔 왕국을 세우게 되었다(창 36:1-43, 참조). 이처럼 야곱의 자손과 에서의 자손은 서로 극명한 대조를 이루고 있었던 것이다.

그런데 모세가 요단강 동편으로 올라가기 위해 사신을 보내던 시기에는 상황이 더욱 복잡하게 전개되어 가고 있었다. 에돔 왕국의 입장에서는 모세가 이끄는 이스라엘 자손에 관련된 특별한 상황에 대한 소문을 다 듣고 있었을 것이 분명하다. 막강한 세력을 펼치던 애굽의 왕궁을 중심으로 펼쳐진 숱한 기적적인 사건들, 그들이 홍해 바다를 가르고 마른 땅바닥을 걸어서 건넌 사건, 시내 광야에서 만나와 메추라기를 먹고 살아가는 형편 등 기적적인 사건들은 보통 일이 아니었던 것이다.

(2) 에돔 왕의 단호한 거절(민 20:18-21)

그와 같은 여러 형편들 가운데서 에돔 왕은 모세의 요구를 받아들이지 않았다. 이스라엘 자손의 에돔 왕국 지역의 통과를 분명히 거부했던 것이다. 이는 모세가 이스라엘 자손을 에돔 족속의 혈연 계열로 언급하며 협조를 구했던 반면, 에돔 왕은 오히려 이스라엘 자손을 원수처럼 여겼음을 말해주고 있다.

만일 이스라엘 자손이 에돔 왕의 불허에도 불구하고 그 지역으로 진입해 들어오면 결코 그냥 좌시하지 않겠다는 의사를 분명히 말했다. 그런 일이 발생하면 에돔 왕의 군대가 나아가 이스라엘 백성의 진입을 막겠다는 것이었다. 그렇게 되면 전쟁이 일어나 이스라엘 자손이 칼에 의해 무참한 죽임을 당할 것이니 명심하라는 경고를 덧붙였다.

에돔 왕의 의사를 전해 들은 모세는 그 계획을 중단할 수밖에 달리 방도가 없었다. 그래서 모세는 다시 한번 자신의 의도를 강조하기를, 그냥 큰길을 거쳐 통과하고자 할 뿐이며 만일 이스라엘 자손이 에돔 족속의 농작물을 해치거나 저들의 짐승이 그 지역의 물을 마신다면 그에 대해 변상을 하리라고 말했다. 절대로 그 약속을 어기는 일이 없을 것이니 믿어달라는 것이었다.

모세의 재간청에도 불구하고 에돔 왕은 이스라엘의 자국 영토를 통과하는 것을 허락하지 않았다. 그리하여 에돔 왕은 선제적으로 친히 대군을 이끌고 나와 강력한 군사력을 동원해 에돔 영역의 길을 가로막았다. 이스라엘 자손으로서는 어려움에 직면했으나 달리 어떻게 할 방도를 찾기 쉽지 않았다. 결국 이스라엘 자손은 그들의 대응에 따를 수밖에 없었다. 우선은 그렇게 하는 것이 저들에게는 최선의 방책이었기 때문이다.

5 아론의 죽음과 대제사장직 승계(민 20:22-29)

이스라엘 백성의 온 회중은 그와 같은 정황 가운데 가데스에서 출발하여 에돔 땅 부근에 위치한 호르산 가까이 이르게 되었다. 여호와 하나님께서 그 부근에서 모세와 아론을 따로 불러 특별한 말씀을 하셨다. 이제 곧 저들의 조상들이 다 그랬던 것처럼 아론이 죽게 되리라는 것이었다. 이스라엘 자손이 조만간 약속의 땅 가나안에 들어가게 되겠지만 아론은 하나님께서 주신 그 땅에 들어가지 못할 것이라고 하셨다.

이는 아론이 모세와 함께 므리바 물에서 하나님의 말씀을 거역했기 때문이라고 하셨다. 당시는 아론의 지도력이 필요할 만큼 매우 중요한 시기였음에도 불구하고 하나님께서는 그를 영원한 나라로 데려가시고자 했다. 이는 하나님의 모든 구속사역은 궁극적으로 인간의 힘에 의존하지 않고 전적으로 하나님께서 행하신다는 사실을 말해주고 있다.

그런데 아론이 죽기 전 생존해 있을 때 반드시 행해야 할 중요한 일이 남아있었다. 그것은 아론의 대제사장 직분을 다음 세대를 위해 승계하는 일이었다. 따라서 하나님께서는 그 일을 위해 모세를 불러 특별한 말씀을 하셨다. 그는 모세를 향해 이제 곧 죽음을 맞게 될 아론과 그의 아들 엘르아살을 데리고 호르산 위로 올라가라는 명을 내리셨다.

그리하여 모세는 하나님의 명을 받들어 아론과 엘르아살을 데리고 함께 호르산 위로 올라갔다. 모세는 그 산 위에 올라가 아론이 입고 있던 제사장 복장을 벗겨 그 아들 엘르아살에게 입혀주었다. 모세가 구속사적인 그 중요한 행사를 직접 주관하게 되었다. 즉 아론이 스스로 자기 옷을 벗어 엘르아살에게 입혀준 것이 아니었다.

우리는 하나님의 사람 모세가 친히 그 일을 주관하여 행한 것을 주의 깊게 받아들일 필요가 있다. 그것은 대제사장직이 승계되어 가는 과정에서 있었던 매우 중요한 의미를 지니고 있기 때문이다. 이 사건은 그 후 대제사장직 승계를 위한 일에 영속적으로 그 실상이 드러나야 함을 말해주고 있다.

모세가 대제사장직 승계에 연관된 모든 일을 마치게 되자 그 자리에서 아론이 일백이십 삼세의 나이로 죽음을 맞게 되었다. 그 날은 이스라엘 자손이 출애굽한 지 사십 년 되는 오월 일일이었다(민 33:38-39). 그와 더불어 모세와 엘르아살은 호르산 위에서 내려왔다. 그리고 백성들을 향해 아론이 죽은 사실을 전하게 되었다. 물론 그 가운데 엘르아살이 아론의 대제사장직을 승계받은 사실에 대한 선포를 했을 것이 분명하다.

산 아래 모여 있던 이스라엘 온 족속은 아론의 죽음에 관한 소식을 듣고 크게 애곡했다. 그들은 삼십일 동안 애곡하며 슬픈 마음을 드러내 보였다. 이는 그들이 아론의 제사장 직분과 사역을 기억하고 있었던 사실과 더불어 그가 약속의 땅 가나안에 함께 들어가지 못한 일에 연관되어 있었을 것이다. 즉 아론의 죽음뿐 아니라 이스라엘 민족의 중요한 지도자로서 그를 기억했던 것이다.

21장

요단강 동편 땅을 향한 진군

1 가나안 족속과 이스라엘 민족(민 21:1-3)

이스라엘 자손은 요단강 동편 지역으로 나아가기 전 먼저 가나안 사람들이 거하는 남방 지역으로 올라갔다. 그곳에는 가나안 사람 아랏(Arad)의 왕이 통치자가 되어 지배하고 있었다. 그는 이스라엘 자손이 아다림 길로 온다는 정보를 사전에 입수하게 되었다. 그리하여 미리 전술적 대처를 함으로써 이스라엘을 쳐서 그 가운데 몇 사람을 포로로 사로잡았다.

그와 같은 불리한 상황에 직면한 이스라엘 백성은 여호와 하나님의 도움을 간구할 수밖에 없었다. 하나님께서 그 이방인들에게 승리를 거둘 수 있도록 도와 달라고 간청했다. 그리하면 하나님께서 요구하는 모든 것에 순종하리라는 다짐을 했다.

우리는 여기서 이스라엘 민족이 패배당함으로써 얻게 된 진정한 유익을 생각해 보게 된다. 만일 그들이 그 싸움에서 승리했다면 그것이 마치 자신의 능력에 의한 것인 양 착각하게 되었을 것이다. 그렇게 되면 그들은 하나님의 도움을 간절히 구하는 대신 자신의 전력에 의지하고자 했을 것이 분명하다.

하지만 그들이 패배당하고 병사들 가운데 일부가 적군에 의해 포로로 잡혀가게 되자 하나님의 적극적인 도움을 기다리게 되었다. 그들은 모든 승리가 하나님으로 말미암는다는 사실을 깨닫게 되었다. 즉 인간들의 능력이나 전술이 아니라 오직 하나님께 전쟁의 승패가 달려 있음을 깨달았던 것이다.

그러므로 이스라엘 자손은 하나님 앞에서 서원을 했다. 만일 주님께서 그 이방인들을 자신의 손에 붙이시면 그들의 모든 성읍을 철저히 멸하리라고 다짐했다. 즉 하나님께서 앞서 행하시는 가운데 저들에게 명령을 내리시면 그에 온전히 순종하겠다는 것이었다.

하나님께서는 저들의 간절한 기도를 듣고 응답해 주시고자 했다. 이는 그 백성이 이방인에 의한 패배를 맛본 후 하나님을 온전히 의지하는 모습을 보였기 때문이다. 즉 단순히 열정을 다해 부르짖었던 것이 아니라 자신의 무능에 대해 철저히 깨닫게 됨으로써 여호와 하나님께 간구했던 것이다.

패배를 맛본 이스라엘 백성의 간구를 들으신 하나님께서는 뒤이어지는 전투에서 가나안 사람들을 저들에게 붙이셨다. 하나님으로 말미암아 큰 승리를 거둔 백성들은 그곳의 모든 성읍을 완전히 멸망시키게 되었다. 이렇게 하여 이스라엘 자손은 하나님의 도우심에 힘입어 승리함으로써 장차 전개될 일들에 대하여 큰 힘을 얻게 되었다.

그리하여 백성들은 그곳의 지명을 호르마(Hormah)라 칭하게 되었다. 이는 그 지역이 '철저히 파괴한 것'에 연관된 의미를 지니고 있다. 이와 같이 그 땅에 새로운 지명(地名)이 부여된 것은 후일과 다음 세대를 위하여 소중한 교훈을 남기기 위해서였다. 즉 하나님께 전적으로 의존하게 되었을 때 완전한 승리를 거둔 사실이 후대에까지 전달되어 갔던 것이다.

2 이스라엘 백성의 원망과 불뱀 및 놋뱀(민2 1:4-9)
아론의 죽음과 더불어 대제사장 직분이 그의 아들 엘르아살에게 계승된 후 이스라엘 자손은 삼십일 동안 애곡하게 되었다. 그 후 그들은 호르산에서 출발하여 홍해 길을 따라 에돔 왕국의 땅을 둘러 요단강 동편 지역으로 올라가고자 시도했다. 하지만 그것은 결코 쉬운 일이 아니었다.

백성들이 길을 가는 동안 많은 불평불만의 요소들이 생겨나게 되었다. 그러자 그들의 마음이 크게 상할 수밖에 없었다. 그리하여 그 백성들은 또다시 하나님과 모세를 향해 심한 원망을 쏟아냈다(민 21:5). 왜 이스라엘 백성을 비옥한 애굽 땅으로부터 삭막한 광야로 끌어내 죽게 만들려고 하느냐는 것이었다.

그들은 모래만 가득한 사막 땅에서는 먹을 만한 좋은 음식이 없고 마실 물도 부족하다고 했다. 그곳에는 맛난 음식뿐 아니라 마실만한 충분한 물도 없다며 심한 불만을 터뜨렸다. 그들은 날마다 하늘에서 내리는 만나는 질려서 더 이상 먹기 싫다는 언급을 했다. 그와 같은 태도는 모세를 원망하는 것에 그치지 않고 여호와 하나님을 향해 원망하며 범죄하는 행위였다.

그러므로 하나님께서는 저들을 심판하고자 작정하셨다. 그들 가운데 커다란 불뱀들(fiery serpents)을 보내 백성들을 물어 죽이게 하려고 했던 것이다. 이스라엘 자손들 가운데는 그로 말미암아 죽는 자들이 많이 생겨났다. 이는 하나님께서 이스라엘 자손이 애굽에 있을 때 여러 곤충과 기는 짐승들을 보내신 것처럼 이제 이스라엘을 심판하는 도구로 불뱀들을 보내셨기 때문이다.

그와 같은 끔찍한 상황이 벌어지게 되자 비로소 백성들이 두려움에 빠져 정신을 바짝 차리게 되었다. 이는 사실 이스라엘 역사 가운데 끊임없이 되풀이되는 행태이기도 했다. 백성들은 조그마한 어려움에 처해도 하나님께서 보내신 사역자들을 원망하며 비난하다가 하나님의 심판에 직면하게 되고, 조금만 풀어지게 되면 정신이 해이해져 또다시 사악한 상태로 돌아가곤 했던 것이다.

그리하여 하나님과 모세를 원망하던 백성들이 이번에는 급히 모세를 향해 후회하는 저들의 마음을 드러냈다. 그들은 하나님과 모세를 원망함으로써 범죄했다는 사실을 고백적으로 언급했다. 이제 절실한 마음으로 뉘우치고 있으니 모세가 여호와 하나님께 기도하여 그 뱀들이 사라지게 해 달라는 것이었다.

우리는 여기서 그들이 하나님을 향해 직접 기도하지 못했다는 사실을 보게 된다. 그들은 모세와 제사장들을 통해 하나님께 간구할 수 있었을 따름이다. 하지만 어리석은 자들은 현실적인 어려운 문제에 봉착하게 되면 그 실상을 잊어버리거나 무시한 채 지속적으로 모세와 아론을 원망하면서 하나님께 저항하기를 되풀이하고 있었다.

모세는 백성들의 간절한 부탁을 받고 나서 여호와 하나님을 향해 기도했다. 그는 시도 때도 없이 자기를 심하게 괴롭히며 원망하던 백성들이었을지라도 그들의 요구를 외면하지 않았다. 이는 모세가 그 백성이 언약의 자손이자 구속사 가운데 중요한 시대적 사명을 가진 자들이라는 사실을 잘 알고 있었기 때문이었다.

모세의 간구를 들은 여호와 하나님께서는 즉시 그 기도에 응답해 주셨다. 그리하여 모세를 향해 놋으로 불뱀 형태의 모형을 만들어 장대 위에 높이 매달라는 요구를 하셨다. 장대 높은 곳에 그것을 매달라고 명하셨던 것은 관심을 가진 사람이라면 누구나 그 놋뱀을 볼 수 있도록 하기 위해서였다. 따라서 장대에 달린 놋뱀(the bronze serpent)을 쳐다보는 자는 생명을 구하게 되리라는 것이었다.

모세는 하나님의 명령에 순종하여 놋으로 불뱀을 닮은 모형을 만들어 장대 위에 높이 매달았다. 그리고 백성들 가운데 불뱀에 의해 물린 자들로 하여금 그 놋뱀을 쳐다보라고 했다. 그들에게는 그처럼 하는 것이 복잡하고 어려운 일이 아니었으며 그냥 간단히 위를 쳐다보기만 하면 되었다. 그리하여 불뱀에게 물려 죽음의 위기에 처한 많은 사람들이 그렇게 함으로써 생명을 구하게 되었다.

우리는 여기서 몇 가지 중요한 사실을 생각해 보게 된다. 그것은 실제적인 생물인 불뱀과 상징적 형태를 띤 놋뱀의 관계이다. 불뱀은 사람을 물어 죽이는 역할을 했으나 하나님의 명령에 의해 제작된 놋뱀은 사람의 생명을 구하는 일을 감당했다. 수많은 불뱀들이 아무렇게나 다니며 사람들을 위협하며 죽인 것에 반해 하나님께서 제공하신 놋뱀은 죽게 된 많은 사람들을 살렸다.

이는 하나님으로 말미암아 만들어진 특별한 놋뱀 하나가 여기저기서 활동하는 모든 불뱀들을 제어하는 능력을 소유하고 있었음을 말해준다. 생명이 없어 보이는 놋뱀이 오히려 놀라운 능력을 가지고 있었다. 그것이 살아 움직이며 사람을 물어 죽이는 행동을 하는 불뱀들을 제어하고 참 생명을 부여하게 되었던 것이다.

이 말씀은 예수 그리스도의 십자가 사역을 떠오르게 한다. 세상에는 사탄과 그의 세력이 온 천하를 휘저으며 죽일 자들을 찾아 두루 돌아다닌다. 그들은 사람들을 죽이는 일에 최선을 다하고 있다. 그러나 죽은 듯이 보이는 십자가 위에 달리신 예수님께서는 죽음에 처한 자들에게 참 생명을 공급하신다.

그러므로 죄로 말미암아 죽게 된 인간들은 십자가를 쳐다보며 참 생명을 보장받게 된다. 십자가에 달리신 그의 몸이 천상으로 나아가는 유일한 길이 되기 때문이다. 여호와 하나님께서는 지금도 사탄으로 인해 죽음에 처한 자들로 하여금 주님의 십자가를 바라보도록 하심으로써 영원한 생명을 공급하고 계시는 것이다.

3 여러 지역을 거쳐 이동하는 백성들의 상황(민 21:10-20)

이스라엘 백성은 거기서 떠나 앞으로 나아가다가 오봇에 이르러 진을 치게 되었다. 그리고 그곳에서 앞으로 진행하여 모압 앞 해돋는 편 광야인 이예아바림에 진쳤다. 또한 거기서 이동하여 세렛 골짜기에 진을 쳤다. 그 다음에는 앞으로 나아가 아르논 강에 이르러 북쪽 강변을 따라 진을 치게 되었다.

아르논 강은 모압과 아모리인들 사이에 위치해 있었으며, 그 주변 광야는 모압과 아모리가 경계를 이루는 지역이었다. 사막의 강은 우리가 일반적으로 생각하는 항상 물이 흘러내리는 강이 아니라 많은 경우에는 물이 없는 마른 땅 곧 와디(wadi)로서 평소에는 말라있는 계곡일 경우가 많았다. 이스라엘 자손은 막바지에 이르러 짧은 기간 동안 이처럼 여러 번 이동하며 진을 치는 가운데 바쁘게 움직여야만 했다.

민수기에는 그 지역에 연관된 특별한 언급을 하고 있다. 그것은 '여호와의 전쟁기'(the Book of the Wars of the LORD)로 알려진 책에 그 땅과 관련된 내용이 기록되어 있다고 했다. 그 책에는 수바의 와헙과 아르논 골짜기 및 모든 골짜기의 비탈이 아르 고을을 향하여 기울어지고 모압의 경계에 맞닿아 있음을 기록하고 있다는 것이었다.

우리는 이를 통해 당시에 모세가 기록한 책 외에 다른 일반적인 책이 있었으며 그것을 쓴 저술가가 존재했다는 사실을 알 수 있다. 당시 모세에 의해 하나님의 율법이 기록되었다는 것은 많은 사람들이 그 문자를 읽고 해독하는 능력을 갖추고 있었음을 말해주고 있다. 이는 시내 광야에 유리하던 백성은 문맹자가 아니라 당시의 문자 곧 고대 히브리어를 읽고 쓰기를 자유롭게 할 수 있었음을 의미한다.

이처럼 시내 광야에 있던 이스라엘 자손들은 책을 쓰기도 하고 읽기도 했음이 분명하다. 여러 사람들이 다양한 문서들을 기록했을 것이다. 민수기에는 그 책들 가운데 특별히 '여호와의 전쟁기'에 관한 책을 언급하고 있다. 그 책을 통해 민수기에 기록된 내용 일부를 확인할 수 있다는 것이었다.

우리는 여기서 매우 중요한 사실 하나를 짚고 넘어갈 필요가 있다. 그것은 '여호와의 전쟁기(戰爭記)'가 성경적 권위를 가진 책이 아니란 사실이다. 그렇다고 그 책이 나쁘거나 위험한 책이란 것을 의미하지도 않는다. 사람들이 그 기록을 통해 많은 정보를 얻을 수 있지만 성경의 권위를 가진 것은 아니었다.

그에 반해 민수기는 창세기, 출애굽기, 레위기, 신명기와 함께 하나님으로부터 계시된 진리의 말씀이다. 그런데 민수기를 포함한 모세 오경은 아무나 소지하거나 펼쳐 읽을 수 없었다. 오직 대제사장들을 비롯한 성전에서 종사하는 제사장들이 그 성경을 읽고 백성들에게 전하게 되었던 것이다.

그에 반해 '여호와의 전쟁기'를 비롯한 다른 여러 서책들은 능력을 갖춘 원하는 사람들이 읽을 수 있었다. 물론 아무나 그 책을 접하기는 어려웠을지라도 일반인들이 읽지 못하는 책들은 아니었다. 백성들은 오히려 보통 사람들이 기록한 그 책들을 통해 지식을 얻고 배우는 기회를 얻었을 것이다.

아르논 건너편에 진을 치고 있던 이스라엘 자손들은 그 후 거기서 브엘로 가게 되었다. 그곳에서 하나님께서는 모세를 향해 백성을 불러 모으라는 명령을 내리셨다. 하나님께서 그 백성들에게 물을 주시겠다는 것이었다. 당시 모세가 있던 그 인근의 마른 우물에서 물이 솟아나 공급되었다. 그로 인해 백성들은 기쁨의 노래를 불렀다.

우물 물아 솟아나라 너희는 그것을 노래하라 이 우물은 족장들이 팠고 백성의 귀인들이 홀과 지팡이로 판 것이로다(민 21:17-18)

풍족한 물을 공급받게 된 이스라엘 자손들은 기쁨의 노래를 불렀다. 그

전처럼 백성들이 모세와 아론뿐 아니라 여호와 하나님을 원망한 끝에 얻게 된 물이 아니라 하나님께서 저들을 위해 먼저 허락하셨기 때문이다. 백성들은 하나님께서 저들의 족장들과 귀인들이 홀과 지팡이로 낸 우물이라고 했다. 이는 앞에서 모세의 지팡이로 바위를 쳐서 물을 공급받은 것을 그들이 연상하고 있었음을 말해준다.

그 후 이스라엘 자손은 그곳에서 맛다나에 이르러 잠시 머물다가 다시 진지를 옮겨 나할리엘에 이르게 되었다. 또다시 그 백성은 바못에 도착하게 되었다. 그들은 거기서 모압 들판에 있는 골짜기를 지나 모압 평야가 내려다 보이는 비스가산 꼭대기에 이르렀다. 이는 가나안 땅으로 들어가는 과정에서 바삐 움직이는 백성의 행보를 보여주고 있다.

4 아모리 왕 시혼과 바산 왕 옥을 물리침(민 21:21-35)

(1) 아모리 왕 시혼을 물리치고 헤스본을 점령함(민 21:21-32)

이스라엘 백성의 영도자 모세는 아모리 왕 시혼에게 특별한 사자를 보냈다. 저들이 북쪽으로 올라가고자 하니 그 땅을 통과할 수 있도록 길을 열어 달라는 것이었다. 그러면 이스라엘 자손이 아모리인들의 밭이나 포도원에 들어가지 않을 것이며 우물물도 침범하지 않겠다고 했다. 오로지 그 땅을 지나만 가리라는 것이었다.

그 전에 에돔 왕에게 그와 같은 요구를 했으나 거절당한 경험이 있었는데 이번에도 아모리 왕이 그것을 용납하지 않았다. 오히려 그가 많은 병사들을 이끌고 광야로 나와 야하스에서 이스라엘 백성을 향해 총공세를 펼치기에 이르렀다. 그렇게 되자 이스라엘 백성도 저들과 맞서 싸울 수밖에 없었다.

그 결과 이스라엘 자손이 칼날로 저들을 쳐서 파하여 승리를 거두게 되었다. 그들은 아모리인들의 땅인 아르논에서부터 얍복강까지 점령하는 쾌거를 이루었다. 막강한 군사력을 가진 아모리 왕을 쳐서 승리한다는 것은 하나님의 도우심이 없이는 불가능한 일이었다.

이스라엘 자손이 세력을 미친 곳은 암몬 자손들이 다스리는 지역의 경계까지였다. 암몬은 워낙 견고한 성읍을 가지고 있어서 저들에게 접근하는 것은 무리였다. 그리하여 이스라엘은 아모리인들의 모든 성읍과 촌락들을 점령해 그곳에 거하게 되었다. 그들은 아모리인의 왕 시혼이 거하는 최강의 도성인 헤스본까지 점령했다.

당시 아모리 왕 시혼은 모압의 이전 왕을 침략하여 그가 다스리던 땅을 탈취했었다. 그때 아모리 군대가 빼앗은 영역은 아르논까지 이를 정도였다. 어떤 시인은 모압을 제어하고 놀라운 승리를 거둔 아모리 왕 시혼에 대한 찬사의 노래를 부르기도 했다. 민수기 본문에는 그 시를 소개하고 있다.

> 너희는 헤스본으로 올찌어다 시혼의 성을 세워 견고히 할찌어다 헤스본에서 불이 나오며 시혼의 성에서 화염이 나와서 모압의 아르를 삼키며 아르논 높은 곳의 주인을 멸하였도다 모압아 네가 화를 당하였도다 그모스의 백성아 네가 멸망하였도다 그가 그 아들들로 도망케 하였고 그 딸들로 아모리인의 왕 시혼의 포로가 되게 하였도다 우리가 그들을 쏘아서 헤스본을 디본까지 멸하였고 메드바에 가까운 노바까지 황폐케 하였도다(민 21:27-30)

당시 막강한 세력을 구축하고 있던 모압 왕국을 제압한 아모리 왕 시혼은 칭송을 받기에 충분한 지위에 있었다. 그와 그의 막강한 군사력에 관한 소문은 주변의 여러 나라들에 퍼져나갔을 것이 틀림없다. 주변에 있던 여러 나라의 왕들은 아모리 왕과 화친하기를 원했을 것이며 공물을 갖다 바치는 경우도 많이 있었을 것이다.

그런데 그 막강한 아모리 왕 시혼을 시내 반도의 사막을 떠돌아다니던 유목민인 이스라엘 자손이 침략하여 큰 승리를 거두었다. 그 백성이 아모리인들의 땅을 차지하여 그곳에 머물게 되었던 것이다. 또한 모세는 거기서 멈추지 않고 주변 지역인 야셀을 정탐하게 한 후 그곳을 공격해 아모리인들을 몰아내고 그 촌락들을 탈취했다.

이렇게 하여 이스라엘 자손은 주변 여러 나라들에게 신흥 강력 세력으로 급부상하게 되었다. 물론 그 모든 일의 뒤에는 여호와 하나님의 손길이 작용하고 있었다. 이방인들은 그 실상을 제대로 파악하지 못하고 있었을지라도 이스라엘 자손은 그에 대한 명확한 깨달음을 가지고 있어야만 했다.

또한 그 백성은 요단강 동쪽을 점령하는 것에 만족하지 않고 그 땅의 정복을 최종 목표로 삼지 않았다. 그들이 들어가야 할 궁극적인 목적지는 하나님께서 약속하신 젖과 꿀이 흐르는 가나안 땅이었다. 즉 이스라엘 자손이 막강한 세력을 펼치게 된 요단강 동편은 강 서편으로 들어가기 위한 중요한 과정의 역할을 했던 것이다.

(2) 바산 왕 옥을 물리치고 그들의 땅을 점령함(민 21:33-35)

아모리 왕 시혼에게 최종적인 승리를 거두고 그 땅을 점령한 이스라엘 자손은 이제 바산 지역을 향해 나아갔다. 바산 왕 옥은 바로 아래 경계를 두고 있는 막강한 군사력을 가진 아모리 군대가 이스라엘 백성에 의해 패배당했다는 정보를 입수하고 있었다. 그 정보를 들은 바산 왕은 크게 위축되었을 것이 분명하다.

그렇지만 가만히 앉아서 맥없이 당할 수만은 없었다. 그리하여 군대를 이끌고 에드레이로 나아갔다. 그곳에서 일전을 치르고자 했던 것이다. 이스라엘 백성의 입장에서는 그 땅이 생소한 지형이었을지라도 바산 왕 군대 병사들의 입장에서는 익숙한 지형이어서 작전상 유리한 것으로 말할 수도 있다.

그로 말미암아 이스라엘 병사들 또한 다소 자신 없는 모습을 보이게 되었다.

그러므로 여호와 하나님께서 모세를 향해 말씀하셨다. 바산 왕 옥과 그의 군대를 두려워하지 말라는 것이었다. 하나님께서 이미 바산 왕과 그의 백성과 모든 땅을 모세와 이스라엘 자손에 붙이셨다는 것이다. 이는 전투를 치르기도 전에 이미 승패가 결정되었다는 사실을 말해주고 있다.

그러니 그들이 아모리 왕 시혼과 그들의 도성 헤스본에서 행했듯이 에드레이에 있는 바산 왕 옥에게도 그와 같이 행하라는 말씀을 하셨다. 이스라엘 백성의 영도자 모세는 하나님의 말씀을 그대로 믿고 행했다. 본질적으로는 모세가 이스라엘 군대의 전투력을 의지했던 것이 아니라 여호와 하나님의 말씀에 의존하고 있었다.

모세가 이끄는 이스라엘 군대가 에드레이와 바산 왕 옥을 공격했을 때 그들은 맥없이 무너졌다. 그것은 전적으로 전쟁을 이끄시는 하나님의 도우심에 근거한 것이었다. 그리하여 바산 왕 옥과 그의 왕자들과 그 백성을 철저히 파괴할 수 있었다. 이스라엘 자손은 저들의 땅을 점령하여 자신의 지배 아래 두게 되었다.

민 22:1-41

22장

모압 왕 발락과 거짓 예언자 발람

1 이스라엘 민족과 모압 왕 발락(민 22:1-6)

이스라엘 자손은 머물던 곳에서 앞으로 진행하여 모압 평지에 도착했다. 모압 평지는 사해 동편을 지나 요단강 하류와 사해 입구의 동쪽 곧 여리고 맞은편에 자리 잡고 있었다. 당시는 이스라엘 군대가 북쪽으로 올라가서 아모리와 바산에 대항하여 대승리를 거둔 후 다시금 아래 지역으로 내려온 형편이었다. 이는 이스라엘 백성이 요단강 동편 지역을 어느 정도 평정한 상태였음을 말해주고 있다.

그리고 이스라엘 자손은 모압 평지에 머물고 있으면서 요단강 서편의 가나안 땅을 바라볼 수 있었다. 하지만 그들이 곧장 약속의 땅 가나안으로 들어갈 수 없었다. 백성들이 원해서 그곳에 들어갈 수 있는 것이 아니라 하나님의 특별한 인도하심이 있어야 했다. 모든 일에는 하나님의 섭리와 경륜이 따라야만 했던 것이다.

당시 모압 왕국의 왕은 십볼의 아들 발락이었다. 그는 이스라엘 자손이 자신의 영토에 속한 모압 평지에 진을 친 것을 보고 크게 두려운 마음을 가졌다. 이스라엘 자손의 엄청난 숫자와 그들이 북쪽의 강력한 왕국인 아모리와 바산을 침략하여 행한 모든 소문을 듣고 있었기 때문이다.

그리하여 발락 왕을 비롯한 모압의 많은 백성들이 이스라엘 자손으로 인해 번민하지 않을 수 없었다. 결국 그들은 지혜로운 자들로 알려진 미디안 장로들[31]에게 자문과 도움을 요청하기에 이르렀다. 이스라엘 자손이 모압 땅에 들어와, 소가 밭의 풀을 뜯어 먹듯이 저들의 사면에 있는 곡식을 비롯한 모든 과일과 채소들을 다 약탈해 가리라는 것이었다.

결국 모압 왕 발락은 메소포타미아 유프라테스강 상류 지역의 브돌(Peth-or)에 있던 브올의 아들 발람을 불러오기로 하고 특별한 사신을 보내고자 했다. 그는 사신들을 지명하여 보내면서 먼저 문서를 통해 이스라엘 자손이 애굽 땅에서 나와 모압 땅에 들어왔는데 그들의 수가 엄청나게 많다는 사실을 알리고자 했다. 그들이 워낙 강력해서 모압 왕국의 군대나 전술을 통해서는 저들을 이길 수 없다는 것이었다.

모압 왕 발락과 백성들이 기대할 수 있는 유일한 방법은 용한 예언자 발람의 신(神)이 그들을 쫓아내 주는 것이라는 심경을 밝히고자 했다. 발락은 당시 유명한 예언자로 소문난 발람에게 의존하는 것이 저들의 유일한 희망이라 여겼기 때문이다. 그래서 발람에게 특별한 사신을 보내 그를 모압 왕국으로 특별히 초청하고자 했던 것이다.

모압 왕 발락이 원하는 것은 용한 예언자 발람이 와서 그가 믿는 '신'을 향해 이스라엘 백성을 저주하여 물리칠 수 있도록 기도해 달라는 것이었다. 그렇게 하면 모압 군대가 이스라엘 백성을 자기의 땅에서 몰아낼 수 있을 것

---

31 미디안 사람들은 대개 시내 반도와 요단강 동편 지역에 흩어져 유목 생활을 하고 있었다. 그런데 본문에 언급된 미디안 장로들이 그 지역에 살아가던 이들을 의미하는지 아니면 다른 곳으로 이주해 살던 이들이었는지에 대해서는 확실하지 않다. 하지만 그들이 미디안 출신의 장로들로서 지혜자로 알려져 있었던 것은 분명하다.

이라고 생각했다. 발락은 탁월한 기도의 능력을 가진 발람이 복을 빌어주는 자들은 복을 받게 되고, 그가 저주하는 자들은 저주를 받게 되리라 믿고 있었던 것이다.

2 특이한 거짓 예언자 발람에게 사신을 보내는 발락(민 22:7-14)

모압 장로들과 미디안 장로들의 자문을 거쳐 발락 왕은 최종 결심을 굳히게 되었다. 물론 모든 신하들은 그의 의사에 따랐다. 모압 왕은 장로들에게 사신의 직무를 맡겨 용한 예언자로 알려진 발람에게 보내기로 작정했다. 특별한 사신의 직무를 감당한 장로들은 미디안 장로들과 함께 손에 복술의 예물 즉 복채(the fee for divination)를 가지고 발람이 있는 지역으로 가서 그것과 함께 왕의 서신을 전달했다.

발락 왕의 뜻을 전달받은 발람은 자기에게 온 모압 왕국의 사신들을 향해 그날 밤 그곳에서 유숙하도록 했다. 그리고는 자기가 여호와 하나님의 뜻을 물어보고 그 이튿날 저들에게 대답해 주리라는 것이었다. 모압 왕이 보낸 사신들은 예언자 발람의 말을 듣고 그가 예비한 숙소에서 유하게 되었다.

발람은 그날 밤 자기가 믿는 '여호와'를 향해 그의 뜻을 물었다. 그러자 '여호와'가 그에게 지금 먼 곳으로부터 저에게 와서 그와 함께 하는 자들이 누구냐고 물어보았다. 그것은 발람과 '여호와' 사이에 신탁(神託)이 이루어지고 있음을 보여주고 있다.

'여호와'의 말을 들은 거짓 예언자 발람은 자기에게 나아온 그 사람들이 모압 왕 십볼의 아들 발락이 특별히 자기에게 보낸 사신들이라고 답변했다. 발락이 자기에게 요청한 내용은, 애굽에서 나온 한 민족이 있는데 그 수가 워낙 많아 사방의 지면을 덮을 정도이며 이제 그들이 모압 왕국을 위협하고 있으니 모압을 위해 저들을 저주해 달라는 요구를 한다고 했다. '여호와의 신'이 그 백성을 저주하면 모압 군대가 저들의 군대를 물리칠 수 있으리라 믿고 있다는 것이었다.

발람의 말을 들은 '여호와'는 곧바로 그에게 응답했다. 그 신은 예언자 발람을 향해 저들과 함께 모압 땅으로 내려가지도 말고 애굽에서 나온 그 백성을 저주하지도 말라고 했다. 그들은 복을 받은 자들로서 저주의 대상이 아니라는 것이었다.

그 이튿날 발람은 아침 일찍 일어나서 발락이 보낸 사신들을 향해 말했다. 이제 저들이 온 땅 모압으로 돌아가라고 요구했던 것이다. '여호와'가 자기에게 저들과 함께 모압 땅으로 가는 것을 허락지 않으셨다고 했다. 발람의 말을 들은 발락의 사신들은 어쩔 수 없이 빈손으로 모압으로 돌아가 발락 왕을 향해 예언자 발람이 저들과 함께 오기를 거절한다는 사실을 보고해야만 했다.

그런데 우리는 발람이 '여호와'를 언급하고 그에게 물어보겠다고 한 후 나중 그 답변을 준 사실을 주의 깊게 생각해 보아야 한다. 거짓 예언자 발람이 '여호와'를 알고 그와 신탁의 교제와 대화를 나누었다는 것은 간단하게 넘길 문제가 아니다. 그는 이스라엘 자손을 만나 대면하기 전에 이미 '여호와'의 이름과 더불어 그에 대하여 어느 정도의 종교적인 지식을 가지고 있었기 때문이다.

우리는 여기서 발람이 신탁의 대상으로 삼은 '여호와'와 이스라엘 민족의 '여호와 하나님'이 과연 동일한 존재인가 하는 점을 생각해 보게 된다. 발람이 '여호와'라 칭하는 신의 이름이 같을지라도 이스라엘의 하나님과 다른 신으로 이해하는 것이 바람직하다. 그가 설령 이스라엘 민족을 두고 복을 받은 민족이라 말했을지라도 마찬가지다.

하나님의 참 언약과 무관하여 거룩한 율법을 배경으로 하지 않은 채 '여호와'로 칭할지라도 그 이름만 따왔을 뿐 참 하나님이 아니다. 따라서 발람에게 응답한 '여호와'도 이스라엘 자손의 여호와 하나님과 동일한 존재라 말할 수 없다. 일종의 종교적인 무속 현상이 그에게 일어났던 것으로 이해해야 한다.[32]

그렇다면 발람이 어떻게 여호와의 이름을 알았는가 하는 문제에 직면하게 된다. 발람은 아마도 알려지지 않은 종교적인 과정을 통해 오래전 아브라함과 이삭과 야곱이 가나안 땅에 거할 때 사용했던 '여호와'의 이름을 종교적으로 받아들이고 있었을 것으로 보인다. 즉 이방인들의 예언자가 되어 그 이름을 사용했을지라도 모세 율법을 허락하고 거룩한 성막에 거하는 그 하나님과 달랐을 것이 분명하다.

3 발락이 발람을 초청함(민 22:15-20)

신통한 능력을 가진 예언자로 알려진 발람으로부터 부정적인 답변을 듣게 된 모압 왕 발락은 더욱 큰 불안감에 빠지게 되었다. 그리하여 발락은 앞서 보낸 사신들보다 더 높은 지위에 있는 귀족들이 포함된 대규모 사절단을 보냈다. 이는 발람에 대한 큰 신뢰를 보이는 것과 동시에 반드시 자기의 뜻을 받아들여 달라는 표시였다.

모압 왕은 발람에게 보내는 문서를 통해 아무것도 신경 쓰지 말고 그냥 오기만 해 달라는 뜻을 전하며 간청했다. 모압 땅으로 오기만 하면 발람을 높여 최고의 예우를 할 것이며 그가 원하는 것이라면 무엇이든지 시행하겠다는 말을 했다. 일단 와서 모압과 발락 왕을 위해 이스라엘 자손을 저주하

---

32 우리는 '예수'를 진정으로 믿지 않으면서 '예수'를 어긋나게 해석하여 주장하는 자들이 많이 있다는 사실을 잘 알고 있다. 도올 김용옥은 '예수를 무당'이라 평가하고, 미국 유니온 신학교 정현경 교수 같은 자는 예수를 빗대어 초혼제를 지내기도 했다. 나아가 서강대학교 길희성 교수 같은 자는 예수를 '보살 예수'라 칭한다. 그들이 생각하는 '예수'는 성경에 계시된 존재와 전혀 달랐다. 이처럼 발람이 '여호와'라 칭한 그 존재는 이스라엘 백성이 믿고 있던 여호와 하나님과는 아무런 상관이 없는 다른 존재에 지나지 않는다.

기만 해 달라고 당부했다. 이는 당시 발람의 신탁 능력이 엄청난 능력을 보이고 있었다는 사실을 말해주고 있다.

거짓 예언자 발람은 발락 왕이 보낸 사신들의 말을 듣고 자기 마음대로 모압 방문을 결단할 수 없다고 했다. 아무리 많은 은금을 가득히 준다고 해도 자기가 섬기는 '여호와'의 말씀을 어길 수 없다는 것이었다. 즉 자기 마음대로 신의 뜻에 더하거나 덜할 수 없다는 입장을 보였던 것이다. 교활한 예언자 발람은 그와 같은 답신을 통해 자기가 진정한 선지자임을 내세우고 싶어 했을 것이다.

그 말과 더불어 발람은 자기에게 온 모압 왕국의 사신들을 위한 숙소를 마련하고 그날 밤 거기서 유하도록 했다. '여호와'가 자기에게 무슨 말씀을 더 하실는지 물어보고 확인해 보리라는 말을 했다. 밤에 되어 그의 신이 발람에게 임하게 되었다. 그 신적 존재는 발람을 향해 모압에서 그를 부르기 위해 사람들이 왔으면 일어나 그와 함께 가라고 말했다. 하지만 그 신은 자기가 그에게 이르는 말만 준행하라는 요구를 했다고 했다. 물론 그 신은 이스라엘 백성의 여호와 하나님이 아니었다.

4 모압 왕 발락의 초대에 응하는 발람과 하나님의 저지(민 22:21-30)

발람은 그 이튿날 아침 일찍 일어나 자기의 나귀에 안장을 지웠다. 그리고 사신으로 온 모압 귀족들과 함께 발락 왕이 있는 모압 땅으로 이동하기 시작했다. 그것은 참 여호와 하나님의 뜻이 아니었음에도 불구하고 발람은 그것이 마치 여호와의 뜻인 양 여기고 있었다.

그런데 그들이 출발하여 모압을 향해 앞으로 진행해 가는 동안 여호와 하나님이 발람에게 나타나셨다. 이때 발람에게 나타나신 하나님은 참 하나님 여호와였다. 가짜 '여호와'는 발람에게 '모압 땅으로 가라'(민 22:20)고 한 반면, 참 여호와께서는 그것을 허용하지 않으셨다(민 22:22).

그러므로 발람이 모압 땅으로 가는 것 때문에 여호와 하나님께서 크게 진노하셨다. 그리하여 여호와의 사자가 발람의 길을 가로막기 위해 그의 앞에 나타났다. 하지만 발람이 육안으로 그 여호와의 사자를 보지 못했다. 그때 발람은 자기 나귀를 타고 있었으며 그에게 수종드는 두 명의 하인들이 그와 함께 있었다. 여호와의 사자가 칼을 빼어 손에 들고 길에 선 것을 보게 된 나귀가 깜짝 놀랐다.

그리하여 발람을 등에 태운 나귀가 놀라서 가던 길을 벗어나 가까이 있던 밭으로 뛰어 들어갔다. 하지만 그 실상을 볼 수 없었던 발람은 갑자기 엉뚱한 곳으로 내달리는 나귀를 원래 가던 길로 돌이키기 위해 채찍질을 하게 되었다. 그때 여호와의 사자는 손에 칼을 든 채 포도원 사이의 좁은 길에 섰으며 좌우에는 담벼락이 있었다.

여호와의 사자가 나타난 그 광경을 지켜본 나귀는 그에 대한 두려움으로 말미암아 몸을 담벼락에 비비게 되어 그로 말미암아 나귀를 타고 있던 발람의 발이 크게 상하게 되었다. 그로 인해 더욱 화가 난 발람이 다시금 나귀에게 심한 채찍질을 가했다. 그와 같은 상황에서 여호와의 사자가 더 앞으로 가까이 나아가자 나귀는 좌우에 있는 담 때문에 피할 수 없는 좁은 곳에 갇히는 신세가 되어버렸다.

발람의 나귀는 손에 칼을 든 여호와의 사자를 보고 심한 두려움에 빠지지 않을 수 없었다. 그리하여 나귀가 발람의 발아래 납작 엎드리게 되었다. 그렇게 되자 크게 노한 발람은 손에 들고 있던 자기의 지팡이로 나귀를 때리며 큰 고통을 가하고자 했다. 자기가 지시하는 대로 따르라는 것이었다. 말 못 하는 나귀로서는 억울하지만 논리적인 불만을 표현할 수 없었다.

그런데 인간으로서는 상상조차 할 수 없는 놀라운 기적이 발생했다. 여호와 하나님께서 나귀의 입을 열어 사람의 말을 하도록 했기 때문이다. 나귀는 발람을 향해 자기가 무엇을 잘못했기에 세 번이나 후려치느냐며 따져 물었다.

나귀의 말을 들은 발람은 나귀를 향해 말했다. 나귀가 자기의 말을 듣지 않고 거역했기 때문에 때렸다는 말을 하면서 만일 자기의 손에 칼이 들려 있었더라면 나귀를 쳐 죽였을 것이라고 했다. 이는 자기의 발이 크게 상한 것에 비하면 나귀가 몇 차례 맞은 것은 약과라는 것이었다.

그러자 나귀가 발람을 향해 심한 불만을 토로했다. 발람이 이제까지 일생 동안 자기의 등을 타고 다니면서 그전에 자기가 이와 같은 행습을 보인 적이 있느냐고 따져 물었다. 즉 주인인 발람을 태운 채 담벼락에 비벼 발을 다치게 한 것과 같이 행동한 경우가 있었느냐는 것이었다. 그러자 발람은 그전에는 그런 적이 없다는 답변을 했다. 이는 지금 나귀에게 그와 같은 행동을 할 만한 이유가 존재한다는 사실을 말해주고 있다.

우리는 여기서 유명한 예언자 행세를 하는 발람이 짐승인 나귀보다 못하다는 사실을 보게 된다. 발람은 여호와의 사자를 보지 못했으나 나귀는 볼 수 있었다. 즉 발람은 여호와 하나님의 예언자인 양 행세하며 유명세를 타고 많은 돈을 벌었으나 하나님이 하시는 일을 보지 못하는 거짓 예언자에 지나지 않았다. 사람이 아닌 나귀가 오히려 그에 대한 모든 상황을 정확하게 파악할 수 있었던 것이다.

5 여호와의 사자의 질책과 발람의 반응(민 22:31-35)

거짓 예언자 발람과 그의 나귀가 서로 다투고 있을 때 여호와 하나님께서 발람의 눈을 밝혀 실상을 목격할 수 있도록 해주셨다. 그러자 그 앞에 여호와의 사자가 손에 칼을 들고 서 있는 모습을 보게 되었다. 그러자 발람은 비로소 그 앞에서 머리를 숙이고 꿇어 엎드렸다.

여호와의 사자는 발람을 향해 어찌하여 나귀를 세 차례 때렸느냐며 책망했다. 나귀에게는 아무런 잘못이 없으며 오히려 나귀를 통해 그에게 중요한 교훈을 주려 했다는 것이었다. 모압 땅을 향해 가는 발람의 길이 패역한 행동이므로 여호와의 사자가 그 길을 막으려고 나왔다는 것이다. 만일 나귀가 여호와의 사자를 보고 돌이켜 피하지 않았더라면 그가 발람을 칼로 쳐 죽였을 것이며 나귀는 살게 되었을 것이라고 말했다.

여호와 사자의 말을 들은 발람은 그 자리에서 자기가 범죄한 사실을 언급했다. 자기의 길을 가로막고 서 있는 그를 알아보지 못했다는 것이다. 두려움에 빠진 발람은 여호와의 사자가 모압 땅을 향한 자기의 길을 기뻐하지 않는다면 왔던 길을 되돌아가겠노라고 말했다. 그러나 그 사자는 발람을 향해 모압 왕국에서 온 사신들과 함께 가라고 했다. 그 대신 자기가 저에게 이르는 말만 하도록 명했다. 그리하여 발람이 발락 왕의 사신과 함께 모압 땅으로 나아가게 되었다.

우리는 여기서 몇 가지 중요한 사실을 살펴보아야 한다. 그것은 먼저 이 과정에서 나타난 여호와 하나님과 여호와의 사자는 진짜였다는 사실이다. 이는 여호와께서 보편적 상황에서 자기 백성을 위한 사역을 하고 계심을 보여주고 있다. 즉 발람이 믿는 '여호와'는 가짜 신이었지만 나중에 실체적 징벌로 역사하신 '여호와'는 진짜 하나님이었다.

또한 발람은 하나님께서 저의 눈을 열어 주시지 않았다면 그 실상을 볼 수 없었다. 하지만 인간의 눈으로 보지 못했다고 할지라도 하나님으로 말미암은 실제 상황은 지속적으로 일어나고 있었다. 즉 사람의 눈에 보이지 않았으나 하나님의 사역은 진행되어 갔다. 우리는 지금도 그 실제적 사건들이 발생하고 있음을 받아들여야 한다. 즉 눈에 보이지 않지만 구체적으로 진행되는 하나님의 사역에 대한 깨달음을 가져야 하는 것이다.

우리가 또한 여기서 주의 깊게 생각해 보아야 할 점은, '여호와의 사자'가 실제로 발람에게 나타나셨다는 사실이다. 이는 하나님께서 영적으로 발람에게 나타나 계시의 말씀을 주신 것과는 차원이 다른 문제이다. 즉 여호와 하나님께서는 발람의 신탁에 의해 그에게 응답하신 것이 아니라 그를 심판하시기 위해 여호와의 사자가 그에게 나타나셨던 것이다.

6 발락과 발람의 만남(민 22:36-41)

거짓 예언자 발람은 자기가 거하던 메소포타미아 유프라테스강 유역에서 출발할 때와는 다른 심경을 가지게 되었다. 도중에 만난 참 여호와의 사자로 인해 두려운 마음을 가지지 않을 수 없었다. 그는 여호와 하나님의 뜻에 반하는 입장을 가지고 있으면서, 자기가 추종하는 '여호와'를 빗대어 그것이 마치 신의 뜻인 양 내세우며 주장했으나 이제는 그 상황이 완전히 달라지게 되었다.

하지만 발람을 초청하기 위한 사신으로 갔던 모압의 귀족들은 그에 대한 실상을 전혀 인식하지 못했다. 그들은 발람이 모압 땅에 들어가서 진행할 모든 상황을 긍정적으로 파악하고 있었을 따름이다. 그가 모압 왕국에 도착하면 여호와의 이름으로 이스라엘 자손을 저주할 것이란 기대를 하고 있었던 것이다.

그러므로 발락 왕은 발람을 간절히 기다리고 있었다. 그러던 중 발람이 가까이 오고 있다는 전갈을 받게 된 발락은 직접 모압 변경의 끝인 아르논 강가에 있는 성읍까지 나아가 그를 영접했다. 그는 이제 예언자 발람이 이스라엘을 저주하면 저들과 맞서 싸울 때 승산이 있을 것이라 믿고 있었기 때문이다.

발람을 만난 모압 왕은 반가운 마음과 더불어 약간의 원망 섞인 말을 했다. 그전부터 특별한 사신을 보내 초청했을 때 왜 진작 오지 않았느냐는 것이었다. 그를 위해서는 항상 문이 활짝 열려 있었으며 이제 그를 높여 가장 존귀한 예우를 하겠다는 마음을 드러내 보였다.

그런데 발람은 그에게 속 시원한 답변을 하지 않았다. 자기가 왕의 초청에 응하기는 했으나 자기 마음대로 하지 못한다는 것이었다. 여호와 하나님이 자기의 입에 주시는 내용을 말할 수 있을 따름이라는 것이다. 하지만 여기서 발람이 언급한 여호와는 이스라엘 민족의 여호와 하나님과 다른 신이었다.

그럼에도 불구하고 그가 그렇게 말했던 것은 참 여호와 하나님의 놀라운 능력을 실제로 보고 경험했기 때문이다. 그는 짐승인 나귀가 인간의 언어로 말하는 것과 자기의 눈을 밝혀 여호와의 사자를 보게 하신 참 여호와를 두려워하지 않을 수 없었다. 그것은 살아계신 참 여호와 하나님이 아니면 할 수 없는 일이었다. 따라서 그는 발락 왕 앞에서도 조심스럽게 말했던 것이다.

물론 모압 왕 발락은 예언자 발람의 속마음을 파악하기 어려웠다. 하지만 그는 여전히 발람이 자기를 위해 이스라엘 자손을 저주해 줄 것이라 믿고 있었다. 그리하여 발락은 발람을 인도하여 기럇후솟(Kirjat-Huzoth)으로 갔다. 그곳은 모압 사람들이 가장 좋은 곳으로 여기는 특별한 장소였던 것으로 보인다.

발락 왕은 그곳에서 소와 양을 잡아 성대한 잔치를 벌였다. 그 자리에는 모압 왕 발락뿐 아니라 예언자 발람과 그를 모압으로 모셔오기 위해 사신으로 갔던 귀족들도 함께 있었다. 당시 발락이 발람을 대접한 그 행사는 단순한 잔치가 아니라 어느 정도 종교적인 성격을 띠고 있었다. 성대한 잔치를 베푼 그다음 날 아침 발락은 발람과 함께 동행하여 움직였다.

모압 왕 발락은 발람을 인도하며 바알 산당으로 올라가게 되었다. 그 산당은 이스라엘 백성이 진을 치고 있는 모압 평야가 내려다보이는 곳에 자리 잡고 있었다. 그 자리에서 발람은 이스라엘 백성의 진 전체를 내려다보게 되었다. 여호와 하나님의 이름을 망령되게 일컫고 사용하는 거짓 예언자 발람은 거룩한 하나님의 성막이 아니라 바알 산당에서 이단적 제사 행위를 준비하게 되었던 것이다.

23장

거짓 예언자,
거짓 제사장 발람의 거짓 제사

1 바알 신당에서 제물을 바치는 발람(민 23:1-6)

모압 땅에 도착한 예언자 발람을 반갑게 맞은 발락 왕은 그를 위해 특별한 환영 잔치를 베풀었다. 그리고 나서 그와 함께 산 위에 있는 바알 산당에 올라가서 그에게 간곡한 당부를 했다. 발람에게 모압 왕국의 명운(命運)이 달려 있다는 판단을 하고 있었기 때문이다. 이제 그의 신령한 도움을 얻게 된다면 절망에 빠진 모압의 앞날에 새로운 희망이 보이게 되리라고 믿었던 것이다.

그는 발람이 이스라엘 민족을 저주한다면 그 저주를 통해 그동안 모압 왕국을 위협해 온 그들로부터 야기된 위기를 넘길 수 있을 것으로 판단하고 있었다. 그래서 왕은 영험한 예언자로 믿고 있는 발람을 향해 저의 신에게 정성껏 빌어 달라는 당부를 했다. 그의 신이 자기가 직면한 모든 문제를 해결해 줄 것으로 믿고 있었기 때문이다. 그리하여 발락은 발람을 데리고 바알 산당으로 올라가게 되었다(민 22:41).

거짓 예언자 발람은 그곳에서 자기를 위해 제단 일곱 개를 쌓고 일곱 마리의 수송아지와 일곱 마리의 수양을 준비해 달라고 요구했다. 모압 왕 발락은 발람의 말을 듣고 즉각 그 모든 것을 시행했다. 준비를 끝낸 세속 왕국의 정치인 발락과 거짓 종교인 발람은 일곱 개의 각 제단 위에 각기 수송아지 한 마리와 수양 한 마리를 거짓 예언자 발람의 신인 '여호와'에게 제물로 바쳤다.

그리고 이스라엘의 참 신인 여호와 하나님과 무관한 거짓 예언자이자 거짓 제사장인 발람은 모압 왕 발락을 향해 말했다. 왕이 신에게 바친 제물 곁을 떠나지 말고 그 자리에 그대로 서 있으라고 했다. 자기는 가까이 있는 다른 장소로 가야 한다고 했다. 그곳에서 '여호와'가 자기에게 나타나 무슨 말을 하는지 들어보아야 한다는 것이었다. 만일 그 신이 자기에게 나타나 말씀하면 그 모든 내용을 그에게 전하겠다고 했다. 그리고 나서 발람은 혼자 가까이 있는 사태난 벌거숭이산으로 갔다.

발람이 그 장소에 이르자 '여호와'가 임하게 되었다고 했다. 그는 그 신을 향해 자기가 일곱 제단을 세우고 각 제단마다 수송아지 하나와 수양 하나 곧 일곱 마리의 제물을 바친 사실을 고했다. 그 말을 들은 발람의 신 '여호와'가 저의 입에 말씀을 주며 이제 돌아가 발락 왕에게 전하도록 했다고 한다.

하지만 우리가 여기서 주의 깊게 생각해야 할 바는 그곳에서 번제로 바친 제물들은 참 여호와 하나님과 아무런 상관이 없는 우상 숭배 행위에 지나지 않았다는 사실이다. 발람이 '여호와'의 이름을 들먹이며 제물을 바친 곳은 바알 산당이었다(민 22:41). 여호와 하나님은 오로지 모세가 건립한 성소와 지성소 안에 있는 언약궤 가운데 존재하신다. 따라서 발람이 만났다고 한 '여호와'는 참 여호와 하나님이 아니라 거짓된 신령에 지나지 않았다.

발람이 별도의 장소에서 발락이 머무는 곳으로 돌아오니 발락을 비롯한 여러 귀족들이 번제물 곁에 서 있었다. 그는 자기가 제물을 바친 제단이 있는 곳에서 자기의 신인 '여호와'의 말을 전하고자 했다. 발람은 노래를 지어 부르면서 그것이 '여호와'의 말인 양 주장했으나 실상은 거짓 신으로 말미암은 것에 지나지 않았다. 그런 가운데 그는 발락 왕에게 자신의 신이 말했다는 내용을 전하게 되었다.

2 거짓 예언자 발람의 노래(민 23:7-10)

거짓 예언자 발람은 여호와 하나님을 핑계 대어 자기가 지은 노래를 통해 모압 왕 발락에게 신의 뜻을 전하고자 했다. 그는 참 여호와에 대한 올바른 믿음을 가진 자가 아니었으나 모압 땅으로 오는 길목에서 참 하나님께서 행하신 놀라운 능력을 목격하고 경험했었다. 자기가 타고 있는 나귀가 인간의 말을 하면서 자기를 책망하는 소리를 들은 것은 큰 충격이 아닐 수 없었다.

참 여호와 하나님께서는 발람이 모압 땅으로 들어가는 것이 자신의 뜻이 아니라는 말씀을 하셨다. 하지만 그는 그전에 이미 '여호와'가 자기에게 모압 왕 발락에게 가도록 허락한 것으로 생각하고 있는 상태였다(민 22:20). 거짓 예언자인 그의 종교적인 확신에도 불구하고 그것은 사실이 아니었다. 따라서 그 후 발람은 그에 대한 사실을 여호와의 사자 앞에서 실토한 바 있었다(민 22:34, 참조).

발람은 언약 가운데 여호와를 주님으로 믿는 것이 아니면서도 그를 두려워하고 있었기 때문에 그 마음에서 우러나는 대로 노래 불렀다. 그는 모압 왕 발락이 아람 땅 곧 메소포타미아 지역으로부터 자기를 모압 땅으로 데리고 왔음을 언급했다. 이는 그가 자발적인 판단이 아니라 내키지 않는 마음으로 오게 된 것을 표현하고 있다.

그리고 모압 왕이 자기에게, 야곱을 저주하고 이스라엘을 꾸짖으라고 요구한 사실을 말했다. 그런데 그는 자기가 섬기는 신인 '여호와'의 뜻을 따를 수밖에 없음을 밝혔다고 했다. '여호와'가 저주하지 않은 자를 저주할 수 없으며 그가 꾸짖지 않은 자를 꾸짖지 못한다는 것이었다. 그것은 참 여호와 하나님으로부터 계시받은 말이 아니라, 여호와를 가장한 신령과 참 하나님을 두려워했기 때문에 나온 말이었다.

자기가 바위 위의 높은 곳에서 이스라엘 자손의 큰 무리를 내려다보고 산언덕에서 그들을 바라보니 그 백성은 다른 보통 종족과 다르다는 사실을 언급했다. 그들은 홀로 독자적인 특별한 정체성을 소유하고 있으며 열방의 수많은 종족들 가운데 하나로 여겨질 그런 민족이 아니라는 것이었다. 그는 여기서 이스라엘 민족이 특별히 구별된 민족이라는 사실에 대한 노래를 부르고 있었다.

이 말은 여호와 하나님이 그 백성을 특별히 보호하고 계신다는 사실에 연관되어 있었다. 여기서도 발람은 진정한 여호와 하나님과 그의 뜻을 알아서가 아니라 그에 대한 두려운 마음 때문에 할 수밖에 없는 말이었다. 앞에서 자기에게 진노한 여호와의 의도를 마음으로부터 버릴 수 없었던 것이다.

그는 또한 야곱의 자손 곧 이스라엘 백성은 땅의 티끌과 같이 많아서 그 숫자를 헤아릴 수 없을 정도라고 말했다. 그러니 그 백성의 사 분의 일을 세기도 쉽지 않을 것이라는 사실을 언급했다. 이는 이스라엘 민족에 대한 두려움을 가진 발락 왕과 모압 백성들을 더욱 심하게 주눅 들게 하는 말이 아닐 수 없었다.

그리고 자기는 모압 왕의 요구에 응하는 것이 아니라 사실대로 정직하게 실상을 말하고 나서 죽어도 좋다는 사실을 언급했다. 모압 왕이 원하는 말을 자기가 해주지 않아 그가 크게 분노할지라도 사실 그대로 말하고 죽기를 바란다는 것이었다. 발락이 원하는 대로 이스라엘 민족을 저주하지 않은 발람은 그로 말미암아 죽음의 위기를 맞을 수도 있었다. 그는 이스라엘 자손에게 발락 왕이 원하는 저주를 한 것이 아니라 도리어 축복에 가까운 노래를 불렀기 때문이다.

3 발락의 실망과 발람의 비스가 산꼭대기의 또 다른 가짜 제사(민 23:11-17)

거짓 예언자 발람이 이스라엘 자손을 저주하기는커녕 오히려 그들을 위해 축복하는 듯한 노래를 부르자 모압 왕 발락은 크게 서운하고 화난 마음을 주체하기 어려웠다. 모압 왕이 발람을 불러올 때는 자기의 원수인 이스라엘 자손을 저주하도록 하기 위해서였는데 정반대의 현상이 일어났기 때문이다. 그가 이스라엘 자손을 저주하기는커녕 오히려 그 백성을 축복한 것은 충격적이지 않을 수 없었다.

걷잡을 수 없이 서운해하는 발락의 말을 듣게 된 발람은 그에게 자신의 입장을 말했다. 그는 자기의 신 '여호와'가 자신의 입에 주신 말씀을 그대로 따라 했을 따름이라는 것이었다. 신이 명령한 말씀의 내용을 감히 거역하거나 바꿀 수 없다는 것이다. 하지만 여기서도 거짓 예언자 발람은 참 여호와 하나님께서 하신 말씀이 아니라 자기의 종교성에 따른 말을 했을 따름이었다.

그의 말을 듣게 된 발락은 화가 날지라도 달리 어떻게 할 도리가 없었다. 그리하여 그는 발람을 향해 그렇다면 이제 다른 곳으로 가서 그의 '여호와'에게 제사를 지내보자고 요청했다. 거기서는 그 많은 이스라엘 자손들 전체를 보지 않고 그 끝의 일부 백성만 보게 될 것이니 거기서 모압 왕을 위해 저들을 저주해주도록 당부했던 것이다.

그리고 발락은 발람을 소빔 들로 인도하여 비스가 산꼭대기로 올라갔다. 발람은 그곳에서 제사장이 되어 또다시 일곱 개의 제단을 쌓고 각 단 위에 수송아지 한 마리와 숫양 한 마리를 제물로 바치게 되었다. 그렇게 하여 발락과 발람은 거기서 '여호와' 앞에 규모를 갖추어 제물을 바쳤다는 생각을 하고 있었다.

하지만 그들은 참 여호와 하나님 앞에 수송아지와 수양을 제물로 바친 것이 아니었다. 그들이 쌓은 제단은 하나님의 율법이 정한 거룩한 성소가 아니었다. 그리고 발람은 거짓 예언자로서 거짓 제사장 행세를 하고 있었다. 그는 참된 제사장 직분을 감당하는 아론 자손과 아무런 상관이 없는 인물이었던 것이다. 따라서 그들이 제물을 바친 모든 제사는 불법이었으며 하나님을 욕되게 하는 사악한 행위에 지나지 않았다.

그와 같은 상황에서 예언자이자 제사장 행세를 하던 발람은 자기가 '여호와'를 만나기 위해 가까운 곳에 위치한 다른 장소에 잠시 다녀오겠다는 말을 했다. 발락에게는 자기가 자리를 비운 동안 번제물 곁에 서 있으라는 당부를 했다. 그렇게 하면 자기가 '여호와'로부터 들은 말씀을 저에게 전달하리라는 것이었다.

발람이 그곳을 잠시 떠나 있는 동안 '여호와'가 자기에게 임했다는 말을 했다. 하지만 그에게 임한 신은 참 여호와 하나님이 아니었던 것이 분명하다. 발람과 발락이 바친 제물은 여호와 하나님께서 받으실만한 것들이 아니었으며, 거짓 예언자인 발람에게 순전한 예언을 계시하지 않으실 것이었기 때문이다.

그런데 거짓 예언자 발람은 스스로 '여호와'가 자기에게 말씀한 것으로 여기고 있었다. 그 신이 자기의 입에 말씀을 주어 모압 왕 발락에게 돌아가 자기의 말을 전하라고 했다는 것이다. 발람이 원래의 자리로 돌아와 번제물 옆에 서 있는 발락과 모압 왕국의 여러 귀족들을 보게 되었다. 그러자 발람을 본 발락 왕은 그를 향해 '여호와'가 무슨 말씀을 하셨는지 말해 달라고 다그치며 말했다.

4 발람의 종교적인 가짜 예언(민 23:18-24)

모압 왕 발락의 요청을 듣게 된 거짓 예언자 발람은 스스로 노래를 지어 불렀다. 그는 여호와 하나님으로부터 계시를 받은 것이 아니었음에도 불구하고 이스라엘 민족의 편에서 말을 했다. 그는 자기가 등에 올라타고 오던 나귀가 사람의 말을 하며 자기를 책망하는 사건으로 인해 두려움에 빠진 상태였기 때문이다.

거짓 예언자 발람은 발락을 향해 말했다. 그는 '십볼의 아들 발락이여, 내 말을 자세히 들으라'라는 말로 시작했다. 자기가 말하는 모든 것은 '여호와'가 계시하신 말씀으로서 진리라는 것이었다. 신은 인간들과 달라서 허튼 말을 하지 않고 사람에게서 난 자가 아니기 때문에 결코 후회를 하지 않는다고 했다. 따라서 신인 '여호와'는 자기가 말씀하신 모든 내용을 반드시 행하며 실천한다는 것이었다.

그는 또한 자기가 신으로부터 이스라엘 민족에 대한 축복의 명을 받았다는 말을 했다. 그러므로 신이 내린 축복을 인간인 자기가 함부로 돌이킬 수 없다고 했다. 발람은 스스로 자기가 굉장히 신앙이 좋은 것처럼 내세우고 있다. 그러니 '여호와'가 다른 사람이 아닌 자기를 통해 말씀하고 있다는 것이었다.

그와 더불어 발람은 '여호와'가 야곱의 허물을 보지 않으며 이스라엘의 패역을 보지도 않는다고 말했다. 이는 신이 그 백성의 편이라는 사실을 말해 주고 있다. 따라서 '여호와'가 이스라엘 민족과 함께 있기 때문에 그를 왕으로 알고 부르짖는 소리가 그 백성 가운데 존재하고 있음을 언급했다.

그러므로 여호와 하나님이 고통 중에 있는 이스라엘 자손을 애굽에서 인도하여 내신 사실을 말했다. 그의 도움을 입은 자들은 그 힘이 마치 들소와 같이 세다고 말했다. 이는 모압 사람들을 비롯한 다른 이방인들이 감히 물리치지 못할 만큼 강력한 세력을 그들이 소유하고 있다는 사실을 의미하고 있다.

그러므로 야곱의 자손 곧 이스라엘 민족을 해하는 점술을 통해 그들을 물리치거나 저주할 수 있는 복술이 없다고 했다. 따라서 야곱과 이스라엘에 관해 언급한다면 여호와께서 행하신 능력이 얼마나 크고 놀라운지에 대하여 알게 될 것이라고 했다. 그 백성은 마치 젊은 암사자와 수사자 같이 일어나서 움킨 것들을 잡아먹으며 죽인 짐승의 피를 마시기 전에는 결코 중단하지 않는다고 했다. 이는 모압인들의 힘으로는 끝까지 싸우는 그들을 결코 제압할 수 없음을 말해주고 있다.

5 당황한 모압 왕 발락과 발람의 브올산 제사 행위(민 23:25-30)

거짓 예언자이자 거짓 제사장 노릇을 하는 발람의 말을 들은 발락은 크게 당황하지 않을 수 없었다. 모압 왕 발락은 이제 발람을 향해 이스라엘 민족을 저주하지도 말고 축복하지도 말라고 당부했다. 저주하라고 부탁했던 그가 도리어 그들을 축복하는 것을 두고 볼 수 없었던 것이다.

하지만 발람은 발락 왕을 향해 여호와 하나님이 자기에게 말씀하신 것을 그대로 말할 수밖에 없으며 함부로 변개할 수 없다고 했다. 이는 자기의 종교적 정당성을 내세우는 의미를 지니고 있다. 아무리 강력한 정치 권력을 가진 사람 앞이라 할지라도 자기는 지조를 지키는 자라는 사실을 강조하고 있었다.

발람의 말을 들은 모압 왕 발락은 크게 실망할 수밖에 없었다. 따라서 그는 발람에게 다시금 다른 제안을 하게 되었다. 이제 또 다른 지역에 있는 산당으로 인도할 것이니 거기서 자기를 위해 이스라엘 민족을 저주해 달라고 당부했다. 그곳에서는 혹 '여호와'가 그렇게 하는 것을 기뻐할지도 모른다는 것이었다.

그리하여 발락이 발람을 인도하여 광야가 내려다보이는 브올산 꼭대기로 올라갔다. 발람은 그의 요구를 흔쾌히 받아들였다. 이는 발람에게 참된 신앙이 없다는 사실을 스스로 입증하고 있다. 이미 자기가 생각하는 바를 여호와에게 묻고 그에 관한 답변을 그로부터 수차례 얘기 들었다면 더이상 되풀이해 그렇게 할 필요가 없다. 이미 하나님의 뜻을 충분히 알게 되었을 것이기 때문이다.

하지만 거짓 예언자 발람은 거기서도 발락을 향해 자기가 '여호와'에게 제사를 지낼 수 있도록 일곱 개의 제단을 쌓으라고 요구했다. 그리고 각 제단에 바칠 수송아지 일곱 마리와 수양 일곱 마리를 준비해 달라는 당부를 했다. 답답하게 된 발락은 그에 따랐으며 발람은 각 제단에 수송아지 하나와 수양 하나를 제물로 바치게 되었다.

우리는 여기서 발람이 여호와 하나님으로부터 특별한 계시를 들은 것이 아니란 증거를 확인해야만 한다. 민수기 본문 가운데는 발람이 발락과 함께 세 차례에 걸쳐 일곱 개의 제단을 쌓고 각기 수송아지 한 마리와 수양 한 마리씩을 바친 사실을 언급하고 있다(민 23:2, 14, 30). 그때마다 발람은 발락에게, 자기가 가까운 부근으로 가서 신에게 기도하고 돌아올 때까지 제단 옆에 서 있도록 요구했다.

분명한 사실은 발람이 제단을 쌓고 제물들을 바칠 때마다 그것을 여호와 하나님이 아니라 바알신에게 바쳤다는 점이다. 이는 발람의 제사가 여호와와 아무런 상관이 없는 종교 행위였음을 입증해주고 있다. 그가 바알신에게 제물을 바쳤다면 당연히 자기의 제사를 받은 그 신을 향해 신탁을 구해야 한다. 즉 제물은 바알에게 바치고 신탁은 여호와께 구한 것으로 볼 수 없다. 그와 같은 상황에서 참 여호와께서 저에게 응답하실 리가 없는 것이다.

그러므로 발람은 본문 가운데서 그에 연관된 자신의 신앙을 그대로 드러내 보였다. 이미 언급한 대로 민수기 23장 4절에서는 그가 희생제물을 바친 대상이 자기의 신 바알이라는 사실을 확인하고 있기 때문이다: "발람이 고하되 내가 일곱 단을 베풀고 매 단에 수송아지 하나와 수양 하나를 드렸나이다." 이는 그가 바알 신에게 제물을 바친 사실을 고백하는 성격을 지니고 있다. 발람은 바알에게 신탁을 구하면서 그 신을 '여호와'라 칭했던 것이다.

24장

모압 왕 발락과
거짓 예언자 발람의 정체성

1 발람의 이스라엘 민족 축복(민 24:1-9)

여호와 하나님을 빗대어 그의 이름을 악용하는 발람은 결코 다른 사람을 위해 축복을 빌만한 예언자가 아니었다. 그는 남 보기에 그럴듯한 종교적 언어를 사용했을 따름이다. 거기다가 악한 영이 뒤에서 그를 움직이는 역할을 하고 있었던 것이 분명하다.

발람은 자기가 이스라엘 민족을 축복하는 것을 여호와가 선하게 여기고 있다는 자의적인 판단을 했다(민 24:1). 그와 같은 태도 자체가 자기 스스로 여호와의 뜻을 만들어 짐작하고 있음을 보여주고 있다. 이 말은 하나님이 그를 선하게 여기신다는 의미가 아니라 발람 스스로 그렇게 여기고 있었음을 말해준다.

잘못된 자기확신에 빠진 발람은 그와 같은 착각으로 그 전과 같이 여호와를 만나러 간다고 하면서 점술을 행하지는 않았다. 그 대신 이번에는 멀리 내려다보이는 광야 쪽으로 눈길을 돌렸다. 거기에는 이스라엘 모든 지파들이 진을 치고 있었다.

그와 같은 상황에서 발람은 자기에게 '하나님의 신'이 임했다고 말했다. 우리는 여기서 본문에 언급된 '하나님의 신'이 참 신인가 하는 점을 주의 깊게 생각해 보아야 한다. 여호와 하나님께서는 그의 참된 선지자를 비롯한 진정한 신자들에게 임하신다. 그러나 하나님을 모독하는 자들에게는 경고의 말씀을 선포하실지라도 그 심령에 긍정적으로 임하시지 않는다.

따라서 발람에게 임한 신은 여호와 하나님의 신이 아니라 발람이 믿는 다른 신으로 이해하는 것이 자연스럽다. 그가 여호와의 이름을 들먹인 것은 그의 종교적 행위였을 뿐 우리가 이해하는바 참믿음의 결과는 아니었다. 하지만 발람 스스로는 그 신을 '여호와의 신'으로 여기고 그렇게 믿었을 것이 분명하다. 따라서 그는 스스로 시를 지어 노래 불렀다.

발람은 노래를 시작하면서, 브올의 아들 발람이 전에는 눈이 감겼으나 이제 눈이 열린 자가 되어 말한다고 했다. 그는 스스로 자기를 비로소 눈을 뜨게 된 지혜자인 양 말하고 있었던 것이다. 그의 시 가운데 나열된 단어와 문장들만 보게 된다면 그의 시는 상당히 아름다운 시로 보일 수 있다.

> 브올의 아들 발람이 말하며 눈을 감았던 자가 말하며 하나님의 말씀을 듣는 자, 전능자의 이상을 보는 자, 엎드려서 눈을 뜬 자가 말하기를 야곱이여 네 장막이, 이스라엘이여 네 거처가 어찌 그리 아름다운고 그 벌어짐이 골짜기 같고 강가의 동산 같으며 여호와의 심으신 침향목들 같고 물 가의 백향목들 같도다 그 통에서는 물이 넘치겠고 그 종자는 많은 물 가에 있으리로다 그 왕이 아각보다 높으니 그 나라가 진흥하리로다 하나님이 그를 애굽에서 인도하여 내셨으니 그 힘이 들소와 같도다 그 적국을 삼키고 그들의 뼈를 꺾으며 화살로 쏘아 꿰뚫으리로다 꿇어앉고 누움이 수사자와 같고 암사자와도 같으니 일으킬 자 누구이랴 너를 축복하는 자마다 복을 받을 것이요 너를 저

주하는 자마다 저주를 받을찌로다(민 24:3-9)

이 시의 내용을 들여다보면 발람이 하나님의 말씀에 순종하는 자처럼 보인다. 그는 자기를 하나님의 환상을 보는 자라고 칭하기도 했다. 그리고 야곱으로 인해 생겨난 이스라엘 자손의 장막과 그들의 처소가 아름답고 화려하여 모든 것이 풍족하다는 말을 하고 있다. 그래서 여호와께 속한 백성은 강력하여 아말렉의 최고 통치자의 칭호인 아각(Agag)을 언급하며 이스라엘의 왕이 그보다 훨씬 강하고 높다고 했다.

하나님이 애굽에서 인도해 낸 이스라엘 자손은 막강한 세력을 지니고 있으며, 그 백성이 자기에게 저항하는 모든 적국(敵國)을 집어삼킬 것이라고 말했다. 누구든지 그에게 대항하는 자는 패배를 맛보고 죽을 수밖에 없다는 것이었다. 따라서 이스라엘을 축복하는 자는 복을 받을 것이며 이스라엘을 저주하는 자들은 저주를 받게 되리라고 했다.

발람의 노래는 내용상 별문제가 없어 보인다. 그런데 우리가 여기서 반드시 생각해 보아야 할 바는 그의 입술에서 나온 말이 아무리 옳게 보인다고 할지라도 하나님의 자녀들이 그 노래를 따라부르지 못한다는 사실이다.[33] 따라서 구약시대 믿음의 선배들과 신약시대 사도들이 그 노래를 부르지 않았듯이 오늘날 우리 역시 그가 지은 그 노래를 따라부를 수 없다.

---

33 우리는 '여호와'의 이름을 빗댄 '발람의 노래'가 아무리 그럴듯해 보일지라도 하나님의 계시로 받아들일 수 없다. 그에 대한 이해를 돕기 위해 우리에게 비교적 익숙한 한 기독교 이단을 예로 들어 설명해 본다. 19세기 후반 미국에서 생겨난 '여호와의 증인'(Jehovah's Witnesses)은 하나님의 진리와 무관한 기독교 이단이다. 하지만 그들은 스스로 여호와 하나님을 가장 잘 믿는듯이 포장하고 있다. 그 이단자들은 성경의 내용과 용어들을 사용하며 괜찮아 보이는 '노래말'을 많이 만들어 두고 있다. 외견상으로 볼때 별 문제가 없어 보이는 것들이 태반이다. '노래 가사'에 별 문제가 없어 보인다고 해서 '참된 교회'는 그 노래를 가져와 찬송가로 사용할 수 없다. 그 노래들을 작시한 이단자들의 근본 신앙이 잘못되었기 때문이다. 이처럼 거짓 예언자인 악한 발람이 부른 노래가 겉보기에 아무리 그럴듯해 보일지라도 그것을 하나님으로부터 계시된 것이라 말할 수 없다.

이는 그가 거짓 예언자로서 노래를 위해 나열한 단어들이 외형상 괜찮아 보인다고 해서 그 노래가 우리가 부를 노래로 받아들일 수 없음을 말해주고 있다. 이는 거짓 예언자가 제멋대로 부른 노래였기 때문이다. 만일 그 노래가 하나님의 계시로서 그의 백성을 위한 참된 노래라면 구약시대뿐 아니라 오늘날 신약시대 교회가 그 노래를 함께 부르지 못할 하등의 이유가 없다. 하지만 발람의 노래는 그렇지 않다. 우리는 성경에 기록된 많은 시편들을 노래하지만 발람의 노래를 우리의 노래로 받아들여 그것을 통해 하나님을 찬양하지 않는다.

2 배신당한 발락의 반응(민 24:10-11)

발람의 노래를 들은 모압 왕 발락은 분노로 가득 차 주먹을 불끈 쥐고 떨면서 발람을 향해 말했다. 자기가 사신들을 멀리 메소포타미아까지 보내 그를 모압 땅으로 불러온 것은 이스라엘을 축복하기 위해서가 아니라는 것이었다. 그를 부른 것은 오직 자기의 원수인 이스라엘 민족을 저주하기 위해서였다고 했다.

그런데 발람은 이스라엘 백성을 저주하기는커녕 축복하기만 했으니 개탄하지 않을 수 없었다. 그것도 한두 번이 아니라 세 번이나 그렇게 했다. 이는 발락의 뜻에 정면으로 반하는 발람의 행동으로서 도저히 받아들일 수 없는 내용이었다. 이스라엘에 대한 발람의 예언은 모압 왕국의 패망을 바라는 저주와 같은 노래였기 때문이다.

그렇지만 종교성으로 가득 찬 모압 왕 발락은 어떻게 할 도리가 없었다. 즉 발람을 향해 어떤 물리적인 행사도 하지 못했다. 그와 같은 상황에서 아무것도 하지 못하는 발락으로서는 분노의 마음과 더불어 속이 타들어 갔을 것이 분명하다.

그러므로 모압 왕 발락은 예언자 발람을 향해 이제 빨리 자기가 왔던 본

4부. 아론의 죽음과 출애굽 차세대

국으로 돌아가라고 말했다. 발락은 자기가 아니라 원수의 편을 드는 발람에 대하여 더 이상 꼴도 보기 싫다는 그의 심정을 내비치고 있었던 것이다. 또한 이 말 가운데는 즉시 떠나지 않고 지체하면 그의 생명을 해칠 수도 있다는 의미가 내포된 것으로 보인다.

그러면서 발락은 배신당한 자기의 서운한 감정을 드러냈다. 자기는 원래 발람에게 후한 보답을 할 작정을 하고 있었다고 했다. 그가 만일 자기의 뜻에 따라 그렇게 해주었다면 반드시 그를 가장 존귀한 국빈으로 영접했으리라는 것이었다.

그런데 발람은 발락이 원했던 뜻을 저버리고 배신하여 그의 원수인 이스라엘을 축복한 사실을 언급했다. 그와 더불어 발락은 여호와가 오히려 그의 존귀한 자리를 얻게 되는 기회를 가로막았다는 말을 했다. 우리는 이를 통해 발람뿐 아니라 모압 왕 발락도 이스라엘을 경계하면서 여호와 하나님에 대한 어느 정도의 토막 지식을 소유하고 있었음을 알게 된다. 하지만 발람이나 발락 모두 언약의 백성인 이스라엘 민족이 믿던 여호와 하나님을 올바르게 알고 있었던 것은 아니다.

3 발람의 응대와 노래(민 24:12-25)

(1) 진노한 발락에 대한 발람의 반응(민 24:12-14)

거짓 예언자 발람은 크게 진노한 모압 왕 발락을 향해 말했다. 자기가 모압 백성을 축복하지 않고 이스라엘 자손을 축복한 것에 대해서는 아무런 잘못이 없다는 것이었다. 발락이 보낸 사신들이 자기에게 왔을 때 처음부터 그에 관한 입장을 명확히 밝혔다는 것이다.

자기는 신의 뜻에 저항하거나 그것을 거부할 수 없다는 사실을 말했기 때문에 그 사실이 모압 왕 발락에게 전달되었으리라고 했다. 설령 자기를 부른 왕이 집안 가득히 채울 만큼의 엄청난 양의 은금을 준다고 할지라도 '여호와'의 말씀을 어기지 못한다는 것이었다. 자기의 목적에 맞춰 선악간 마음대로 행하지 못하고 오직 여호와가 자기에게 한 말을 전할 뿐이라는 입장을 이미 말했다는 것이다.

이는 물론 거짓 예언자 발람의 주관적인 생각에 지나지 않았다. 거룩한 성막에 계시며 모세와 아론 자손 제사장들을 통해 희생제물과 더불어 경배받으시는 여호와 하나님은 그가 섬기는 '여호와'는 다른 존재였다. 즉 발람의 신은 실제 이스라엘 백성 가운데 살아계신 여호와 하나님이 아니라 그의 이름을 도용한 채 조작해낸 종교적인 신령에 지나지 않았다.

그럼에도 불구하고 거짓 예언자인 발람은 자기가 마치 훌륭한 종교인이라도 되는 양 착각하고 있었을 것으로 보인다. 극히 주관적인 판단이었음에도 불구하고 자기는 여호와 하나님에 대하여 잘 안다고 생각했을 것이기 때문이다. 실제로는 하나님을 모독하는 불의한 종교인이면서도, 일시적이나마 권력은 물론 금전과 타협하지 않은 자기가 정당한 것으로 여겼을 것이 분명하다.

그러므로 그는 자기의 정당성을 주장한 후 발락 왕을 향해 이제 자기는 원래의 고향 백성들이 있는 메소포타미아로 돌아가리라고 했다. 그곳은 여호와 하나님의 거룩한 성막이 있는 곳이 아니라 그와 상관없는 이방 지역의 땅으로 돌아간다는 의미를 지니고 있다. 그와 더불어 장차 이스라엘 자손이 모압 백성들을 어떻게 대하고 행할지 말해주겠다고 했다. 당시 발람은 예언자로서 의기양양한 모습을 띠고 있었으나 발락은 장차 일어날 정치적 상황으로 인해 크게 위축되어 있었을 것이 틀림없다.

(2) 이스라엘 민족에 대한 발람의 또 다른 노래(민 24:15-19)

발람은 또다시 다른 노래를 지어 읊조렸다. 앞에서 노래를 지어 부를 때도 그랬듯이 다시금 자기는 과거에 눈이 감겨 있는 상태였으나 이제 눈이 열린 자가 되었다는 점을 강조했다. 자기가 마치 새로운 것을 깨달은 자로서 전능자의 이상을 보고 있는 듯이 말했던 것이다. 즉 자기는 장차 일어나게 될 모든 내용을 정확하게 알고 있다는 것이었다. 거짓 예언자인 발람의 노래를 들여다보면 잘못된 내용을 찾을 수 없는 정도의 좋은 내용이 담겨있으므로 놀랍기까지 하다.

> 내가 그를 보아도 이 때의 일이 아니며 내가 그를 바라보아도 가까운 일이 아니로다 한 별이 야곱에게서 나오며 한 홀이 이스라엘에게서 일어나서 모압을 이 편에서 저 편까지 쳐서 파하고 또 소동하는 자식들을 다 멸하리로다 그 원수 에돔은 그들의 산업이 되며 그 원수 세일도 그들의 산업이 되고 그 동시에 이스라엘은 용감히 행동하리로다 주권자가 야곱에게서 나서 남은 자들을 그 성읍에서 멸절하리로다(민 24:17-19)

발람의 노래를 문자대로 보게 되면 매우 훌륭한 예언자의 선포처럼 보인다. 그는 눈앞의 가까운 시점이 아니라 이스라엘의 먼 미래의 일을 바라보고 있노라고 했다. 그는 한 별이 야곱에게서 나올 것이며, 한 왕이 이스라엘 가운데서 일어나게 되리라는 예언적인 노래를 불렀다. 그가 장차 모압 백성을 사방에서 공격하여 칠 것이며 저항하며 '소동하는 자들'34을 다 멸망시킬 것이라고 했다.

또한 에돔 왕국은 이스라엘 백성에 의해 완전히 멸망 당하여 저들의 모든 것은 이스라엘의 소유가 되리라는 사실을 언급했다. 또한 세일 땅의 모든

---

34 본문에 기록된 '소동하는 자들'이란 '셋의 후손들'(the children of Sheth)을 가리키고 있으며 특히 모압 자손들을 일컫고 있다.

것들도 이스라엘 백성의 산업이 될 것이라고 했다. 당시 에돔 왕국은 상당한 세력을 펼치고 있었으나 야곱의 자손들에 의해 맥없이 무너져 내리게 되리라는 것이었다.

그에 반해 이스라엘 자손은 더욱 강해져 용감하게 행동할 것이라는 점을 말했다. 나아가 야곱으로부터 주권자가 나와서 원수들을 짓밟고 그 살아남은 자들을 모두 멸절시키게 되리라는 사실을 언급했다. 이는 결국 이스라엘이 막강한 에돔 왕국을 정복하여 최종 승리를 거두게 된다는 것을 의미하고 있다.

발람이 예언한 이 내용은 앞에서 읊은 시(민 24:3-9)와 마찬가지로 그 자체로는 별문제를 찾을 수 없다. 오히려 그 가운데는 메시아를 예언하는 듯한 내용마저 포함되어 있다. '야곱에게서 한 별이 나오고, 이스라엘에게서 한 홀이 나온다'라는 말은 그와 같이 이해될 수 있다. 또한 야곱으로부터 난 주권자가 최종 승리를 거둔다는 말은 그에 연관된 내용으로 보인다.

그런데 우리는 거짓 예언자 발람의 노래를 하나님께서 많은 선지자들의 입술을 통해 선포하신 예언과 동일하게 보지 않는다. 설령 그 내용이 겉보기에 유사하다고 할지라도 그것은 하나님으로부터 주어진 예언이 아니기 때문이다. 만일 그것이 하나님으로부터 계시된 말씀이라면 발람이 부른 그 노래는 앞에 소개된 여러 선지자들의 노래와 함께 모든 성도들이 불러야 할 신령한 노래가 되어야 한다.

하지만 구약시대 언약의 자손들은 발람의 노래를 하나님으로부터 계시된 노래로 받아들이지 않았다. 성경에 기록된 많은 선지자들이 언약 백성들의 공적인 노래가 된 데 반해 발람의 노래는 그렇지 못했던 것이다. 이에 관해서는 신약 교회 시대에도 마찬가지였다. 따라서 오늘날 우리 역시 발람의 노래를 우리의 노래로 받아들여 노래하지 않는다.

이는 우리로 하여금 발람이 그와 같은 노래를 부른 것은 여호와 하나님으로부터 계시된 노래가 아니란 사실을 알게 해준다. 그럼에도 불구하고 거짓 예언자 발람이 외적으로 보아 그럴듯한 노래를 부른 것은 종교인으로서 자기가 이스라엘 자손들에 연관하여 주워들어 알게 된 토막 지식들과 더불어 거짓 영의 관여가 있었을 것이기 때문이었던 것으로 보인다.

(3) 아말렉과 가인 족속을 향한 노래(민 24:20-25)

거짓 예언자 발람은 이스라엘 민족에 대한 축복의 노래를 부른 후 아말렉 족속과 가인 족속35에 대한 저주의 노래를 불렀다. 당시 아말렉 족속은 상당한 세력을 가지고 있었으나 그 종말은 멸망에 이른다는 것이었다. 그는 장차 이르게 될 아멜렉의 패망에 대한 예언을 했던 것이다.

또한 발람은 그 예언과 더불어 하나님을 배반한 가인 족속을 향해 당시 그들의 거처가 견고하다는 사실과 그 보금자리가 굳건한 바윗돌 위에 있어서 안전하다는 사실을 언급했다. 하지만 그들은 곧 쇠약해지게 될 것이며 결국은 앗수르에 의해 패망 당하게 되리라는 말을 했다. 발람은 그와 같은 예언을 하며 스스로 확신을 가졌을 것이며 자신의 예언 행위에 대해 종교적인 자부심도 가졌을 것으로 보인다.

거짓 예언자 발람은 노래를 지어 부르면서 장차 일어나게 될 슬픈 사실을 언급했다. 하나님이 그 모든 일들을 시행할 것이기 때문에 그때가 이르면 살아남을 자가 아무도 없으리라는 것이었다. 깃딤(Kittim) 곧 지금의 키프로스(Cyprus) 해변에서 배들이 와서 막강한 세력을 자랑하던 앗수르를 학대할 것이며 에벨을 괴롭게 하리라고 했다. 하지만 그들 또한 때가 이르면 패망하게 될 것이라고 했다.

---

35 여기서 '가인 족속'이란 하나님을 배반한 가인의 후손이란 의미를 지니고 있다. 이는 또한 당시 가나안 동편 지역에 살아가던 여러 이방인 종족을 통칭하는 것으로 보인다.

이는 세상의 모든 나라들이 잠시 흥왕한 후 멸망하게 된다는 사실과 연관되어 있다. 즉 미리 세워진 나라는 잠시 세력을 펼치다가 나중에 세워지는 더 강한 나라에 의해 패망 당할 수밖에 없다. 역사는 흥망성쇠(興亡盛衰)를 계속 되풀이하다가 결국 다 망하게 된다.

모압 왕 발락은 자기가 통치하는 모압을 위기로부터 구하기 위해 영험한 예언자로 알려진 발람을 먼 곳으로부터 불러들였으나 자기 뜻을 이루지 못했다. 이스라엘 민족의 여호와 하나님에 대한 토막 지식들을 가지고 있었던 발람은 자기가 타고 온 나귀를 통해 여호와 하나님의 능력을 경험한 후 이스라엘 민족에 대한 두려운 마음을 가지게 되어 모압의 편에 서지 못했다. 거짓 예언자 발람이 발락에게 이와 같은 주관적인 예언의 말을 남긴 후 둘은 서로 갈라져 제각기 자기 길로 가게 되었다.

4 발람의 정체성에 대한 올바른 이해

우리는 여기서 발람에 대한 올바른 정체성을 이해해야만 한다. 그는 자기 스스로 여호와의 예언자로 주장하고 있었으나 그가 의지하는 여호와는 이름의 형태만 동일했을 뿐 이스라엘 민족의 여호와 하나님과 다른 신령이었다.36 거짓 종교 예언자인 발람은 이스라엘 민족의 여호와에 대한 상당한 지식을 가지고 있었다.

이는 오늘날 우리 시대에 배도에 빠진자들이나 이단자들이 하나님과 예수 그리스도를 믿는다고 주장하지만, 실상은 동일한 하나님과 동일한 그리스도가 아닌 것과 같다. 그런데도 그들 가운데는 그에 연관된 왜곡된 많은

---

36 John Calvin은 그의 민수기 주석에서, '발람의 능력은 이교의 신들의 능력이 아니라 여호와의 능력에 기인한다'라고 주장한다(칼빈 주석, 민수기 23:20, 참조). 하지만 필자는 그의 견해를 받아들이기 어렵다. 발람의 모든 능력은 우리가 믿는 여호와 하나님이 아니라 그가 스스로 믿는 특별한 신령인 '여호와신'으로 말미암은 종교적 현상으로 이해하는 것이 옳다.

지식을 가지고 있을 수도 있다.

거짓 예언자이자 거짓 제사장인 발람의 행동과 말 가운데는 이스라엘의 하나님과 연관된 유사한 내용을 많이 보이고 있다. 또한 그가 메시아 예언과 관련된 듯한 예언을 할 때는 더욱 그렇게 비치기도 한다. 하지만 그는 모세를 통해 허락된 하나님의 율법과 하나님의 성막에 기초한 신앙인이 아니었다. 비록 하나님께서 그의 언행을 일반적 섭리 가운데 간섭하셨을지라도 그것이 하나님의 언약적 계시에 의한 말과 행동이라 말할 수 없다.

그러므로 그는 모세와 아론 자손 제사장들이 여호와 하나님을 섬기는 거룩한 성막과 아무런 상관이 없었다. 하나님의 율법과 하나님의 성막이 중심에 놓이지 않은 상태에서는 여호와 하나님을 올바르게 알 수 없다. 그럼에도 불구하고 그가 여호와의 이름을 빗댄 거짓 예언자와 제사장으로 행세했던 것은 그의 종교적 경험과 거짓 신령들의 역할에 연관되어 있다.

성경에는 발람이 거짓 예언자란 사실을 명확히 밝히고 있다. 그가 한때는 하나님을 모르는 잘못된 종교인이었다가 나중 회심한 것으로 볼 수도 없다. 만일 그랬다면 그는 할례를 받고 언약의 자손인 유대인들의 회중에 들어가야만 했다. 성경에는 그에 관한 흔적이나 언술은 전혀 나타나지 않는다. 성경은 발람이 하나님께 저항하는 나쁜 거짓 예언자였음을 명백히 증거하고 있다.

여호수아서에는 이스라엘 민족이 아모리 족속을 정복할 때 그를 죽이는 기록을 남기면서 그에 관한 중요한 언급을 하고 있다. "이스라엘 자손이 그들을 도륙하는 중에 브올의 아들 술사 발람도 칼날로 죽였었더라"(수 13:22)고 했기 때문이다. 이는 발람이 죽을 때까지 술사 곧 점쟁이와 같은 무당 종교인이었음을 증언하고 있다.

그리고 요한계시록에는 하나님께서 버가모 교회에 보내는 편지에서 발람에 관한 언급을 하면서 "그러나 네게 두어 가지 책망할 것이 있나니 거기

네게 발람의 교훈을 지키는 자들이 있도다 발람이 발락을 가르쳐 이스라엘 앞에 올무를 놓아 우상의 제물을 먹게 하였고 또 행음하게 하였느니라"(계 2:14)고 말했다.

또한 사도 베드로는 두 번째 보내는 그의 서신에서, "저희가 바른 길을 떠나 미혹하여 브올의 아들 발람의 길을 좇는도다 그는 불의의 삯을 사랑하다가 자기의 불법을 인하여 책망을 받되 말 못 하는 나귀가 사람의 소리로 말하여 이 선지자의 미친 것을 금지하였느니라"(벧후 2:15-16)는 기록을 남기고 있다.

유다서에는, "화 있을찐저 이 사람들이여, 가인의 길에 행하였으며 삯을 위하여 발람의 어그러진 길로 몰려갔으며 고라의 패역을 좇아 멸망을 받았도다"(유 1:11)고 했다. 이는 그가 여호와 하나님께 속한 신앙인이 아니란 사실을 증거해주고 있다. 따라서 그가 근원적으로 하나님으로부터 받은 올바른 예언을 한 것이 아니었음을 알 수 있다.

25장

이방 종족들의 적극적인 미혹

1 모압 여자들과 음행하는 자들(민 25:1-5)

싯딤은 사해 바다 동북쪽 즉 요단강 동편에 위치한 모압인들의 중요한 성읍이었다. 이스라엘 자손은 그 가까운 지역에 진을 치고 있었다. 물론 그들의 중심에는 하나님의 성막이 세워졌을 것이며 이스라엘 각 지파들이 규례에 따라 제 위치를 지켰을 것이다. 그런데 거기서 심각한 문제가 발생하게 되었다.

이스라엘 자손들 가운데 모압 여인들과 음행하는 자들이 생겨나기 시작했던 것이다. 우리는 그 이유를 몇 가지 측면에서 생각해 볼 수 있다. 우선 모압인들 가운데는 '발람의 사건'으로 인해 저들은 바알신을 섬기지만 '여호와' 신과도 어느 정도 영적인 연관성이 있다는 생각을 하는 자들이 많이 있었으리란 사실이다.

그리고 타락한 이스라엘 자손들 가운데도 그와 같은 종교 혼합주의적 사상을 가진 자들이 상당수 있었다는 점을 알 수 있다. 또한 이스라엘 백성 가운데 존재하는 성적인 엄격함에 비해 모압인들은 그렇지 않았다는 사실이다. 이와 같은 복잡한 상황 가운데서 이스라엘 사람들 중에 율법에 근거한 신앙이 흔들리는 자들이 많이 있었다.

그러므로 바알신을 따르는 모압 여인들이 저들의 이방신 앞에 제사를 지내면서 가까운 곳에 머물고 있던 이스라엘 백성을 그 자리에 초청하게 되었다. 그들은 당연히 그것을 뿌리치고 거부했어야 함에도 불구하고 모압인들의 종교사상을 받아들여 저들을 따라갔다. 거기에 응한 자들은 모압의 영역으로 가서 이방 여인들과 함께 먹고 마시며 그들의 신 바알 브올에게 절하며 경배하게 되었다.

바알브올은 브올산에서 섬기는 바알신으로서 모압인들이 섬기는 우상신이었다. 그 신은 생식과 출산과 풍요를 관장하는 프리아푸스(Priapus) 신으로서 모압 왕국의 대표적인 신으로 인식되었다. 풍요롭게 살기를 원하여 기원하는 자들은 그 신을 찾아 섬겼다. 특이할 점은 그와 연관된 바알브올 숭배에서는 생식과 풍요와 연관되어 있어서 신전 여사제와의 음란한 의식이 수반되기도 했다는 사실이다.

그렇게 함으로써 이스라엘 자손들 가운데 점차 모압인들이 섬기는 바알 브올에게 속하게 되는 배도자들이 생겨나기 시작했다. 그들 스스로는 여호와도 섬기고 바알 브올도 섬긴다는 이중적인 생각을 하고 있었을 것이 분명하다. 이는 발락과 지도 계층의 인사들이 참여한 발람의 종교 행위가 그런 역할을 하도록 영향을 끼쳤을 것으로 보인다. 물론 사악한 자들은 항상 자기의 범죄에 대한 나름의 변명거리를 만들어두고 있었다.

그와 같은 배도의 행태를 보신 여호와 하나님께서 이스라엘 자손을 향해 크게 진노하셨다. 따라서 하나님께서는 모세를 향해 엄한 명령을 내리시게 되었다. 백성들에게 명하여 그것을 용납한 지도자들을 잡아 태양을 향하는 곳에서 목을 매달아 처형하게 하셨던 것이다. 즉 여호와 하나님 앞에서 그들을 목매달아 죽이도록 요구하셨다. 그렇게 하면 여호와의 무서운 진노가 그들 가운데서 떠나게 되리라는 것이었다.

우리는 여기서 매우 중요한 의미를 발견하게 된다. 이방신을 섬기고 음행을 하며 악행을 저지른 자들은 일반 백성인데 그 죄에 대한 책임을 백성의 지도자들에게 묻고 계시기 때문이다. 우리가 반드시 기억해야 할 바는 죽임을 당한 지도자들이 직접 그 죄를 저지른 것이 아니었음에도 불구하고 그들이 죽음의 심판을 당하게 된 것은 억울한 일이 아니었다는 점이다.

백성들을 선하게 인도해야 할 지도자들은 저들에게 맡겨진 임무를 성실히 수행해야만 했다. 하지만 그들에게는 마땅히 백성들을 엄하게 지도하고 배도 행위를 방지하여 관리할 의무가 있었음에도 불구하고 그 직무를 제대로 수행하지 못한 책임이 있었다. 따라서 하나님의 명을 제대로 수행하지 못한 그 지도자들은 마땅히 받아야 할 엄한 형벌을 받게 되었던 것이다.

그리고 나서 모세는, 백성들의 옳고 그름을 판단하는 재판을 담당한 자들에게 명령을 내렸다. 그것은 각자 관할하는 지역과 백성들 가운데 바알브올을 섬기며 그에 속하게 된 자들을 찾아내 모두 처형해 죽이라는 것이었다. 그렇게 함으로써 이스라엘 가운데서 악을 행하는 배도자들을 엄하게 다스려 언약공동체로부터 끊어내도록 하셨던 것이다.

2 하나님의 엄중한 심판(민 25:6-9)

모세를 통해 하나님의 엄중한 명령을 듣게 된 이스라엘 자손들은 깊은 슬픔에 잠기게 되었다. 그들은 백성들 가운데 발생한 추하고 음란한 배도 행위로 인해 매우 괴로웠을 것이다. 또한 그로 말미암아 이스라엘 백성들 가운데 하나님의 무서운 징계가 임한다는 사실에 대한 두려운 마음이 있었을 것이 분명하다.

그리하여 이스라엘 백성의 온 회중이 하나님의 성막문 앞에 모여 울음을 터뜨리게 되었다. 그들 가운데 다수는 여호와 하나님 앞에서 진심으로 뉘우치며 회개하는 마음을 가졌을 것으로 보인다. 그들은 직접 그 악행에 가담하지 않았으나 그와 같은 일이 발생한 것에 대한 공동 책임 의식을 가지고 있었다.

한편 하나님의 율법을 버리고 이방신을 찾아가 그에게 경배하며 이방 여인과 간음을 행한 자들에 대하여 원망하는 마음이 있었을 것이다. 그와 같은 악행을 저지른 일부 백성으로 말미암아 온 이스라엘이 심한 고통에 빠지게 되었기 때문이다. 그들의 사악한 행위가 하나님의 무서운 진노를 불러일으키게 되고 그 진노가 모든 백성들에게 임하게 되었던 것이다.

그런 극한 위기 상황 중에도 악을 저지른 자들은 자신의 죄악에 대한 올바른 인식이 없었으며 뉘우치는 태도를 보이지도 않았다. 그들은 자기의 행위가 하나님을 얼마나 크게 진노케 하는지 그 실상을 깨닫지 못했던 것이다. 따라서 그런 중에 이스라엘 자손 가운데 한 사람이 모세와 온 회중이 거룩한 성막 앞에 모여 있는 중에 미디안 여인을 데리고 와서 자기 천막으로 들어가는 일이 발생했다.

그 배도의 광경을 지켜본 아론의 손자 제사장 비느하스가 크게 분노했다. 그리하여 회중 가운데서 일어나 창을 들고 그 이스라엘 남자의 천막 안으로 따라 들어갔다. 그는 그 자리에서 이스라엘 남성과 미디안 여성의 배를 찔러 두 사람을 한꺼번에 죽였다. 저들의 죄를 엄중하게 응징하여 처형했던 것이다. 남녀의 피가 천막 안에 낭자하게 되었던 그 살해는 매우 잔인한 행동이라 하지 않을 수 없다.

하지만 성경은 제사장 비느하스의 그와 같은 행위가 마땅히 행해야 할 의롭고 정당한 행위였음을 증거하고 있다. 이스라엘 자손들이 미디안 여성들과 간음을 행하고 저들의 바알신에게 제사하는 일에 참여하게 되었을 때 그에 크게 진노하신 하나님께서 백성들 가운데 무서운 전염병이 돌게 하셨다. 그런 중에 제사장이 그 악한 남녀를 창으로 찔러 죽임으로써 하나님의 진노가 풀리게 되었다.

당시 이스라엘 백성들 가운데 그 전염병으로 인해 죽은 자들의 수가 이만 사천 명이나 되었다. 그들 가운데는 그 악행에 직접 참여한 자들이나 그것을 어느 정도 수용하는 자들뿐 아니라 직접 범죄행위에 참여하지 않은 자들도 섞여 있었을 것이다. 그런 두려운 상황 중에 제사장 비느하스가 그 악의 뿌리를 끊어내듯이 그 악행을 저지른 이스라엘 남성과 미디안 여인에게 직접적인 무서운 심판을 행함으로써 하나님으로부터 임한 그 전염병이 그치게 되었다.

3 질투하신 하나님의 평화의 언약(민 25:10-13)

여호와 하나님께서는 모세를 향해 말씀하셨다. 아론의 계보를 이은 제사장 비느하스가 하나님 앞에서 올바른 처신을 했다는 것이었다. 비느하스는 하나님께서 질투하시는 것과 동일한 입장과 관점에서 그 질투를 악한 자들을 향해 그대로 쏟아부었다. 그리하여 사악한 악행을 저지르는 자들을 언약 백성의 무리로부터 영구히 분리시키는 엄한 처형을 가하게 되었던 것이다.

우리는 여기서 매우 중요한 의미를 생각하고 받아들여야 한다. 하나님께 속한 언약의 백성들은 하나님께서 분노하실 때 마땅히 그의 편에서 그와 함께 분개할 수 있어야만 한다. 하지만 어떤 사안에 대하여 분개할 때 단순한 인간적인 개인의 감정에 의한 판단이 되어서는 안 된다.

만일 하나님께서 분노하지 않으시는데도 불구하고 자기 혼자 분개한다면 정당성을 띨 수 없다. 하나님의 진노에 따라 모든 성도들도 그에 조화되는 행동을 할 수 있어야 한다. 이는 하나님께서 진노하실 때 그와 함께 분개하지 않는다면 올바른 신앙인의 자세가 아니라는 사실을 말해주고 있다.

그러므로 여호와 하나님께서는 제사장 비느하스가 자기의 질투심과 동일한 맥락에서 분개하여 그 악한 자들을 엄하게 다스렸음을 언급하셨다. 비느하스의 단호한 그 행동으로 말미암아 하나님께서 이스라엘 자손 전체를 진멸하지 않게 되었다는 것이다. 이는 당시 이스라엘 백성의 범죄로 말미암아 돌게 된 전염병을 하나님께서 중단시키신 사실에 연관되어 있다. 하나님 앞에서 저지른 악한 자들의 배도와 죄악을 엄히 다스림으로써 하나님의 진노를 누그러뜨리게 되었던 것이다.

무서운 진노를 푸신 하나님께서는 제사장 비느하스에게 자신의 '평화의 언약'(covenant of peace)을 주시겠다는 약속을 하셨다. 그것은 그와 그 후손들이 이어가게 되는 영원한 제사장 직분에 연관된 언약이었다. 하나님은 그와 더불어 비느하스가 질투하시는 하나님을 위하여 크게 질투함으로써 그것이 이스라엘을 속죄(atonement)하도록 했다는 것이다.

이 말은 비느하스가 하나님께서 질투하시는 것과 같은 질투로 사악한 자들을 응징하여 죽이고 하나님의 진노를 누그러뜨린 것이 하나님 앞에 제사하는 역할을 하게 된 사실을 보여주고 있다. 즉 그것이 하나님과의 화해를 도모하게 되어 속죄를 이루게 되었다. 하나님 앞에 바치는 거룩한 제물이 하나님과 인간 사이에 화해를 위한 중요한 매개 역할을 하듯이, 악한 자들에 대한 제사장의 질투와 엄한 징계가 곧 그와 같은 역할을 하게 되었음을 말해주고 있다.

4 범죄자들의 이름 공개와 그 자손에게 미친 불명예(민 25:14-15)

제사장 비느하스에 의해 잔인한 죽임을 당하게 된 이스라엘 남성은 시므리였다. 그는 평범한 일반 시민이 아니라 시므온 지파의 한 집안에 속한 족장인 지도급 인사였다. 그리고 그와 함께 악을 도모했던 미디안 여인은 고스비라는 인물이었다. 그의 아비는 미디안 백성의 한 종족의 수장이었다.

이스라엘 민족 가운데 지도자급 지위에 있던 남성과 미디안 족속의 수장 가운데 한 사람의 딸이 성적인 부정한 행위를 저지르게 되었다. 이는 그들이 우연히 만나 우발적으로 저지른 성적인 부정과 달랐다. 즉 양 국가의 지도 계층 인사들 사이에 어느 정도 계산된 정치적인 의도가 개입되었을 가능성마저 부정할 수 없다.

이스라엘 백성의 지도자급 인물 가운데 한 사람인 시므리와 미디안 족속의 중요한 지도자의 딸이 성적인 부정행위를 저지른 것은 단순히 개인적인 문제로 끝날 일이 아니었다. 그들의 사악하고 부도덕한 행위는 이스라엘의 많은 백성들에게 큰 악영향을 끼칠 것이 분명했다. 즉 그들의 악행은 사적인 성격을 넘어 공적인 의미를 지니고 있었던 것이다.

하나님께서는 그들의 행위가 하나님 자신과 이스라엘 민족에 대한 배도 행위로 보셨으며 그 사실 때문에 더욱 크게 진노하셨다. 제사장 비느하스가 행악자 시므리와 미디안 여인 고스비를 향해 극도로 분노한 것도 그와 같은 이유가 작용했을 것이 분명하다. 그런 상황 가운데서 제사장으로서 강력한 대응을 하지 않는다면 자기에게 맡겨진 중요한 직무를 소홀히 하게 되는 것과 마찬가지였다.

그러므로 제사장 비느하스가 그 두 남녀를 창으로 찔러 죽인 것은 일반적인 살인이 아니었다. 만일 그것이 단순한 살인 행위였다면 십계명에 기록된 '살인하지 말라'는 율법을 어긴 것이 되어 무서운 범법자가 된다. 하지만 그는 사람을 창으로 찔러 잔인하게 죽였으나 살인자가 되지 않았으며 아무런 법적인 책임을 지지 않았다. 오히려 그 행위가 하나님으로부터 칭찬을 받는 선한 행위로 인정받게 되었다.

즉 하나님께서는 제사장 비느하스의 사악한 자들에 대한 그와 같은 행위를 모세 율법에 따르는 최고의 순종행위로 받아들이셨다. 이는 그가 진노하신 하나님을 대신해 저들에게 무서운 심판을 내렸음을 의미하고 있다. 이 사건은 비느하스가 하나님께서 행하실 일을 대신하여 저들에게 엄중한 심판을 내린 것에 대한 증거가 되었다.

따라서 하나님은 제사장 비느하스가 사악한 행위를 한 남녀를 창으로 찔러 죽인 행위를 '속죄 제사'와 버금가는 것으로 받아들여 말씀하셨다(민 25:13). 제사장이 그렇게 함으로써 하나님께서 진노를 누그러뜨리셨기 때문이다. 그리고 그것을 통해 이스라엘 백성으로 하여금 미디안 사람들을 가까이 하는 것을 두려워하도록 하셨다. 이는 이스라엘 민족의 순결을 위한 것에 연관되어 있었다.

그리하여 하나님을 욕되게 하여 범죄를 저지른 남녀 당사자들은 이스라엘 민족의 제사장에 의해 엄한 심판의 처형을 당하게 되었다. 그들의 남은 가족들은 심한 고통을 감내해야 했을 뿐 아니라 심각한 불명예를 떠안아야만 했다. 그에 반해 제사장 비느하스는 하나님의 뜻을 알고 그에 온전히 순종함으로써 맡은 바 책무를 신실하게 감당했다. 그리고 이스라엘 백성들은 그것을 통해 정신을 바짝 차렸으며 당시 배도 행위로 말미암아 퍼져있던 전염병이 사라지게 되었다.

5 미디안인들을 향한 하나님의 심판(민 25:16-18)

이스라엘 백성들 가운데 일어난 그와 같은 사악한 배도 사건과 제사장을 통한 그에 대한 엄중한 심판이 있은 후 하나님께서 모세에게 명령하셨다. 이제 미디안인들을 박해하고 그들을 치라는 것이었다. 여기서 미디안인들이 언급된 것은 앞에서 모압 왕 발락이 미디안 장로들에게 자문을 구하고 여호와의 이름을 앞세운 거짓 예언자 발람에게 그들을 사신으로 보낸 것과 연관되어 있다(민 22:4-5. 참조).

여호와 하나님은 자신에게 저항하는 범죄행위에 대해서는 참으시지 않고 철저히 대응하시는 분이다. 그 말씀 가운데는 그 이방인들을 잘 타일러 악행으로부터 돌이키게 하라는 요구가 들어 있지 않았다. 즉 그 이방인들에게 긍휼을 베풀어 지도하라는 내용이 전혀 담겨있지 않았다. 하나님의 뜻을 알지 못하는 어리석은 자들은 이 모든 경위를 지켜보며 여호와 하나님은 사랑이 없는 분이라 말할지도 모른다.

그렇지만 공의의 하나님께서는 언약의 백성들을 향해 미디안인들에게 자비를 베풀지 말고 엄중한 대응을 하라는 명령을 내리셨다. 이는 미디안 사람들이 하나님 백성들의 삶을 위협했을 뿐 아니라 그들을 미혹하기에 열중했기 때문이다. 그들은 이스라엘 백성이 소유한 언약의 정체성을 흔들어 해체하기 위해 온갖 노력을 다 기울였다. 그렇게 함으로써 저들로 하여금 하나님의 말씀에 불순종케 하려는 의도를 노출시키고 있었던 것이다.

민수기 본문에서는 미디안 사람들의 그와 같은 사악한 태도를 두고 저들이 이스라엘 백성을 박해한 것으로 묘사하고 있다. 하나님의 뜻에 순종하며 살아가기 위해 안간힘을 쓰고 있는 자들에 대하여 적극적인 악을 도모하며 저들의 신앙을 방해했기 때문이다. 하나님께서는 그에 연관된 구체적인 몇 가지 사안을 언급하셨다.

그것은 물론 '브올의 일'과 '미디안 족장의 딸'에 연관된 사건이었다. 그와 같은 사악한 상황의 원천은 앞에서 언급된 거짓 예언자이자 거짓 제사장인 발람의 종교 행위가 주변인들에게 악영향을 미친 것이었다. 그 일로 말미암아 이스라엘 자손들은 혼합주의적 종교사상에 빠지게 되었으며 그 이방인들은 언약의 자손들을 미혹하여 여호와 하나님과 그의 율법을 떠나도록 만들었다. 물론 본문에 언급된 사건은 당시 일어났던 많은 일들 가운데 대표적인 일부로 받아들일 수 있다.

미디안 사람들은 교묘한 수법들을 동원하여 이스라엘 자손들을 속임으로써 바알 신을 섬기도록 유혹했다. 그로 말미암아 이스라엘의 일부 백성들이 그에 미혹되어 혼합주의 종교사상을 받아들여 여호와 하나님을 욕되게 했으며, 온 이스라엘 가운데 하나님의 심판에 의한 무서운 전염병이 번지게 되었다. 또한 미디안 족장의 딸 고스비를 통해 이스라엘 백성 가운데 영향력 있는 지도 계층의 인물과 성적인 범행을 저지르게 함으로써 이스라엘 백성을 미혹하고자 했다.

그와 같은 악행은 마치 누룩처럼 되어 전체 이스라엘 자손들에게 퍼져나갈 수 있는 사악한 행동이었다. 그 이방인들은 온갖 다양한 방법들을 동원해 이스라엘 민족의 신앙의 정체성을 흐리게 만들고자 했다. 그것은 악한 이방인들에 의해 세워진 계획 가운데 진행된 정책적인 일로 보인다.

이처럼 이방인들은 그런 악행을 퍼뜨려 언약의 백성들로 하여금 여호와 하나님의 뜻을 벗어나 죄의 고통에 빠지도록 획책했다. 그리하여 악한 이방인들을 이스라엘 민족과 뒤섞어 그들로부터 임하는 위험한 침공을 면하고자 했다. 하지만 그들이 언약의 백성을 미혹하여 더러운 배도에 빠뜨린 것은 결코 용서받지 못할 하나님께 대항하는 무서운 범죄행위였다.

하나님께서 미디안 족속에게 박해를 가하고 그들을 치라고 명하신 것은 그와 밀접하게 연관되어 있다. 따라서 그 족속을 치게 하신 것은 그들을 원수로 만들고자 하는 하나님의 의도에 근거한 것이었다. 즉 그들과 화평을 도모하며 우호적인 관계를 유지하는 것을 막고자 하셨던 것이다. 만일 그렇게 하지 않고 그들과 화친하게 되면 이스라엘 백성의 신앙 정체성은 급격히 무너져 죄에 빠질 수밖에 없게 된다.

따라서 하나님께서 그와 같은 요구를 하신 것은 이스라엘 백성의 언약적 정체성을 지켜 보호하시고자 하는 의도와 연관되어 있었다. 모세 율법에 따라 참된 진리를 지키고 자기 자녀들을 온전히 보호하는 것이 하나님의 뜻이었던 것이다. 하나님은 발람의 사악한 사상을 받아들여 자기의 고유한 사역을 방해하는 자들에 대해서는 결코 가만 계시는 분이 아니었다.

그러므로 하나님의 그 명령을 거부하고 이방인들과 뒤섞이는 자들은 곧 그의 뜻을 받아들이지 않는 것과 마찬가지였다. 인간적인 연민이나 판단이 그 자리를 대신할 수 없었다. 하나님의 말씀에 온전히 순종하고 그의 진리와 백성들의 신앙적인 정체성을 보존하기 원하는 자들은 반드시 그에 따라야 했다. 그것을 거부하는 자들은 하나님의 명령에 불복하는 범죄자가 될 따름이었다.

이에 대해서는 구약시대와 신약시대 모든 성도들이 공히 엄중한 교훈으로 받아들여야 한다. 우리가 살아가는 교회 시대 역시 마찬가지다. 기록된 하나님의 말씀에 근거한 관용이나 수용이 아니라면 쉽게 그리하지 말아야 한다. 하나님의 진리에 정면으로 배치되고 주님의 몸된 교회에 위협을 끼칠 만한 모든 악행들은 엄중하게 다스려 그에 맞서 치열하게 싸워야만 하는 것이다.

사악한 자들은 항상 이방 종교사상에 연관된 혼합주의를 부추기며 그것을 종교적인 도구로 사용하고자 한다. 그런 자들은 여호와 하나님을 믿는 동시에 이방인의 다른 종교적인 습성과 세상의 문화적 가치관을 수용하는 것을 타당하게 여긴다. 하지만 그것은 하나님을 멀리하는 배도의 길로 나아가게 한다. 그런 행태가 어린 교인들의 신앙에 큰 혼선을 빚게 할 것이기 때문이다. 앞에서 언급된 무속인 발람의 잘못된 종교사상과 모압 여자들이나 미디안 여자들을 탐하고 그들의 신을 받아들이는 것은 그와 밀접하게 연관된 개념이다.

두 번째 인구 조사와
가나안 정복 준비

26장

모압 평지의
두 번째 인구 조사

1 인구 조사를 위한 하나님의 명령(민 26:1-4)

이스라엘 백성 가운데 이방인들이 섬기는 신과 종교를 받아들여 혼합주의로 몰아가는 자들로 인해 하나님께서 저들 위에 엄한 징계를 내리셨다. 당시에는 그 일이 여호와의 이름을 제멋대로 사용한 거짓 예언자이자 거짓 제사장이었던 발람의 악행과 밀접하게 연관되어 있었다. 배도에 빠진 자들 가운데는 일반적인 종교 행위뿐만 아니라 이방 여성과 더러운 음행을 저지르는 자들도 있었다. 그리하여 하나님께서는 저들에게 무서운 전염병이 도는 심판을 내리셨던 것이다.

그런 중에 하나님께서는 이스라엘 백성 중에 사악한 행동을 한 지도자들을 목매달아 죽이게 하고 제사장 엘르아살의 아들 비느하스는 이방 여인을 이스라엘 회중이 있는 장막으로 끌어들이는 것을 보고 분개하여 그 둘을 창으로 찔러 죽였다. 그것은 이스라엘 백성들에게 중요한 경고의 메시지가 되었다. 하나님께서는 제사장 비느하스의 정당한 대응을 통해 진노를 풀고 그 전염병이 멈추게 해 주셨다.

그 후 여호와 하나님께서 제사장 엘르아살에게 명령을 내리셨다. 이스라엘 자손의 온 회중의 총수를 조사하라는 것이었다. 백성들을 각 지파와 집안에 따라 조사하되 이십 세 이상으로 전투에 가담할 만한 자들을 계수하도록 하셨다. 그때도 첫 번째 인구 조사를 할 때와 마찬가지로 레위인들은 별도로 계수해야만 했다.

이번의 인구 조사 역시 이스라엘 백성이 출애굽 한 후 얼마 되지 않았을 때 하나님께서 모세에게 명령하신 것과 같았다(민 1:2-3). 그 후 약 사십 년 가까운 세월이 지난 후 하나님께서는 다시금 제사장 엘르아살에게 그 일을 요구하셨다. 이제 그들은 약속의 땅 가나안을 향해 나아가며 정복을 준비해야만 했던 것이다.

모세와 제사장 엘르아살은 하나님께서 두 번째 인구 조사를 명하신 사실을 요단강 동편 모압 평지에 진을 치고 있는 백성들에게 전했다. 아마도 당시는 모든 이스라엘 자손이 한 곳에 모여 있었던 것이 아니라 일부는 사해에서 갈릴리 호수에 이르는 요단강 동편 지역에 흩어져 있었을 것이다.37

하지만 그때도 각 지파에서는 여러 지역에 흩어져 거하는 이스라엘 백성들의 명부를 가지고 있었을 것이 분명하다. 각 지파 족장들은 그에 대하여 올바른 파악을 하고 있어야만 했기 때문이다. 그 모든 상황이 파악된 상태에서 전투에 나갈만한 이십 세 이상의 장정들을 계수하게 되었던 것이 분명하다.

---

37 당시 이스라엘 자손들은 요단강 동편을 정복하여 일부를 그곳에 거주하게 했던 것으로 보인다(민 21:25, 31-32). 모세는 이스라엘 자손들 가운데 갓 지파와 르우벤 지파와 므낫세 반 지파에게 아모리인의 왕 시혼의 국토와 바산 왕 옥의 국토와 그 성읍들의 사면 땅을 그들에게 주었다(민 32:33). 이는 이스라엘 자손이 모압 평지에서 두 번째 인구 조사를 하기 전에 이루어진 일로 보인다. 물론 그 땅에는 비전투 요원들이 많이 포함되었을 것이 분명하다.

2 각 지파별 인구 조사(민 26:5-51)

모세와 제사장 엘르아살에 의해 인구 조사를 하라는 하나님의 뜻을 들은 각 지파 대표들은 그 명에 온전히 순종했다. 모압 평지에 머물러 있으면서 책임을 맡은 자들은 이십 세 이상 전쟁에 나갈만한 자들의 수를 계수했다. 전쟁에 연관된 그 일을 위한 인구 조사에서는 레위 지파에 속한 자들은 제외되었다. 당시 이스라엘 자손에 대한 두 번째 인구 조사의 결과는 다음과 같았다:

르우벤 자손의 수는 사만삼천칠백삼십 명, 시므온 자손은 이만이천이백 명, 갓 자손은 사만 오백 명, 유다의 자손은 칠만육천오백 명, 잇사갈 자손은 육만사천삼백 명, 스불론 자손은 육만오백 명, 므낫세의 자손은 오만이천칠백 명, 에브라임 자손은 삼만이천오백 명, 베냐민 자손은 사만오천육백 명, 단 자손은 육만사천사백 명, 아셀 자손은 오만삼천사백 명, 납달리 자손은 사만오천사백 명이었다.

그들의 총수는 육십만일천칠백삼십(601,730) 명이었다. 이 수는 시내 광야에서 동일한 조건으로 처음 계수했던 인구수와 크게 차이 나지 않는다. 처음에는 그 총수가 육십만삼천오백오십(603,550) 명이었다. 그래서 두 번째는 일천팔백이십(1,820) 명이 줄어들었을 뿐 큰 차이가 나지 않았다.

분명한 점은 약 사십 년 동안 이스라엘 자손이 구름기둥과 불기둥의 인도를 받으며 자리를 되풀이하여 이동해 가는 동안 끊임없이 아기들이 태어났으며 끊임없이 사람들이 죽었다는 사실이다. 아기들은 자연스럽게 출생했으나 죽는 경우는 그렇지 않았다. 나이가 들어 자연스럽게 죽는 사람들이 많이 있었으나 불행한 죽음을 죽는 경우도 많았다.

그들 가운데는 주변의 이방인들과 벌어지는 전투 현장에서 전사하는 자들도 있었다. 또한 사악한 범죄와 배도에 따른 하나님의 심판으로 인해 죽는 자들도 상당수 있었다. 그들은 하나님께서 보내시는 전염병으로 인해 죽기도 했으며, 하나님의 진노로 말미암아 지진과 같은 땅이 갈라지는 심판으로 인해 땅속에 갇혀 죽는 경우도 있었다.

그런 중에 수많은 아기들이 태어났으며 죽는 자들이 생겨나 인구에 변동이 생기게 되었다. 앞에서 언급한 대로 사십 년 정도 지난 후 전체 이스라엘 백성의 수에는 큰 차이가 나지 않았다. 그러나 각 지파별로 상당한 차이가 났다. 어떤 지파는 그 기간 동안 인구수의 변동이 크게 나지 않는 경우가 있었는가 하면 변동이 큰 지파도 있었다. 또한 어떤 지파는 인구수가 크게 증가했는가 하면 또 다른 어떤 지파는 인구수가 크게 줄어든 경우도 있었다.

약 사십 년 정도 전 시내 광야에서 있었던 인구 조사와 비교해 볼 때 어느 정도 비슷한 지파는 제외하고 인구의 증가와 감소가 비교적 큰 지파를 확인해 볼 수 있다.[38] 인구가 비교적 크게 늘어난 지파는 므낫세, 베냐민, 아셀, 잇사갈 지파 등이다. 그리고 인구가 많이 줄어든 지파는 시므온, 에브라임, 납달리 지파 등이다.

므낫세 지파는 그 동안 이만 오백명이 증가했으며 잇사갈 지파는 구천 구백명이 늘어났다. 그리고 아셀 지파는 일만 일천 구백명이 늘어났으며 베냐민 지파도 일만 이백명이 늘어났다. 이 중 므낫세 지파는 다른 지파에 비해 그 수가 엄청나게 늘어나게 된 것을 알 수 있다.

한편 시므온 지파는 이만 이천 이백명으로 사십 년 정도 이전과 비교할

---

38 이스라엘 자손이 출애굽한 후에 계수한 수와 약 사십 년 후 모압 평지에서 계수한 인구수에는 상당한 차이가 난다. 이를 전체적으로 정리해 보면 다음과 같다: 여기 소개하는 내용 중 앞에 한글로 표기한 수는 모압 평지에서 계수한 백성의 수이며 괄호 안의 아라비아 숫자는 출애굽한 후 얼마 되지 않았을 때 조사한 인구의 수이다. 르우벤 자손은 사만삼천칠백삼십 명(46,500), 시므온 자손은 이만이천이백 명(59,300), 갓 자손은 사만오백 명(45,650), 유다 자손은 칠만육천오백 명(74,600), 잇사갈 자손은 육만사천삼백 명(54,400), 스불론 자손은 육만오백 명(57,400), 므낫세의 자손은 오만이천칠백 명(32,200), 에브라임 자손은 삼만이천오백 명(40,500), 베냐민 자손은 사만오천육백 명(35,400), 단 자손은 육만사천사백 명(62,700), 아셀 자손은 오만삼천사백 명(41,500), 납달리 자손은 사만오천사백 명(53,400), 이십세 이상 전쟁에 나갈만한 총수는 육십만일천칠백삼십 명(603,550)이었다.

때 반 이상으로 줄어들었다. 그것은 시므온 지파로서는 여간 큰 일이 아닐 수 없었다. 그리고 에브라임 지파는 팔 천명 정도 줄었으며 납달리 지파도 팔천 명 가량 감소하게 되었다.

인구 조사에 연관된 민수기 본문의 기록 가운데서 괄목할 만한 내용은 르우벤의 자손에 관련된 것이었다. 오래전 르우벤 지파에 속한 다단과 아비람은 회중 가운데서 특별한 지도자로 부름을 받았었다. 그런데 당시 레위 지파에 속한 고라가 반역할 때 다단과 아비람도 그에 가담해서 모세와 아론을 거스려 여호와께 패역한 사실이 있었는데 그 점을 특별히 언급하고 있다(민 16:1).

그 패역한 사건이 일어났을 때 여호와 하나님께서는 지진을 일으켜 땅이 입을 벌려 그 무리와 레위 지파에 속한 고라를 삼키게 하셨을 때 그로 말미암아 많은 사람들이 죽게 되었다. 당시 이백 오십명이 불에 타 징벌을 당해 죽임을 당했다. 하지만 그때 레위인 고라의 아들들은 죽지 않았다. 그들은 죽지 않고 살아있으면서 나중 하나님을 찬양하는 중요한 일을 감당하게 되었다(민 26:11).

두번 째 인구 조사와 연관되는 내용 가운데서 특별히 과거에 있었던 '고라의 반역 사건'에 관한 기록이 나온 것은 강한 경고의 의미를 지니고 있다. 당시 인구 조사를 했던 것은 이스라엘 자손이 약속의 땅 가나안에 들어가는 일에 대한 준비작업이었다. 따라서 모든 언약의 백성들은 하나님의 뜻을 벗어나 하나님께서 세우신 지도자에게 저항하는 부당한 행위에 연관된 분명한 교훈을 얻어야만 했던 것이다,

그리고 우리가 여기서 반드시 기억해야 할 바는 각 지파가 계수한 그 숫자 만으로 모든 것을 단정적으로 판단하기 어렵다는 사실이다. 그 수에 포함되지 않은 이십 세 미만의 아이들의 수를 파악할 수 없기 때문이다. 예를 들어 그 전에 비해 인구가 반 이상으로 준 당시 시므온 지파에 아이들과 소

년들이 많을 수 있으며, 므낫세 지파의 경우 수가 엄청나게 늘어났으나 이십세 미만의 자녀들의 수가 얼마나 되는지 파악하기도 어렵다.

3 땅 분배에 관한 문제(민 26:52-56)

하나님께서는 모세를 향해 각 지파가 계수한 인원수에 따라 땅을 분배해 소유로 삼도록 하라는 명을 내리셨다. 지파에 속한 수가 많으면 넓은 땅을 얻게 되고 적으면 보다 좁은 땅을 분배받게 된다. 중요한 사실은 이스라엘 모든 백성은 개별적인 능력에 따라 스스로 필요한 땅을 쟁취하는 것이 아니라 제비를 뽑아 얻게 된다는 점이다.

그런데 그들이 제비를 뽑아 땅을 분배받을 때도 그냥 단순한 관점에서 차지하게 되는 것이 아니라 그들 조상의 지파 이름에 따라 얻게 된다. 그것은 공적인 의미와 더불어 언약적 의미를 지니고 있다는 사실을 말해주고 있다. 따라서 각 지파의 인구의 수가 많든지 적든지 제비를 뽑아 조상의 지파 이름에 따라 땅을 분배받아야 하는 것이다.

또한 우리가 반드시 기억해야 할 바는 각 지파는 땅을 하나님으로부터 선물로 받는다는 사실이다. 그리고 가나안 땅 가운데 어느 지역의 땅을 얻는가 하는 문제도 전적으로 하나님의 뜻에 달려 있었다. 각 지파가 그들 조상의 이름으로 제비 뽑아 땅을 얻는다는 것은 그에 연관되어 있다.

다시 말해 땅을 제비뽑는다는 것은 편파됨이 없이 공평하다는 말 이상의 의미를 지니고 있다. 즉 제비를 뽑아 어느 지역의 땅이 누구에게 돌아갈지 모르는 상태에서 수의 많고 적음이나 강하고 약함에 따라 분배되는 것이 아니었다. 그것은 각 지파가 제비를 뽑을 때 그것을 친히 간섭하시는 하나님께서 자신의 의도에 따라 땅을 분배해 주시게 되는 것이다.

4 레위인들이 분배받을 상속분(민 26:57-62)

레위인 지파에 속한 사람들은 다른 열두 지파와 달리 별도로 계수되었다. 그들은 종족대로 게르손 집안과 고핫 집안과 므라리 집안이었다. 레위 지파에는 여러 가족들이 존재하고 있었다. 그들 가운데 가장 중심에 있는 가정은 고핫에게 속한 집안이었다.

고핫 집안에서 아므람이 출생하게 되었는데 아므람의 아내의 이름은 요게벳이었다. 그들 부부를 통해 나중 아론과 모세, 그리고 그 누이 미리암이 태어나게 되었다. 그들이 나중 이스라엘 백성을 애굽으로부터 탈출시키는데 중요한 역할을 감당했다.

또한 출애굽 이후에는 모세가 하나님으로부터 지명된 가장 중요한 지도자로서 하나님의 말씀을 직접 계시받는 직무를 부여받게 되었다. 나아가 그는 나중 이 땅에 오시게 될 메시아를 직접 예표하는 중요한 인물이었다. 그들의 누이 미리암은 여성으로서 매우 중요한 직무를 맡아 수행했다.

그리고 아론은 성막 건립과 동시에 이스라엘 민족의 대제사장으로 세워지게 되었다. 그는 시내 광야에서 건립되는 성막과 나중 약속의 땅 가나안에 있는 예루살렘에 거룩한 성전이 세워지면 그곳에서 하나님을 섬기는 제사장 직무를 담당하게 될 자들의 조상이 되었다. 그의 혈통이 아니면 제사장 사역을 할 수 없었던 것이다.

그러므로 아론, 모세, 미리암 세 남매 가운데 특별히 제사장 아론의 자손들에 관한 기록이 나타난다. 그에게는 나답과 아비후와 엘르아살과 이다말 등 네명의 아들들이 있었다. 그런데 그들 가운데 첫째와 둘째 아들인 나답과 아비후는 하나님의 율법을 어긴 채 다른 불로 여호와 하나님 앞에 불을 바치다가 하나님의 심판을 받아 죽게 되었다.

그에 연관된 사건은, 여호와 하나님을 섬기며 제사하는 일을 위해서는 엄격한 규례에 따라야 한다는 점과 그것을 어기면 하나님의 무서운 진노를 사게 된다는 사실에 관한 경고의 메시지가 내포되어 있었다. 결국 그로 말미암아 셋째와 넷째 아들인 엘르아살과 이다말이 아론의 제사장 직분을 승계해 후대에까지 이어지게 되었다.

모압 평지에서 레위인들 가운데 일 개월 이상된 자들을 계수했을 때 모든 남자의 총수가 이만 삼천명이었다. 이는 출애굽 후 처음 일 개월 이상된 레위인들을 계수했을 때 총수였던 이만 이천 명보다 천명이 많은 수였다(민 3:39, 참조). 레위인들이 다른 열두 지파와 함께 계수되지 않은 까닭은 그들이 가나안 땅에 들어가서 받을 땅에 대한 상속분이 없었기 때문이었다. 성경에는 그에 관한 명백한 기록이 나타나고 있다.

> 그러므로 레위는 그 형제 중에 분깃이 없으며 기업이 없고 네 하나님 여호와께서 그에게 말씀하심 같이 여호와가 그의 기업이시니라(신 10:9)
> 오직 레위 지파에게는 모세가 기업을 주지 아니하였으니 이는 그들에게 말씀하심 같이 이스라엘 하나님 여호와께서 그 기업이 되심이었더라(수 13:33)
> 오직 레위 지파에게는 여호수아가 기업으로 준 것이 없었으니 이는 이스라엘 하나님 여호와께 드리는 화제물이 그 기업이 됨이 그에게 이르신 말씀과 같음이었더라(수 13:14)

성경의 여러 곳에 기록된 것처럼 약속의 땅 가나안에 들어가서도 레위인들에게는 다른 열두 지파와 달리 상속받을 땅이 주어지지 않았다. 그들의 상속분은 땅이 아니라 여호와 하나님 자신이었기 때문이다. 이는 그들이 하나님께 제물을 바쳐 제사를 지내는 일에 관한 사역을 감당하는 것에 연관되어 있었다.

그러므로 레위 지파에 속한 사람들은 다른 지파들과 달리 농사를 짓거나 목축을 함으로써 생계를 이어갈 자들이 아니었다. 이는 그들이 다른 열두 지파와는 확연히 구별된 지파라는 사실을 말해주고 있다. 따라서 하나님께서 친히 저들의 모든 생계를 보장해 주시게 된다.

그들은 이스라엘 자손들이 하나님 앞에 바치는 화제물을 비롯한 예물을 규례에 따라 얻어 일상적인 삶의 방편으로 삼았다. 또한 레위인들은 이스라엘 각 지파에 속한 백성들이 바치는 십일조를 받아 생활을 영위했다. 그것은 하나님의 율법이 정하는 바였으므로 모든 이스라엘 자손이 그에 온전히 순종해야만 했던 것이다.

5 모압 평지에서 인구 조사의 특성(민 26:63-65)

앞에서 이스라엘 열 두 지파와 별도의 레위인들에 대한 계수는 모세와 제사장 엘르아살의 지휘에 따라 이루어지게 되었다. 그 모든 것은 여리고 맞은 편 요단강 가에 있는 모압 평지에서 있었던 일이다. 당시는 이스라엘 자손의 가나안 땅 진입을 가까이 두고 있는 중요한 시점이었다.

그런데 당시 계수된 사람들 가운데 시내 광야에서 계수되었던 사람은 한 사람도 없었다는 사실을 언급하고 있다. 여호수아와 갈렙 이외에는 없다는 것이었다. 그것은 하나님께서 처음 계수되었던 모든 사람들이 반드시 광야에서 죽으리라고 말씀하신 사실과 연관되어 있었다. 즉 약 사십 년 전 출애굽 한 후 시내 광야에서 계수 되었던 이십세 이상이었던 자들은 다 죽을 것이라 예언하셨기 때문이었다.

우리는 이 말씀을 매우 주의 깊게 생각해 보아야 한다. 이는 사십여 년 전에 계수되었던 사람들이 다 죽었다는 의미로 받아들일 수 있는가 하면, 설령 당시 그들이 살아있었다고 할지라도 그들의 이름은 계수에서 제외되었다는 의미를 지닐 수도 있다. 아직 소수 얼마가 생존해 있었다고 할지라도 그들은 가나안 땅에 들어가 싸울 수는 없는 자들이었기 때문이다.

당시 모세는 처음 계수할 때 그 명단에 들어있었으면서 여전히 생존해 있는 상태였다. 처음 계수한 사람은 한 사람도 그에 들지 못한다고 했을 때 모세 역시 포함된 것으로 볼 수 있다. 중요한 실제적 내용은 가나안 땅에 들어가 전쟁에 나아가게 될 열두 지파에 속한 자들의 수와 그곳에서 성막에 관련된 직무를 감당하게 될 레위인들의 역할에 관한 것이었다.

그리고 우리가 생각해 보아야 할 점은 당시 상당수 사람들이 사해에서 갈릴리 호수에 이르는 요단강 동편 지역에 정주하고 있었으리란 사실이다. 물론 그들은 대개 여성들과 어린 아이들 그리고 전투에 나아갈 수 없는 연령을 초과한 노인들이었을 것이다. 즉 우리가 짐작할 수 있는 것은 요단강 동편의 미리 점령한 지역에 머물게 된 자들은 전쟁에 나가기 어려운 사람들이었을 것이란 사실이다. 우리는 성경의 전반적인 기록을 통해 그에 관한 실상을 어느 정도 짐작해 볼 수 있다.

27장

여성의 상속과
모세 사역을 계승하는 여호수아

1 슬로보핫의 딸들의 상속 요구(민 27:1-5)

요셉의 아들 므낫세 지파에 속한 슬로브핫에게 다섯 명의 딸이 있었다. 그에게는 아들이 없었다. 그 딸들의 이름은 말라와 노아와 호글라와 밀가와 디르사였다. 그들의 아버지 슬로브핫이 광야에서 죽어 생을 마감하게 되었다. 그는 특별한 범죄로 인해 하나님의 심판을 받아 죽은 것이 아니었다. 그 사람은 전에 여호와 하나님께 저항하는 고라의 무리에 가담하지 않았다. 이는 그가 죽은 것이 자연적인 과정으로 말미암은 것이란 사실을 말해주고 있다.

그런데 아버지로부터 상속받는 문제로 인해 그 딸들이 모세를 비롯한 지도자들에게 나아와 저들의 의사를 전하고자 했다. 그들은 하나님의 성막문 앞으로 나와 모세와 제사장 엘르아살과 여러 족장들과 회중 앞에서 공개적으로 저들의 생각을 밝혔다. 비록 저들의 아버지에게 아들이 없으나 딸들이 그 상속을 받는 것이 마땅하다는 것이었다.

저들의 아버지에게 특별한 범죄행위가 없었고 여호와 하나님과 모세를 비롯한 제사장들에게 대항하여 반기를 든 적이 없으니 상속을 받는 것이 지극히 마땅하다는 생각을 전했다. 그 여성들은 아들이 없다는 이유만으로 아버지의 이름이 이스라엘 민족 가운데서 끊어지는 것은 옳지 않다는 주장을 펼쳤다. 아들이 없기 때문에 상속이 허락되지 않는 것은 바람직하지 못하다는 말을 했던 것이다.

그러니 저들에게도 아버지로부터 상속을 받을 수 있도록 허락해 달라는 요구를 했다. 즉 아버지의 형제 곧 삼촌들이 할아버지로부터 상속받게 되는 것을 저들의 몫으로 달라는 것이었다. 이는 집안에 아들 형제가 없이 딸들만 있을지라도 조상들로부터 상속을 이어받는 것이 정당한 일이라는 의미를 지니고 있다.

우리는 여기서 중요한 사실을 생각해 보아야 한다. 그것은 그들에게 아직 조상들로부터 상속받을 만한 땅이나 재산이 별로 없었을 것이기 때문이다. 당시는 이스라엘 자손이 약속의 땅 가나안에 들어가기 전이었으므로 땅을 분배받지 못한 상태였다. 따라서 모압 평지에 있는 그들에게는 해당 사항이 없는 것으로 이해할 수 있다.

또한 당시 이스라엘 백성들에게는, 자식이 부모로부터 직접 상속받을 만한 물품이 별로 없었을 것으로 보인다. 그들은 메마른 광야에서 생활하면서 여러 자식들에게 나누어 물려줄 만한 유동 재산도 많이 있었을 것 같지 않다. 즉 그들이 할아버지로부터 아버지 대의 여러 형제들이 상속받은 것을 또 다시 그 자식들이 분할 상속받게 된다고 할지라도 상속받을 만한 것들이 별로 없었을 것이다.

여기서 몫을 물려받는다고 하는 의미의 상속은 법적인 문제와 연관되어 있다. 그것은 단순히 소유한 물품을 자식들에게 전해주는 것 이상의 의미를 지니고 있는 것이다. 즉 슬로브핫의 딸들은 법적으로 정당한 상속을 받겠다는 의지를 가지고 있었다. 그것은 현재적 의미를 가지는 동시에 미래적 사건에 연관된 문제이다.

이는 그 다섯 명의 여성들은 상속이 이어지는 것에 관한 중요성을 잘 알고 있었음을 말해주고 있다. 그들이 상속자의 명단에서 제외된다면 이스라엘 백성이 가나안 땅에 들어갔을 때 저들의 자식들 또한 상속에서 제외될 가능성이 크다. 물론 그들이 혼인하여 다른 집안의 가족이 되어 남편을 통해 그 조상들로부터 상속받을 수 있다. 하지만 모두가 그와 같이 되면 그 아비는 상속의 주체에서 멀어지게 된다.

그리하여 그들이 상속을 받겠다고 한 것은 현재적 상속분을 탐내서가 아니라 그 아버지 때문이었다. 따라서 그들은 '어찌하여 아들이 없다고 우리 아버지의 이름이 그 가족 중에서 삭제되리이까'(민 27:4) 라고 말했던 것이다. 이는 당장 상속분을 가지고 자신의 재산으로 삼겠다는 것이 아니라 그 지분이 저들에게 남아 있어야 함을 강조하고 있다. 그래야만 나중 가나안 땅에 들어가서도 상속자의 권리가 존재하게 되기 때문이다.

이처럼 슬로브핫의 딸들은 상속의 중요성을 깨달아 알고 있었다. 그 자리에 있던 모세와 제사장 엘르아살을 비롯한 족장들과 회중이 그들의 주장에 일리가 있다는 긍정적인 생각을 하게 되었다. 그리하여 모세는 여호와 하나님 앞에 그에 관해 물어보게 되었다. 그 사건이 중요한 것은 이제 이스라엘 자손이 약속의 땅 가나안에 들어가면 진행될 중요한 표준이 될 것이었기 때문이다.

2 하나님의 응답과 상속의 원칙(민 27:6-11)

모세가 여호와 하나님께 슬로브핫의 딸들이 요청하는 내용에 관해 물어보았을 때 하나님의 응답이 즉시 이루어졌다. 하나님께서는 슬로브핫의 딸들의 주장이 옳다는 답변을 하셨다. 당시 이스라엘 백성의 사회는 전반적으로 남성 중심으로 이루어져 있었다.

모든 제사장들은 남성이었으며 각 지파의 족장들 역시 남성이었다. 뿐만 아니라 인구수를 계수할 때도 여성들은 그로부터 제외되는 것이 일반적이었다. 즉 하나님께서 몇 차례에 걸쳐 인구수를 계수하도록 명령을 내리셨을 때 전쟁에 나갈 수 있는 남성들만 수를 확인했을 뿐 여성들은 그에 들지 못했다.

그럼에도 불구하고 하나님께서는 슬로브핫의 딸들의 주장이 옳다는 사실을 말씀하시게 되었다. 그 가운데는 상속에 있어서는 남녀가 별도의 구별이 없다는 사실을 말해주고 있다. 언약의 백성들에게 가장 중요한 근원적인 문제인 상속을 위해서는 특권층이 존재했던 것이 아니라 그 정도에 따라 모두가 평등한 지위에 있었던 것이다.

그러므로 하나님께서는 모세를 향해 슬로브핫의 딸들이 요구하는 대로 그 아버지의 형제들 중에서 저들에게 몫을 나누어 주어 상속이 이루어지게 하라는 명을 내리셨다. 즉 그 아버지가 받게 되는 상속분을 그 딸들에게 돌리라는 것이었다. 이는 장차 이스라엘 자손들 가운데 지속적으로 행해지게 될 중요한 규례가 되었다. 당시 그 일은 한 가정의 일이었으나 이는 앞으로 이스라엘 모든 백성들에게 적용되어야 할 문제였다.

따라서 하나님께서는 모세를 향해 그에 관한 사실을 온 이스라엘 백성에게 선포하라는 명을 내리셨다. 이스라엘 자손들 가운데 사람이 죽고 아들이 없는 경우라면 그 상속분을 그 딸에게 돌리라고 하셨다. 나아가 그에게 아들뿐 아니라 딸도 없다면 그 상속분을 그의 형제에게 주라는 말씀을 하셨다. 그리고 그 형제도 없으면 그것을 그 아비의 형제에게 주되 그 아비의 형제도 없으면 그것을 그 집안의 촌수에 따라 가까운 친족에게 상속해주도록 명하셨다.

그리하여 슬로브핫의 딸들의 요구로 인해 앞으로 이스라엘 백성 가운데 이루어질 상속에 관한 중요한 규례가 확립되었다. 이를 보건대 상속을 위한 그들의 요구는 하나님의 구속사 가운데 특별히 이루어진 것으로 보는 것이 자연스럽다. 이는 상속이 법적인 규례에 따라 시행된다는 점과 그에 대해서는 남녀의 차별이 있지 않고 각각의 형편에 따라 공평하게 진행되어야 한다는 사실을 말해주고 있다.

3 모세의 후계자 임명(민 27:12-23)

(1) 모세의 죽음 예언(민 27:12-14)

하나님의 사람 모세도 이제 모든 사람들이 거쳐야 하는 죽음의 관문을 눈앞에 두고 있었다. 하나님께서 모세에게 그에 관한 사실을 말씀하셨다. 이는 그의 죽음이 그냥 생명이 끝나는 것이 아니라 하나님께서 정하신 때에 죽음을 맞게 된다는 점에 연관되어 있다.

하나님께서는 모세를 향해 아바림산(mountain in the Abarim)39 위로 올라가라고 말씀하셨다. 그곳에서 이스라엘 자손들에게 주기로 약속한 가나안 땅을 바라보라는 것이었다. 그는 믿음의 조상 아브라함에게 허락하신 약속의 땅을 멀리서 바라보기만 할 뿐 그 안으로 들어갈 수는 없었다.

그러므로 하나님께서는 그를 향해 그 땅을 바라본 후에 그의 형 아론이 죽게 된 것처럼 조상들과 마찬가지로 그 죽음의 길을 가게 되리라고 하셨다. 그런데 그가 가나안 땅에 들어가지 못하고 그곳에서 죽는 이유가 과거에 있

---

39 모세가 죽게 된 산에 대해서는 성경에 여러 지명으로 기록되어 있다. 민수기 27:12에는 '아바림산'이라 표현하고 있다. 또한 신명기 3:27에는 '비스가산'이라고 말했다. 그리고 신명기 34:1-6은, '모압 평지에서 느보산에 올라 여리고 맞은편 비스가산 꼭대기'에서 모세가 죽은 것으로 기록하고 있다. 이를 전체적으로 다음과 같이 정리할 수 있다: '아바림산'이란 사해와 모압 평지 사이에 있는 산맥을 일컫는다. 그 산맥 가운데 '비스가산'이 있고 그 정상인 '느보산 봉우리'에서 모세가 죽게 되는 것이다.

었던 그의 행위와 연관된다는 사실을 언급하고 계신다. 이 말은 그의 삶과 죽음에 관련된 모든 것이 하나님의 섭리와 경륜에 속한 것이란 점을 의미하고 있다.

오래전 이스라엘 자손의 회중이 신 광야에 머물고 있을 때 마시는 물로 인해 하나님과 모세에 대하여 크게 원망한 적이 있었다(민 20:1-13). 그런데 하나님께서는 그 사건과 연관지어 모세가 자신의 뜻을 거역한 것으로 말씀하고 계신다. 이는 그와 같은 일이 발생했을 때 모세가 여호와 하나님에 대한 믿음으로 당면한 문제를 해결할 수 있었음에도 불구하고 그렇게 하지 않았다는 것이다.

즉 물이 없을 때 하나님을 전적으로 의지한 채 백성들에게 물을 공급할 수 있어야 하는데 모세가 그렇게 하지 못했던 것은 그가 하나님을 전적으로 의지하지 않은 것에 연관되어 있다. 결국 하나님께서 그 백성에게 마시는 물을 허락하셨지만, 그 과정에서 모세가 자신에 대하여 거역을 행한 것으로 보시게 되었다. 그리하여 그 사건으로 인해 신 광야 가데스에서 허락된 물을 불신앙으로 인한 '분쟁'이란 뜻을 지닌 '므리바 물'이라 칭하게 되었던 것이다.

(2) 모세의 후계자 요청(민 27:15-17)

모세는 자기의 죽음에 관한 말씀을 하신 여호와 하나님 앞에서 자기의 심경을 드러내 보였다. 적어도 그에게는 죽음에 대한 두려움이 전혀 없었다. 모든 인간들이 가야 할 길이기도 하거니와 하나님의 때에 죽는 것임을 알기에 더욱 그러했다. 그는 죽음조차도 하나님의 인도하심의 결과라는 사실을 깨닫고 있었던 것이다.

이에 대해서는 모든 성도들이 가져야 할 기본자세이기도 하다. 하나님의 자녀들은 이 세상에서의 삶에 근본적인 기대를 걸지 않는다. 즉 자기가 이 세상에서 성공적인 삶을 살고자 최선의 노력을 기울이지 않는다. 단지 이웃을 위해 어떻게 살아야 할지 생각하며 이 세상에서 값진 삶을 살고자 애쓰게 될 따름이다.

모세는 자기의 죽음을 눈앞에 둔 상태에서 이제 곧 약속의 땅 가나안에 들어가 험난한 삶을 살아내야 할 다음 세대 백성들이 염려되었다. 시내 광야에서 그들이 보였던 다양한 행보를 보면 앞날은 더욱 힘들 것이라 예측할 수 있었다. 그리하여 그는 여호와 하나님을 향해 자기의 생각을 고하게 되었다.

모든 육체의 생명이 되시는 하나님께서 원하신다면 자기가 죽고 난 후 언약의 백성들을 이끌어갈 수 있는 한 사람을 회중 위에 세워주기를 간청했다. 그가 백성들 앞에서 하나님의 뜻을 따라 행하기도 하고 그들을 올바른 길로 인도해 가도록 하는 것이 좋으리라는 것이었다. 이제까지 모세가 그 직무를 감당해 왔으나 곧 자기가 죽고 나면 그 일을 누군가 감당해 주기를 원했던 것이다.

그렇게 함으로써 이스라엘 자손이 약속의 땅 가나안에 들어갔을 때 목자 없는 양같이 우왕좌왕하지 않게 해 달라는 간구를 했다. 하나님의 뜻을 백성들에게 전달하며 그들을 인도하는 자의 존재는 매우 중요했다. 언약의 자손들을 인도하는 지도자가 없으면 그들은 제각기 자기가 원하는 방향으로 갈 것이 뻔했기 때문이다.

우리가 여기서 보게 되는 것은 언약의 민족 공동체는 소위 회중주의(會衆主義)를 근간으로 하는 것이 아니란 사실이다. 즉 다수의 백성들이 다수결의 민주적인 방식에 의해 움직이며 앞으로 나아갈 수 없다. 하나님께서 세우신 지도자의 지휘에 따라 그렇게 해야 하는 것이다. 물론 그렇다고 해서 이 말이 그 후에 세워진 모든 지도자들이 절대적인 권력을 행사해도 좋다는 뜻은 아니다.

이에 대해서는 신약시대 역시 마찬가지다. 하나님의 몸된 교회는 회중주의나 인간들의 다수결 원칙에 의존하지 않는다. 계시된 말씀을 통한 하나님의 뜻에 온전히 순종해야 하는 것이다. 이는 물론 지상 교회에 한계가 있는 것이 틀림없다. 그럼에도 불구하고 교회는 그 점을 염두에 두어야만 한다.

오늘날 우리는 모든 교인들에 동등한 권한을 가진 듯이 여기는 교회 정치적 회중주의나 한 사람의 지도자가 전권을 행사하는 감독주의(監督主義)의 위험 요소를 생각해야 한다. 따라서 우리는 장로회(長老會)를 가장 성경적인 것으로 받아들여 목사와 장로의 직분적 권위 가운데 계시된 말씀과 성령 하나님의 인도하심에 따라 지상 교회를 세워가게 되는 것이다.

(3) 여호수아를 지명하시는 하나님(민 27:18-21)

모세는 자기가 죽고 난 후 그 뒤를 이어 이스라엘 민족을 인도해야 할 자를 스스로 지명하거나 임명하지 않았다. 이는 그가 자신의 개인적인 판단에 기초하여 다음 지도자를 세우고자 하는 마음이 없었음을 말해준다. 즉 모세는 자기의 뒤를 이어 자기가 하던 대로 그대로 답습하여 행하기를 원했던 것이 아니라 하나님의 말씀에 온전히 순종하는 인물 누군가가 그 일을 감당하는 것이 좋다는 생각을 했던 것이다.

하나님께서는 모세가 간구하는 말을 듣고 곧바로 그에 응답하셨다. 그는 먼저 눈의 아들 여호수아를 지명하시고 그가 성령에 감동된 자라고 하셨다. 그 말씀은 하나님께서 친히 그를 보증하는 성격을 지니고 있다. 따라서 하나님께서 모세를 향해 그를 데려다가 안수하라는 명을 내리셨다. 모세가 맡았던 지도자의 직책을 그에게 위임하라는 것이었다.

그리고 여호수아를 제사장 엘르아살과 온 회중 앞에 세우고 그들의 목전에서 그에게 모세가 행해온 모든 직무를 위탁하라고 말씀하셨다. 그리고 모세가 백성들에게 받는 권위를 그에게 돌리도록 요구하셨다. 그리하여 이스라엘 모든 백성이 그에게 복종하도록 하셨던 것이다.

그리하여 여호수아는 엘르아살 앞에 설 것이요 엘르아살은 그를 위해 우림의 판결법으로 여호와 앞에 묻게 하라고 말씀하셨다. 그것은 여호수아가 장차 이스라엘 백성 가운데서 모든 일을 하나님의 뜻에 따라 순종해야 하는 동시에 공의롭게 행해야 함을 의미하고 있다. 그리하여 그와 온 이스라엘 자손 곧 회중은 엘르아살이 말한 대로 여호수아의 명령에 따라 모든 것을 행해야 한다는 것이었다.

우리가 여기서 기억해야 할 중요한 사실은 모세의 뒤를 계승하는 인물을 모세가 추천하거나 지명하지 않았다는 점이다. 그리고 여호수아 자신이 그렇게 하겠다고 자원하지도 않았다. 또한 백성들의 의견을 모아 그에 관한 결정을 내리지도 않았다. 오직 여호와 하나님께서 그를 지명하여 모세의 뒤를 잇는 그 자리에 앉히셨던 것이다.

(4) 여호수아에게 안수(민 27:22-23)

모세는 하나님의 말씀을 들은 후 그에 온전히 순종했다. 자기에게 명하신 대로 여호수아를 성막 앞으로 데리고 왔다. 아마도 당시 여호수아는 모세로부터 자기를 향한 하나님의 뜻에 관한 전반적인 설명을 들었을 것이다.

여호수아를 데리고 온 모세는 그를 제사장 엘르아살과 온 회중 앞에 세웠다. 제사장 엘르아살은 모세가 안수할 때, 판결 흉패인 우림과 둠밈을 지닌 채 그와 함께 참여했다. 이제 여호수아는 특별한 임무를 맡은 지도자로서 자기에게 맡겨진 사명을 온전히 감당해야만 한다.

그리고 하나님께서 모세에게 명하신 모든 내용을 안수와 더불어 그에게 전적으로 위탁했다. 여호수아가 모세의 직무를 온전히 이양받게 된 것이다. 여호수아는 이제 개인적인 판단에 따라 무엇인가를 할 수 있는 자리에 있지 않았다. 그는 하나님의 율법과 뜻에 의해 맡겨진 책무를 수행해야만 했던 것이다.

그 자리에 모여 있으면서 모든 과정에서 지켜보고 있던 회중은 그에 대한 증인(witness) 역할을 했다. 동시에 그것을 위한 보증인(surety)이 되기도 했다. 따라서 여호수아는 거룩하신 하나님 앞에서 모세와 제사장에 의해 안수를 받았으며 모든 회중이 특별히 구별된 그의 직분에 대한 증인으로서 역할을 감당했던 것이다.

모든 일이 완성된 뒤 이제까지 이스라엘 백성을 인도해온 모세가 죽게 된다. 그렇다고 할지라도 언약의 자손들을 위한 하나님의 구원 사역은 계속 진행된다. 즉 그 일을 담당하는 인물들은 역사 가운데 끊임없이 바뀔지라도 하나님의 사역은 절대로 중단되지 않는다.

이와 같은 상황은 구약시대에 계속 이어져 왔으며 오늘날 신약시대 교회 가운데서도 그 원리는 그대로 계승되고 있다. 이는 언약공동체에 속한 모든 직분자들의 사역은 특정 시대의 개별적 능력에 따라 임의로 수행할 수 있는 것이 아니라 신앙의 선배들로부터 상속받아오고 있다는 사실을 의미하고 있다.

28장

제사와 연관된 규례 I

1 상번제 the continual burnt offering(민 28:1-8)

하나님께서 모세를 향해 말씀하셨다. 이스라엘 자손들에게 하나님의 예물, 곧 하나님의 식물(食物)이 되는 화제로서 하나님의 향기로운 것을 하나님께 바치도록 명하라는 것이었다. 하나님 앞에 예물을 바치는 일을 위해서는 반드시 정한 규례에 따라야 한다. 이는 인간들이 자의적인 판단에 따라 하나님께 예물을 바쳐서는 안 된다는 사실을 말해주고 있다.

본문 가운데서 우리가 각별한 주의를 기울여 생각해 보아야 할 바는 그 예물이 일반적인 상태의 것이 아니라 하나님의 소유로 밝혀지고 있다는 사실이다('my offering, and my bread for my sacrifices', KJV, Numbers 28:2). 즉 하나님을 향해 드리는 제물은 인간들이 자기의 소유물을 하나님께 바치는 것이 아니라 하나님의 것을 하나님께 돌려드리는 성격을 지니고 있다.

만일 인간들이 자기의 개인적인 소유되는 동물이나 물품을 하나님께 바치지 않는다면 그 악행은 일종의 불순종 행위로 간주될 수 있다. 하지만 하나님의 소유를 그 주인인 하나님께 바치지 않고 자기가 가로챈다면 그것은 하나님의 것을 도둑질하는 행위로서 사악한 범죄의 성격을 지니게 된다. 그것은 하나님 앞에서 더욱 무서운 악행이 되는 것이다.

따라서 인간들은 그에 관한 명확한 이해를 하지 않으면 안 된다. 또한 인간들의 눈에 아무리 값비싸고 좋은 것처럼 보일지라도 하나님께서 원하시지 않는 것을 예물로 바치는 행위는 절대로 금지된다. 즉 하나님께서 정하신 규례를 벗어나 제사를 지내서는 안 된다. 나아가 더 많은 예물을 더 자주 드리는 것도 허락되지 않았다. 인간의 판단에 따라 더 값지고 좋아 보이는 것을 더 많이 더 자주 드린다면 그것은 하나님을 영화롭게 하는 것이 아니라 도리어 하나님을 욕되게 하는 것에 지나지 않는다.

그러므로 하나님께서는 자기에게 화제를 드리기 위해서는 제사장으로 하여금 매일 아침 해 뜰 무렵 일 년 되고 흠 없는 수양을 두 마리씩 상번제로 드리도록 하라는 명령을 내리셨다. 성경은 여기서 화제를 하나님께서 먹는 음식물(the food)이라고 밝히고 있는데 그 의미를 주의 깊게 이해해야 할 필요가 있다. 이 말은 하나님께서 직접 그것을 취해 음식으로 먹는다는 뜻을 넘어 인간들이 날마다 음식을 먹듯이 자신도 날마다 정기적으로 제물을 받게 된다는 사실을 시사하고 있다.

날마다 드리는 상번제(常燔祭)로 바칠 화제는 규례로 정해져 있다. 일 년 되고 흠 없는 수양을 날마다 두 마리씩 드리되 한 마리는 해가 뜰 무렵에 드리고 다른 한 마리는 해가 질 무렵에 드려야 한다. 그와 더불어 곡물 제사인 소제를 드려야 하는데 고운 밀가루 십 분의 일 에바 곧 2.2리터에 빻아낸 기름 사분지 일 곧 감람유 약 1리터를 섞어 소제로 바치라고 했다.40 그것은 하나님께서 정하신 규례였다.

---

40 '한글 개역성경'에 기록된 에바(ephah), 힌(hin) 등의 도량형은, '한글 현대인의 성경'에서 환산한 도량형인 리터를 그대로 옮겨 덧붙였다.

이와 같이 날마다 정기적으로 바치는 상번제에 관한 규례는 시내산에서 정해진 것으로서 하나님께 드리는 향기로운 화제가 되었다. 나아가 부어드리는 전제 역시 정한 규례에 따라야 했다. 그때는 어린양 한 마리에 사분지 일 힌 곧 약 1리터의 술을 드리되 거룩한 곳에서 여호와 하나님을 향해 독주의 전제를 부어드려야 했다.

해 질 녘에 어린양 한 마리를 바칠 때도 아침 해 뜰 무렵 드릴 때와 마찬가지로 동일한 제물과 분량을 여호와 하나님 앞에 드리도록 명하셨다. 그것이 여호와 하나님께 향기로운 화제가 된다는 것이었다. 이처럼 이스라엘 자손은 하나님 앞에서 정해진 규례에 따라 날마다 거룩한 예물을 바쳐야만 했다.

우리가 여기서 반드시 기억해야 할 바는, 거룩한 성소에서 제사장들이 하나님께 바치는 제물은 대표성을 띠고 있다는 사실이다. 즉 제사장들이 하나님 앞에 직접 제물을 바치지만 흩어져 살아가는 모든 언약의 백성들이 그에 참여하게 된다. 이는 하나님께 속한 모든 백성들에게 주어진 은혜의 확증이다.

나중 이스라엘 자손이 약속의 땅 가나안을 정복한 후에는 예루살렘 성읍과 가나안 여러 지역에 흩어진 모든 백성들이 규례에 따라 아침저녁으로 하나님께 바쳐지는 그 제사를 기억하고 그에 참여해야만 했다. 아마도 그 백성들이 어디에 거하고 있든지 아침저녁이 되면 날마다 거룩한 성소에서 이루어지는 상번제를 기억해야 했다. 그리하여 언약에 속한 모든 백성들이 함께 여호와 하나님을 경배했을 것이다.

상번제에 대한 신약시대 교회와 성도들을 위한 적용

우리는 구약시대의 상번제가 신약시대 교회에도 계승되는 언약적 의미가 존재한다는 사실을 기억해야 할 필요가 있다. 즉 상번제 가운데는 우리 시대 성도들이 적용해야 할 매우 중요한 내용이 있음을 깨달아야 한다. 사도 바울은 고린도 교회에 보내는 첫 번째 편지에서 그에 연관된 언급을 하고 있다. 그것은 그가 '날마다 죽는다'는 사실을 고백하며 중요한 교훈을 주고 있기 때문이다.

> 형제들아 내가 그리스도 예수 우리 주 안에서 가진바 너희에게 대한 나의 자랑을 두고 단언하노니 '나는 날마다 죽노라' … 속지 말라 악한 동무들은 선한 행실을 더럽히나니 깨어 의를 행하고 죄를 짓지 말라 하나님을 알지 못하는 자가 있기로 내가 너희를 부끄럽게 하기 위하여 말하노라(고전 15:31-34)

바울이 여기서 '날마다 죽는다'고 한 고백 가운데는 구약시대 언약의 자손들이 아침저녁으로 하나님 앞에서 행했던 상번제 의례와 연관된 의미가 내포되어 있다. 하나님의 요구에 따라 성전 제사장들은 아침마다 정해진 규례에 따라 하나님 앞에서 번제를 바치며 자신을 거룩한 하나님께 예속시켰다. 이에 대해서는 직접 예물을 바치며 번제 제사를 지내는 제사장들뿐 아니라 여러 지역에 흩어진 모든 언약의 자손들이 그에 참여했다.

예수 그리스도께서 행하신 십자가의 희생 제사로 인해 구약의 기본적인 언약이 완성되었다. 따라서 신약시대에는 더 이상 아침저녁으로 하나님 앞에 상번제를 드릴 필요가 없었다. 하지만 그 언약적 정신은 지속적으로 상속되어야 했다. 즉 신약시대 교회에 속한 성도들은 날마다 자신을 하나님 앞에 내어놓고 돌아보는 가운데 자신이 예수 그리스도와 함께 죽고 다시 살아난 존재라는 사실을 확인하게 되었다.

그러므로 사도 바울은 자기가 '날마다 죽는다'는 말을 하면서 그 것을 자랑으로 여긴다는 사실을 선포하듯이 언급했다. 이는 그렇게 하는 것이 막연한 신앙 윤리적 개념이 아니라 자신이 날마다 그리스 도와 함께 못 박힌다는 실제적인 의미를 말해주고 있다. 이 말씀은 고린도 교회에 속한 성도들과 지상에 살아가는 모든 하나님의 자녀 들 역시 그러해야 한다는 점에 대한 모범적 선언을 하고 있는 것과 같다.

바울은 또한 그와 더불어 악한 친구들이 선한 행실을 더럽힌다는 사실을 언급하고 있다. 여기서 악한 친구들이란 윤리적 개념을 기준 으로 한 것이 아니라 날마다 하나님 앞에 자기를 내어놓고 죽는 것 을 거부하는 자들에 연관되어 있다. 타락한 세상에서 형성된 저들의 주관적인 이성과 경험이 하나님께서 행하시는 선한 일을 방해하고 있다는 것이다.

따라서 바울은 고린도 교회를 향해 그런 자들을 따르지 말도록 요구했다. 그 대신 항상 깨어있으면서 하나님의 의를 행하고 그의 뜻 을 벗어나는 죄를 짓지 말라는 당부를 하고 있다. 이는 하나님의 자 녀들은 날마다 자기를 하나님 앞에 내어놓고 자기의 모든 사고를 죽 이고 그에 순종해야 한다는 사실을 말해주고 있다. 그런데 지상 교 회 가운데 그것을 가볍게 여기는 자들이 있어서 그들을 부끄럽게 하 고자 한다고 했다. 오늘날 우리 시대의 성도들 역시 그 말씀을 귀담 아듣고 마음속 깊이 새기지 않으면 안 된다.

2 안식일 제사(민 28:9-10)

안식일은 하나님의 언약과 연관하여 매우 중요한 의미를 지니고 있다.

그 날은 다른 보통날들과 다른 특별한 성격을 띠고 있기 때문이다. 물론 안식일이 한 주일의 각각 다른 요일과 성분이 다르다는 것은 아니다. 안식일에는 그 날을 통해 선포되는 하나님의 특별한 뜻이 담겨있다.

안식일은 매주 어김없이 규칙적으로 돌아오게 된다. 구약성경에서 언급된 안식일에는 하나님의 자녀들이 하나님께서 공급해 주시는 것들에 의해 살아간다는 사실을 말해주고 있다. 즉 평일에는 인간들이 열심히 노동을 하며 살아간다. 하나님을 모르는 자들도 자기의 노동력을 통해 생계를 이어가게 된다.

하나님의 백성들에게 안식일이 특별히 존재하는 것은 하나님의 영광과 밀접하게 연관되어 있다. 언약의 자손들은 그 날 노동을 하지 말아야 했다. 이는 언약에 속한 백성들은 그날 모든 노동을 중단함으로써 하나님께서 저들에게 생명을 공급하고 유지하신다는 사실을 깨달아야 한다는 의미를 지니고 있다.

이스라엘 백성들이 시내 광야에 머무는 사십 년 동안 그들은 인간의 노동력으로 살아간 것이 아니었다. 백성들은 날마다 하늘에서 내리는 만나와 하나님께서 보내주시는 메추라기를 먹고 삶을 이어갔다. 이는 저들의 생명이 자기 자신이 아니라 여호와 하나님께 달려 있다는 사실에 연관되어 있다.

하나님을 섬기는 백성들은 매주 돌아오는 그 날을 기억하고 있어야만 했다. 이에 대해서는 그들이 시내 광야에 머무는 동안에도 마찬가지였다. 하나님의 자녀들은 항상 그 의미를 새기며 살아가야 했다. 또한 날마다 하늘에서 내리는 만나를 거두는 일도 평일에는 시행했으나 안식일이 되면 그것마저 중단하게 되었다. 그리하여 안식일 전날에는 거룩한 안식일 날 먹을 양식까지 거두어 준비해야 했다.

안식일 번제는 단순히 제물을 바치는 일 자체뿐 아니라 그 의미를 분명히 깨닫고 있어야 했다. 그 안식일에는 일 년 되고 흠 없는 수양 두 마리와 고운 밀가루 십 분의 이 에바 곧 4.4리터에 감람기름을 섞은 소제와 그 전제를 하나님께 제물로 바쳐야 한다. 즉 규례에 따라 곡물과 부어드리는 술을 동반한 제사를 드려야 했던 것이다.

안식일 날 하나님께 바치는 제사는 위에 언급된 규례에 따라 드리되 그에 대하여 날마다 드리는 상번제와 전제를 함께 드려야 한다. 즉 안식일 제사를 위해서는 특별한 규례가 있지만 그와 더불어 매일 드리는 상번제 제물도 같이 바치게 된다. 이 의미 가운데는 안식일이 특별한 의미를 지니고 있지만 평일 제사와 연관된 현실적 성격이 동시에 내포되어 있다는 사실을 말해 주고 있다.

3 월삭 the beginning of months 제사(민 28:11-15)

월삭은 매월 시작되는 초하루로서 그날은 규례에 따라 하나님께 특별한 제사를 드려야 한다. 그 날은 수송아지 두 마리와 수양 한 마리 그리고 일 년 된 흠 없는 어린 수양 일곱 마리를 하나님께 번제로 바쳐야 한다. 그때 두 마리의 각 수송아지에는 고운 밀가루 십 분의 삼 에바 곧 6.6리터에 기름 섞은 소제를 함께 드려야 한다. 또한 수양 한 마리에는 고운 밀가루 십 분의 이 에바 곧 4.4리터에 기름을 섞은 소제를 드려야 한다.

그리고 각각의 어린 양에는 고운 가루 십 분의 일 에바 곧 2.2리터에 기름 섞은 소제를 향기로운 번제와 함께 하나님 앞에 화제로 드려야 한다. 그 전제는 수송아지 한 마리에 포도주 반 힌인 약 1.8리터와 수양 한 마리에 포도주 삼분지 일 힌 곧 1.2리터를 드려야 하며 어린양 한 마리에는 사분지 일 힌인 약 1리터를 함께 바쳐야 한다.

월삭을 위한 이와 같은 제사는 규례에 따라 일 년 중 매월 초하루에 하나님께 드려야 한다. 그때는 월삭에 바치는 특별한 제물과 별도로 날마다 드리는 상번제와 그 전제 외에 수 염소 한 마리를 속죄제로 드려야 한다. 또한 우리가 반드시 생각해 봐야 할 점은 그 월삭이 안식일과 겹치면 그때 하나님께 바치는 안식일 제물을 함께 드리게 된다는 사실을 기억해야 한다. 이 모든 것은 하나님의 율례에 따라 제사장이 행해야 할 일이다.

4 유월절과 무교절(민 28:16-25)

해가 바뀐 정월 십사 일은 여호와의 유월절이다. 우리가 분명히 깨달아야 할 점은 그 날이 사람들이 누리는 종교적 축제의 날이 아니라 '여호와 하나님의 유월절'(the LORD'S Passover)이라는 사실이다. 그 날의 주인은 일차적으로 여호와 하나님이시기 때문에 하나님을 영화롭게 할 수 있어야 한다.

그리고 유월절 다음날인 정월 십오일부터는 칠일 동안 행해지는 무교절이 시작된다. 모든 백성은 그 기간 중 누룩 없는 무교병을 먹어야 한다. 이는 사람들이 누룩을 넣어 만든 평상시의 부드러운 떡을 먹어서는 안 된다는 의미를 지니고 있다. 이 말은 곧 인간들의 입맛에 맞는 맛있는 빵을 포기해야 한다는 사실에 연관되어 있다.

하나님의 율법은 유월절 뒤에 따라오는 무교절 첫날에는 온 백성이 거룩한 성회로 모여야 한다는 사실을 기록하고 있다. 이는 언약의 백성들이 하나님의 거룩한 성소 앞에서 여호와 하나님을 향해 제사와 경배를 드려야 한다는 사실을 의미하고 있다. 또한 하나님께서는 그날 아무런 노동도 하지 말라는 명을 내리셨다. 안식일이 아님에도 불구하고 그날은 특별히 노동을 금해야 했던 것이다.

그때 제사장들은 수송아지 두 마리, 수양 한 마리, 그리고 흠 없는 일 년 된 어린 수양 일곱 마리를 여호와 하나님께 화제로 드려 번제로 삼아야 했다. 또한 소제로는 고운 밀가루에 기름을 섞어 사용해야 하며 수송아지 한 마리에 십 분의 삼 에바 곧 6.6리터, 수양 한 마리에 십 분의 이 에바 곧 4.4리터를 드려야 한다고 했다. 그와 더불어 어린 양 일곱 마리를 위해서는 각 어린 양마다 십 분의 일 에바 곧 2.2리터를 드리도록 요구했다.

그리고 제사장을 비롯한 백성의 죄를 속하기 위해서는 숫염소 한 마리를 여호와 하나님께 속죄제로 드려야 했다. 그것은 아침의 번제 곧 상번제 외에 별도로 그것들을 드려야 했다. 이는 유월절과 무교절 절기가 진행 중일 때도 여전히 평상시와 같은 상번제가 드려져야 한다는 의미를 지니고 있다. 이는 또한 그 기간 중에 안식일이 끼어 있다면 그 의미 역시 평소와 같이 진행되어 간다는 사실을 말해준다.

무교절 절기를 지키는 칠일 동안에는 순서대로 날마다 여호와 하나님께 향기로운 화제의 식물을 드려야 한다. 그것은 상번제와 전제 외에 하나님 앞에 드려야 할 거룩한 예물이다. 예물을 바치는 모든 일은 규례에 따라 실행해야만 한다.

무교절의 마지막 날인 제칠 일에는 첫날과 마찬가지로 거룩한 성회로 모여야 한다. 백성들은 그날도 아무런 노동을 해서는 안 된다. 안식일이 아니라 할지라도 그 무교절의 첫날과 마지막 날 노동을 중단하는 것은 인간의 생명이 하나님께 달린 사실을 선언하는 의미를 지니고 있다. 또한 모든 성도들은 그 기간 동안 누룩 없는 무교병을 먹으면서 이 세상을 살아가면서 개인적인 만족을 추구할 것이 아니라 오직 하나님을 위해 살아가야 한다는 사실에 대한 선언적 의미를 지니고 있다.

5 칠칠절(민 28:26-31)

칠칠절은 밀이나 보리를 수확한 후 첫 열매를 드리는 절기이다. 유월절이 지나고 일곱 주째 지켰다고 해서 칠칠절이라 부르며 추수감사제와 연관되기도 한다. 신약시대에는 누룩 없는 떡을 먹는 무교절로부터 계산하여 오십 일째 되는 날을 지켰기 때문에 오순절이라 하기도 했다. 즉 칠칠절과 오순절은 같은 개념을 지닌 절기이다.

칠칠절이 언약의 백성들이 농사를 지어 추수하는 열매와 연관되어 있듯이 오순절은 신약시대 지상 교회를 태동하는 언약적 열매를 맺는 것과 같은 성격을 내포하고 있다. 그 절기는 하나님께서 자기 백성에게 생명을 공급하는 원천이 되는 것이다. 이로써 하나님께서는 자기 백성들의 생명을 보존하고 지키는 분임을 알게 된다.

이처럼 칠칠절에는 농사를 지어 수확한 열매를 먼저 하나님께 드리게 된다. 그때 제사장은 여호와 하나님께 새로 얻은 열매를 통한 새로운 소제를 드리게 된다. 그날 백성들은 하나님과 그의 성소 앞에서 거룩한 성회로 모여야 하며 백성들은 안식일 때와 같이 모든 노동을 중단해야만 했다.

제사장들은 그때 율례에 따라 그 절기를 지키면서 수송아지 두 마리와 수양 한 마리, 일 년 된 어린 수양 일곱 마리를 여호와 하나님께 향기로운 제물로 바쳐야 한다. 그리고 소제로는 새로 수확한 열매의 고운 밀가루에 기름을 섞어 쓰되 각 수송아지에는 십 분의 삼 에바 곧 6.6리터를 써야 하며 수양 한 마리에는 십 분의 이 에바 곧 4.4리터를 써야 한다. 또한 어린 양 일곱 마리에 대해서는 각각 매 어린 양마다 십 분의 일 에바 곧 2.2리터를 드려야 한다.

그와 더불어 제사장은 자신과 백성의 죄를 용서받기 위한 속죄 제물을 하나님께 바쳐야만 한다. 하나님 앞에 서게 되는 모든 사람들은 자기의 죄를 사함받기 위한 절차를 거쳐야 했던 것이다. 제사장은 그것을 위한 속죄제를 지키면서 흠 없는 숫염소 한 마리를 규례에 따라 바쳐야 한다.

칠칠절을 위한 절기 제사를 지낼 때도 날마다 여호와 하나님께 바치는 상번제는 율례에 따라 그대로 진행되어야 한다. 아침저녁에 하나님 앞에 상번제를 드릴 때는 소제와 전제가 함께 바쳐져야만 했다. 따라서 칠칠절 절기를 지키기 위해 하나님께 특별히 바치는 제물은 상번제 외에 별도로 더 많은 제물을 필요로 했다. 나아가 그 절기 기간 중에 안식일이 끼어 있는 동안에

는 날마다 드리는 상번제와 안식일 제물 이외에 칠칠절 절기를 위한 특별한
제물을 바쳐야 했던 것이다.

29장

제사와 연관된 규례 Ⅱ

1 나팔절(민 29:1-6)

칠월 초하루가 되면 곧바로 나팔절(the Feast of Trumpet)이 기다리고 있다. 제사장이 그날 규례에 따라 나팔을 불면 온 백성은 그 소리를 듣고 거룩한 성회로 모여야 한다. 그날은 안식일과 같아서 누구든지 노동을 해서는 안 된다. 레위기에는 그 날을 '안식일'로 규정하고 있다(레 23:24). 이는 여호와 하나님의 영광과 더불어 모든 것이 그에게 달려 있다는 사실에 대한 고백과 선언적 의미를 담고 있다.

제사장들은 그 날이 이르게 되면 규례대로 나팔을 크게 불어야 한다. 나팔절이라 이름 붙여진 것은 특별한 선포를 위한 나팔을 불어 온 백성을 향해 신호를 보내고 그 절기에 참여하도록 했기 때문이다. 물론 그 나팔은 하나님의 거룩한 성소가 있는 곳에서 불었을 것이며 예루살렘 성전이 건립된 후에는 그곳에서 불었을 것이다.

우리가 여기서 쉽게 알 수 있는 사실은 나팔 소리가 퍼져나가는 영역이 지극히 제한적이라는 점이다. 특히 가나안 땅에 들어간 언약의 자손들은 여러 지역에 흩어져 살아갈 수밖에 없었다. 그럴 경우에는 각 지역에 있는 제사장들이 나팔을 불어 나팔절을 선포했을 것이다. 각 지역에 거주하는 제사장들의 나팔은, 그 의미상 하나님의 성소에서 울려 퍼지는 나팔 소리와 연결되어 있었다.

거룩한 성소에 거하는 제사장들은 하나님 앞에서 규례에 따라 나팔절 절기를 위한 예물을 바쳐야만 했다. 그들은 수송아지 한 마리와 수양 한 마리, 그리고 일 년 되고 흠 없는 어린 수양 일곱 마리를 여호와 하나님께 향기로운 번제로 드리게 되었다. 제사장은 그 수에서 더하거나 뺄 수 없었으며 다른 동물을 대체할 수도 없었다.

또한 그와 더불어 곡물 제사인 소제로 고운 밀가루에 기름을 반죽하여 사용해야 했다. 수송아지에는 십 분의 삼 에바 곧 6.6리터, 수양을 위해서는 십 분의 이 에바 곧 4.4리터, 일곱 마리의 각 어린 양을 위해서는 십 분의 일 에바 곧 2.2리터를 바쳐야 했다. 기름의 양도 정확하게 정해져 있었다.

그리고 하나님께서는 제사장들과 백성들의 죄를 사하기 위해서 숫염소 한 마리를 속죄제로 드리도록 요구했다. 이는 제사장을 비롯한 모든 사람들이 아담으로 인한 죄의 굴레에 빠져 있다는 사실을 말해주고 있다. 따라서 하나님 앞에 속죄 제물을 바치면서 그 제사를 통해 자신의 죄를 사함받는 것은 매우 중요하다.

나팔절은 한 달을 시작하는 초하루이기 때문에 규례에 따른 월삭의 번제와 소제를 함께 드려야만 했다. 그리고 규례에 따라 날마다 아침저녁으로 상번제를 드려야 한다. 만일 그 날이 안식일이라면 당연히 그에 관한 규례에 따른 번제를 드려야 한다.

하나님께서 요구하시는 모든 동물들과 기름으로 반죽한 고운 밀가루와 함께 나팔절 절기의 규례대로 하나님 앞에 번제물을 바쳐야 한다. 즉 모든 예물은 하나님께서 모세를 통해 요구하신 규례에 따라 드려져야만 했던 것이다. 그렇게 함으로써 여호와 하나님 앞에 향기로운 화제로 바쳐지게 된다.

칠월 초하루는 히브리인들의 월력을 기준으로 하여 볼 때 신년 새해를 시작하는 날이라 할 수 있다. 또한 언약의 백성들이 지키는 나팔절은 열흘 뒤에 따라오는 대속죄일을 예비하는 성격을 지니고 있기도 했다. 따라서 하나님 앞에 바치는 번제와 제사를 통해 모든 구속사가 진행되어 갔던 것이다.

2 대속죄일(민 29:7-11)

아담의 후손인 모든 인간들에게 가장 심각한 본질적인 문제는 하나님에 대한 범죄이다. 그에 대해서는 어떤 예외도 존재하지 않는다. 하지만 사악한 죄의 굴레에 빠진 상태에서 살아가는 인간들은 그에 대해 무감각할 수밖에 없다. 태중에 잉태되어 출생하게 된 인간들은 원천적으로 하나님 앞에 죄인인 상태가 되어 있기 때문이다.

하나님께서는 자기가 택한 백성들에 대해서는 창세 전부터 맺어진 언약으로 인해 저들의 모든 죄를 용서해 주시기로 작정하고 계셨다. 비록 인간들이 그 사실을 전혀 인식하지 못하고 있을지라도 신실하신 하나님께서는 그 일을 역사 가운데 진행시켜 나가고 계셨다. 그에 관한 모든 것은 전적으로 여호와 하나님께 달려 있었다.

특별한 민족으로 세워진 이스라엘 백성은 선택받은 백성들을 위한 하나님의 선한 도구 역할을 했다. 하나님께서는 저들 가운데서 그 일을 구체적으로 실행해 가셨다. 따라서 속죄를 위한 구약시대의 모든 제사는 장차 궁극적으로 일어나게 될 예수님의 십자가 사역에 연관되어 그림자 같은 성격을 지니고 있었다. 즉 그것은 구체적인 의미를 지니는 동시에 장차 발생할 실체적인 사건에 밀접하게 연관되어 있었던 것이다.

그 사역을 진행시켜 가는 과정에서 하나님은 칠월 초하루 나팔절이 있는 다음인 그달 십 일에 이스라엘 백성으로 하여금 성회로 모일 것으로 명하셨다. 그 날은 속죄일(the Day of Atonement)로서 하나님과 언약의 백성 사이에 해결되어야 할 죄의 문제와 연관되어 있었다. 속죄가 없이는 하나님과 인간 사이에 진척된 관계가 형성될 수 없었기 때문이다.

그러므로 하나님께서는 모세의 입술을 통해 일 년 한 차례 있는 대속죄일에 관한 규례를 주셨다. 우선 그날 언약의 백성들이 거룩한 성회로 모일 것을 요구하셨다. 성경은 그날 마음을 괴롭게 하고 아무 노동도 하지 말라고 명하고 있다. 이 말은 자신의 모든 것을 완전히 거부한 채 극도로 겸손한 마음으로 하나님 앞에 나아와 서라는 의미를 지니고 있다.

그런 가운데 제사장들을 향해 수송아지 한 마리와 수양 한 마리, 그리고 일 년이 되고 흠 없는 어린 양 일곱 마리를 하나님 앞에 향기로운 번제로 드리도록 지시했다. 그때 가장 중요한 점은 제물을 받으시는 하나님께서 향기로운 번제를 기쁘게 받을 수 있도록 제사를 지내야 한다는 사실이었다. 즉 인간들의 종교적인 판단이나 개인의 만족을 위해 그렇게 해서는 안 된다는 것이다.

그리고 그와 더불어 하나님 앞에 소제를 드려야 한다고 했다. 소제를 위해서는 고운 밀가루에 기름을 섞어 반죽해야 한다. 수송아지 한 마리에는 십분의 삼 에바 곧 6.6리터를 사용하고 수양 한 마리에는 십 분의 이 에바 곧 4.4리터를 사용해야 했다. 그것은 하나님께서 정하신 규례였으므로 그에 온전히 따를 수밖에 없었다.

또한 제사장들은 그와 별개로 여호와 하나님 앞에 속죄제를 드려야 했다. 그 제사는 다른 일반적인 제사와 구별되는 성격을 지니고 있었다. 하나님께서는 그것을 위해 숫염소 한 마리를 속죄일의 속죄를 위한 제물로 바치도록 명하셨다. 그 제사가 속죄일 가운데 가장 중요한 의미를 지닌 것으로 속죄일의 가장 중심에 놓이게 되었던 것이다.

우리가 여기서 기억해야 할 바는 그 제물이 장차 십자가를 지고 돌아가시게 될 예수 그리스도를 예표하는 성격을 지니고 있었다는 점이다. 따라서 대속죄일에 하나님께 바치는 속죄 제물인 숫염소는 특별히 소중한 성격을 지니고 있었다. 즉 일상적으로 드리는 속죄제와 상번제와 그 소제와 전제 외에 하나님께 드려야 할 특별한 대속죄일의 구별된 성격을 지닌 속죄예물이 었던 것이다.

3 초막절(민 29:12-40)

(1) 초막절의 의미(민 29:12)

초막절(the Feast of Booth)은 장막절이라고도 한다. 초막절에는 모든 언약의 백성이 출애굽한 후 광야 사십 년을 보낸 역사적 사실과 여호와 하나님께서 그곳에서 저들을 보호하여 인도해주신 점을 기억하며 감사한 날이다. 그 절기는 속죄일이 지난 다음 칠월 십오일부터 '칠 일 동안'(for seven days, 민 29:12; 레 23:34-36, 참조) 진행된다. 하지만 그 칠 일이 끝난 마지막 날인 팔 일째도 그에 연관된 중요한 성회가 따르게 된다.

그 절기 동안에는 집 부근 혹은 집 한켠에 마른 나뭇가지와 풀로써 초막을 짓고 그 안에 거했다. 그 시기는 칠칠절 기간 즈음에 첫 열매를 얻은 후 추수를 마무리하여 수확하여 곡식을 저장하는 기간이었으므로 수장절이라 칭하기도 했다(출 23:16, 참조). 백성들은 하나님께서 허락하신 곡물과 여러 열매들로 인해 감사하는 마음을 가지게 되었다.

이스라엘 백성이 초막절을 지키면서 가진 중요한 의미 가운데 하나는 저들의 삶을 되돌아보는 것이었다. 어리석은 자들은 좋은 집에 살아가면서 그것을 자랑스럽게 여겼으나 참 언약의 자손들은 그렇지 않았다. 어떤 집에 살아가고 있든지 중요한 사실은 이 땅에서는 나그네에 지나지 않는다는 점을 깨닫는 것이다.

이스라엘 자손들 가운데는 직위나 일반적인 생활환경에서 다양한 모습을 띠고 있었다. 하지만 모든 백성들은 하나님 앞에서 모두가 동일한 형편 가운데 놓여있었다. 그들은 초막절 기간 동안 초막에 거하며 생활하는 것은 예외 없이 모든 언약의 백성들에게 요구되었다. 따라서 하나님께 속한 백성들은 이 세상에서 나그네와 같다는 사실을 실증적으로 경험하며 확인하게 되었던 것이다.

이에 대해서는 오늘날 우리 역시 구약시대 믿음의 선배들과 동일한 형편에 놓여있다. 세상에서 어떤 집에서 살아가든지 어떤 지위와 환경에 처해 있든지 그것은 지나가는 과정에 지나지 않는다. 이는 그 과정이 아무런 의미가 없다는 말이 아니라 그보다 훨씬 중요한 실상이 존재한다는 사실을 말해주고 있다.

이 세상에 살아가는 모든 인간들은 잠시 지나가는 나그네일 따름이다. 따라서 세상에서 영원히 살아갈 듯이 여기며 욕심을 채우는 것은 지극히 어리석은 행위에 지나지 않는다. 본질적으로 중요한 것은 영원한 천국에 있으며 세상은 나그네들의 삶의 현장이다. 따라서 신약시대 교회에 속한 성도들도 그에 대한 올바른 깨달음을 가지고 초막절을 지키던 선배들의 교훈을 그대로 받아들일 수 있어야 한다.

(2) 초막절이 진행되는 칠일 간의 제사와 규례(민 29:13-34)

초막절에 하나님 앞에서 번제로 바쳐야 할 화제는 하나님의 규례에 따라야 한다. 하나님께서는 제사장들에게 그에 관한 규례를 주시면서 온 백성이 그에 참여하도록 하셨다. 제사는 하나님의 거룩한 성소에서 드려져야 했으며 그에 연관된 모든 의미와 실상은 초막에 거하는 백성들이 함께 누려야만 했다.

제사장들이 초막절 기간 동안 하나님께 바쳐야 할 예물은 날마다 차이가 났다. 즉 하나님께서는 자기에게 날마다 동일한 분량의 제물을 바치도록 명하시지 않았다. 그 기간 동안 날마다 요구하시는 제물의 수가 달랐던 것이다. 이에 관한 구체적인 이유에 대해서는 사람들의 일반 상식에 근거하지 않는다. 그것은 전적으로 하나님의 요구에 의한 것이었기 때문이다. 그 구체적인 내용을 살펴보면 다음과 같다.

첫째 날 하나님께서 요구하신 향기로운 제물은 수송아지 열세 마리와 수양 두 마리 그리고 일 년 된 흠 없는 수양 열네 마리였다. 그리고 곡물 제사인 소제로 고운 밀가루에 기름을 섞도록 명하셨다. 수송아지 열세 마리에는 각각 십 분의 삼 에바 곧 6.6리터, 수양 두 마리에는 각각 십 분의 이 에바 곧 4.4리터, 그리고 어린 양 열네 마리에는 각각 십 분의 일 에바 곧 2.2리터를 바치도록 했다.

또한 하나님께서는 그와 더불어 숫염소 한 마리를 속죄제로 드리라는 요구를 하셨다. 그것은 날마다 드리는 상번제와 소제와 전제 이외에 별도로 바쳐야 할 것들이었다. 즉 초막절 기간 중에도 여전히 상번제가 드려졌던 것이다. 그 모든 것은 인간들의 판단과 의도와 상관이 없는 전적인 하나님의 요구이자 명령에 해당되는 것이었다.

그리고 둘째 날에는 수송아지 열두 마리와 수양 두 마리 그리고 일 년 된 흠 없는 수양 열네 마리를 바치라고 명하셨다. 그리고 소제와 속죄제를 드리라고 하셨다. 여기서 변화가 일어나는데 그것은 첫째 날 수송아지 열세 마리를 바친 데 반해 둘째 날은 열두 마리로 한 마리 줄어들었다는 사실이다. 우리는 하나님께서 왜 그렇게 하셨는지에 대해서는 그것이 전적인 하나님의 뜻에 의한 것이라는 점을 소중하게 받아들일 따름이다.

나아가 둘째 날에도 곡물 제사인 소제로 고운 밀가루에 기름을 섞도록 명하셨다. 그 방법에 대해서는 첫째 날과 동일했을 것으로 받아들일 수 있다. 즉 수송아지 열세 마리에는 소제로 고운 밀가루 각각 십 분의 삼 에바 곧 6.6리터, 수양 두 마리에는 각각 십 분의 이 에바 곧 4.4리터, 그리고 흠 없는 어린 양 열네 마리에는 각각 십 분의 일 에바 곧 2.2리터를 바쳤을 것이다. 둘째 날의 속죄제를 지내는 방법 역시 첫째 날과 동일했을 것이다.

또한 셋째 날부터 일곱째 날까지도 제물을 바치는 절차와 방법은 같았다. 제물을 바치는 종류 즉 수송아지, 수양, 흠 없는 어린 양은 동일했다. 그리고 곡물 제사와 연관된 고운 밀가루를 바치는 규례도 같았을 것이다. 이와 같은 제사가 그다음 날인 넷째 날부터 일곱째 날까지 동일하게 진행되었다.

그런데 수송아지가 바쳐지는 점에 있어서는 초막절이 행해지는 기간 동안 날마다 그 수에 변화가 일어났다. 즉 수양 두 마리와 일 년이 되고 흠 없는 수양 열네 마리는 매일 동일한 수가 바쳐진 것과 크게 대비되었다. 그리고 상번제와 그에 필요한 소제와 전제를 별도로 드리는 것 역시 마찬가지였을 것이다.

이처럼 초막절 절기 동안 제물로 바쳐지는 수송아지에 대해서 하나님께서 요구하시는 수가 달라진 것은 괄목할만한 사실이다. 즉 칠월 십오일 첫날에는 열세 마리를 하나님께 바쳤으나 둘째 날인 십육 일에는 한 마리가 줄어 열두 마리를 바치도록 하셨다. 그다음 셋째 날은 열한 마리, 넷째 날은 열 마리, 다섯째 날은 아홉 마리, 여섯째 날은 여덟 마리, 마지막 일곱째 날은 일곱 마리를 바치게 되었다.

이처럼 하나님께서는 제사장들에게 초막절을 위한 제물을 바치도록 명령을 내리시면서 그 수에 있어서 이해하기 어려운 특이한 요구를 하셨다. 우리는 그 구체적인 이유를 명확하게 알 수 없다고 할지라도 분명한 사실은 하나님께서 그렇게 요구하셨다는 사실이다.[41] 만일 어떤 제사장이 자신의 욕

---

41 성경을 연구하는 학자들 가운데는 하나님 앞에 바치는 수송아지의 수에 관해 주관적인 주장을

망에 따라 하나님 앞에 그 수효보다 더 많이 바치려고 한다면 그것은 하나님을 욕되게 하는 행위에 지나지 않는다.

오늘날 우리 역시 하나님의 말씀과 그의 뜻에 민감하게 반응해야 한다. 인간들의 개인적인 판단으로 하나님을 섬기려 해서는 안 된다. 초막절 절기 중 칠일 동안 하나님께서 제물의 수효와 연관하여 특별한 요구를 하신 것을 통해 모든 언약의 자손들은 하나님의 뜻에 온전히 순종해야 한다는 의미를 깨달을 수 있어야 한다.

(3) 절기의 마무리로서 여덟째 날(민 29:35-38)

초막절 절기는 칠일 간으로 정해져 있으나 실제로는 팔일을 그 절기와 연관지어 지키게 된다. 초막절을 지키기 시작한 칠 월 십 일부터 칠 일간을 절기로 지키고 초막절을 마친 그다음 날인 여덟째 날은 특별한 대회로 모여야 한다. 그렇게 날을 계산하면 팔 일이 되는 셈이다.

그날은 초막절이 끝난 바로 다음 날이기도 하거니와 절기를 정리하는 특별한 의미를 지니고 있다. 그날은 하나님 앞에서 거룩한 대성회로 모여야 하며 백성들은 아무 노동도 하지 말아야 했다. 그날 제사장들은 하나님의 성소에서 그가 기뻐하시는 향기로운 화제를 드려야만 한다. 그것을 위해 수송아지 한 마리와 수양 한 마리 그리고 일 년이 되고 흠 없는 수양 일곱 마리를 바쳐야 했다.

그리고 소제와 전제는 수송아지와 수양과 일 년 된 어린 양의 수에 따라 규례대로 행해야 한다. 또한 그날에도 숫염소 한 마리를 속죄제로 드려야

펼치는 이들이 있다. 그것은 수양을 바치면서 첫째 날 열세 마리에서 날마다 한 마리씩 줄어 마지막 칠일에 일곱 마리가 된 것은 그 기간 동안 하나님께 바쳐지는 수송아지의 총수가 칠십 마리가 되게 하기 위해서라는 것이었다. 즉 칠십이라는 수가 언약적 의미를 지니고 있기 때문에 그렇게 했다는 것이다. 하지만 전체적인 상황을 고려할 때 그와 같은 견해를 받아들이기는 어렵다.

하며 상번제와 그 소제와 그 전제 외에 별도로 바쳐야 한다. 따라서 예물이 바쳐지는 모든 제사는 하나님의 규례에 따라야만 했다. 그렇게 함으로써 하나님께서 제정하신 초막절을 온전히 지키게 되었던 것이다.

4 하나님께 드려야 할 다양한 제사들(민 29:39-40)

이스라엘 자손이 거룩한 성소에서 제사장을 통해 하나님 앞에 예물을 바치고 제사하는 일은 모세를 통해 제시된 규례에 따라야 했다. 즉 날마다 아침저녁으로 상번제를 드려야 했으며 매 주일 돌아오는 안식일에는 특별한 의미와 더불어 제물을 바쳐야 했다. 또한 매달 돌아오는 월삭 제사를 규례에 따라 지내야 했다.

또한 해마다 규례에 따른 때가 이르면 유월절과 무교절, 칠칠절, 나팔절, 속죄일, 초막절을 그 의미와 더불어 하나님 앞에 번제, 소제, 전제, 화목제 등의 예물을 바치며 절기를 지켜야 했다. 그 절기 가운데는 하루로 정해진 날이 있는가 하면 일정 기간을 지속해야 할 경우도 있다. 그때마다 취해야 할 행동규범과 규례가 모두 달랐다.

그 외에도 하나님 앞에 맹세하고 드리는 서원제(誓願祭)와 자발적으로 하나님께 예물을 바치는 낙헌제(樂獻祭)가 있다. 이처럼 하나님께 속한 언약의 백성들에게는 하나님에 대한 제사와 경배가 잠시도 중단되지 않았다. 매일 번제와 매주 번제, 매달 번제, 그리고 연중 절기를 통한 번제 등이 끊어지지 않고 지속되었다. 이는 언약의 백성들이 하나님을 섬기며 제물을 바치는 제사 가운데 휩싸여 있었다는 의미를 지니고 있다.

또한 우리가 여기서 반드시 기억해야 할 바는 지속되는 모든 제사 가운데 장차 오실 메시아 예언적 의미가 존재해 있었다는 사실이다. 이는 상징적이기도 하지만 실제적 양상을 보여주고 있다. 제사장들과 백성들이 아무리 정성을 다해 최고의 예물을 바치며 즐거워한다고 할지라도 그 중에 메시아에 대한 진정한 소망이 존재하지 않는다면 아무런 의미가 없을뿐더러 하나님에 대한 참된 경배가 될 수 없다.

앞에서 언급된 대로 모든 제사 행위 가운데는 항상 규례로 정해진 동물이 제물로 바쳐졌다. 그 동물들은 원래의 형태 그대로 하나님께 바쳐진 것이 아니라 제사장들이 동물을 죽여 가죽을 벗기고 내장을 끄집어내고 부위에 따라 각을 떠서 분해했다. 그리고 거룩한 성소 앞 제단에서 규례대로 불로 태워 하나님 앞에 번제로 바치게 되었다.

우리는 당시 하나님의 거룩한 성소 앞에 짐승들이 흘린 붉은 피를 떠올리지 않을 수 없다. 죽은 소와 양과 염소 등 짐승들의 흘린 피가 모인 사람들의 눈에 그대로 보였을 것이다. 또한 그 피 냄새가 진동하여 주변에 있는 사람들의 코를 찔렀을 것이 분명하다. 이는 장차 이 땅에 오셔서 피흘려 죽음으로써 하나님의 영원한 제물이 될 예수 그리스도의 십자가 사역에 연관된 의미를 지니고 있다.

5부. 두 번째 인구 조사와 가나안 정복 준비

30장

여성의 서원에 관한 규례

1 서원과 서약(민 30:1-2)

모세는 이스라엘 자손의 각 지파 두령들에게 하나님의 뜻을 전했다. 여호와의 명령에 온전히 복종하라는 지시였다. 그것은 여호와 하나님 앞에 서원한 내용과 어떤 일에 대하여 무엇을 하겠다고 결심하고 서약한 것에 연관되어 있었다. 그 서원과 서약을 파기하지 말고 그 입에서 한 말대로 지켜 행하라는 것이었다.

여기서 서원(誓願)한다는 것은 하나님 앞에서 맹세하는 것을 의미하고 있다. 또한 서약(誓約)한다는 것은 언약에 속한 다른 사람들 앞에서 결심하고 다짐하는 것에 연관지어 생각해 볼 수 있다. 이 두 단어를 완전히 구분 지어 그 의미를 확정 짓기는 어렵지만, 전체적인 문맥상 그렇게 이해할 수 있는 것이다.

구약성경에는 서원에 관한 교훈을 많이 남기고 있다. 누구든지 여호와 하나님 앞에서 서원을 하게 되면 반드시 갚아야 한다. 만일 서원하고 스스로 그 서원을 무시하거나 갚지 않는다면 하나님을 멸시하는 악한 행위가 된다.

성경에 기록된 그에 연관된 몇몇 구절을 생각해 볼 수 있다.

> 네 하나님 여호와께 서원하거든 갚기를 더디하지 말라 네 하나님 여호와께
> 서 반드시 그것을 네게 요구하시리니 더디면 네게 죄라(신 23:21)
> 네가 하나님께 서원하였거든 갚기를 더디게 말라 하나님은 우매자를 기뻐하
> 지 아니하시나니 서원한 것을 갚으라 서원하고 갚지 아니하는 것보다 서원
> 하지 아니하는 것이 나으니 네 입으로 네 육체를 범죄케 말라 하나님의 사자
> 앞에서 내가 서원한 것이 실수라고 말하지 말라 어찌 하나님으로 네 말 소리
> 를 진노하사 네 손으로 한 것을 멸하시게 하랴(전 5:4-6)

성경은 하나님 앞에서 서원을 하게 되면 반드시 갚아야 된다는 사실을
강조하고 있다. 서원한 내용을 일부러 미적거리거나 속히 그 서원을 이행하
지 않는다면 하나님께 범죄하는 것이 된다. 하나님께서는 서원한 자로 하여
금 반드시 그 서원을 지키도록 요구하시며, 만일 그 서원을 성실하게 지키지
않는다면 범죄행위가 될 수밖에 없다.

그러므로 율법은 하나님께 서원했다면 서원한 것을 더디게 하지 말고 빨
리 갚으라는 명령을 했다. 서원을 가볍게 여기는 것은 지극히 어리석은 일이
며, 서원을 갚지 않는 것보다 서원하지 않는 것이 낫다고 했다. 입으로 서원
을 하고 나서 갚지 않는 것은 자신의 육체를 범죄케 하는 행위가 된다. 또한
서원하고 나서 하나님의 사자(使者) 앞에서 그것이 실수라고 말하고 갚지 않
는다면 하나님을 진노케 하는 것이 된다고 했다. 그것은 하나님의 분노를
사고 심판을 자초하는 것이 된다.

한편 신약 성경에서는 맹세하지 말라고 한 구절이 나타난다. 예수님께서
는 제자들에게 산상수훈을 주시면서 어떤 것으로도 맹세치 말라고 하셨다.
하늘과 땅, 예루살렘과 자기의 머리 등 그 어떤 것으로도 맹세하지 말라고

했다. 인간은 스스로 그 맹세를 지킬 만큼 강하거나 온전하지 않다는 것이었다.

> 또 옛 사람에게 말한바 헛 맹세를 하지 말고 네 맹세한 것을 주께 지키라 하였다는 것을 너희가 들었으나 나는 너희에게 이르노니 도무지 맹세하지 말찌니 하늘로도 말라 이는 하나님의 보좌임이요 땅으로도 말라 이는 하나님의 발등상임이요 예루살렘으로도 말라 이는 큰 임금의 성임이요 네 머리로도 말라 이는 네가 한 터럭도 희고 검게 할 수 없음이라 오직 너희 말은 옳다 옳다, 아니라 아니라 하라 이에서 지나는 것은 악으로 좇아 나느니라(마 5:33-37)

예수님께서는 인간을 하나님 앞에서 맹세를 하고 그것을 반드시 지킬만한 능력이 없는 무능한 존재에 지나지 않는다는 사실을 말씀하셨다. 따라서 신약시대의 성도들은 하나님의 뜻에 따라 옳은 것에 대해서는 옳다고 말하고 아닌 것에 대해서는 아니라고 할 수 있을 따름이라는 사실을 깨달아야 한다. 이는 하나님 앞에서 겸손한 자세를 가지고 오직 예수 그리스도만 의지하고 그에게 온전히 순종할 수 있을 따름이라는 사실을 말해주고 있다. 이에 관해서는 성경의 전체적인 교훈과 더불어 그 의미를 신중히 생각해 보아야 한다.

2 미혼 여성의 서원과 그 아버지(민 30:3-5)

민수기 율법 가운데는 혼인하기 전 아버지의 보호를 받는 시절의 미혼 여성에 관한 기록을 하고 있다. 만일 그가 아직 어려서 아버지의 집에 거하고 있을 때 여호와 하나님 앞에 서원한 일이나 스스로 다짐하여 서약한 일이 있다면 율법이 제시한 행동규범에 따라야 한다. 그것은 그 자신이 아니라 아버지의 판단 여부에 따라 유효할 수도 있고 그렇지 않을 수도 있다는 사실을 말해준다.

그러므로 미혼인 그 여성이 서원이나 다짐의 서약을 할 때는 원칙적으로 보호자인 아버지가 보는 가운데 행해야 한다. 그는 보호자가 없는 상태에서 독단적으로 하나님 앞에서 서원하거나 다짐하여 결심할 수 없다. 이는 그가 아직 독립적인 형편에 놓여있지 않다는 사실을 말해주고 있다.

그 미혼 여성이 하나님 앞에서 서원하는 것이나 자기의 어떤 상황에 대한 결심과 다짐을 하는 것을 그 아버지가 들어 알고 있으면서 아무 말이 없다면 그는 자기가 말한 서원과 다짐한 서약을 반드시 지켜야 한다. 그것은 보호자인 아버지가 그에 대한 승인을 한 것과 마찬가지이기 때문이다.

그렇지만 그 아버지가 미혼인 딸이 서원이나 서약하는 것을 듣고 그것을 허락하지 않는다면 그것은 효력을 발생시키지 않는다. 그것은 원천적으로 무효가 되는 것이다. 따라서 그 여성이 자기가 한 서원과 서약을 지키지 않는다고 해서 죄가 되지 않는다.

그러므로 그 미혼 여성이 하나님 앞에서 행한 서원과 자기의 다짐을 위해 서약하고 나서 그것을 지키지 않는다고 해도 하나님께서 그에 대한 죄를 묻지 않으신다. 하나님께서 그가 행한 모든 것을 그 아버지의 판단을 근거로 무효화시켜주시기 때문이다. 이처럼 서원과 서약이 중요하되 미혼 여성에게는 보호자의 위치가 더욱 중요하며 그 당사자 또한 보호자의 지도를 받아야 할 기본적인 의무가 따르게 된다.

3 혼인한 여성의 서원과 남편(민 30:6-8)

여성은 혼인을 하게 되면 보호자가 바뀌게 되는 것이 원칙이다. 미혼일 때는 친정아버지가 보호자였다면 혼인 후에는 남편이 그 자리를 담당하게 되는 것이다. 이 말은 남편이 아내를 보호하고 지켜야 한다는 의미를 내포하고 있다.

그러므로 여성이 혼인한 후 남편과 함께 살아가면서 행해지는 서원과 다짐의 서약을 했을 경우에는 남편의 보호 아래 그 의미가 발생하게 된다. 만일 혼인한 여성이 신중하지 않은 상태에서 서원이나 서약을 했을 경우에도 남편이 그에 대한 연관성을 가지게 된다. 즉 남편의 승낙 여부에 따라 그것의 효력이 결정되기 때문이다.

그 남편이 자기 아내가 서원이나 서약을 하는 것을 듣고 나서 그에 대한 아무런 말이 없다면 그것을 승인하는 성격을 지니게 된다. 따라서 아내인 그 여성은 그것을 반드시 실행해 지켜야만 한다. 그렇지 않으면 그것은 하나님 앞에서 저지르는 중대 범죄행위가 된다.

그러나 그 남편이 아내의 서원과 서약하는 내용을 듣는 그 날에 그것을 허락지 않으면 그것은 무효화하게 된다. 그 여성이 아무리 진솔한 마음으로 하나님 앞에 서원을 하고 어떤 사실을 두고 다짐하고 서약했을지라도 그 자체로는 의미가 발생하지 않는 것이다. 이는 혼인한 여성은 남편의 보호 아래 놓여있으며 독단적으로 서원이나 서약을 할 수 없다는 사실을 말해주고 있다.

4 과부나 이혼당한 여성의 서원(민 30:9-12)

율법은 또한 혼자 살고 있는 과부나 이혼당한 여성의 서원과 다짐에 연관된 내용의 서약에 관한 율례를 기록하고 있다. 그들이 하나님 앞에서 서원을 하고 결심한 서약은 매우 중요한 의미를 지니고 있다. 따라서 특별한 사정이 존재하지 않는 한 그 서원과 서약은 반드시 지켜야만 한다.

그러나 그 부인에게 남편이 살아있을 때 서원과 서약을 한 경우라면 형편이 다르다. 즉 남편과 한집 안에 살고 있는 동안 그 여성이 서원을 했거나 어떤 일을 염두에 두고 결심하는 서약을 했다면 남편의 판단이 그에 중요한 영향을 끼치게 된다. 즉 남편으로 인해 그에 연관된 변수가 생겨날 수 있다는 것이다.

그 여성의 남편이 자기 아내의 서원과 서약하는 것을 듣고 아무 말 없이 금하지 않았다면 그 서원을 행해야 하며 다짐한 그 서약은 반드시 지켜야만 한다. 그러나 그 남편이 그에 관한 내용을 듣고 바로 그날 무효화시키면 그 여성의 입술에서 언급된 모든 말이 효력을 상실하게 된다. 즉 그 남편이 그것을 무효화시켰으므로 그 여성이 서원하거나 서약한 내용이 하나님 앞에서 무효가 되어 죄가 되지 않는다.

우리가 여기서 깨닫게 되는 것은 여성이 남편이 죽어 과부가 되기 전까지는 남편의 보호를 받게 된다는 사실이다. 그리고 이혼을 당한 여성의 경우에도 이혼하기 전까지는 남편의 보호 대상이었다는 점이다. 따라서 남편이 함께 있는 동안에는 남편의 보호와 간섭을 받아야 했다. 그것은 하나님의 율법에 따른 아내에 대한 남편의 권위와 연관되어 있다.

따라서 남편이 있는 여성은 독자적으로 하나님 앞에서 어떤 서원을 하거나 어떤 일을 두고 다짐하는 서약을 할 수 없었다. 본문 가운데서 남편이 아내의 서원이나 서약을 듣게 되면 그것을 무효화시킬 수 있다고 한 말은 주의 깊게 이해해야 한다. 이는 남편의 권위와 밀접하게 관련된 문제이다. 즉 남편 있는 여성이 서원이나 서약을 할 경우에는 독자적 판단이 아니라 남편과 상의해 사전 허락을 받아야 한다는 사실에 연관되어 있다.

5 서원과 회개의 서약에 연관된 원리(민 30:13-16)

어떤 여성이 서원을 하거나 자기의 마음을 다스려 절제하며 회개하기 위해 서약하는 것은 그 여성 당사자에게 모든 것이 달려 있지 않다. 그것은 오히려 그의 남편에게 모든 것이 달려 있다. 즉 그 남편이 서원과 서약을 한 자기 아내로 하여금 그것을 지키게 할 수도 있고 무효화시킬 수도 있다.

그 남편이 아내의 서원이나 서약의 사실을 알고 아무 말이 없으면 서원한 아내는 자기가 하나님 앞에서 행한 모든 맹세를 책임져야 한다. 남편이 아내의 서원과 서약하는 말을 듣고 아무 언급도 하지 않았으므로 지키도록 허락되었기 때문이다. 이는 아내의 서원과 서약의 준행 여부가 남편에게 달려 있음을 말해주고 있다.

하지만 남편이 자기 아내의 서원과 서약이 있은 다음 얼마 후에 그것을 무효화시켜 지키지 못하도록 하면 사정이 달라진다. 즉 남편의 관여로 인해 그 서원이나 서약을 어기게 된 아내의 죄에 대한 책임은 없어지는 대신 남편이 그 모든 책임을 져야 한다. 즉 남편이 언제든지 아내의 서원과 서약에 대한 관여를 할 수 있는 것이 아니라 규례에 따라 즉시 행해야만 하는 것이다.

우리가 여기서 생각해 보아야 할 일은 이와 같은 규례가 단순히 남편의 지배권을 위해서가 아니란 사실이다. 또한 남편은 아내의 서원과 서약에 관한 판단이나 결정이 개인적인 감정에 근거해서는 안 된다. 그것은 단순한 감정적인 문제가 아니며 개인의 권한을 넘어 집안과 언약공동체에 연관되어 있기 때문이다.

여호와 하나님께서 모세에게 명하신 모든 율례는 반드시 지켜져야 한다. 남편의 아내에 대한 규례와 아버지의 미혼인 자기 딸에 대한 규례는 언약의 민족 가운데 전체적으로 이루어져야 할 일이다. 이는 결국 언약공동체 가운데 지속적으로 진행되어 가야 할 내용이라는 사실을 말해주고 있다.

신약시대 교회의 합법적 맹세와 서원

웨스트민스터신앙고백서

신약시대 교회 가운데는 합법적인 서약이 존재한다. 그것은 물론 구약시대의 율법과 예수님께서 교훈하신 말씀을 배경으로 한 교훈에 근거하고 있다. 대표적으로 지상 교회에는 세례 서약과 직분자 서약이 있다. 그리고 혼인에 연관된 서약이 있다. 또한 교회에 가입하는 성도가 행해야 할 마땅한 서약이 존재한다. 이 모든 서약은 하나님의 몸된 교회 곧 성도들 앞에서 행해지게 된다.

우리가 고백하는 웨스트민스터신앙고백서 〈제22장 합법적인 맹세와 서원〉에서 그에 관한 분명한 기록을 남기고 있다. 하나님의 자녀로서 행하는 합법적인 맹세는 예배의 한 요소가 되며 맹세하는 자는 예배 시간을 통해 엄숙한 마음으로 맹세하게 된다. 예배 가운데 행해지는 이 맹세는 진리에 따라 판단하시는 하나님과 그의 몸된 교회 앞에서 공적으로 다짐하게 되는 것이다(22.1).

그러므로 하나님의 이름으로 행하는 맹세가 그 영광스럽고 두려운 이름을 허망하게 혹은 경솔하게 사용하여 행해지는 것은 가증스러운 죄가 된다. 합법적인 맹세는 교회의 적법한 권위에 의해 요구될 때 그것을 이행해야 한다(22.2). 그와 동시에 선하고 의로운 것에 대한 맹세가 합법적인 권위로부터 요구되었을 때 그것을 거절하는 것이 무서운 죄가 된다는 사실을 교회가 염두에 두는 것은 매우 중요하다(22.3).

맹세는 맹세한 당사자에게 정서상 손해가 된다고 할지라도 반드시 지켜야 하며, 맹세로 말미암아 죄를 짓게 되는 일은 없어야 한다(22.4). 서원과 서약은 어느 정도 동일한 성격을 지니고 있으며(22.5), 오직 하나님을 향해 이루어지게 되어 그에 수반되는 필요한 의무와 그에 관련된 사항들을 엄숙히 지켜야 한다(22.6).

그러나 하나님의 말씀으로 금지된 것에 대한 서원을 해서는 안된다. 예를 들어 종신 독신 서원이나 미신적이며 범죄케 하는 서원은 올무가 되기 때문에 피해야만 한다(22.7). 또한 자기가 감당할 수 없는 내용에 대한 서원은 하나님을 올바르게 섬기기 위한 방편이 될 수 없으므로 그에 빠져들어서는 안 된다.

그러므로 하나님의 몸된 교회에 속한 모든 성도들은 하나님과 성도들 앞에서 이미 서약한 자로서 올바른 믿음을 영위할 수 있어야 한다. 앞에서 언급한 것처럼 모든 성도들이 세례를 받으면서 하나님 앞에서 한 서약과 교회에 가입하면서 교회 앞에서 고백과 더불어 행한 서약은 반드시 지켜야 한다. 그리고 위임된 직분자 서약은 교회의 중심에 자리 잡고 있다.

나아가 혼인을 하면서 하나님과 교회 앞에서 한 서약은 항상 삶의 중심에 놓여있어야 한다. 지상에 존재하는 교회는 하나님의 언약을 기초로 한 서약의 틀에 연결되어 있다는 사실을 기억하지 않으면 안 된다. 이에 대한 올바른 깨달음과 더불어 주님의 몸된 교회에 속해 살아가는 것이 성도들에게 허락된 이 세상에서의 가장 복된 삶이 된다.

그리고 우리가 여기서 반드시 깨달아야 할 점은 모든 서원과 서약은 각 개인의 판단에 근거하는 것이 아니라 예수 그리스도와 그의 몸된 교회의 관여와 통제 아래 존재한다는 사실이다. 만일 그것을 어기거나 파기하게 되면 예수님을 멸시하는 무서운 죄악에 빠지게 된다. 우리는 구약의 서원과 서약에서 보여준 남편과 아버지의 역할에 대한 규례를 통해 교회의 머리이신 예수 그리스도와 연관된 소중한 의미를 깨달아 신앙의 삶 가운데 적용해가야 한다.

31장

미디안에 대한 하나님의 심판

1 원수 갚기를 명하시는 하나님(민 31:1-5)

여호와 하나님은 자기 자녀들에 대해서는 무한한 자비를 베푸시는 분이다. 하지만 자기에게 속해 있으면서 자신의 말씀에 불순종하는 자들에 대해서는 엄한 징계를 내리시기도 한다. 그것은 자기 자녀들이 돌이켜 회개함으로써 악한 길로부터 속히 돌아서기를 원하시는 그의 뜻에 연관되어 있다.

그러나 하나님께서는 자기를 멸시하는 불신자들에 대해서는 아무런 자비도 베푸시지 않는다. 그들에게 일반적인 은총이 허락되고 세상에서 크게 성공하는 듯이 보여도 그것은 도리어 진리를 알아가는 데 커다란 걸림돌이 될 따름이다. 어리석은 자들은 그것을 행운이라 여길지라도 진정한 복이 될 수 없다.

또한 하나님께서는 자기 자녀들을 어두움의 길로 인도하여 미혹하거나 괴롭히는 자들에 대해서는 엄중한 심판을 내리신다. 그와 같은 자들을 방치하게 되면 하나님께서 행하시는 사역에 대한 직접적인 걸림돌이 되기 때문이다. 나아가 사랑하는 자기 자녀들을 억압하고 사악한 풍조를 유포하는 자들을 결코 좌시하거나 그냥 두시지 않는다.

여호와 하나님께서는 시내 광야에 머물고 있는 이스라엘 자손들을 괴롭히면서 진리를 허물고 악을 편만하게 하는 미디안 자손들을 원수로 간주하셨다. 그리하여 모세에게 이스라엘 자손의 원수를 갚도록 명령을 내리셨다. 그 일을 완수한 후 모세는 언약의 조상들을 뒤따라 이 세상에서의 삶을 마감하게 되리라는 것이었다.

하나님의 명령을 들은 모세는 즉시 이스라엘 백성들을 향해 선포했다. 이제 하나님의 원수이자 이스라엘의 원수인 미디안 족속을 공격하여 원수를 갚으려 한다는 것이었다. 따라서 백성들 가운데 전쟁에 나가 싸울만한 병사들을 소집해 저들로 하여금 미디안에 대한 공격 준비를 갖추도록 명령했다.

모세는 미디안 족속에게 하나님과 이스라엘에게 행한 원수를 갚기 위해 각 지파들을 향해 전투에 임할 수 있는 용사 일천 명씩을 선발하도록 요구했다. 모세의 명령을 들은 모든 지파는 각기 일천 명씩의 병사들을 택해 총 일만 이천 명이 되었다. 그들은 미디안과 싸우기 위해 무장함으로써 모든 준비를 갖추었다.

2 미디안을 향한 출전과 승리(민 31:6-12)

모세는 각 지파에서 특별히 선발한 일천 명씩 총 일만 이천 명의 병사들을 미디안 족속을 치기 위해 적진으로 보냈다. 그런데 중요한 사실은 그가 군사들만 보낸 것이 아니었다는 점이다. 그는 전투 병력 외에 제사장 엘르아살의 아들 비느하스를 저들과 함께 전장으로 나아가도록 했다.

비느하스는 당연히 다른 전투 병사들처럼 손에 무기를 들고 전장으로 나아간 것이 아니었다. 그는 하나님의 성소에서 사용하는 거룩한 기구들 가운데 필요한 것과 신호를 위한 나팔을 손에 들고 앞으로 나아갔다. 이렇게 하여 이스라엘 모든 지파에서 선발된 전투병들과 거룩한 성소에서 하나님을

5부. 두 번째 인구 조사와 가나안 정복 준비

섬기는 제사장이 함께 출전하게 되었다.

우리가 여기서 깨달아야 할 바는 그 전쟁에서 승리하게 되는 것은 용맹한 병사들의 기개와 손에 들고 있는 강력한 무기 때문이 아니었다는 사실이다. 나아가 그들의 빼어난 전술이 승리를 보장하지도 못했다. 그 대신 제사장에게 성소의 필요한 기구들과 나팔을 가져가게 하신 하나님이 이스라엘을 승리로 이끌게 되었던 것이다.

이스라엘 병사들은 하나님께서 모세에게 명하신 대로 미디안 족속을 향한 공격을 개시했다. 그리하여 저들에게 맞서 저항하는 미디안 족속의 많은 병사들을 죽였다. 또한 일반 병사들뿐 아니라 미디안 족속의 다섯 명의 왕들을 처형하게 되었다. 그 왕들은 에위와 레겜과 수르와 후르와 레바 왕이었다.

또한 그때 이스라엘 군대는 앞서 모압 족속과 모략을 꾸미며 이스라엘 민족의 신앙을 혼탁하게 만들었던 브올의 아들 발람을 칼로 처단해 죽였다. 당시 발람은 미디안 족속들 가운데 사악한 점술인이자 종교인으로 상당한 영향력을 행사하고 있었다. 이스라엘 병사들이 발람을 죽인 것은 하나님의 특별한 심판의 결과로 이해할 수 있다.

하나님께서 미디안 족속을 원수로 여긴 중요한 이유 가운데 하나는 발람의 종교적인 활동과 그 영향력 때문이었을 것이 분명하다. 그들은 과거에도 언약의 백성을 미혹하여 더러운 죄에 빠지도록 했다. 그때도 하나님께서는 그런 자들에게 엄한 심판을 내려 벌하셨다. 그런데 그 당시에도 미디안 족속에 속한 자들은 발람으로부터 악한 영향을 받아 이스라엘 백성의 신앙을 혼란스럽게 만들고 있었다.

그와 같은 상황에서 진노하신 하나님의 명령을 받은 이스라엘 병사들이 미디안 족속을 공격하여 거짓 선지자 발람과 다섯 명의 왕들, 그리고 미디안의 많은 병사들을 죽이게 되었다. 또한 이스라엘 병사들은 미디안의 부녀들과 아이들을 포로로 사로잡았다. 나아가 양 떼를 비롯한 그들의 가축을 탈취했으며 저들의 재물들을 노획물로 삼았다.

뿐만 아니라 미디안 족속들이 거처하던 여러 성읍들과 시골의 촌락들을 불살라 파괴했다. 그 가운데 있던 많은 사람들을 포로로 사로잡았으며 짐승을 노획하고 많은 귀중품들을 탈취했다. 그리하여 이스라엘 병사들은 미디안 족속이 소유한 모든 것들을 자신의 것으로 만들게 되었다.

미디안 족속과의 전쟁에서 대승을 거둔 이스라엘 병사들은 의기양양한 모습으로 모압 평지에 있는 본진으로 돌아왔다. 그들은 포로로 사로잡은 미디안 사람들과 저들로부터 탈취한 많은 짐승들과 귀중품들을 소유하고 있었다. 큰 승리를 거둔 이스라엘 병사들이 당당한 모습으로 여리고 맞은편 요단강 가에 위치한 모압 평지에 도착하게 되었던 것이다.

그들은 이제 저들이 이룬 전쟁의 승리와 더불어 거둔 전과(戰果)를 최고 사령관 격인 모세에게 보고해야 했다. 그 자리에는 제사장 엘르아살과 백성을 대표하는 지도자들이 함께 모여 있었다. 미디안 족속과의 전투에 참여한 자들은 모세와 엘르아살과 백성들이 보낸 병사로서 그 임무를 완수하고 귀환했던 것이다.

3 모세의 진노와 정결 유지 명령(민 31:13-20)

미디안 군대와 싸워 승리를 거두고 많은 포로들과 짐승들을 끌고 노획한 귀중품들을 손에 들고 본진인 모압 평지로 돌아오는 이스라엘 병사들은 그로 인한 만족감에 들떠 있었을 것이 분명하다. 모세와 제사장 엘르아살을 비롯한 각 지파의 족장들은 그들을 영접하기 위해 기다리고 있었다. 그날은 가장 기쁘고 즐거운 날이라 할 수 있다. 아마도 큰 잔치라도 베풀어야만 했을 것이다.

그런데 상황이 전혀 다른 방향으로 흘러가는 듯했다. 왜냐하면 모세가 전쟁에서 승리를 거두고 돌아온 군대 장관 곧 천부장들과 백부장들에게 칭찬하고 격려하기는커녕 도리어 크게 진노하는 모습을 보였기 때문이다. 그들의 수고를 높이 치하하고 함께 기뻐해야 할 것 같은 모세에게 분노가 가득 차 있었다.

모세가 저들에게 그처럼 분노했던 것은 전쟁 자체 때문이 아니라 미디안 여자들을 죽이지 않고 살려두었기 때문이다. 이스라엘 병사들은 저들에게 맞서는 남자들만 죽이고 여자들은 살려두었을 뿐 아니라 포로로 잡아 데리고 왔다. 모세는 그들이 행한 그 점을 크게 문제 삼았던 것이다.

그 전에 거짓 선지자 발람의 꾀에 빠진 자들이 이스라엘 백성을 미혹한 적이 있었다. 그들은 여성들을 통해 이스라엘 자손으로 하여금 바알브올의 사건(민 25:1-9)에 휘말리게 했다. 그로 말미암아 진노하신 하나님께서 범죄한 자들을 엄히 심판하셨으며 백성들 가운데 전염병이 돌아 무려 이만 사천 명이나 되는 많은 사람들이 죽게 되었다.

모세는 하나님을 두려워하지 않는 악한 미디안 여인들이 하나님의 뜻을 거스려 행한 것을 기억하고 그들을 살려두어서는 안 된다는 판단을 하고 있었다. 그들을 용납하게 되면 이스라엘 가운데 또다시 이방신 사상과 연관된 사악한 풍조가 발생할 우려가 따를 수밖에 없었다. 그런데 이스라엘 군대의 지휘관들이 그 여자들을 용납하여 이스라엘 진지로 데리고 왔다. 그것은 모세로 하여금 크게 분노케 할만한 충분한 이유가 된다.

그러므로 모세는 저들을 향해 명령을 내렸다. 우선 청소년 남자들을 무조건 죽이라고 명했다. 이는 그들이 나중 건장한 청년으로 성장하게 되면 이스라엘 민족과 원수가 되어 창과 칼을 내밀며 덤벼들 것이었기 때문이다. 따라서 여기에는 그런 자들에 대하여 미리 싹을 잘라버리라는 의미를 담고 있다.

그리고 과거 남자와 성적인 관계를 맺은 경험이 있는 여자들은 다 죽이라는 명령을 내렸다. 하지만 남자와 동침한 적이 없는 순결한 여자들은 살려두도록 허락했다. 이는 부정한 여자들이 싯딤에서 성적인 관계를 통해 바알브올을 섬기도록 미혹한 적이 있었기 때문이다. 이처럼 남자를 성적인 대상으로 여기는 여자들은 이스라엘의 남성들을 유혹하여 우상을 섬기는 죄에 빠뜨릴 우려가 있었다.

그와 달리 성적인 경험이 없는 여자들은 그런 식으로 이스라엘의 남성을 유혹해 우상 숭배에 빠뜨린 적이 없었다. 따라서 미디안의 모든 여자들을 죽이는 것 자체가 목적이 아니라 이스라엘의 남성을 유혹할 만한 여성들을 죽여 사악한 일이 발생하지 않도록 원천적인 단속을 하려는 의미를 지니고 있었다. 그에 대한 철저한 방비를 미리 하지 않으면 나중 훨씬 더 위험한 사태가 발생하게 된다는 것이었다.

모세는 미디안 족속과 치른 전쟁에서 돌아온 이스라엘 군대 지휘관들을 향해 앞으로 칠일 동안 진밖에 주둔하라는 명령을 내렸다. 그동안 자기가 명한 대로 포로로 잡아 온 젊은이들 중에 남자들을 다 죽이고 남성과 동침한 적이 있는 여자들을 다 죽이라는 것이었다. 우리는 그들이 어떻게 위험한 자들을 분리해 낼 수 있었는지 정확하게 알지 못하지만, 하나님의 섭리 가운데 그 모든 일이 진행되어 갔던 것이 분명하다.

병사들이 모세의 명령에 복종하게 되면 이스라엘 병사들은 사람들을 죽일 수밖에 없으며 죽임을 당한 자들의 시체를 만지는 것은 필연적이다. 따라서 그로 말미암아 부정하게 된 자들은 그날로부터 제 삼일과 칠일에 몸을 정결케 하는 의례를 치러야만 했다. 나아가 죽음을 면한 포로들 역시 정결케 하라는 명을 내렸다. 그렇게 해야만 거룩한 언약의 백성과 함께 머물 수 있었던 것이다.

뿐만 아니라 모세는 저들이 입고 있던 의복과 가죽으로 만든 물품과 염소 털로 만든 모든 것들도 깨끗하게 하도록 명령을 내렸다. 그리고 나무로 만든 것들도 그리하라는 요구를 했다. 그렇게 함으로써 이스라엘 백성들 가운데 부정함이 없는 정결한 환경을 조성할 수 있게 된다. 이처럼 언약의 백성들 가운데는 총체적인 정결이 요구되었다.

우리가 여기서 생각해 보아야 할 점은, 이스라엘 민족의 정결을 위해 죽여야 할 자들을 반드시 죽여야 한다는 사실이다. 만일 미디안 족속과의 전투에서 어느 지휘관이 자신의 정서적 판단에 따라 나약한 모든 여성들을 살려두라는 명령을 내렸다면 어떻게 해야 할 것인가 하는 문제가 발생한다. 그지휘관의 명령을 듣고 그에 복종하여 따르는 병사들이 있다면 자기도 모르는 사이 하나님의 뜻을 멸시하는 죄에 빠지게 된다.

언약의 자손들에게 가장 중요한 것은 모세가 전한 하나님의 율법이다. 어느 병사가 모든 여성을 죽이지 못하도록 하는 지휘관의 명령에 불복종한다면, 그가 비록 옳았음에도 불구하고 심각한 문제가 발생할 수밖에 없다. 군대의 명령 체계상 그것은 사형에 해당하는 불복죄가 되기 때문이다. 하지만 병사들은 하나님의 율법을 벗어난 직속 지휘관의 부당한 명령에 따라서는 안 된다.

이에 연관된 문제에 대해서는 오늘날 우리 시대에도 여전히 발생하고 있다. 지금도 천상에 계시는 총사령관이신 예수님께서는 자기에게 속한 군대를 향해 엄한 명령을 내리고 계신다.[42] 그는 이미 계시된 성경 말씀을 통해 전적인 복종을 요구하고 있으며 우리는 그에 온전히 순종해야만 한다. 그것

---

[42] 우리가 여기서 주의해야 할 점은, 구약시대에는 그런 엄한 율법이 적용되었으나 예수님께서 오신 후의 신약시대에는 그와 다르다고 여기는 막연한 착각이다. 우리는 오순절 성령께서 강림하신 후 신약 교회가 세워지던 초기에 있었던 '아나니아와 삽비라 사건'을 기억하고 있다. 사도행전 5장에는 베드로가 하나님과 사도들을 속인 그 부부를 죽음에 내어준 사실을 기억한다(행 5:1-11). 그것을 통해 하나님을 아는 모든 백성들이 크게 두려워하는 마음을 가졌다. 이와 같은 두려운 마음은 오늘날 우리 시대 교회와 성도들도 그대로 가지고 있어야 한다.

을 위해서는 모든 지휘관과 병사들이 하나님의 말씀을 올바르게 깨닫고 있어야 한다.

4 제사장 엘르아살의 정결을 위한 명령(민 31:21-24)

이번에는 제사장 엘르아살이 전쟁에서 이기고 돌아온 이스라엘 병사들을 향해 말했다. 그는 자기가 전하는 말이 자의적인 판단이 아니라 하나님께서 모세를 통해 허락한 율법에 근거한 것이라는 사실을 먼저 밝혔다. 그 모든 내용이 전적인 하나님의 명령에 따른 것이란 점을 강조했던 것이다.

엘르아살은 병사들에게 금, 은, 동, 철과 납 등 불에 타지 않고 견딜만한 모든 물건들을 불을 지나가게 하라는 명령을 내렸다. 그렇게 함으로써 깨끗하게 되리라는 것이며, 또한 정결하게 하는 물로 씻어 깨끗이 하라고 했다. 이는 그것들이 불 가운데 지나면서 그을리거나 거기서 묻은 오물을 씻어내라는 의미를 지니고 있다.

그리고 뜨거운 불에 견디지 못할 물건들은 불 대신 정결한 물을 지나가게 하라고 했다. 즉 불에 타거나 불로 인해 손상이 갈만한 것들은 불 대신 물로 깨끗게 하라는 것이었다. 이는 금, 은, 동, 철을 비롯한 금속이나 다른 모든 물건을 불이나 물로 정결하게 해야 하지만 그 외의 것들은 다른 방법으로 정결케 해야 한다는 사실을 의미하고 있다.

이 말은 이방인들로부터 가져온 모든 물품들은 원천적으로 부정하다는 사실을 밝혀주고 있다. 따라서 정결케 되지 않은 상태에서 그 자체로는 언약의 백성들 가운데 사용하지 말아야 한다. 단지 적법한 과정을 거쳐 정결하게 된 경우에만 저들을 위해 사용할 수 있게 된다. 따라서 이방인들로부터 탈취한 모든 물건들을 정결케 하도록 명령했던 것이다.

그 직무를 담당한 자들은 제칠 일에 입고 있던 옷을 빨아 깨끗하게 해야만 한다. 그래야만 이방인들로부터 가져온 금속과 물건들로부터 정결하게 되어 저들의 진지 가운데로 들어갈 수 있게 된다. 이는 이방인들의 부정한 것과 이스라엘 백성들의 정결한 것 사이에는 그 자체로 서로 뒤섞이거나 혼재할 수 없다는 사실을 말해주고 있다. 이는 저들에게 매우 엄격한 하나님의 규례였으므로 반드시 순종해야만 했다.

5 규례에 따른 전리품 분배(민 31:25-47)

미디안과 전쟁을 하여 승리를 거둔 이스라엘 병사들은 많은 전리품을 취했다. 많은 사람들을 체포하고 소와 나귀와 양 떼 등 짐승들을 끌고 왔다. 그들이 취한 전리품들은 이스라엘 민족에 연관된 공적인 성격을 띠고 있었다. 그것들은 개별적인 전공(戰功)을 기준으로 하지 않고 규례에 따라 분배되었다.

모세는 우선 하나님의 말씀에 따라 미디안에서 탈취해온 사람과 짐승을 계수해야 했다. 따라서 그는 제사장 엘르아살과 각 지파 족장들에게 그에 관한 구체적인 지시를 내렸다. 잡아 온 사람과 짐승을 포함해 이스라엘 군대가 노획한 모든 전리품을 반으로 나누도록 했다. 그 가운데 절반은 전쟁에 나갔던 병사들에게 주고 나머지 절반은 백성들에게 주라고 명했다.

그리고 병사들이 분배받은 사람과 소와 나귀와 양 떼 중에서 오백분의 일은 여호와 하나님의 몫으로 특별히 드리라고 했다. 그리하여 여호와께 드린 그 예물을 제사장 엘르아살에게 주라는 명을 내렸다. 또한 일반 회중이 분배받은 사람과 소와 나귀와 양 떼 가운데 오십 분의 일을 떼어 성막에서 봉사하는 레위인들에게 주라고 했다. 모세와 제사장 엘르아살은 여호와의 명령에 순종하여 그대로 분배했다.

이뿐 아니라 이스라엘 병사들이 탈취한 일반적인 전리품 외에 백성들에게 끌고 온 짐승은 양이 육십칠만 오천 마리였으며, 소가 칠만 이천 마리였다. 그리고 나귀가 육만 일천 마리였다. 또한 그들이 포로로 사로잡아온 여자들 가운데 남자와 성적인 관계를 가지지 않은 자들이 삼만이천 명이었다.

그러므로 전쟁에 참가했던 병사들이 분배받은 분량은 그 절반으로 양이 삼십삼만 칠천오백 마리였다. 그 가운데 여호와 하나님께 드린 양은 육백 일흔다섯 마리였다. 또한 소가 삼만 육천 마리였으며, 그 중에 여호와께 드린 소가 칠십 두 마리였다. 또한 나귀가 삼만 오백 마리였으며 그 가운데 여호와 하나님께 드린 것은 육십 한 마리였다.

또한 포로로 사로잡아온 사람들이 일만 육천 명이었다. 그 가운데 여호와께 드린 사람이 삼십 이명이었다. 모세는 여호와께서 명하신 대로 여호와 하나님의 몫으로 드린 것을 다 제사장 엘르아살에게 주었다.

그리고 모세는 전쟁에 나가 싸웠던 병사들에게 나누어 주고 남은 절반을 이스라엘 백성의 회중에게 주었다. 즉 회중이 얻은 것들 가운데 절반인 양의 수는 삼십삼만 칠천오백 마리, 소가 삼만 육천 마리, 나귀가 삼만 오백 마리였다. 또한 포로로 사로잡은 사람이 일만 육천 명이었다.

모세는 여호와의 명령대로 백성들이 분배받은 것들 가운데 오십 분의 일을 거두어 성막 봉사를 담당하고 있는 레위인들에게 주었다. 하나님께서 전쟁에 나가지 않은 제사장들과 레위인들을 위해 자기에게 배당된 몫을 분배해 주셨던 것이다. 이는 제사장들과 레위인들이 하나님께 속한 특별한 자들이라는 사실에 연관되어 있다.

6 여호와께 바치는 속죄를 위한 예물(민 31:48-54)

미디안 족속과의 전쟁에서 승리하고 취한 전리품의 분배가 진행되는 중에 그 전투에 참가했던 병사들의 군대 장관들 곧 천부장과 백부장들이 모세 앞으로 나아왔다. 그들은 미디안 족속과의 전투에서 최종 승리를 이끈 후 병사의 수를 계수해보니 한 사람도 목숨을 잃지 않았다는 말을 했다. 그것은 하나님의 절대적인 보호가 아니면 있을 수 없는 일이었다.

하나님께서 그처럼 완벽한 승리를 거두도록 하신 것은 장차 이스라엘 백성이 약속의 땅 가나안에 들어가서도 그와 같이 기적적인 방법으로 인도하시겠다는 점을 선포하고 계셨다. 이는 백성들이 장차 가나안 여러 족속들을 대항해 싸울 때 창과 칼을 들고 용맹하게 싸워서 승리를 거두는 것이 아니라는 점을 말해주고 있다. 하나님께서는 오직 자신의 율법에 순종하는 백성들에게 친히 응답하여 승리를 안겨주신다는 것이었다.

이번에 미디안 족속을 침공해 싸울 때도, 무기를 가진 병사들이 용맹하게 싸운 결과로 이긴 것이 아니었다. 그것은 하나님의 명령에 따라 제사장이 성소의 거룩한 물건들을 지니고 앞서 나팔을 불었기 때문에 거둔 승리였다. 이제 이스라엘 백성은 그에 대한 분명한 깨달음을 마음속에 간직하고 있어야만 했다.

미디안 족속에 맞서 싸워 대승을 거둔 군대 장관들은 그에 대한 깨달음과 더불어 모세를 향해 저들의 뜻을 전했다. 그들이 미디안 족속들로부터 취한 금으로 된 패물 곧 발목고리, 팔찌, 반지, 귀고리, 목걸이와 같은 것들을 여호와 앞에 특별한 예물로 드리겠다고 했다. 그것을 통해 하나님 앞에 속죄하기를 원한다는 것이었다.

그들의 말을 들은 모세와 엘르아살은 그들로부터 금으로 만든 모든 패물들을 취했다. 그때 천부장과 백부장 등 군대 장관들이 여호와께 거제(擧祭)로 바친 금의 총 양은 일만 육천칠백오십 세겔 곧 190kg 정도 되었다.[43] 그것들은 병사들이 제각기 자신을 위해 탈취한 물건들이라고 했다.

모세와 제사장 엘르아살은 군대 지휘관들인 천부장과 백부장들로부터 금으로 된 물건들을 취해 성막 안으로 들어갔다. 그들은 그 모든 것들을 여

---

43 한글 '현대인의성경'은 민수기 31:52 본문에서 '세겔'을 '킬로그램'(kg)으로 환산하여 기록하고 있다.

호와 하나님 앞에 바쳐 속죄를 위한 특별한 제물로 드렸다. 그것은 하나님의 거룩한 성소에서 이스라엘 민족을 위한 기념물이 되었다. 그로 말미암아 모든 언약의 백성이 승리를 허락하신 하나님께 감사하며 실제적인 의미에 참여하게 되었던 것이다.

민 32:1-42

32장

요단강 동편 땅 분배

1 약속의 땅과 요단강 동편 땅

요단강 동편 땅은 엄밀한 의미로 볼 때 약속의 땅 가나안에 속한 지역이 아니다. 하나님께서는 요단강 서편 지역을 언약의 자손들에게 주시기로 약속하셨다. 그 땅에는 아브라함이 하나님의 요구에 따라 사랑하는 아들 이삭을 바친 모리아산이 있다. 따라서 그 자리에 하나님의 거룩한 성전이 세워지고, 그곳이 메시아를 보내시기 위한 지구상의 중요한 전진 기지 역할을 하게 된다.

이스라엘 자손은 나중 하나님께서 허락하신 기적적인 방법으로 요단강을 건넘으로써 비로소 가나안 땅에 이르게 된다. 당시 모든 백성들은 마른 강바닥을 걸어서 건넜으며 하나님의 언약궤가 앞장서 갔다.[44] 그 가운데 열두 개의 언약의 돌들이 세워지고 하나님의 인도하심이 이루어졌던 것이다.

---

[44] 이는 이스라엘 자손이 사십 년 전 홍해를 건널 때 마른 땅바닥을 건넌 사실에 연관되어 있다. 즉 그 백성은 홍해바다 바닥의 마른 땅과 요단강 바닥의 마른 땅을 건너면서 새로운 삶을 향해 나아갔던 것이다.

그에 반해 요단강 동쪽은 약속의 땅에서 벗어나 있었다. 그럼에도 불구하고 그 지역은 나름대로 중요한 의미를 지니게 되었다. 따라서 요단강 동편 지역에도 살인자들이 피할 수 있는 도피성이 세워졌다. 총 여섯 개의 도피성 가운데 요단강 서편에 세 곳, 동편에 세 곳이 세워지게 되었던 것이다.

요단강 동편에는 르우벤 지파에 속한 베셀과 갓 지파 영역의 길르앗 라못, 그리고 므낫세 반 지파가 자리 잡은 바산 지역의 골란 등이 곧 도피성이 있는 성읍들이었다(수 20:8). 이는 요단강 동편 넓은 지역이 약속의 땅에서 벗어나 있었으나 특별한 의미를 지니게 된다는 사실을 말해주고 있다.

그 중요한 의미 가운데 하나는 요단강 동편 지역에 이스라엘 지파 일부가 점령해 있으므로 인해, 그보다 동쪽에 자리 잡은 이방인들이 약속의 땅 가나안에 침입하는 것을 막아주는 역할을 하게 되었다는 점이다. 그 지역은 가나안 땅에서 벗어나 있었으나 나름대로 중요한 역할을 하고 있었던 것이다. 민수기 본문에는 이스라엘 일부 지파의 자손들이 모세의 허락에 의해 요단강 동편 지역에 거하게 되는 과정이 소개되고 있다.

2 르우벤 지파와 갓 지파의 요구(민 32:1-5)

이스라엘 자손이 요단강 동편 여러 지역을 침공하여 승리를 거두면서 각 지파 사람들은 다양한 전리품을 취하게 되었다. 그들 가운데 르우벤 지파와 갓 지파에 속한 백성들은 많은 가축 떼들을 가지게 되었다. 이스라엘 자손이 애굽에서 탈출할 때 많은 짐승들을 끌고 나왔으므로 그로 말미암은 것들이 포함되었겠지만 새로 노획한 짐승들도 많았을 것이다. 그 지파 사람들은 야셀 땅과 길르앗 땅 곧 요단강 동편에 있는 땅을 보고 가축을 키우기에 적절한 곳이라는 판단을 하게 되었다.

그리하여 그들은 모세와 제사장 엘르아살과 모든 지파 지도자들에게 저들의 생각을 말했다. 그 땅에 속한 아다롯과 디본, 헤스본, 느보를 비롯하여 여호와 하나님께서 온 이스라엘 자손이 보는 앞에서 손을 펴 멸하신 땅이 가축을 키우기에 적절한 곳이라는 것이었다. 그러니 많은 가축을 소유한 저들에게 그 땅을 달라고 간청했다.

그리고 그들이 만일 모세에게 은혜를 입었다면 그 지역을 저들이 살아갈 터전으로 주기 바란다는 말과 더불어 요단강을 건너가지 않게 해달라는 요구를 했다. 아마도 그들이 그렇게 말한 데는 나름대로 이유가 있었을 것으로 보인다. 그들에게는 그 땅을 배경으로 하여 풍요롭게 잘 살고 싶은 욕망이 존재했을 것이다.

그와 더불어 우리가 짐작할 수 있는 점은 그들의 주관적인 판단이다. 그것은 하나님께서 이방인들이 강력한 세력을 구축하고 있던 그 지역을 점령하게 하신 것은 결국 이스라엘을 위한 것이 아니냐는 것이었다. 즉 하나님의 권능으로 저들에게 승리를 안겨준 것은 그 땅을 일시적이 아니라 영구히 소유하도록 허락한 것이라는 식의 논리를 전개했을 것으로 보인다. 그와 같은 속내로 인해 그런 주장과 요청을 했을 것이다.

3 모세의 반응 및 르우벤 지파와 갓 지파(민 32:6-19)

(1) 모세의 책망(민 32:6-7)

갓 지파와 르우벤 지파의 요청을 듣게 된 모세는 크게 분노하는 마음을 가졌다. 이제 곧 모든 이스라엘 자손이 약속의 땅 가나안에 들어가 그곳을 지배하고 있는 여러 족속들과 싸우러 가야 하는데 그것을 피하고자 하는 것으로 여겼기 때문이다. 다른 지파들은 가나안 땅에 들어가 전쟁을 치를지라도 그들은 요단강 동편에 남아 풍요롭게 살기를 원하는 것으로 보일 수밖에 없었다.

그러므로 모세의 판단으로는 결코 그와 같은 요구를 용납할 수 없었다.

하나님의 인도하심에 따라 애굽을 탈출하여 시내 광야에서 사십 년을 보낸 그들은 하나의 언약공동체를 이루고 있었다. 그런 상황에서 일부 지파가 공동체를 이탈하여 뒤에 남겠다고 하는 것은 결코 자연스러운 일이 아니었다.

나아가 모세는, 갓 지파와 르우벤 지파가 요단강 동편 땅을 취하고자 하는 태도가 유발하게 될 문제에 대한 인식이 저들에게 전혀 없는 것으로 간주했다. 그들이 다른 모든 지파 사람들과 함께 가나안 땅으로 들어가지 않는다면 나머지 이스라엘 자손이 크게 낙심할 수밖에 없었다. 즉 그들이 전체 이스라엘 백성을 낙심하게 만들어 하나님께서 저들에게 주신 땅으로 건너갈 수 없게 만든다는 것은 결코 있을 수 없는 일이었다.

그러므로 모세는 그들의 요청을 받아들이지 않았다. 이스라엘 자손은 반드시 약속의 땅 가나안에 들어가서 그곳을 차지해야만 했다. 그것은 물론 이스라엘의 민족적 욕구를 채워주는 것이 목적이 아니었다. 거기에는 그 땅을 통해 장차 오시게 될 메시아와 직접적인 관계가 있었기 때문이다.

우리는 요단강 동편이 하나님께서 주시기로 약속한 땅에 속하지 않는 지역이라는 사실을 잘 알고 있다. 모세가 갓 지파와 르우벤 지파 사람들을 대상으로 하여 나누는 대화에서 그 점을 충분히 알 수 있다. 만일 그 지역이 약속의 땅에 속한 곳이었다면 그와 같은 일이 있기 전에 일부 지파를 그 지역에 머물게 했을 것이 틀림없다.

모세가 그렇게 하지 않은 것은 그 지역이 약속의 땅에 포함되지 않는다는 점을 말해주고 있다. 따라서 모세는 그 땅에 머물고자 원했던 일부 지파 지도자들에 대하여 크게 책망하는 마음을 가지게 되었다. 우리는 앞으로 전개될 모든 일들을 올바르게 이해하기 위해 먼저 그에 연관된 본질적인 의미를 깨달아야 할 필요가 있다.

(2) 역사적 사건과 교훈을 언급하는 모세(민 32:8-15)

모세는 갓 지파와 르우벤 지파를 책망하면서 과거 이스라엘 백성들 가운데 있었던 사건을 언급했다. 그들이 출애굽한 후 얼마 되지 않아 가데스바네아에 머물고 있을 때 약속의 땅 가나안을 탐지하도록 정탐꾼들을 선발해 보낸 사실을 상기시켰다. 당시 열두 명의 정탐꾼들은 에스골 골짜기로 올라가 그 땅을 보고 돌아와 도리어 이스라엘 자손으로 하여금 낙심케 했다는 것이었다.

결국 그로 말미암아 하나님께서 크게 진노하신 사실을 말했다. 그로 말미암아 출애굽한 자들 가운데 이십 세 이상 되는 자들은 아브라함과 이삭과 야곱에게 허락된 약속의 땅에 들어가지 못하리라고 했다. 이는 그들이 하나님의 뜻을 버리고 그 명령에 온전히 순종하지 않았기 때문이다. 그들 가운데 여호수아와 갈렙은 하나님의 뜻에 온전히 따랐으므로 가나안 땅에 들어가도록 허락되었다.

하나님의 진노로 말미암아 이스라엘 자손은 사십 년 동안 시내 반도의 메마른 광야에서 유리하며 살아가야만 했다. 그리고 하나님 앞에서 불순종하여 악을 행한 모든 백성은 약속의 땅에 들어가지 못하고 광야에서 죽을 수밖에 없었다. 열두 명의 정탐꾼들 가운데 열 명의 불신앙과 불순종으로 인해 온 백성이 불순종의 자리에 빠지게 되었다. 이는 모든 언약의 자손들이 하나님의 명령에 절대로 복종해야만 한다는 사실을 말해주고 있다.

그런데 모세는, 이제 약속의 땅 가나안 진입을 눈앞에 둔 상태에서 갓 지파와 르우벤 지파가 그와 같이 하나님의 명을 거역하고 있다는 사실을 지적했다. 저들이 그 조상이 범한 죄악을 그대로 답습하려 하고 있다는 것이었다. 그것은 하나님의 진노를 더욱 심하게 불러일으키는 태도라고 말했다.

그러므로 요단강을 건너 가나안 땅에 들어가기를 거부하는 자들은 여호와 하나님을 거역하여 떠나는 것과 동일한 죄악을 범하는 것이 된다. 만일 그와 같은 일이 발생하면 하나님께서 그 백성을 광야에 버리실 것이라고 했다. 그렇게 되면 저들의 악행이 이스라엘 모든 백성을 멸망시키게 되는 역할을 하게 된다는 것이었다.

(3) 모세 앞에서 다짐하는 갓 지파와 르우벤 지파(민 32:16-19)

모세의 강한 책망에도 불구하고 갓 지파와 르우벤 지파 사람들은 자신의 입장을 포기하지 않았다. 그들은 오히려 그에 대하여 변호하는 자세를 취했다. 그들이 요단강 동편 땅을 얻기 원하는 것은 약속의 땅 가나안에 들어가 싸우는 일에 소홀히 하려는 것이 아니라고 했다. 그들도 다른 모든 지파들과 함께 가나안 여러 족속에 맞서 싸우겠다는 것이었다.

즉 그들은 요단강 서편 정복에 대한 깊은 관심을 가지고 있음을 강조했다. 따라서 조만간 하나님께서 언약의 자손들을 가나안 땅으로 인도해 들이실 때 저들 가운데 전투에 참여할 만한 자들은 다른 모든 지파와 함께 그곳으로 들어가겠다고 했다. 가나안 정복을 위해 적극적으로 참여하겠다는 의지를 내비쳤던 것이다.

그 대신 그들이 요단강 동편에 남는 것이 허락되면 가축을 위해 우리를 짓고 유아들을 위해 성읍을 건축하겠다고 했다. 즉 연약한 사람들과 짐승들이 살아갈 만한 기본적인 준비를 갖춘 후 다른 지파 사람들과 함께 약속의 땅을 정복하는 대열에 참여하겠다는 마음을 드러내 보였다. 그들도 가나안 정복에 적극적인 준비를 갖추고 있다는 것이었다.

그러므로 요단강 동편에 남게 되는 그들은 나약한 자신의 가족들이 안전하게 거할 수 있도록 예비한 후 전투에 임하는 무장을 하고 가나안 땅으로 진군하겠노라고 했다. 그들은 또한 하나님께서 이스라엘 자손을 그곳으로 인도하실 때 다른 지파들보다 앞서 나아갈 준비가 되어있음을 언급했다. 이는 그들이 더 큰 위험을 감수할 준비가 되어있다는 사실을 말해주고 있다.

그리하여 이스라엘 자손이 그곳에 대한 승리를 거두고 땅을 취하기까지 요단강 동편에 있는 집으로 돌아오지 않겠다고 했다. 또한 그들은 동편에서 산업을 얻었으므로 요단강 서쪽 가나안 땅에서는 땅을 분배받지 않으리라는 말을 했다. 요단강 동편 땅이 저들에게 분배되면 그것으로 족하게 여긴다는 것이었다.

4 모세의 허용과 두 지파의 다짐(민 32:20-27)

갓 지파와 르우벤 지파 지도자들이 간청하는 말을 충분히 들은 모세는 그들의 요구를 승낙했다. 이는 그들의 주장에 나름대로 일리가 있다고 받아들였음을 말해준다. 그리하여 그들이 요단강 동편 땅에서 해야 할 일과 더불어 가나안 땅에 들어가 싸울 준비를 갖추고 무장하여 여호와 앞에서 나아가겠다면 그리하도록 했다. 이는 가나안 땅이 매우 중요한 의미를 지니고 있는 것처럼 백성들의 생활 환경 또한 그렇다는 사실을 말해주고 있다.

장차 약속의 땅 가나안의 중심부인 예루살렘에 세워질 거룩한 성전은 절대적인 중요성을 가진다. 그와 더불어 그 땅에 살아가는 백성들 또한 구속사적 의미를 간직하게 된다. 물론 그 모든 과정을 통해 그곳에 하나님의 성전이 세워지므로 메시아 강림을 준비하게 되는 것이다. 모세가 그곳을 지배하고 있는 원수들을 쫓아내는 일에 관하여 언급한 것은 그와 밀접하게 연관되어 있다.

그러므로 여호와 하나님께서 그 땅의 족속들을 복종케 하시기까지 싸우고자 맹세하면 요단강 동편 지역을 허락하겠다고 했다. 그렇게 하면 하나님 앞과 이스라엘 민족 앞에 아무런 죄가 없이 강 건너 동쪽으로 돌아오게 되리라는 말을 했다. 그로 인해 그들이 원하는 땅을 저들의 생활 기반이 되는 영역으로 주겠다는 것이었다.

그러나 만일 그들이 그와 같이 행하지 않으면 여호와 하나님께 범죄하는 것이 된다는 사실을 분명히 말했다. 따라서 그들이 하나님의 그 명령을 어기면 그들이 범한 죄가 저들을 멸망시키게 될 것이라고 했다. 이는 그들이 우선적 관심을 가져야 할 영역은 장차 그들이 살아갈 요단강 동편 땅이 아니라 서편의 가나안 땅이라는 사실을 말해주고 있다.

모세는 그들을 향해 자기의 말을 수긍한다면 나약한 자들을 위해 성읍을 건축하고 양떼를 위해 우리를 지어도 좋다고 했다. 그것은 그들이 원하고 있던 바였다. 모세는 소극적인 입장으로나마 그들이 원하는 모든 것을 허용하게 되었던 것이다.

갓 지파와 르우벤 지파에 속한 자들은 저들이 원하는 요구를 받아들여 준 모세를 향해 답변했다. 그의 모든 명령대로 행하리라는 것이었다. 즉 저들의 연약한 자와 부인을 비롯한 여성들은 길르앗에 있는 성읍에 머물게 하고 전투에 나갈만한 자들은 무장하고 여호와 하나님 앞에서 요단강을 건너가 가나안 땅을 지배하고 있는 원수들과 싸우겠다는 다짐을 했다.

5 제사장 엘르아살과 여호수아와 지도자들에게 명령을 내리는 모세(민 32:28-30)

모세는 갓 지파와 르우벤 지파의 요구를 듣고 그에 대한 허용을 한 후 제사장 엘르아살과 여호수아와 이스라엘 자손의 각 지파 지도자들에게 명령을 내렸다. 그것은 이제 요단강 동편에 남고자 하는 자들을 어떻게 지도하며 예우해야 할지에 대한 문제와 연관되어 있었다. 만일 갓 자손과 르우벤 자손이 각기 무장하고 다른 모든 이스라엘 자손과 함께 요단강을 건너 여호와 앞에서 싸워서 그 땅의 족속들이 이스라엘 앞에 항복하기에 이르거든 요단강 동편 땅을 저들을 위한 삶의 터전으로 주라는 것이었다.

그러나 만일 그들이 원수와 싸우기 위해 무장하지 않고 다른 지파 백성들과 함께 요단강을 건너가지 않거든 그들에게 요단강 동편이 아닌 가나안 땅 가운데서 상속분을 분배해 주라고 했다(민 32:30). 요단강 동편 땅을 그들에게 허락지 않을 것이니 가나안 땅에서 살아가게 하라는 것이었다. 이는 그들이 전쟁을 위해 요단강을 건너가지 않는다면 요단강 동편 땅을 소유할 수 없다는 사실을 말해주고 있다.

이 말은 매우 주의 깊은 이해를 요구하고 있다. 만일 갓 지파와 르우벤 지파가 요단강을 건너가 함께 싸우기를 거부한다는 것은 모세의 명을 어기고 자신들의 약속을 어긴 채 요단강 동편에 머물겠다는 의미가 된다. 그런데 모세는 그런 일이 발생할 경우 그들을 억지로라도 약속의 땅으로 데려가라는 명령을 내리고 있다.

이는 사실 절대로 일어나지 말아야 할 일이었다. 만일 그와 같은 일이 발생한다면 이스라엘 민족 가운데 큰 내전(內戰)이 일어나게 될 것이 분명했기 때문이다. 요단강 동편에 머물고자 하는 지파에 속한 자들은 요단강을 건너지 않기 위해 버틸 것이고, 나머지 지파에 속한 사람들은 억지로라도 그들을 서쪽으로 데려가야만 했던 것이다.

그렇게 되면 요단강 동편에 남으려는 자들과 요단강을 건너 서쪽 약속의 땅으로 끌고 가려는 자들 사이에 발생하는 싸움은 불가피하다. 그와 같은 사정을 잘 아는 모세가 제사장 엘르아살과 여호수아와 이스라엘 자손의 지파 족장들에게 명령을 내렸다. 이는 갓 지파와 르우벤 지파에 속한 용사들이 반드시 다른 지파와 함께 요단을 건너야 한다는 사실을 강조해 말하고 있는 것이다.

6 요단강 동편을 갓 지파 르우벤 지파 므낫세 반 지파에게 줌(민 32:31-42)

모세가 제사장 엘르아살과 눈의 아들 여호수아와 각 지파 족장들에게 내린 모든 명령을 갓 지파와 르우벤 지파 사람들이 듣게 되었다. 그리하여 그들은 모세의 말을 하나님의 명령으로 알고 받아들여 그대로 행하겠다는 다짐을 했다. 즉 전투를 위한 무장을 하고 여호와 하나님 앞에서 가나안 땅으로 나아가 모든 일을 완수함으로써 요단강 동편 땅을 저들의 터전이 되게 하리라는 것이었다.

저들의 말을 들은 모세는 갓 지파와 르우벤 지파와 므낫세 반 지파에게 아모리인의 왕 시혼의 땅과 바산 왕 옥의 영토, 그리고 강 동편 지역을 준다고 했다. 즉 그 나라와 그 경내에 있는 모든 성읍들과 그 사면에 있는 땅들을 저들에게 준다는 것이었다. 그리하여 그 두 지파 반은 요단강 동편 땅을 미리 분배받게 되었다.

그들 가운데 갓 자손은 디본과 아다롯을 비롯한 여러 지역에 성읍들을 건축하게 되었다. 그리고 양들을 위한 우리를 지었다. 즉 갓 자손은 저들의 가족과 짐승들을 키울 수 있는 모든 여건들을 마련했다. 그리하여 그곳이 저들이 살아가게 되는 삶의 터전이 되었다.

그리고 르우벤 지파에 속한 자손들은 헤스본과 엘르알레와 기랴다임과 느보를 비롯한 여러 지역에 성읍들을 건축했다. 그들은 새로 지은 성읍들에 저들이 원하는 새로운 이름을 붙였다. 이 말은 그동안 이방인들이 지배해 오던 모든 것들에 대한 의미상의 단절을 선언하는 성격이 내포되어 있었다.

또한 본문의 마지막 부분에서 므낫세 반 지파에 관한 언급이 나타나고 있다. 그들은 길르앗을 쳐서 취하고 거기 있던 아모리인들을 쫓아내게 되었다. 모세는 그들에게 길르앗을 므낫세의 아들 마길에게 주어 그곳에 거하도록 했다. 또한 므낫세의 다른 아들 야일은 그 촌락들을 취하고 야일의 촌락이라는 뜻인 '하봇야일'이라 칭하게 되었다.

그리고 노바는 가서 그낫을 비롯한 촌락들을 취하고 자기 이름을 따라 '노바'라 칭했다. 그들이 전반적으로 많은 지역의 옛 지명을 버리고 새로운 이름을 붙인 것은 이방인들의 흔적을 지우고 저들의 민족적 정체성을 드러내 보이기 위한 것으로 보인다. 이제 그들이 그 땅의 주인이 되었다는 선언적 의미를 지니게 되었던 것이다.

우리가 여기서 관심을 기울여야 할 바는, 요단강 동편 지역을 모세가 두 지파 반에게 분할하여 나누어 주었다는 사실이다. 르우벤 지파에게는 요단강 동편 아래 지역이자 사해 동북부에 위치한 지역을 분배했다. 그리고 르우벤 지파의 땅 위쪽 요단강 동편 지역에 위치한 갈릴리 호수에 근접한 땅은 갓 지파에게 주었다. 또한 갓 지파가 차지한 땅 위의 갈릴리 호수 동편과 북쪽에 이르는 넓은 지역은 므낫세 반 지파에게 분배했다.

이렇게 하여 이스라엘 자손이 요단강을 건너 약속의 땅 가나안을 정복하기 전에, 요단강 동편 땅이 르우벤 지파와 갓 지파와 므낫세 반 지파에게 분배되었다. 그들은 각기 분배받은 지역에서 자기 가족들을 위한 성읍을 안전하게 세우고 짐승들의 우리를 짓는 일을 완성했다. 그리고 난 후 가나안 본토에서 땅을 분배받게 될 아홉 지파 반과 요단강 동편의 땅을 먼저 분배받은 두 지파 반의 열두 지파 용사들이 다같이 요단강을 건너 약속의 땅 가나안 정복을 위해 앞으로 나아가게 되었다.

이리하여 이스라엘 자손이 가나안 땅을 정복하는 동안 요단강 동편의 넓은 지역은 외곽의 완충지로서 가나안에 들어간 백성들을 어느 정도 보호하는 기능을 했다. 그로 말미암아 사십 년의 광야 생활을 마친 이스라엘 자손은 가나안 땅을 취하기 위해 큰 전쟁을 치르게 되었다. 여기에는 하나님의 놀라운 섭리가 작용하고 있었던 것이 틀림없다. 우리는 이를 통해 구속사역을 완성해 가시는 하나님의 놀라운 경륜을 보게 된다.

33장

출애굽과 광야 사십 년 여정 및
가나안 입성 준비

1 이스라엘 민족의 출애굽 과정(민 33:1-4)

출애굽한 이스라엘 자손은 시내 반도에서 유리하는 사십 년 동안 쉽지 않은 힘든 과정을 거쳐야만 했다. 그들은 한곳에 정착해 살아간 것이 아니라 끊임없이 여러 지역을 이동하여 진을 치며 생활할 수밖에 없었다. 이는 고된 노동을 해야 했던 애굽에서 정착하여 살던 때보다 또 다른 면에서 훨씬 더 힘들었을 것으로 보인다.

본문 가운데는 이스라엘 백성이 모세와 아론의 지도 아래 질서정연하게 장소를 이동한 사실을 언급하고 있다. 민수기에는 애굽 땅에서 나오던 때 이후로 있었던 이스라엘 백성의 모든 여정이 소상히 기록되어 있다. 그것은 물론 모세와 아론의 개인적인 판단이 아니라 여호와 하나님의 명령에 근거한 것이었다.

하나님께서는 이스라엘 자손이 다른 지역으로 이동할 때마다 구름기둥과 불기둥을 통해 명령을 내리고 인도하셨다. 이스라엘 모든 지파가 그에 따라 이동을 실행했다. 제사장들과 레위인들은 하나님의 성막을 옮기는 일에 앞장섰다. 그리고 다른 열두 지파에 속한 사람들은 각기 자신의 장막을 해체하여 이동하게 되었다.

이스라엘 자손은 애굽 땅에 있을 때부터 하나님의 명령에 의해 출애굽을 시도했다. 하나님께서는 그것을 위해 모세의 손과 입술을 통해 숱하게 많은 이적들을 행하셨다. 애굽의 왕궁에 있는 바로 왕과 신하들뿐 아니라 모든 백성이 그 영향을 받게 되는 열 가지 재앙을 내리셨던 것이다. 하지만 애굽은 하나님의 뜻과 달리 이스라엘 자손들을 놓아주지 않으려 했다.

하나님께서는 결국 애굽의 모든 사람들과 짐승들의 처음 난 초태생들을 죽이는 무서운 심판을 내리시게 되었다. 그러나 언약의 자손들인 이스라엘 백성에게는 그 재앙이 미치지 못하게 하여 처음 난 장자들의 생명을 보존해 주시고자 했다. 그 대신 하나님께서는 양을 잡아 그 피를 집 대문의 인방과 문설주에 바르도록 하고 집안에서는 양고기를 먹으라는 명을 내리셨다.

애굽 왕궁과 일반 시민들은 집집마다 장자들이 죽어 나가고 짐승들의 초태생이 죽는 것을 보게 되자 정신이 바짝 들지 않을 수 없었다. 그리하여 이스라엘 자손들이 원하는 대로 애굽으로부터 빨리 내보내는 것이 상책이라 생각했다. 그들이 애굽 땅에 머물고 있으면 앞으로 어떤 더 큰 재앙이 내리게 될지 몰랐기 때문이다.

그리하여 이스라엘 자손은 그해 정월 십오일이 되어 애굽의 라암셋 지역을 출발하게 되었다. 그날은 맨 처음 있었던 유월절 바로 이튿날이었다. 유월절과 더불어 발생한 사람의 장자와 짐승의 초태생들의 사망사건으로 말미암아 애굽 사람들의 훼방이나 저항 없이 하나님의 큰 권능 가운데 그곳을 나올 수 있었다.

이처럼 언약의 자손들에게는 유월절이 특별한 기쁨과 감사의 날이었다. 그에 반해 애굽 사람들은 장자가 죽는 유월절 재앙으로 인해 엄청난 슬픔과 고통을 겪을 수밖에 없었다. 따라서 그다음 날은 애굽의 모든 백성이 하나님의 심판으로 인해 죽은 장자들을 무덤에 장사지내는 슬픔의 날로 보내게 되었다.

또한 하나님께서는 애굽에 대한 모든 심판과 재앙의 과정을 통해 애굽의 신들에게 벌을 내리셨다고 했다(민 33:4). 이는 애굽 사람들이 저들의 신들을 의존해 힘든 과정을 이겨내려 했으나 아무런 효과가 없었다는 사실을 말해주고 있다. 애굽인들이 믿는 모든 신들은 극히 무력한 존재에 지나지 않는다는 사실을 그들이 알게 되었던 것이다.

2 라암셋 출발에서 홍해 건너 출애굽까지(민 33:5ⓐ)

이스라엘 자손은 짐을 꾸리고 애굽 땅의 라암셋을 출발했다. 430년의 오랜 이방 생활을 청산하는 마무리가 시작되었다. 그들은 애굽에 속한 메마른 광야를 지나면서 우여곡절을 겪었다. 애굽의 바로는 이스라엘 자손으로 하여금 애굽 땅을 떠나도록 허락한 것이 아니라 며칠간 광야에서 저들의 신 여호와 하나님께 제사를 지내도록 기회를 준 것이었다(출 10:24; 14:5, 참조).

그러나 이스라엘 백성은 애굽 사람들로부터 값진 많은 보화들을 취하여 원래의 곳을 출발했다. 당시 애굽 사람들은 다양한 재앙과 더불어 고통스러운 일을 겪어온 상태였다. 급기야는 모든 장자와 짐승의 초태생이 죽는 상상할 수 없는 슬픔의 재앙을 겪어야만 했다.

그리하여 애굽 사람들은 많은 보화들을 저들의 손에 쥐여주고서라도 속히 멀리 떠나보내려고 했다. 그와 같은 상황에서 이스라엘 자손들은 홍해 가까운 광야로 나왔으나, 나중 탈출을 의심한 애굽의 병사들이 그 뒤를 쫓게 되었다. 그런 중에 홍해 바다 앞에 다다르자 이스라엘 자손은 더이상 앞으로 나아갈 수 없었다.

홍해 바다에 가로막혀 더이상 앞으로 나아갈 수도 없고 좌우에는 사막이 버티고 있었으며 뒤에는 애굽 군대가 추격해 오고 있었다. 이는 이스라엘 자손이 사면초가(四面楚歌)의 상태에 빠지게 되었음을 의미하고 있다. 그런 중에 하나님께서 모세를 향해 홍해 바다를 가르도록 명령하시고 모든 백성들로 하여금 바다 밑 마른 땅바닥을 밟고 건너도록 하셨다.

이스라엘 자손이 갈라진 바다의 양쪽 측면 물벽 사이의 마른 땅바닥을 밟고 건널 때 하늘에는 구름이 뒤덮여 있었다. 이를 통해 그들은 애굽과 완전히 단절하고 새로운 삶을 살아가야만 했다. 따라서 신약성경은 이스라엘 자손이 홍해 바다를 건넌 사건을 두고 민족적 언약의 '세례'와 연관지어 설명하고 있다(고전 10:1,2).

하지만 그들의 뒤를 따라 추격을 시도하던 애굽 병사들은 전부 원래대로 다시 회복된 바닷물에 빠져 죽게 되었다. 동일한 홍해의 물을 통해 이스라엘 자손은 생명을 보장받게 되었으며, 애굽 군대의 병사들은 그 동일한 물로 말미암아 죽을 수밖에 없었다. 이스라엘 백성의 출애굽은 이와 같은 소중한 의미를 가진 채 진행되어 갔다. 이로써 이스라엘 민족과 애굽 사이에는 완전히 단절되었던 것이다.

3 이스라엘 자손이 시내 반도에서 진 친 곳들에 대한 정보(민 33:5ⓑ-37)

홍해 바다를 건너 출애굽한 이스라엘 자손들이 맨 처음 진을 친 곳은 숙곳이었다. 처음부터 하나님께서는 구름기둥과 불기둥을 통해 그들을 지켜보호하셨다(출 13:21,22). 낮에는 구름기둥을 통해 뜨거운 햇빛을 막아주셨으며 밤에는 불기둥으로 저들이 추위에 떨지 않게 보호해 주셨던 것이다.

그와 더불어 하늘에 떠 있는 구름기둥과 불기둥은 이스라엘 자손의 길을 인도하는 중요한 역할을 했다. 민수기 본문에는 출애굽한 지 사십 년 오 월 일 일 이전까지 곧 사십 년에서 칠 개월 못 미치는 오랜 기간 동안 총 서른세 번을 이동한 사실이 기록되어 있다. 거룩한 성막을 중심으로 한 가까운 곳에는 레위인들이 진을 치고 그 주변에는 이스라엘 열두 지파 사람들이 정해진 규례에 따라 진을 쳤다.

숙곳에서 진을 치고 잠시 동안 생활하다가 때가 이르자 장막을 거두어서 광야 끝 에담으로 가서 진을 쳤다. 그 후 계속해서 다른 곳으로 이동을 하며 진을 치게 되었다. 그 가운데는 마라, 엘림, 신광야, 르비딤, 시내 광야, 에시온게벨 등 익숙한 지명들도 나타난다. 곳곳에서 불평불만으로 하나님께 불순종하는 일들이 있었으나 그 모든 이동은 항상 하나님의 지시와 인도에 따른 것이었다. 하지만 백성들은 매우 자주 거주지를 옮겼으므로 안정되고 평온한 삶을 살기 어려웠을 것이다.

이스라엘 자손 스스로 판단을 내려 진지를 이동할 날짜를 정하지 못했다는 점은 매우 중요한 의미를 지니고 있다. 그에 대해서는 모세와 아론조차도 그날을 임의로 정할 수 없었다. 단지 하나님의 작정에 의해 구름기둥과 불기둥이 움직일 때 백성들은 그에 따라 움직일 수 있었을 따름이다. 수많은 이동을 되풀이한 후 서른세 번째는 출애굽한 지 사십 년 가까이 되어갈 때 백성들이 호르산 부근에 진을 치게 되었다.

그들은 진을 이동해 가면서 시기뿐 아니라 장소도 스스로 결정할 수 없었다. 하나님께서 시기와 더불어 그 장소까지 정해 주셨기 때문이다. 이는 백성들의 눈에 안전하고 좋아 보이는 장소를 택할 수 없었다는 사실을 말해준다. 이 점은 하나님께서 이스라엘 자손을 위해 모든 것을 미리 예비하고 계셨다는 의미를 지니고 있다. 백성들이 그곳으로 가게 되면 하나님의 말씀에 순종하여 성막을 비롯한 저들의 거처를 위한 모든 것을 정착시켰다.

4 호르산에 진 친 일과 중요한 시대구분(민 33:38-40)

이스라엘 자손이 출애굽한 후 호르산에 진을 치고 있는 동안 제 사십 년 오 월 일 일 제사장 아론이 죽게 되었다. 아론이 죽은 날은 이스라엘 민족의 시내 광야 생활 가운데 중요한 획을 긋는 의미를 지니고 있다. 제사장 아론이 자기에게 맡겨진 모든 사명을 마치고 그의 거룩한 직무가 다음 세대로 이어져가게 되었던 것이다.

아론은 백 이십여 년 전 애굽에서 출생할 때부터 매우 특별한 의미를 지닌 인물이었다. 애굽의 바로가 히브리인들 가운데 모든 남자 영아들을 죽이도록 명령했을 때 아론은 불과 몇 년 앞선 시기에 태어났다. 아론의 동생 모세가 태어나기 일정기간 전부터 히브리인 남자 아기들을 죽이라는 살해 명령이 내려졌다.

이는 당시에도 아론의 출생 시점 어간을 중심으로 전후(前後) 시대가 갈려지는 중요한 분기점 같은 역할을 하게 되었음을 생각해 보게 한다. 물론 애굽의 관점에서 볼 때 영아살해 정책의 근본 목적은 수적으로 증가해가던 히브리인들을 약화시키고자 하는 것이었다. 히브리인 남자 아기들이 많이 태어나게 되면 나중 그들이 장성하여 반란 세력이 될 수도 있었다.

그렇지만 그 가운데는 보다 놀라운 하나님의 섭리가 들어있었다. 애굽의 잔혹한 영아살해 정책을 통해 장차 이스라엘 백성을 애굽으로부터 인도해 낼 모세를 특별히 선택하여 왕궁으로 들여보냈기 때문이다. 그는 피지배 민족에 속한 인물로서 애굽의 미래와 연관된 바로 왕의 후계자 교육을 겸한 총체적 교육을 받게 되었다.

이와 같은 상황을 고려할 때 아론이 출생할 당시가 히브리 민족사에 있어서 중요한 분기점이 되었음을 생각해 볼 수 있다. 그들은 애굽에서 노예 생활을 하고 있었으므로 아무것도 계획하지 않은 상태에서 그 일이 진행되어 갔다. 그로 말미암아 아론은 나중 모세와 함께 이스라엘 백성의 출애굽을 앞둔 시기부터 출애굽한 후 그가 죽을 때까지 하나님께서 맡기신 중요한 사명을 감당하게 되었다.

이스라엘 자손이 출애굽 한 지 사십 연 오 월 일 일이 되었을 때 아론은 여호와 하나님의 명령에 따라 호르산 위에 올라가 죽음을 맞았다. 당시 아론의 나이는 일백이십삼 세였다. 그의 죽음은 여호와를 섬기는 제사장 직분이 다음 세대로 상속되어 가는 출발점 역할을 하게 되었다.

그런 중에 가나안 땅 남방 지역에 거하는 아랏 왕은 이스라엘이 바로 인근까지 이르렀다는 소문을 듣게 되었다. 아론의 죽음에도 불구하고 그들은 이스라엘 민족으로 말미암아 두려움에 빠지게 되었던 것이다. 우리는 민수기 33장 5절에서 37절까지 기록된 광야 여러 지역에 서른 세 번 진을 친 사건과 41절 호르산을 떠나 살모나에 진을 친 후 여덟 번을 이동해 간 사실 사이에 이 내용이 기록되어 있음을 주의 깊게 생각해 보아야 한다.

5 호르산 이후의 진 친 곳들(민 33:41-49)

아론이 호르산 위에서 죽은 다음 이스라엘 백성들은 호르산을 떠나 살모나에 진을 쳤다. 그들은 출애굽한 지 사십 년이 지난 후 아론이 죽고 나서도 여덟 차례 진을 이동했다. 이는 그들이 매우 빠르게 진지를 이동했음을 말해주고 있다. 그 전의 사십 년을 조금 앞둔 시기 동안은 총 서른세 번을 옮긴 반면 그 후에는 매우 짧은 기간 중에 무려 여덟 차례에 걸쳐 진을 옮겼던 것이다.

이는 가나안 땅 진입을 눈앞에 두고 매우 긴박했던 상황을 말해주고 있다. 그들이 요단강 동편을 정복하는 과정에서는 더욱 그러했다. 이스라엘 자손은 맨 마지막에 여리고 맞은편 요단강가 모압 평지에 진을 치게 되었다. 이는 그곳이 가나안 정복을 위한 마지막 교두보가 되었음을 의미한다. 그들이 가나안 땅에 들어가기 전 그곳에서 신앙적인 문제들을 점검했으며 땅의 분배 등에 관한 여러 문제들에 대한 정리가 이루어졌다.

6 여리고 맞은 편 모압 평지(민 33:50-56)

이스라엘 백성이 모압 평지에 진을 치고 머무르고 있을 때 하나님께서 모세에게 말씀하셨다. 그것은 그들이 약속의 땅 가나안에 들어가서 마땅히 감당해야 할 일들에 관한 사항이었다. 이는 백성들이 단단히 마음먹고 준비를 갖추어야 할 내용이라는 사실을 말해주고 있다.

하나님께서는 모세를 향해 이스라엘 자손이 요단강을 건너 가나안 땅에 들어가면 그곳의 거민들을 다 쫓아내게 하라는 명을 내리셨다. 그리고 그들이 손으로 새겨 만든 석상들과 철을 녹여 제작한 우상들을 철저히 파괴하라고 하셨다. 또한 가나안 땅을 지배한 채 참람한 종교활동을 하는 저들의 산당들을 부수어버리도록 요구하셨다.

그리고 난 후 저들로 하여금 그 땅을 취하여 그곳에 거하게 하라는 말씀을 하셨다. 하나님께서 이미 약속하신 그 땅을 저들이 살아갈 수 있는 영역으로 주셨다는 것이다. 하지만 이스라엘 자손이 그 땅에 들어가 개인적으로 혹은 지파별로 원하는 아무데나 임의로 들어가 거주해서는 안 된다는 사실을 언급하셨다.

그러므로 그들에게 각 지파와 가족을 따라 그 땅을 제비뽑아 나누도록 명하셨다. 각 지파에 속한 사람의 수가 많으면 그에 맞게 허락하실 것이며 수가 적으면 그에 따라 적절하게 주시겠다는 것이었다. 그리하여 그 땅을 분배받으면 저들의 소유가 될 것이라고 하셨다.

그런데 만일 이스라엘 자손이 가나안 땅에 들어가 그곳의 이방인들을 저들 앞에서 완전히 쫓아내지 않으면 그들로 인해 심한 괴로움을 당하게 될 것이라고 했다. 이는 어리석은 자들 가운데 일부 이방 족속을 남겨 두어 자신의 노예로 부리거나 하인을 삼으려는 자들이 있다면 그렇게 하지 말라는 경고의 의미를 지니고 있다.

어떤 이유라 할지라도 이방 족속들을 살려주어 남겨 두면 그들이 이스라엘 자손의 눈엣가시가 될 것이며 저들의 옆구리를 찌르는 존재가 될 것이라고 했다. 원래 저들이 살고 있던 땅에 남은 족속들이 이스라엘 자손을 괴롭히게 되리라는 것이다. 따라서 모든 언약의 자손들은 반드시 하나님께서 모세를 통해 명하시는 말씀을 귀담아듣고 실행해야만 했다.

하나님께서는 그와 더불어 더욱 무서운 본질적인 경고의 말씀을 주셨다. 만일 그들이 하나님의 말씀에 불순종하면 보다 큰 엄청난 재앙이 저들에게 임하게 될 것이라고 했다. 즉 그 불순종으로 말미암아 이스라엘 자손이 가나안 땅의 남겨진 이방 족속들에 의해 고통을 당하겠지만, 하나님께서 친히 이방인들에게 내리고자 하는 징벌을 이스라엘에게 내리겠다는 것이었다. 이는 모든 언약의 백성은 하나님의 이 말씀을 항상 마음속 깊이 새겨두어야 할 내용이다.

광야 사십여 년의 특별한 기간

출애굽한 이스라엘 자손의 광야 생활 사십여 년은 엄격한 훈련과 더불어 고통스러운 기간이었다고 할 수 있다. 애굽 땅에서 살아갈 때는 비록 천박한 자로 간주되었으나 정착된 삶을 살았다. 즉 고된 노동 가운데서도 어느 정도 안정된 삶을 이어갔던 것이다.

그런데 홍해 바다를 건너 시내 반도에서 보낸 사십여 년 동안은 안정된 삶을 누리기 어려웠다. 하늘에 뜬 구름기둥과 불기둥은 놀라운 기적이었지만 지속적으로 이어지면서 점차 그것을 받아들이는 의미가 퇴색될 수밖에 없었다. 어린 아기들이나 시내 광야에서 출생한 자들은 그것을 하나님의 섭리적 은혜가 아니라 당연한 것인 양 받아들였을 것이다.

또한 날마다 위로부터 내리는 만나와 메추라기도 지속적으로 되풀이하여 공급되는 과정에서 특별한 감동이 사라져 버리게 될 수밖에 없었다. 어리석은 자들은 그것이 하나님의 은혜라는 감사의 마음보다 당연하다는 생각을 했을 것이 분명하다. 또한 먹고 살아가는 문제로 인한 경쟁 관계가 사라진 상태에서는 일반적인 재미가 사라지게 된다.

거기다가 짧은 기간 동안 삶의 터전을 옮기는 되풀이되는 진지 이동은 쉬운 일이 아니었다. 짧게는 일 년에 몇 차례, 길어도 몇 년 만에 한 번씩 감행해야 할 진지 이동은 고통스러운 일로 받아들여질 수 있었다. 하지만 전적으로 하나님으로 말미암는 그 일을 기꺼이 받아들이지 않을 수 없었다. 그 외에도 늘상 발생하는 크고 작은 사건들과 하나님의 심판은 저들의 삶을 더욱 힘들게 만들었다.

오늘날 우리는 이에 연관된 의미를 분명히 이해해야만 한다. 우리가 살아가는 시대의 생활 양상은 과거 믿음의 선배들과 크게 다를지라도 내면적 의미는 그와 다르지 않다. 하나님의 자녀들은 잠시 지나가는 이 세상에서 안정된 삶을 누리고자 하는 것을 일차적 목적으로 삼지 않는다. 우리 역시 이 땅에서는 나그네로서 오직 주님의 말씀을 귀담아들으며 그의 명령에 따라 살아가고자 노력을 기울여야 한다. 비록 이 세상에서는 환난과 고통을 당할지라도 천상의 소망과 더불어 살아가는 것이 우리에게 가장 복된 삶이기 때문이다.

34장

'약속의 땅' 사방 경계와 땅 분배

1 약속의 땅 가나안(민 34:1-2)

(1) 정복하게 될 영역(창 15:18-21; 신 11:22-25; 수 1:3-4)

모세가 갓 지파, 르우벤 지파, 므낫세 반 지파에게 분배해 준 요단강 동편은 약속의 땅 가나안에 속한 지역이 아니다. 그런데 성경에는 하나님께서 가나안 땅 이외에 훨씬 넓은 영역을 이스라엘 자손들에게 주시겠다고 하신 말씀이 명시적으로 나타난다. 따라서 우리는 이에 대하여 주의를 기울여 생각해 보아야 한다.

우리가 분명히 이해해야 할 바는 이스라엘 자손에게 허락된 '약속의 땅'과 이스라엘 백성이 '정복하게 될 땅'을 구별해야 한다는 사실이다. 즉 장차 정복하게 될 모든 지역을 '약속의 땅'으로 생각해서는 안 된다. 성경에는 그에 연관된 구절들이 많이 나타난다. 창세기 15장에는, 하나님께서 아브라함을 향해 남쪽 '애굽 하천'(Wadi of Egypt)으로부터 큰 강 '유프라테스강'까지 넓은 지역을 그의 자손들에게 주시겠다고 하신 말씀이 기록되어 있다.

그 날에 여호와께서 아브람으로 더불어 언약을 세워 가라사대 내가 이 땅을 애굽강에서부터 그 큰 강 유브라데까지 네 자손에게 주노니 곧 〈겐 족속〉과 〈그니스 족속〉과 〈갓몬 족속〉과 헷 족속과 브리스 족속과 〈르바 족속〉과 아모리 족속과 가나안 족속과 기르가스 족속과 여부스 족속의 땅이니라 하셨더라(창 15:18-21)

위의 본문 가운데 헷 족속, 브리스 족속, 아모리 족속, 가나안 족속, 기르가스 족속, 여부스 족속 등은 가나안 지역에서 살아가는 종족들이다. 그와 달리 겐 족속, 그니스 족속, 갓몬 족속, 르바 족속 등은 가나안 땅 윗 지역의 유프라테스강에 이르는 넓은 지역에 살아가던 종족들로 보인다. 그 지역은 가나안에 속한 지역이 아닌 것으로 받아들여야 한다. 그에 관해서는 신명기 11장에도 기록되어 있다.

너희가 만일 내가 너희에게 명하는 이 모든 명령을 잘 지켜 행하여 너희의 하나님 여호와를 사랑하고 그의 모든 도를 행하여 그에게 의지하면 여호와께서 그 모든 나라 백성을 너희 앞에서 다 쫓아내실 것이라 너희가 너희보다 강대한 나라들을 차지할 것인즉 너희의 발바닥으로 밟는 곳은 다 너희의 소유가 되리니 너희의 경계는 곧 광야에서부터 레바논까지와 유브라데 강에서부터 서해까지라 너희의 하나님 여호와께서 너희에게 말씀하신 대로 너희가 밟는 모든 땅 사람들에게 너희를 두려워하고 무서워하게 하시리니 너희를 능히 당할 사람이 없으리라(신 11:22-25)

위에 기록된 신명기 본문 가운데는 광야에서부터 레바논까지와 유프라테스강에서 서해 곧 지중해까지 퍼져있는 강대한 나라들을 이스라엘 자손이 정복하여 차지하게 될 것이라는 사실을 언급하고 있다. 그리하여 많은 이방 종족들이 언약의 백성들에 대한 두려움을 가지게 되리라는 것이었다. 이에 관한 기록은 여호수아서에도 나타난다.

> 내가 모세에게 말한 바와 같이 너희 발바닥으로 밟는 곳은 모두 내가 너희에게 주었노니 곧 광야와 이 레바논에서부터 큰 강 곧 유브라데 강까지 헷 족속의 온 땅과 또 해 지는 쪽 대해까지 너희의 영토가 되리라(수 1:2-3)

이 말씀은 신명기 11장에 기록된 것과 동일한 내용을 지니고 있다. 이스라엘 백성의 가나안 땅 진입을 앞두고 광야와 레바논에서부터 큰 강 유프라테스강까지 헷 족속[45]의 온 땅과 서쪽의 지중해까지 그들의 영토가 되리라는 것이었다. 이는 이스라엘 자손이 강력한 세력을 가지게 될 것에 관한 예언적 의미를 내포하고 있다.

하지만 이스라엘 백성이 가나안 땅뿐 아니라 북쪽의 유프라테스강과 그 서쪽의 지중해에 이르는 모든 땅을 정복하게 된다는 말씀은 그 모든 땅이 '약속의 땅'이라는 말과는 의미가 다르다. 이는 언약의 자손들이 메시아를 소망하는 '약속의 땅'을 중심으로 살아가면서 그 세력을 이방 지역까지 넓히게 되리라는 사실을 말해주고 있다. 따라서 '약속의 땅'과 '정복하게 될 땅'은 구별되어야 한다.

(2) 약속의 땅 가나안(출 3:8; 신 7:1; 느 9:8; 행 13:19)

이스라엘 자손이 장차 정복하게 될 땅과 약속의 땅은 다르다는 사실을

---

45 과거 헷 족속은 지금의 중동의 여러 지역에 흩어져 살아가며 막강한 세력을 구축하고 있었다. 그 족속은 사람들이 일반적으로 알고 있는 히타이트(Hittite) 족속으로 통일된 법전(法典)을 가질 만큼 선진화되어 있었으며 철기 문명을 발전시키고 있었다. 그들 가운데 일부가 가나안 땅에 정착하고 있었던 것이다.

기억하는 것은 매우 중요하다. 가나안 땅 정복의 시작은 여호수아가 이끄는 언약의 자손들이 요단강을 건너면서 시작되었다. 홍해바다의 마른 땅바닥을 발로 밟고 건너게 하신 하나님께서 사십여 년이 지난 후 요단강의 마른 땅바닥을 발로 밟고 건너게 하셨다.

요단강을 건너는 제사장들은 하나님의 거룩한 언약궤를 앞세워 나아갔다. 이는 언약의 자손들이 가나안 땅을 향해 진격하는 선언적 의미를 지니고 있다. 하나님께서 자기 백성들을 통해 약속하신 그 땅을 지배하고 있는 가나안 일곱 족속을 향해 심판을 선언하셨던 것이다. 출애굽기와 신명기에는 그 땅에 연관된 기록이 나타난다.

> 내가 내려와서 그들을 애굽인의 손에서 건져내고 그들을 그 땅에서 인도하여 아름답고 광대한 땅, 젖과 꿀이 흐르는 땅 곧 가나안 족속, 헷 족속, 아모리 족속, 브리스 족속, 히위 족속, 여부스 족속의 지방에 이르려 하노라(출 3:8)
> 네 하나님 여호와께서 너를 인도하사 네가 가서 얻을 땅으로 들이시고 네 앞에서 여러 민족 헷 족속과 기르가스 족속과 아모리 족속과 가나안 족속과 브리스 족속과 히위 족속과 여부스 족속 곧 너보다 많고 힘이 있는 〈일곱 족속〉을 쫓아내실 때에(신 7:1)

성경은 가나안 땅이 지구상의 다른 모든 지역과 확연히 구별된 곳이라는 점을 말해주고 있다. 언약의 백성에게 특별히 허락된 그곳은 이 세상 어느 지역과도 구별되는 아름다운 땅이며 젖과 꿀이 흐르는 땅이었다. 물론 그 땅이 아름다운 것은 이 세상의 논리와 안목이 아니라 하나님의 존재와 연관되며 젖과 꿀이 흐른다는 말은 참되고 영원한 생명과 연관된 의미를 지니고 있다.

하나님께서는 위의 본문을 통해 그 땅을 차지하고 있는 〈일곱 족속〉을 쫓아내고 약속대로 그 땅을 언약의 자손들에게 주시겠다고 하셨다. 그 땅을 장악하고 있던 자들은 헷 족속과 기르가스 족속과 아모리 족속과 가나안 족속과 브리스 족속과 히위 족속과 여부스 등 일곱 족속이었다. 느헤미야서에도 이와 연관된 기록이 나타나고 있다.

> 그 마음이 주 앞에서 충성됨을 보시고 더불어 언약을 세우사 가나안 족속과 헷 족속과 아모리 족속과 브리스 족속과 여부스 족속과 기르가스 족속의 땅을 그 씨에게 주리라 하시더니 그 말씀대로 이루셨사오니 주는 의로우심이로소이다(느 9:8)

하나님께서는 갈대아 우르에서 불러내신 아브라함의 심중을 보시고 가나안 땅을 그의 후손들에게 주시겠다는 약속을 하셨다. 느헤미야는 하나님의 그 약속이 이루어진 사실에 대한 내용을 언급하고 있다.[46] 그 약속을 이루시기 위해, 장차 오실 메시아를 염두에 두고 가나안 땅을 허락하신 하나님이 의롭다는 사실을 고백했던 것이다. 신약성경 사도행전에도 그에 관한 분명한 기록이 나타나고 있다.

> 가나안 땅 〈일곱 족속〉을 멸하사 그 땅을 기업으로 주시고(행 13:19)

사도행전에는 출애굽한 이스라엘 자손이 들어가게 될 가나안 땅의 영역에 관한 분명한 기록을 남기고 있다. 성경은 하나님께서 친히 가나안 땅을

---

46 느헤미야서 9:8에는 히위 족속이 구체적으로 거명되지 않았다. 하지만 그 족속 역시 그 땅에 정착해 있던 일곱 족속에 포함되어 있었다. 출애굽기 3:8에 기르가스 족속이 기록에서 빠진 것도 그와 동일한 맥락에서 이해해야 한다. 즉 그 족속의 이름이 빠져있으나 여전히 가나안 땅 일곱 족속에 포함되어 있었던 것이다.

지배하고 있던 일곱 족속을 완전히 멸망시킨 사실을 언급했다. 그리고 그 땅을 언약의 자손을 위한 특별한 기업으로 주셨다는 것이다.

이처럼 '약속의 땅 가나안'은 유프라테스 강에 이르는 북쪽의 넓은 땅을 일컫는 것이 아니다. 가나안 땅 중심부에는 아브라함이 독자 이삭을 하나님께 바친 모리아산이 존재하고 있다. 그 자리에 시내 광야에서 하나님의 율례에 따라 건립한 성막이 돌로 지어진 성전으로 고정되며 그 안에 하나님의 언약궤가 놓이게 된다.

그곳을 향해 이스라엘 백성의 제사장들이 여호와 하나님께 희생 제물을 바치며 장차 오실 메시아를 소망하게 된다. 그 땅에 살아가는 모든 언약의 백성은 제사장들의 사역에 속해 천상의 주님을 바라보아야 한다. 그리하여 메시아를 간절히 소망하는 가운데 하나님을 부인한 타락한 세상에 맞서 싸워 이겨내는 삶을 살아야 하는 것이다.

2 '약속의 땅' 사방 경계(민 34:3-12)

민수기에는 '약속의 땅' 사방 경계에 대한 분명한 기록이 나타난다. 먼저 남쪽의 땅 경계선이 언급되고 있다(민 34:3-5). 남방의 경계는 에돔 왕국 가까이 위치한 신 광야를 중심에 두고 있다. 동쪽에 자리 잡은 사해 바다 끝 지역에서 시작하여 아그랍빔 언덕 남쪽 지점에 이르게 된다.

아그랍빔은 사해와 신 광야 사이에 위치한 산악지대에 자리 잡고 있다. 그 땅은 에돔과 아모리의 경계에 속하는 지역이었다(수 15:1-3; 삿 1:36). 그곳으로부터 브엘세바를 지나 아라바로 통하는 비탈길은 급경사로 되어있다.

그 땅을 지나 신 광야를 통과하면 가데스바네아 남쪽에 이르게 된다. 거기서 계속 나아가면 하살아달을 지나 아스몬에 이르게 된다. 아스몬에서 돌아 애굽 하천(Wadi of Egypt)를 지나게 되면 서쪽 지중해 바다에 이르게 되는 것이다. 그 지역이 가나안 땅의 남쪽 경계를 이루게 되었다.

가나안 땅의 서쪽 경계는 대해 곧 지중해였다(민 34:6). 큰 바다로 인해 사람들이 더 이상 나아갈 수 없이 모든 길이 막히게 되었다. 즉 이스라엘 자손이 땅을 분배받아 살아갈 수 있는 지역은 지중해 동편에 펼쳐진 땅이었던 것이다.

북쪽 경계는 지중해에서 동쪽으로 이어졌다(민 34:7-9). 그 경계는 서쪽 바다를 출발해 동쪽 호르산에 이르는 길을 지나가게 된다. 호르산은 정확한 위치를 알기 어려우나 가나안 땅 최 북쪽 이두메와 수리아 지역에 있는 산봉우리 이름인 것으로 이해하는 경우가 많다.

그 산에서 하맛 어귀에 이르게 되는데 그곳은 오래전 열두 정탐꾼들이 올라갔던 맨 위 북단 지역이기도 하다(민 13:21). 거기서 스닷을 지나 시브론을 거쳐 하살에난에 이르게 된다. 그렇게 이어지는 지역이 가나안 땅의 북방 경계를 이루게 되었다.

동편 경계는 약속의 땅 북쪽 경계의 끝 지점에서 긴네렛 호수를 지나 사해 바다에 이르는 지역이다(민 34:10-12). 즉 요단강 동편 므낫세 반 지파와 갓 지파와 르우벤 지파가 분배받은 땅 서편의 아래쪽으로 내려가는 길이다. 그 전체적인 동편 경계는 하살에난에서 시작하여 아래쪽으로 스밤에 미치게 된다.

그리고 스밤에서 리블라로 내려가 아인 동편을 거쳐 긴네렛 호수 동쪽 해안에 이르게 된다. 거기서 요단강을 따라 내려가서 사해에 도달하게 된다. 즉 사해바다 아래쪽 끝까지가 가나안 땅의 동편 경계를 이루었던 것이다. 이렇게 하여 약속의 땅 가나안의 사방 경계가 분명하게 되었다.

3 '약속의 땅' 분배(민 34:13-15)

모세는 이제 곧 들어가 정복하게 될 약속의 땅이, 이스라엘 자손들이 하나님으로부터 얻게 될 땅이라는 사실을 언급했다. 그런데 그 땅은 각 지파별로 나누어 분배된다. 그 땅은 각 지파나 개인이 원하는 대로 취할 수 있는 것이 아니었으며 힘이 강한 지파가 더 크고 좋은 땅을 차지하는 것도 아니다.

그 땅은 하나님의 간섭 아래 제비뽑아 얻게 된다. 이는 공평하게 제비뽑아 걸리는 대로 땅을 얻어 차지하게 된다는 일반적인 의미와 다르다. 각 지파에서 제비를 뽑지만, 거기에는 하나님의 구체적인 간섭과 관여가 따르게 되었던 것이다.

약속의 땅 가나안은 열두 지파 가운데 므낫세 반 지파와 갓 지파와 르우벤 지파를 제외한 아홉 지파 반이 차지하게 된다고 했다. 그것은 모세의 개별적인 판단이 아니라 하나님의 준엄한 명령이었다. 두 지파 반은 이미 요단강 동편에서 땅을 분배받았으므로 약속의 땅 가나안에서는 분배받을 것이 없었다.

그것은 두 지파 반이 원하는 것이었으며 모세가 흔쾌히 허락했다. 하지만 그들에게는 그것이 잘된 일이라 말할 수 없다. 요단강 서쪽에 위치한 약속의 땅은 구속사 가운데 절대적인 성격을 지니고 있었기 때문이다. 장차 예루살렘 성읍이 건설되고 하나님의 성전이 그 안에 세워지게 되면 그것이 하나님께서 이 땅에 강림하시는 특별한 영역이 되는 것이다.

4 땅 분배에 참여할 자들(민 34:16-29)

하나님께서는 약속의 땅에 대한 지파별 분배와 연관된 말씀과 더불어 모세를 향해 가나안 땅을 기업으로 나눌 자의 이름을 말씀하셨다. 모세가 인간적인 판단으로 모든 사람의 명단을 작성한 것이 아니었으며 그 일을 위해 자원할 수 있는 것도 아니었다. 그 가운데 일부는 하나님께서 계시로 말씀해 주셨다.

하나님은 먼저 제사장 엘르아살과 눈의 아들 여호수아의 이름을 거명하셨다. 그들은 하나님께서 직접 지명한 자들이었다. 그리고 그 외에 유산의 땅을 나누기 위해 매 지파마다 족장 하나씩을 택하라고 말씀하셨다. 그리하여 유다 지파의 갈렙을 비롯하여 열 명의 족장들이 뽑혔다. 그 가운데는 요단강 동편의 므낫세 반 지파 외에 그 남은 므낫세 반 지파의 족장이 포함되어 있었다. 이는 하나님께서 정하신 특별한 질서와 조직에 연관된 것으로 이해할 수 있다.

하나님의 명령에 의해 세워진 제사장 엘르아살과 총지휘자 여호수아를 비롯한 열 명의 족장들은 제비를 뽑아 약속의 땅 가나안을 분배해야 했다. 그 땅은 남쪽 사해 아래 지역에서 시작하여 애굽 하천(Wadi of Egypt)과 서쪽 지중해 변을 따라 올라가 북쪽의 호르산과 그 지역을 거쳐 동쪽의 갈릴리 호수와 요단강을 따라 내려와 사해 끝까지 이르러 두르는 지역이었다.

그 땅을 각 지파들이 분배받음으로써 아브라함이 이삭을 바쳤던 모리아산이 있는 예루살렘을 정복하는 기틀을 마련하게 되었다. 그들은 그 땅을 통해 개인이나 각 지파의 부를 추구하는 것을 방편으로 삼지 말아야 했다. 언약의 자손들은 매일 매달 정기적으로 하나님께 바치는 희생제사와 다양한 각 절기마다 바쳐지는 제물을 통해 장차 오실 메시아를 소망하게 되었던 것이다.

35장

레위 지파에 허락된 기업

1 레위인의 기업(민 35:1-8)

(1) 레위인들의 성읍 규모(민 35:1-5)

하나님께서는 여리고 맞은편 요단강 가에 있는 모압 평지에서 모세를 향해 말씀하셨다. 이스라엘 자손에게 명령을 내려, 그들이 얻은 땅 가운데서 일부를 레위인들이 거할 성읍을 주도록 하라는 것이었다. 그리고 그 성읍 주변을 둘러싸고 있는 사면의 들판을 레위인들에게 주라고 했다.

그 성읍들은 레위인들이 살아가게 되는 거처가 되었으며, 주변 사면에 둘러있는 들판은 그들의 재산인 가축과 짐승을 키우는 목초지로 사용할 수 있도록 했다. 레위인들을 위해 제공될 성읍을 중심으로 한 주변 둘레의 땅은 성벽으로부터 이천 규빗 곧 900미터 정도가 되게 하라는 지침을 내렸다.[47] 이는 레위인들이 얻게 될 땅은 성읍을 중심에 두고 둘러싼 모습을 띠게 되

---

47 한글 '현대인의 성경'에는 이천 규빗을 현대의 도량형으로 바꿔 900미터로 기록하고 있다.

었다.

성읍을 중앙에 둔 성 외곽에는 동서남북으로 900미터 정도의 들판이 레위인들이 각 지파로부터 다시 분배받은 땅이 된다. 레위인들이 소유하게 될 땅은 전체 규모가 직선거리로 지름 약 2킬로미터 정도 되는 것으로 짐작해 볼 수 있다. 약속의 땅에서 레위인들이 살아가는 성읍과 주변 환경은 대체로 비슷한 모습을 띠게 되었다.

(2) 살인자를 위한 도피성(민 35:6-8)

레위인들이 거하는 여러 성읍들 가운데는 특별한 성격을 지닌 도피성들이 존재하게 되었다. 그것은 하나님께서 특별히 명하신 제도가 되어 특정 범죄자들을 위해 피신처를 제공하는 역할을 했다. 도피성은 살인자들이 피신할 수 있는 성읍이었다. 그곳으로 가서 피하면 살인을 저지른 범죄자라 할지라도 우선 생명을 보호받을 수 있었다.

이스라엘 열두 지파가 거주하는 요단강 동편 지역과 서편 가나안 땅에는 각각 세 개씩 여섯 개의 도피성이 세워지게 되었다.[48] 모세는 이스라엘 자손들에게 레위인들을 위해 전체적으로 마흔 여덟 개의 성읍을 주라는 요구를 했다. 그 모든 성읍들의 사방에는 동서남북으로 돌아가며 이천 규빗 곧 900미터의 들판이 포함되어 있었다. 그 들판은 레위인들의 가축과 짐승을 키우는 땅이 되었다.

레위인들이 거하게 되는 마흔 여덟 개의 성읍들 가운데 여섯 개의 성읍은 특별히 구별되어 도피성이 되었다. 그 성읍은 살인을 저지르게 된 자들이 피

---

48 이스라엘 백성이 살아가는 각 지역에 분포된 여섯 개의 도피성은, 살인죄를 저지른 사람이 어디서든지 하루 정도 걸어가면 도달할 수 있는 거리에 있었다. 그 도피성은 또한 사람들이 잘 알지 못하도록 숨겨진 비밀스러운 성읍이 아니라 누구나 알 수 있도록 선포된 상태에 놓여 있었다.

살된 사람의 가족이나 관련자들로부터 보복당하는 것을 방지하는 역할을 하게 된다. 그것은 살인자를 위한 일종의 보호기능을 감당하게 되는 것이다.

그런데 이스라엘 자손 여러 지파가 레위인들이 거하게 될 성읍을 제공할 때 조건이 덧붙여졌다. 그것은 각 지파가 분배받은 땅의 크기에 따라 레위인들에게 줄 성읍의 수를 결정하라는 것이었다. 즉 각 지파들 가운데 넓은 땅을 분배받은 종족은 레위인들을 위해 더 많은 수의 성읍을 주어야 했으며 좁은 땅을 분배받은 지파는 레위인들을 위해 적은 수의 성읍을 주어도 된다는 것이었다.

이는 레위인들이 거주하도록 제공해야 할 성읍의 수가 각 지파에 따라 다르다는 사실을 말해주고 있다. 어떤 지파가 거하는 지역 가운데는 레위인들을 위해 더 많은 수의 성읍을 주어야 하는가 하면 또 다른 어떤 지파가 살아가는 지역에는 레위인들을 위한 성읍의 수가 더 적었던 것이다. 이는 레위인들이 각 지파들의 땅에 거주하지만 그들에게 예속된 것은 아니었음을 의미하고 있다. 도리어 레위인들이 각 지파에 속한 백성의 수를 보고 공평하게 지도해야 한다는 정신이 드러나고 있다.

2 살인자에 관한 규례(민 35:9-28)

(1) 도피성의 기능(민 35:9-15)

여호와 하나님께서 또다시 모세를 향해 말씀하셨다. 그 내용은 이스라엘 자손이 조만간 요단강을 건너 가나안 땅에 들어가면 그곳에서 감당해야 할 직무와 연관되어 있었다. 그들이 약속의 땅에 도착하면 마땅히 행해야 할 중요한 일들이 많이 있게 된다. 그 중에 가장 중요한 것 가운데 하나는 가나안 땅에 도피성을 세우는 일이었다.

도피성은 사람을 죽인 살인자를 보호하기 위한 성읍이다. 그와 같은 특별한 성읍을 두는 것은 살인한 당사자뿐 아니라 모든 사람들을 위한 의미를 지니고 있다. 사람을 죽이려는 의도 없이 과실치사를 저지른 자들을 그 성읍에 피신시켜 그가 다른 이해 당사자들에 의해 또다시 살해되는 것을 막아야 했다. 즉 이는 잘못된 살인의 악순환을 막기 위한 예방 장치 역할을 하기도 했다.

어떤 사람이 누군가에 의해 살해를 당하게 되면 그 가족을 비롯한 관련 당사자들은 그 살인자에 대한 복수심을 가지는 것이 일반적이다. 그런 상황에서 가만히 두게 되면 또 다른 살인사건을 유발할 우려가 따를 수밖에 없다. 따라서 살인자가 고의 살인을 저질렀는지 과실치사 사건인지 회중 앞에서 공적인 판결을 내려야 한다. 책임 있는 판단을 해야 할 자는 그에 대한 판결이 내려질 때까지 저를 죽음에 내어주지 말아야 했다. 그 판결을 내리는 재판관은 그곳에 거주하는 제사장이 감당했을 것이 분명하다.

그러므로 살인자에 대하여 그와 같은 일을 감당하기 위해 요단강 서편의 가나안 땅과 요단강 동편에 자리 잡은 땅에 총 여섯 개의 도피성을 두어야만 했다. 그 가운데 세 개의 성읍은 요단강 서편 가나안 땅에 두어야 했으며 나머지 셋은 요단강 동편 지역에 두어야 했다. 그것은 백성들이 임의로 결정한 것이 아니라 하나님께서 직접 계획을 세우시고 그 일을 실행하도록 요구한 것이었다.

살인자들을 위한 도피성인 그 여섯 성읍에 피할 수 있는 권리는 이스라엘 자손들에게만 허락된 것이 아니었다. 그들 지역을 여행하는 타국인들, 그리고 이방인으로서 이스라엘 가운데 들어와 거하는 자들에게도 동일하게 주어졌다. 그들 가운데 누군가가 어떤 사람을 살해하게 되었다면 가까운 도피성으로 피할 수 있었다.

그 말씀 가운데는 약속의 땅 가나안에서 연쇄적인 살인을 통한 피흘림이 일어나지 않도록 방지하고자 하는 의미가 들어있다. 또한 타국 여행자인 이방인들에게 그와 같은 혜택을 허락한 것은 그들 자신을 위하는 방책에 머물지 않는다. 보다 중요한 목적은 약속의 땅 가나안이 부정한 피로 얼룩지는 것을 막으려는 것이었다.

(2) 고의살인자에 관한 규례(민 35:16-21)

사람을 살해하는 데는 다양한 방법들이 존재한다. 살인한 자가 어떤 도구를 사용했느냐에 따라 그의 의도를 엿볼 수 있다. 만일 쇠로 된 연장을 가지고 사람을 쳐죽인다면 그것은 고의 살인인 것이 틀림없다. 따라서 그런 자는 반드시 처형해 죽여야 한다고 했다. 다른 사람의 생명을 박탈하여 죽인 것처럼 그 또한 율법에 따라 처형당해야 했던 것이다.

그리고 사람을 죽일 만한 정도의 큰 돌을 손에 들고 사람을 내리쳐 죽인 것도 의도적인 고의 살인인 것이 분명하다. 따라서 그런 살해를 저지른 자는 반드시 죽이라고 했다. 나아가 사람을 죽일 만한 나무 연장을 손에 들고 살인을 행한 자는 반드시 처형해야 한다고 했다. 그럴 경우에는 피살자와 관계된 자가 고의로 살인죄를 저지른 그 사람을 직접 죽이는 것을 허용했다. 그를 만나게 되면 죽여도 된다는 것이었다.

또한 누군가를 미워하기 때문에 밀쳐서 죽이거나 기회를 엿보아 무엇인가를 세게 던져서 사람을 죽인다면 고의적인 살인이 된다. 뿐만 아니라 깊은 원한으로 말미암아 손으로 누군가를 쳐죽이면 그 또한 고의살인자라고 했다. 그런 자는 율례에 따라 반드시 처형해야 한다는 언급을 했다. 그와 같이 의도된 살인을 당하게 되는 경우가 발생한다면 피살자와 관계있는 가족이 그 살인자를 만나게 되면 죽이라고 했다.

(3) 과실치사 사건에 관한 규례(민 35:22-25)

다른 사람을 죽이는 사건이 발생하게 된다고 해도 그 원인이 다를 수 있다. 즉 살해 목적을 가진 고의 살인이 아닌 과실치사일 수도 있기 때문이다. 따라서 과실치사와 고의적인 살인은 전혀 다른 성격을 지닌다. 의도를 가지고 어떤 사람을 살해한 경우와 그럴 의사가 전혀 없는 상태에서 사람을 죽이게 된 경우는 다른 것이다.

어떤 원한이나 살해 의도가 전혀 없는 상태에서 우연히 사람을 밀쳐 죽게 만들었다면 과실치사에 해당된다. 또한 기회를 엿보면서 계획을 세워 일부러 흉기를 휘둘러 사람을 살해하지 않았다면 그것은 고의 살인이 아니다. 나아가 살해 목적 없이 돌을 던져 사람을 죽였다면 그것은 과실치사에 해당된다. 살인을 저지르게 된 그 사람에게 누군가를 죽이려는 의도가 전혀 없었기 때문이다.

따라서 회중의 재판관은, 살해의 목적 없이 사람을 죽이게 된 자와 억울하게 죽은 자를 위해 복수하고자 하는 자 사이에서 규례에 따른 판결을 내려야만 한다. 즉 그의 행위가 과실인 것이 판명되면 피살자의 가족이나 이해관계 있는 자의 손으로부터 그 살인자를 건져내 보호해 주어야 한다. 그를 저들의 주변으로부터 격리시킴으로써 또 다른 살인사건이 발생되지 않도록 해야 하는 것이다.

그러므로 부지중에 사람을 죽인 자나 의도 없이 과실치사죄를 저지른 자는 도피성으로 보내야 한다. 살인을 저지른 자는 재판이 진행되는 동안 도피성에 머무를 수 있다. 고의로 사람을 죽인 자는 마땅히 재판의 결과에 따라 처형당하게 된다. 단 과실로 인해 살해를 저지른 자는 기름 부음을 받아 거룩한 직분을 맡은 대제사장이 죽기까지 그 도피성에 거해야만 한다. 그 전에 도피성으로부터 나가면 살해당할 위험에 처하게 될 것이기 때문이다.

우리가 여기서 눈여겨보아야 할 대목은 과실로 살인을 저지른 자가 대제사장이 죽을 때까지 도피성에 피신하여 거해야 한다는 사실에 관한 문제이다. 당시 각 도피성들마다 대제사장이 있었을 것으로 보이지 않는다. 대제사장은 주로 하나님의 성소 가까이 거했으며 돌로 된 성전이 건립된 후에는 예루살렘에 거하며 성전 제사에 관련된 직무를 수행하게 되었다.

따라서 이 말씀은 약속의 땅 가나안과 요단강 동편 언약의 자손들이 거하는 곳에 세워진 여섯 개의 도피성 모두가 언약적 의미상 하나님의 거룩한 성소에 긴밀하게 연결되어 있다는 사실을 말해주고 있다. 모든 도피성이 하나님의 성전에 연결되어 있었다는 것은 지성소에 거하시는 여호와 하나님께서 살해 의도 없이 실수로 살인을 저지른 자들의 생명을 보호해 주시게 된다는 의미를 지니고 있다.

⑷ 도피성을 탈출한 자에 대한 규례(민 35:26-28)

살인자가 도피성에 들어가 몸을 피신하게 되면 임의로 그 성읍을 들락거리지 못한다. 즉 한번 들어온 자는 그가 살인자라는 사실이 도피성 명부에 등록되었을 것이다. 그렇게 되면 레위 지파에 속한 책임 있는 담당자에 의한 적절한 통제가 따랐을 것이 분명하다.

그럼에도 불구하고 담당자의 지도와 관리를 받지 않고 임의로 행동하는 자들이 발생할 수도 있었을 것이다. 그리하여 살인을 저지르고 도피성에 피해 있던 자가 그 성읍 지경 밖으로 나가게 되면 더이상 보호 대상이 되지 못한다. 피신처를 벗어났으므로 그의 생명이 외부에 노출될 수밖에 없게 된다. 이 말은 그에게 피살의 위험이 닥친다는 의미를 지니고 있다.

그러므로 피살된 사람의 가족이나 관계있는 자가 도피성 밖에서 그 살인자를 만나 죽인다고 해도 그것을 막을 방법이 없다. 도피성 안에서는 그를 죽일 수 없을지라도 도피성 밖에서는 가족 가운데 누군가가 그 살인자를 죽이는 것이 합당한 것으로 간주되었기 때문이다. 따라서 먼저 죽은 가족을 위한 안타까움과 그로 인해 생긴 원한으로 인해 그 사람을 죽인다 해도 그에게 피를 흘린 책임을 물을 수 없게 되는 것이다.

그러므로 과실치사를 범한 자가 도피성에 피하여 생명을 보장받게 되는 것은 하나님의 율례에 따른 것이다. 그는 처음 도피성으로 피했을 당시의 대제사장이 죽을 때까지 그곳에 거하며 생명을 보존해야만 한다. 이는 대제사장이 죽게 되면 자기가 거하는 땅으로 돌아갈 수 있게 된다는 사실을 말해주고 있다.

그 후에는 앞서 피살당한 가족이 그를 만난다고 해도 죽여서는 안 된다. 그것은 또 다른 고의적인 살인죄가 되기 때문이다. 만일 그와 같은 경우에 그 살인자를 죽이게 된다면 그가 도리어 의도적인 고의살인자가 되어 율법에 따라 처형을 당하게 된다. 누구든지 이에 대한 올바른 이해를 하지 않으면 안 된다.

3 살인자와 증인의 증거(민 35:29-34)

(1) 도피성과 판단의 율례(민 35:29-32)

하나님께 속한 언약의 백성들 가운데는 항상 분명한 율법과 규례들이 존재한다. 어떤 문제가 발생할 경우 그것은 개인적인 정서에 따라 판단을 내릴 것이 아니라 객관적인 정황을 신중히 확인하여 판단을 내려야만 한다. 그렇지 않으면 편파적이 되어 또 다른 죄를 유발할 수밖에 없게 된다.

누군가 다른 사람을 고의로 살해했을 경우에는 반드시 그를 처형해 죽여야 한다. 하지만 그것은 피해자 가족의 감정에 근거해서는 안 된다. 이는 객관적인 증거와 증언이 따라야 한다는 사실을 말해주고 있다. 즉 과연 그 살인자에게 고의성이 있었는지에 대한 분명한 확인 절차가 따라야 하는 것이다.

살인사건이 발생했을 경우 먼저 고의적인 살해인지 과실로 인한 살인인지 밝혀야 한다. 어떤 사람을 죽이기로 작정하고 사람을 죽였다면 그 살인자는 반드시 율례에 따라 처형되어야 한다. 그에 반해 사람을 죽이고자 하는 고의성 없이 과실로 인한 살인사건이 발생했다면 그의 생명은 보호받아야만 했다.

살인한 당사자가 고의성이 있었는지에 대해서는 증인들의 증거를 통한 증언을 들어보아야 한다. 이때 한 사람의 증거만으로는 효력을 가지지 못한다. 즉 한 사람이 그에 관한 어떤 증언을 했다고 해서 그를 처형할 수 없다. 즉 한 사람 이상의 다수의 증인들에 의한 증언이 있어야만 한다.

살인죄를 저지른 사람이 자기의 생명을 구하기 위해 속전(贖錢)을 낸다고 해도 그것을 받아서는 안 된다. 즉 형벌을 면하기 위해 하나님 앞에서 적절한 벌금을 문다고 해서 그 살인자의 생명이 보호받지 못한다. 다른 사람을 살해한 자는 반드시 그의 생명으로 그 죄에 대한 책임을 감당해야 한다. 따라서 고의로 다른 사람을 살해한 자에 대해서는 책임 있는 위치에 있는 자들이 반드시 그를 처형해야만 하는 것이다.

한편 도피성으로 피신한 살인자에 대해서는 죽이지 못한다. 즉 도피성 안에서는 사람을 죽이는 것이 금지되어 있었다. 그런 자는 도피성에 거하다가 대제사장이 죽게 되면 살인죄를 용서받기 위한 속전을 내고 원래 자기가 거하던 땅으로 돌아가 살아가는 것을 허락받을 수 있게 된다.

(2) 약속의 땅 가나안과 피(민 35:33-34)

약속의 땅 가나안은 하나님으로 말미암아 특별히 지정된 거룩한 영역이다. 따라서 그곳은 여호와 하나님 보시기에 정결한 상태로 유지되어야 한다. 여기에는 물론 물리적인 환경이나 조건을 넘어서는 개념이 존재한다. 예루살렘에 세워지는 성전과 그 안에 존재하는 하나님의 지성소 안의 언약궤가 약속의 땅 가나안에 정결한 상태를 요구하는 의미를 지니고 있는 것이다.

그러므로 하나님의 영역인 거룩한 땅이 부정한 피로 더럽혀져서는 안 된다. 우리가 반드시 기억해야 할 바는 언약의 백성들에게 있어서 붉은 피라고 할지라도 그 성격이 동일하지 않다는 사실이다. 피 가운데는 부정하고 더러운 피가 있는가 하면 일반적인 피도 있다. 그리고 하나님 앞에서 거룩한 피가 존재한다.

하나님께서는 모세를 통해 언약의 자손들이 거하는 땅을 더럽히지 말라는 말씀을 하셨다. 그런데 그 땅을 더럽히는 데는 피가 중대한 원인이 된다고 하셨다. 여기서 언급된 피는 살인자가 다른 사람을 살해함으로 인해 흘리게 된 피를 의미하고 있다. 즉 그 피는 약속의 땅을 더럽히는 부정한 피가 된다.

이처럼 누구든지 고의로 사람을 죽이면 그 피살자의 피가 약속의 땅을 더럽히게 된다. 민수기 본문은 그 살인자를 반드시 죽여야 하는 이유를 설명하고 있다. 죽은 자의 피가 땅을 더럽힌 상태에서는 그 살인자의 피를 흘리게 함으로써 원상태로 회복할 수 있다는 것이었다(민 35:33). 이는 살인자를 처형함으로써 그가 죽인 피살자로 인해 발생한 부정을 상계(相計)하게 된다는 의미를 지니고 있다.

하나님께서는 언약의 백성들이 거하는 땅 곧 하나님께서 거하시는 땅을 더럽히지 말라고 하셨다. 거룩한 성전에 거하시는 하나님께서는 언약을 소유한 이스라엘 자손 중에 거하시기 때문이라는 것이었다. 하나님께서 거하시는 영역이 정결해야 하는 까닭은 그곳을 통해 하나님의 아들 메시아가 오실 것이기 때문이었다.

이와 더불어 우리가 생각해야 할 바는 여호와 하나님을 진정으로 경외하는 자들은 하나님의 몸된 교회를 더럽히지 말아야 한다는 사실이다. 지상 교회는 하나님께서 거하시는 거룩한 영역이다. 따라서 모든 성도들은 교회의 순결을 지키기 위해 모든 노력을 기울여야 하며 부정한 요소가 발생할 경우 절차에 따라 정결을 회복해야만 한다. 그것은 교회의 표지인 순수한 말씀 선

포와 올바른 성례의 시행, 그리고 정당한 권징 사역을 통해 이루어지게 된다.[49]

---

49 벨직신앙고백서 제18장; 스코틀랜드신앙고백서 제29항.

36장

상속과 지파별 질서 유지

1 여성의 상속(민 36:1-4)

민수기의 맨 마지막 부분에는 여성의 상속에 관한 규례로 마무리하고 있다. 이는 매우 특별한 결론적 성격을 보여준다. 즉 거기에는 일반적인 교훈을 넘어 여성의 상속을 통한 언약의 백성 전체에 연관된 중요한 메시지를 주고 있다. 민수기 26장과 27장에는 요셉의 아들 므낫세 지파에 속한 여성들로서 슬로브핫의 딸들이 등장한다. 본문에 그들의 구체적인 이름과 더불어 그에 연관된 기록이 나타나고 있는 것이다.

> 헤벨의 아들 슬로브핫은 아들이 없고 딸뿐이라 그 딸의 이름은 말라와 노아와 호글라와 밀가와 디르사니(민 26:33)
>
> 여호와께서 모세에게 일러 가라사대 슬로브핫 딸들의 말이 옳으니 너는 반드시 그들의 아비의 형제 중에서 그들에게 기업을 주어 얻게 하되 그 아비의 기업으로 그들에게 돌릴찌니라(민 27:6-7)

민수기 마지막 부분에 다시금 앞에서 언급된 그 여성들에 관한 언급을 하고 있다. 길르앗 자손의 어른들은 슬로브핫의 딸들이 그 아버지로부터 상속받은 유산에 연관된 저들의 심경을 모세에게 전했다. 그것은 지파와 연관된 땅 문제였다. 하나님께서는 모세의 말에 응답하셨고 길르앗 자손의 가족 지도자들은 모세를 통해 하나님의 모든 말씀을 들었다.

하나님께서 모세를 향해 그들의 모든 요구가 옳다고 말씀하셨다. 그리하여 슬로브핫이 그 형제들과 더불어 조상으로부터 상속받은 유산을 그 딸들에게 돌리게 되었다. 그에 연관된 하나님의 말씀을 들은 모세는 요셉 지파 길르앗 집안 지도자들에게 그대로 전했다. 그러자 그에 연관된 확정적인 말을 듣게 된 길르앗 자손 가족 가운데 책임있는 위치에 있는 자들이 모세에게 말했다.

그들은 모세와 이스라엘 각 지파의 족장들을 향해 먼저 여호와 하나님께서 이스라엘 자손에게 제비뽑아 얻은 땅을 슬로브핫의 유산으로 그 딸들에게 주게 하신 점을 다시금 언급했다. 그런데 그들은 그것이 그리 간단한 문제가 아닐 수 있다는 사실을 알고 있었다. 이제 그 점을 모세와 이스라엘 여러 족장들 앞에서 말하게 되었던 것이다.

그 주된 내용은, 만일 요셉 지파에 속한 슬로보핫의 딸들이 다른 지파의 남성에게 시집을 가게 되면 그들이 상속받은 유산은 그 남편에게 귀속될 것이 아니냐는 것이었다. 그렇게 되면 요셉 지파가 분배받아 소유한 땅 가운데 일정부분이 줄어들게 되리라는 사실을 언급했다. 요셉 지파에 속한 딸들이 다른 지파의 아들들에게 시집을 가면 그들이 소유한 땅도 함께 가져가게 될 것이었기 때문이다.

그렇게 되면 요셉 지파가 분배받은 땅의 일부가 다른 지파의 소유가 되어 저들이 제비뽑아 얻은 땅이 줄어들 수밖에 없었다. 요셉 지파로 보아서는 그것은 매우 중요한 문제였다. 그와 더불어 이스라엘 자손에게 존재하는 희

년 제도가 있을지라도 그 딸들이 물려받은 유산이 다시 요셉 지파의 소유로 돌아오지는 않는다는 것이었다. 즉 그 딸들이 다른 지파로 시집을 가면 그들의 소유는 그 시댁(媤宅)이 속한 지파의 유산에 합쳐지게 된다고 했다.

그 결과 요셉 지파는 조상으로부터 물려받은 유산을 그 만큼 잃게 될 수밖에 없다는 것이었다. 그러니 특단의 조치를 취해 그와 같은 일이 발생하지 않도록 해 달라며 모세를 비롯한 여러 족장들에게 도움을 구했다. 자기 지파에 속한 땅이 다른 지파로 넘어간다는 것을 용납하기 어려웠던 것이다.

2 지파내에서의 혼인(민 36:5-9)

모세는 요셉 지파에 속한 한 집안인 길르앗 자손 지도자들이 제기한 문제를 여호와 하나님 앞에 아뢴 후 응답을 듣고 그 모든 말씀을 이스라엘 백성에게 전했다. 요셉 지파 자손들의 판단과 주장이 옳다는 것이었다. 만일 슬로브핫의 딸들이 다른 지파의 남성과 혼인을 해서 그 집으로 가게 되면 저들이 아버지로부터 상속받은 유산이 저들의 시댁에 귀속될 것이었기 때문이다.

그러므로 그는 슬로브핫의 딸들에게 여호와 하나님의 뜻을 전하도록 했다. 그것은 슬로브핫의 딸들이 하나님의 뜻 가운데 자유로운 마음으로 혼인을 하되 오직 그 조상의 지파인 요셉에게 속한 집안에게로만 시집을 가라는 것이었다. 즉 요셉 지파에 속한 다른 가족의 남성과 혼인하고 그외 다른 지파로 시집을 가지 말라는 명을 내렸다. 이 말씀은 규례가 되어 그와 동일한 형편에 놓인 모든 지파 여성들에게 해당되었다.

즉 젊은 여성이 조상으로부터 상속받은 유산을 소유하고 있을 경우에는 같은 지파 내에서 혼인해야만 했다. 그렇게 하면 이스라엘 자손들이 제비뽑아 상속받은 땅이 이 지파에서 저 지파로 옮겨지는 일이 발생하지 않게 된다. 동일한 지파 내에서 혼인을 하게 되면 각기 자신의 조상으로부터 상속받은 땅을 해당 지파 차원에서 지킬 수 있다. 여기에는 조상으로부터 상속받은 땅이 다른 지파에게 이동함으로써 발생하는 혼란을 막아야 한다는 하나님의 의도가 드러나고 있다.

그러므로 이스라엘 자손의 각 지파에 속한 자들 중에 조상으로부터 땅을 상속받은 딸들은 자기 조상의 지파 내에서 혼인을 해야 했다. 그리하면 이스라엘의 각 지파가 그 자손들이 상속받은 모든 유산을 보존할 수 있게 된다. 그 말씀에 순종함으로써 상속받은 땅이 다른 지파로 혼란스럽게 이동되는 것을 방지할 수 있었다.

민수기의 말씀은, 이와 같은 규례를 통해 이스라엘의 모든 지파가 제비 뽑아 분배받은 땅이 그대로 존속되는 것을 매우 중요하게 여겼음을 보여준다. 하지만 그것은 세월이 흘러가면서 그 의미가 점차 흐려졌던 것으로 보인다. 그와 같은 규례는 이스라엘 백성이 가나안 땅에 정착하던 초기단계에 매우 중요한 의미를 지니고 있었다. 그것은 그 땅에 정착하여 살아가던 이방 족속들을 쫓아내고 저들이 만든 모든 사악한 우상들과 산당들을 파괴하기 위한 지파별 책임소재와 밀접하게 연결되어 있었기 때문이다.

우리가 또한 여기서 생각해 보아야 할 점은 딸들이 아버지로부터 상속을 받지 않았을 경우에는 그에 따르지 않아도 되었다는 사실이다. 조상의 땅을 상속받은 여성과 그렇지 않은 여성 사이에는 상당한 차이가 났다. 성경은 동일한 지파가 아닌 다른 지파 사람들과 혼인하는 것을 전적으로 금한 것이 아니었던 것이다.

중요한 점은 가나안 땅에서 분배받은 땅으로 인해 각 지파들 사이에 일어나는 문제와 갈등을 방지하는 일이었다. 나아가 이스라엘 자손에게는 각 지파의 영역에 따라 그곳에 거주하는 이방인들을 쫓아내고 그들 가운데 존재하는 각종 우상과 산당들을 파괴하는 중요한 직무가 맡겨져 있었다. 그 일을 성실하게 감당해야 할 이스라엘 각 지파들 상호간에 땅으로 말미암은 갈등이 생기거나 책임회피를 하려해서는 안 되었던 것이다.

3 여성 상속자의 유업(민 36:10-13)

여호와 하나님께서 모세를 통해 명령하신 모든 말씀을 듣게 된 슬로브핫의 딸들은 그대로 순종하여 실행했다. 슬로브핫의 다섯명의 딸들 곧 말라와 디르사와 호글라와 밀가와 노아는 모두 동일한 요셉 지파에 속한 집안의 아들들과 혼인했다. 그들은 시집을 가면서 아버지로부터 받은 유산을 그대로 가지고 갔다.

따라서 그것들은 여전히 자신이 속한 지파의 관할 아래 존재하게 되었다. 그렇게 함으로써 저들이 상속받은 유산은 다른 지파로 넘어가지 않고 여전히 요셉 지파에 남아있게 되었다. 그 딸들이 혼인을 했으나 전체적으로 보아 요셉 지파가 분배받은 유산에는 아무런 변동이 없었던 것이다.

이 문제에 대해서는 요셉 지파 슬로브핫의 딸들에게만 해당되는 것이 아니었다. 그 규례는 아버지로부터 상속받은 유산을 소유한 모든 지파의 여성들에게 동일하게 적용되었다. 따라서 그들은 자기가 속한 지파의 집안 남성들과 혼인해야 했으며 다른 지파의 남성들에게 시집가지 말아야 했다.

그렇게 함으로써 이스라엘 자손들 가운데 상속에 연관된 질서가 유지되었다. 그것은 각 지파별로 분배받은 땅에서 이방인들을 효과적으로 쫓아내고 저들의 모든 사악한 것을 책임있게 제거하기 위한 필수적인 사항이었다. 그로 말미암아 각 지파별로 분배된 땅에 연관된 유산이 뒤섞이지 않게 하도록 했던 것이다.

이 모든 것은 이스라엘 백성이 여리고 맞은 편 요단강 가 모압 평지에 있을때 주어진 하나님의 말씀이었다. 그것은 모세가 모든 언약의 자손들을 향해 명하신 하나님의 규례였다. 이 모든 내용은 아직 이스라엘 자손이 요단강을 건너 가나안 땅에 들어가기 전에 주어지게 되었다. 하지만 그들이 가나안 땅에 들어가면 반드시 지켜야 할 규례였으며 모든 지파들이 그 명령에 순종해야 했다.

민수기의 마무리
'여성 상속'과 '지파 질서'

민수기의 맨 마지막은 여성상속으로 마무리되고 있다. 이는 결론적인 성격을 지니고 있는 것으로서 본문에 연관된 내용이 그만큼 중요하다는 사실을 말해준다. 민수기가 여성 상속에 관한 내용을 특별히 언급한 것은 하나님의 언약적 관점에서 여성의 중요한 위상을 드러내 보여주고 있다.

당시로 보아서는 여성이 상속의 주체가 된다는 것은 일반적이지 않았다. 하지만 하나님께서는 특별한 경우에 여성의 상속을 허락하고 있다. 즉 한 가정에 아들이 없고 딸만 있을 경우에는 그 딸들도 아버지로부터 상속을 받을 수 있다는 것이었다. 이는 당시 이스라엘 자손들에게 획기적인 전환이 될 수 있는 문제였다.

여성의 상속은 개별 가족사(家族事)나 개인적인 문제에 연관되어 있었으나 그 범위를 넘어 집안과 지파에 연관된 중요한 문제였다. 굳이 그 근본적인 중요성을 말하자면, 개인 자신보다는 개인을 통한 집안과 저가 속한 지파에 훨씬 더 큰 비중을 두고 있었다. 따라서 상속받은 유산을 소유한 여성은 다른 지파의 남성에게 시집갈 수 없었다.

그리하여 동일한 지파 집안의 남성과 혼인하여 자기가 상속받은 유산이 다른 지파에게 넘어가는 일이 발생하지 않도록 해야만 했다. 그에 순종함으로써 각 지파에 맡겨진 하나님의 요구와 명령을 온전히 수행할 수 있었다. 즉 앞에서 모세가 명한대로 그들이 약속의 땅 가나안에 들어가면, 각기 자기 지파가 분배받아 점령하게 될 영역 가운데 살아가던 이방 족속들을 쫓아내고 그들로 인해 더럽혀진 땅을 정결케 해야 했던 것이다.

그러므로 민수기 맨 마지막 부분에 결론처럼 기록된 내용이 보여 주는 가장 중요한 것은, 하나님께서 허락하신 지파의 질서에 따라 약속의 땅 가나안을 정결케 하는 사명이다. 그것을 위하여 각 지파별로 분배된 땅을 온전히 지켜 보존해야 했다. 즉 각기 자신의 영역 가운데 맡겨진 사명을 철저히 감당해야만 했던 것이다. 모세를 통해 주어진 하나님의 명령은 민수기 26장에 기록된, 모압 평지에서 있었던 두 번째 인구 조사와 더불어 주어진 모든 규례와 더불어 실행되어 가야 했다.

민수기

A study on the book of
Numbers

2024년 4월 5일 초판 인쇄
2024년 4월 24일 초판 발행

지은이 이광호
펴낸이 정영오
펴낸곳 크리스천르네상스
출판등록 2019-000004(2019. 1. 31)
주소 경기도 안산시 단원구 와동로 5길 301호(와동, 대명하이빌)
표지디자인 디자인집(02-521-1474)

ISBN 979-11-980535-7-2 (03230)

값 24,000원